조선괴담실록

역사 기록에서 찾아낸 기이한 이야기

조선 괴담실록

유정호 지음

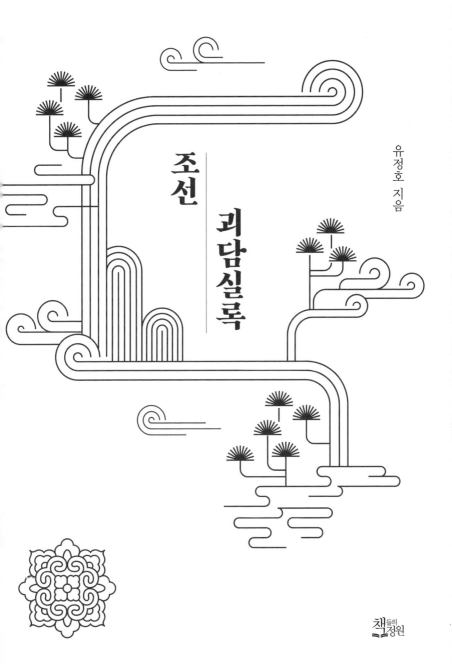

책들의정원

세계기록유산 《조선왕조실록》에 실린 믿기지 않는 이야기

2021년 대한민국은 선진국에 진입했습니다. 광복 이후 대한민국의 성장이 많은 나라로부터 인정받은 결과이기도 하지만, 그 배경에는 역사를 객관적으로 기록한 우리의 노력이 있었습니다. 선조들은 오랜 세월 우리 주변에서 일어난 일을 공정하고 객관적으로 기록했습니다. 이를 통해 과거의 잘못을 반성하고 지금보다 나은 미래를 만드는 초석이 되기를 바라는 마음으로 말입니다.

유네스코(UNESCO) 세계기록유산으로 등재된 우리나라 기록물이 총 16개입니다. 대표적인 세계기록유산으로 세계에서 가장 오래된 목판 인쇄물인 《무구정광대다라니경》과 최초의 금속 활자본인 《직지심체요절》이 있습니다. 이뿐만이 아닙니다. 우리가 잘 알고 있는 《조선왕조실록》 외에도 단일 문건으로 세계 최대 분량인

《승정원일기》가 세계기록유산으로 등재되어 있습니다. 근현대사로 넘어오면 〈국채보상운동 기록물〉 〈광주민주화운동 기록물〉 등이 세계기록유산으로 등재되어 있습니다. 중국이 13건, 일본이 7건 등재한 것과 비교해 보아도 우리나라가 월등하게 높다는 사실을 알 수 있습니다. 그런데 더욱 놀라운 점은 현재의 우리도 기록의 가치를 중요하게 여기며 선조들의 활동을 계승하고 있다는 점입니다. 대한민국은 세계기록유산으로 등재된 모든 기록물을 전산화하여, 원하는 사람은 누구든지 열람할 수 있도록 온라인으로 제공하고 있습니다.

세계기록유산으로 등재되기 위해서는 몇 가지 조건이 필요합니다. 그중 하나가 신빙성입니다. 권력자가 기록에 관여하여 내용을 왜곡하는 일이 없어야 합니다. 그래야 기록물이 어떤 사람을 찬양하거나 미화하는 글로 변질하지 않습니다. 없는 사실을 만들어내거나 왜곡하는 글은 존재하지 않는 것만도 못한 쓰레기일 뿐입니다. 이런 조건에 가장 부합하는 기록물이 《조선왕조실록》입니다.

《조선왕조실록》을 보면 1404년 2월 8일, 말에서 떨어진 것이 부끄러웠던 태종이 사관에게 말에서 떨어진 사실을 기록하지 말라고 지시합니다. 정도전을 비롯한 수많은 사람을 죽이며 왕위에 오른 태종은 존재 자체만으로도 두려움을 주었던 왕입니다. 그러나 태종의 명령에도 사관은 주저하지 않았습니다. 오히려 올바른 기록을 하는 것이 얼마나 중요한 일인지 알았던 사관은 태종이 말에서 떨어진 것을 기록하지 말라고 지시하는 모습까지 《조선왕조실록》에 남겼습니다.

그래서 저는 권력을 가진 위정자를 두려워하지 않고, 있는 그대로의 사실을 기록으로 남겼던 《조선왕조실록》을 우리나라의 기록물 중 최고라고 생각합니다. 또한 《조선왕조실록》은 왕과 관료의 이야기만 다루지 않았습니다. 《조선왕조실록》을 읽다 보면 "이걸 믿어야 해?"라는 말이 절로 나올 정도로 기이하고 엽기적인 내용이 가득합니다. 예를 들어 도깨비가 나타나서 인선왕후의 처소를 옮겨야 한다고 주장했던 이야기, 벼락 맞아 죽은 사람의 성기와 손가락을 훼손한 이야기, 맨손으로 호랑이를 때려죽인 여인이 과부라는 이유로 포상이 취소된 일 등 매우 놀랍고 신기한 이야기를 만나볼 수 있습니다.

《조선왕조실록》을 보면서 문득 이런 생각을 했습니다. '우리는 그동안 《조선왕조실록》을 정사(正史)로 간주하고, 왕과 신료가 중심이 되어 이룬 역사를 보기 위한 노력만 기울여온 것은 아닌가?' 하고 말입니다. 관심의 대상을 조금만 넓혀 《조선왕조실록》을 읽어보면, 위정자의 역사와 더불어 일반 백성의 이야기가 많이 담겨있음을 알 수 있습니다. 그와 함께 현재의 우리 모습과 너무도 닮았던 선조의 삶도 발견하게 됩니다.

오늘날 역사를 바라보는 추세는 다수의 민중에 초점을 둡니다. 제 개인적으로도 우리나라는 위정자에게 늘 많은 것을 빼앗기고 업신여김을 당하던 백성들이 지켜온 나라라고 생각합니다. 소수의 위정자는 자신들이 가지고 있는 지식과 권력, 그리고 부를 뽐내며 자신들보다 못한 사람들을 업신여겼습니다. 백성의 것을 빼앗을 때도 한 치의 주저함이 없었습니다. 아무런 죄책감을 느끼지 않고,

마치 원래 자신의 물건을 찾아가듯 백성의 것을 빼앗았습니다. 그러다가 나라에 위기가 닥치면 위정자는 누구보다 먼저 도망쳤습니다. 한번 역사를 되짚어 볼까요? 고려시대 몽골이 쳐들어왔을 때 왕을 비롯한 집권층은 백성을 버리고 강화도로 도망가서 유희를 즐겼습니다. 조선시대 임진왜란 때도 일본군이 쳐들어오자 왕과 관료는 제일 먼저 살기 위해 도망쳤습니다. 20세기 일본에 나라를 팔아버린 사람들도 백성을 무시하던 관료와 지식인이었습니다.

반면 백성은 어떤 상황에서든 묵묵하게 자신이 맡은 일에 최선을 다했습니다. 자신보다 부모와 자식을 먼저 돌보았고, 이웃과 정을 나누며 살다가 어려운 상황이 닥치면 누구보다 먼저 앞장서서 문제를 해결하고자 노력했습니다. 그 어떤 보상도 바라지 않고, 자신의 가족과 이웃을 지키기 위해 기꺼이 목숨을 내놓았습니다. 고려시대 몽골군과 싸운 처인성과 충주성 전투에서 백성은 양반이 도망간 상황에서도 포기하지 않고, 몽골군에 맞서 승리를 거두었습니다. 임진왜란과 구한말에도 백성은 의병이 되어 나라를 지키려 했습니다.

저는《조선왕조실록》에서 크게 주목받지 못했던 백성의 이야기를 해보기로 마음먹었습니다. 물론 조선이 왕조의 시대였던 만큼 왕과 신하의 이야기를 빼놓을 수는 없습니다. 하지만 되도록 백성의 삶을 다루고자 노력하였습니다. 그렇다고 백성의 평범한 일상만을 책에 담지는 않았습니다. 다소 특이하고 기이해서 놀라운 이야기들로 책을 엮었습니다. 그래야 흥미가 생겨 책을 재미있게 읽을 수 있으니까요. 이 책을 읽으시는 분들은 생전 처음 들어보는 내용이 많을 수 있습니다. 이 책에 쓰인 내용이 과연 진짜 있었던 사실인지에 대한 의문이 들지도 모릅니다. 그래서 《조선왕조실록》의 원문을 맨 처음에 제시함으로써 이 책이 상상의 허구가 아닌 절대적 사실을 바탕으로 쓰였음을 밝혔습니다.

또한 《조선괴담실록》을 읽다 보면 다소 황당하고 믿기지 않는 일이라 생각되는 조선시대의 사건들이 비단 그 시대에 국한된 것이 아님을 알게 되실 겁니다. 지금 우리가 살고 있는 이 시대에도 과거와 비슷한 일이 늘 일어나고 있으니까요. 태종이 너무도 사랑했던 성녕대군의 죽음을 무녀 보문에게 책임을 물어 처벌했던 것처럼 내 자식만 귀한 줄 아는 부모, 강유두처럼 신의 힘을 빌려 사리사욕을 채우는 사이비 교주, 아내를 때리고 학대하는 남편의 모습 등은 지금 이 순간에도 어디선가 벌어지고 있음 직한 일이니까요.

이 외에도 《조선괴담실록》에 나오는 많은 사건은 대상과 상황이 조금씩 다를 뿐, 여전히 우리 주변에서 일어나고 있는 일입니다. 《조선괴담실록》에 실린 기이한 이야기를 반면교사 삼아 자신을 되돌아보고 반성의 기회로 여길 수 있게 되기를 바랍니다. 에드워드 카(Edward Hallett Carr)의 '역사란 과거와 현재의 끊임없는 대화다.'라는 말처럼 《조선괴담실록》을 통해 오늘을 되돌아보고, 지금보다 나은 세상을 만드는 방법을 모색해 보았으면 좋겠습니다.

마지막으로 이 책이 나올 수 있도록 많은 도움을 주신 책들의정원 대표님을 비롯한 출판사분들의 노고에 깊은 감사의 말씀을 드립니다. 우리나라의 역사가 많은 사람에게 사랑받고, 대한민국 국민에게 자부심을 줄 수 있도록 노력하는 여러분의 모습에 다시 한 번 고개 숙여 감사의 인사를 전합니다.

2021년 12월

유정호

차례

1부 권선징악

2부 기이한 소문

3부 요리와 귀신

4부 기적을 행한 사람

5부 기이한 동식물

6부 천재와 인재

1부

권선징악

'가짜 뉴스'를 퍼뜨려
목숨을 잃다

水原記官能貴、龍駒戶長希進造妖言: "禁民間犬馬雞羔之色白者。" 命皆
處斬, 傳示諸道。

수원水原 기관記官[1] 능귀能貴와 용구龍駒 호장戶長[2] 희진希進이 요망한
말을 만들어, "민간에서 흰 빛깔의 개·말·닭·염소 등을 기르지 못
하게 한다."라고 하였으므로, 모두 참형에 처하여 여러 도에 전해
보이었다.

– 태조실록 7권, 태조 4년(1395년) 1월 6일 신축 2번째 기사

---

1 기관: 지방 관아의 하급 관리.
2 호장: 향리 직의 우두머리.

✝

태조 4년, 조선 정부는 흰 빛깔의 짐승을 기르지 못하게 막았다
는 소문을 낸 죄로 능귀와 희진이라는 관료를 처형했다. 아무리 근
거 없는 소문을 냈어도, 그 죄만으로 나라가 목숨을 빼앗는 처사는
너무 과하다는 생각이 든다. 능귀와 희진이 조선을 부정하고 고려
를 다시 일으키자는 역모를 꾀한 것도 아닌데 참형을 내리다니, 도
대체 무엇이 문제가 되었던 것일까? 조선시대 사형 제도는 삼심제
(三審制)[3]로, 왕의 허락이 있어야만 집행이 가능할 정도로 매우 엄격
한 절차를 거쳐야 했는데 말이다.

우선 능귀와 희진이 처형된 이유를 알기 위해서는 흰색이 가지
고 있는 의미를 살펴봐야 한다. 오랜 기간 우리 선조들은 음양오행
사상을 바탕으로 한 오방색을 매우 중요하게 여겼다. 황(黃), 청(靑),
백(白), 적(赤), 흑(黑)의 5가지 색으로 이루어진 오방색은 방향을 상
징하면서도 다양한 의미를 담고
있다.

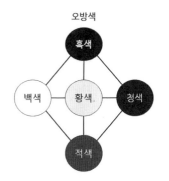

황색은 오행 중 토(土)와 중앙
에 해당하며, 우주의 중심을 상
징한다. 나라의 근간이자 중심축
인 국왕만이 황색으로 만든 옷을
입을 수 있었다.

3 삼심제: 사형수를 처벌하기 전 3번 조사하도록 한 제도.

17

청색은 목(木)과 동쪽에 해당하며, 만물이 소생하는 봄과 생명을 상징한다. 새로움의 시작인 생명을 의미하는 만큼 귀신을 쫓아내는 의미가 있다. 한 예로 선조들은 신선의 시중을 드는 아이를 '청의 동자'라 불렀고, 푸른 옷을 입은 청의 동자가 앞일을 예견하거나 특정 인물을 도와주는 기이한 능력을 지녔다고 여겼다.

적색은 화(火)와 남쪽에 해당하며, 생성과 창조를 상징한다. 특히 귀신을 쫓는 색으로 많이 활용하였는데, 대표적으로 붉은 팥이 있다. 우리 선조들은 붉은 팥으로 만든 시루떡을 아이 돌잔치나 이사하는 날 꼭 먹음으로써 나쁜 귀신이나 액운을 쫓았다.

흑색은 수(水)와 북쪽에 해당하며, 죽음과 인간의 지혜를 상징한다. 선조들이 머리에 쓰는 갓을 검게 칠한 것은 지혜로운 사람이 되기를 바라는 염원을 담은 의미였다.

마지막으로 백색은 금(金)과 서쪽에 해당하며, 결백과 진실 그리고 순수를 상징한다. 특히 우리 민족은 주변 국가에 '백의민족'이라 불릴 정도로 흰색을 사랑했다.

이처럼 오방색은 삼국시대부터 좋은 의미로 사용되었고, 오방색의 하나인 흰색은 우리 민족을 상징하는 색인 만큼 부정적 이미지보다는 긍정적 이미지로 통용되어 왔다. 또한 흰 개·말·닭·염소는 우리 주변에서 흔하게 볼 수 있는 동물이기도 하다. 그럼에도 불구하고 능귀와 희진은 왜 흰 개·말·닭·염소를 조선 정부가 기르지 못하게 한다는 소문을 냈을까? 《조선왕조실록》에 정확한 사유가 나오지 않아 우리는 다만 추측할 수밖에 없다.

능귀와 희진이 참형당한 시점이 태조 4년이라는 점에 우선 주목해 볼 필요가 있다. 1395년은 조선이 건국된 지 3년이 채 되지 않은 시점이었다. 태조 이성계는 위화도회군 이후 권력을 장악하고 우왕과 창왕, 그리고 공양왕까지 3명의 고려 왕을 연거푸 죽인 뒤 조선을 건국했다. 이 과정에서 홍건적과 왜구의 침입으로부터 백성을 지켰던 최영 장군과 성리학의 조종(祖宗)으로 백성과 사대부로부터 추앙받던 정몽주도 죽었다.

또한 고려는 멸망했지만, 사람들의 마음속에는 여전히 고려가 살아 숨 쉬고 있었다. 고려 말, 왕이 무능력하여 권문세족이 부정·비리를 저지르고, 홍건적과 왜구의 잦은 침략으로 삶이 어려워졌어도 475년간 존속했던 시간은 무시할 수 없었다. 관료들은 변방 출신의 무장 이성계가 사병을 이끌고 왕위를 찬탈했다고 여겼고, 백성들은 혼탁한 세상에서 자신들을 보살펴주고 올바른 길로 인도해 주던 최영과 정몽주를 죽인 역적이라고 생각했다.

더군다나 아무 잘못도 없는 9살의 어린아이였던 창왕(1380~1389)을 공민왕의 자손이 아닌 신돈(辛旽)[4]의 아들이라는 이유로 죽이고, 억지로 등 떠밀려 왕위에 오른 공양왕(1345~1394)을 정치를 잘못했다는 이유로 부당하게 죽인 이성계에게 백성들은 몹시 화가 나 있었다.

태조 이성계는 여기에 그치지 않고 고려 왕족 왕씨를 강화도와 거제도 등 섬과 수도에서 멀리 떨어진 변방으로 거처를 옮기게 한 뒤, 태조 3년(1394년)에 모두 죽였다. 강화도에 있던 왕씨 일족을 강

---

4 신돈: 고려 말 승려 출신의 공민왕 측근.

화나루에 빠뜨려 죽이고(태조 3년 4월 15일), 거제도에 있던 왕씨 일족은 바다에 빠뜨려 죽였다(태조 3년 4월 20일). 여기서 그치지 않고 중앙과 지방에 흩어져 있던 왕씨의 남은 일족은 모두 목을 베어 죽이고(태조 3년 4월 20일), 최종에는 조선 내에서 왕씨 성을 쓰지 못하도록 하였다(태조 3년 4월 26일).

무엇보다 조선 건국이 고려시대 기득권을 가진 권문세족과 호장에게 가장 큰 불만을 안겨준 것은 토지개혁이었다. 1391년 제정된 과전법은 고려 말 적체된 토지 문제를 해소하는 동시에 조선 건국에 참여하는 신진 관료들에게 경제적 기반을 마련해 주기 위한 목적이 컸다. 과전법을 시행하기 위해 권문세족과 조선 건국에 참여하지 않은 호장들의 토지를 빼앗아 재원을 마련했다. 그리고 18등급으로 나눈 전·현직 관료에게 경기도 토지를 대상으로 수조권(收租權)[5]을 부여하면서 세습은 허용하지 않았다. 그 결과, 고려 말 막대한 토지를 가진 기득권자들이었던 권문세족과 호장 등은 조선 건국 이후 생활 기반을 잃게 되었다.

인간의 역사를 움직이는 요인 중에서 가장 중요한 것으로 뽑히는 것이 경제다. 영국과 미국 그리고 프랑스 혁명이 일어났던 원인이 경제적 궁핍이었던 것처럼, 모든 왕조의 멸망에는 부의 재분배 실패가 밑바탕에 깔려있다. 새로운 국가 성립의 성공 여부는 일부 세력에 편중된 부를 얼마나 많은 사람에게 나누어줄 수 있는 능력을 갖췄는가로 판명된다. 즉, 기득권 세력의 반발을 이겨낼 힘을

---

5 수조권: 토지에 부과되었던 조세를 거두어 들일 수 있는 권리.

가졌는지가 새로운 왕조를 열고 유지하는 데 가장 중요한 요소가 된다.

그렇다면 태조 이성계는 조선을 건국한 지 불과 4년밖에 되지 않은 상황에서 고려를 신봉하고 자신들의 기득권을 잃지 않으려는 기존 지배층의 반발을 반드시 억눌러야 했을 것이다. 표면상으로는 많은 이들이 이성계의 발아래 머리를 조아렸지만, 상황이 바뀐다면 언제든 이성계에게 칼을 들이밀 수 있는 사람들이었다. 무엇보다 고려 말에 시행되던 사병제가 없어지지 않은 시점에서, 권문세족과 지방의 호장 등은 여전히 사병을 보유하고 있었다. 이들이 민심을 자극하여 고려 부흥을 외친다면 조선에 대한 반기가 걷잡을 수 없는 들불처럼 커져, 종내에는 조선이 멸망할 수도 있었다.

이런 상황에서 고려를 그리워하는 백성과 옛 고려 신료들은 막강한 권력과 군사력을 가진 조선에 해코지를 당할까 숨죽이고 있을 뿐이었다. 동시에 고려시대 기득권자들은 조선이 곧 멸망하고, 고려가 다시 일어설 것이라는 굳은 믿음을 가지고 때를 기다리고 있었다. 이런 모습을 잘 보여주는 대표적 사례가 조랭이떡이다. 세시 음식 중 하나인 조랭이떡은 개성 지방에서 즐겨 먹던 음식으로, 모양이 땅콩을 까기 전 모습과 흡사하다. 또는 눈사람처럼 생기기도 하였다. 조랭이떡이 만들어진 유래에는 고려의 부흥을 염원하는 마음이 담겨있다고 알려져 있다. 고려의 수도 개성에 살던 사람들은 어느 지역 사람들보다도 이성계가 세운 조선을 인정하지 않고, 고려왕조가 다시 일어서기를 바랐다. 그래서 가래떡 끝을 비틀어 잘라버리면서 조선에 대한 복수의 다짐과 함께 고려의 부활을 기원하는 마음을 담아 조랭이떡을 만들어 먹었다고 한다.

　고려 사람들이 조선을 인정하지 않은 또 다른 이야기로 두문동 72현이 있다. 조선이 건국되자 벼슬을 거부하는 고려의 유신들은 경기도 개풍군 광덕면 광덕산 서쪽 골짜기로 모여들어 마을을 이루고 살았다. 많은 이들의 존경을 받던 조의생, 맹호성, 서중보 등 72명이 부조현 고개에서 관원이 입는 예복인 조복(朝服)을 벗고 은둔하자, 전국의 많은 유생이 이들의 뜻을 따라 조선의 관리로 나아가려 하지 않았다. 태조가 직접 연 과거 시험에 유생들이 1명도 응시하지 않고 보란 듯이 경덕궁 앞의 고개를 넘어가자, 조선 정부는 두문동에 불을 질러 조의생을 비롯한 72명을 모두 죽였다.

　능귀와 희진이 처형된 시점으로 돌아가 보자. 이들이 처형된 시점이 조선 건국 3년이 되던 해이고, 이들이 살던 지역은 신진 관료들에게 수조권이 부여된 경기도였다. 당연히 고려시대에 누리던 기득권을 빼앗긴 사람들이 다른 지역보다 더 많았고, 자연스레 그들의 불만은 다른 지역 사람들보다 더 클 수밖에 없었다. 하지만 조선 정부에 반항할 용기와 능력은 없었다. 단지 이들이 할 수 있는 일이라곤 주변 사람들에게 조선을 욕하며 자신들의 불만을 터트리는 일뿐이었다. 이들이 불평과 불만을 표출할 수 있는 주 대상은 평소 자신들이 하대하던 힘없는 백성이었다. 능귀와 희진은 백성들이 자신들의 말에 귀 기울여주고, 동조하며, 같이 욕해줄 때마다 자신들이 무엇이라도 되는 듯 느꼈다.

　특히 하급 관리였던 능귀와 희진은 고려와 조선에서 일한 경험을 바탕으로 조선과 고려 두 왕조를 비교했다. 백성들은 이들이 지

백성들이 키우던 백구와 흰 닭(출처: 픽사베이)

배 계층이고 관료 출신이라는 점에 깊은 신뢰를 보였다. 그럴수록
능귀와 희진은 백성들의 관심을 더 끌기 위해 흰 개·말·닭·염소
를 국가가 기르지 못하게 한다는, 말도 안 되는 거짓말로 더 많은
사람을 현혹했다. 자신들의 거짓말에 백성들이 동조하며 불안에
떠는 모습에서 조선에 복수했다는 성취감과 함께 지배욕도 느꼈
다. 또한 거짓말에 속아 넘어가 불안에 떨며 국가를 힐책하는 우매
한 백성을 보며 마음껏 비웃었다.

"아니, 흰 색깔의 짐승을 키우지 못하게 하면 우리는 어떻게 살라는
거야? 나라님이 제정신인 거야? 우리 집 백구, 흰 닭을 지금 당장 잡
아 죽이면, 우리는 앞으로 어떻게 생활하냐고. 역시 구관이 명관이라
고, 아무리 힘들었어도 고려 때가 좋았어. 지금처럼 말도 안 되는 것
을 억지로 강요하지는 않았잖아."

능귀와 희진이 퍼뜨린 거짓 소문으로 백성들이 고려에 대한 향
수에 빠져 조선에 불만을 터트리자, 태조 이성계는 불안과 짜증이

몰려왔다. 아직 이 땅에는 조선보다 고려를 사랑하고 그리워하는 이들이 훨씬 많다는 사실을 누구보다 잘 알고 있었기 때문이었다.

여기에 음양오행 사상으로 보았을 때 흰색이 조선에 대한 불만을 증폭시킬 가능성이 컸다. 흰색은 음양오행에서 금(金)에 해당하고, 이성계의 성은 목(木)에 해당한다. 실제로 태조는 쇠붙이가 나무를 죽인다고 생각하여 금(金)씨를 모두 없애고 싶었다. 그러나 금씨가 조선에서 가장 많은 성씨이기에 차마 죽일 생각은 못하고 성을 김씨로 바꾸게 했다. (참고로, 현재까지 남아있는 금씨는 거문고 금(琴)을 쓰는 봉화 금씨뿐이다) 이런 맥락에서 생각해보면 조선 정부가 음양오행에 따라 성씨를 바꾸는 모습을 본 백성들이 태조 이성계가 자신이 세운 왕조를 위해 쇠붙이를 뜻하는 흰색을 모두 없애려 한다는 능귀와 희진의 말을 믿었을 가능성도 있다.

능귀와 희진이 음양오행 사상에서 흰색이 금(金)을 의미한다는 사실을 알았는지는 모르지만, 태조 이성계 입장에서는 매우 섬뜩했을 것이다. 깨진 유리창 이론(Broken window theory)[6]처럼 평소 가볍게 여기는 작은 무질서가 큰 범죄와 사건을 만들어내는 만큼, 태조 이성계는 능귀와 희진의 거짓 소문을 가볍게 보지 않았다. 아무 근거 없는 유언비어가 나라를 위험에 빠뜨릴 수 있는 중차대한 일이 될 수 있음을 경계하며, 다시는 어떤 누구도 거짓 소문을 퍼뜨리지 않도록 본보기로 삼고자 했다.

---

6 깨진 유리창 이론: 낙서, 유리창 파손 등 경미한 범죄를 방치하면 큰 범죄로 이어진다는 범죄 심리학 이론.

지금도 거짓 소문으로 개인이 생명을 끊거나, 나라의 정책이 변경되기도 한다. 요즘은 거짓 소문 또는 유언비어를 '가짜 뉴스(Fake news)'라고 부른다. 많은 언론사나 개인 방송하는 사람들이 '아니면 말고' 식으로 추측성 기사를 전하면서 사회적 물의를 일으키고 있다. 이들이 추측성 기사에 자극적인 제목과 그럴듯해 보이는 근거를 붙여 마치 진짜인 듯 신문이나 방송에 내보내는 가장 큰 이유는 광고로 돈을 벌기 위함이다.

이들은 자신의 수익에만 관심이 있을 뿐, 정작 가짜 뉴스로 인해 피해 보는 사람의 고통은 전혀 생각하지 않는다. 그들의 잘못으로 수천, 수만 명의 사람이 피해를 보거나 수천, 수십억의 재산이 손실될 수 있다는 사실을 알면서도 전혀 개의치 않는다. 자신의 이익만 생각할 뿐이다.

한 예로 2020년 신천지(신천지예수교증거장막성전) 대구 교회의 코로나19 확진자 뉴스를 들 수 있다. 한 20대 직장인이 청주의료원과 충북대학병원에 확진자가 다녀가 응급실 일부가 폐쇄됐다는 가짜 뉴스를 전했다. 해당 병원은 코로나19로 고통받는 환자를 치료할 시간에 가짜 뉴스의 사실 여부를 묻는 전화를 응대하는 데 많은 인력과 시간을 투입해야 했다. 경찰은 가짜 뉴스를 퍼뜨린 범인을 잡는 데, 정부는 가짜 뉴스를 바로잡는 데 많은 시간과 노력을 소비해야 했다. 가장 큰 문제는 가짜 뉴스로 인해 국민이 정부를 불신하게 된다는 사실이다. 그러면 정부는 가짜뉴스로 인해 꼭 필요한 정책을 시행하기 어려워진다. 이로 인해 발생하는 피해는 개인이 감당할 수 있는 수준을 넘어서며, 국가 운영에 지장을 주게 된다. 또한 후손들에게 부끄러운 역사의 오점을 남기기까지 한다.

현재 당연하게 생각하는 가치와 상식으로 능귀와 희진의 처형을 보면 부당하고 과한 처벌이라고 여길 수도 있다. 그러나 '깨진 유리창 이론'처럼 가벼운 범죄를 방치하면 더 큰 범죄로 이어질 수 있고, 건국 초의 불안정한 상황을 감안하면 이들의 처형이 어느 정도 이해가 된다. 능귀와 희진의 참형이 정당했느냐는 사람마다 판단이 다르겠지만, 우리에게 주는 교훈은 자명하다. 조선시대에도 여론을 매우 중시하여 가짜 뉴스를 경계했던 것처럼, 우리도 진실과 가짜 뉴스를 걸러낼 수 있는 시스템과 시민 의식의 성숙이 필요하다.

이 순간에도 돈을 벌기 위해 가짜 뉴스를 만드는 언론과 사람들에게 능귀와 희진의 이야기는 "그 둘이 재수가 없었네" 정도로 그치고 말까. 아니면 자신의 행동을 되돌아보고 반성하게 만드는 계기가 될까. 분명한 것은 오늘날 많은 시민은 가짜 뉴스를 유포한 사람을 지금보다 엄격한 잣대로 처벌하기를 원한다는 것이다.

신체 일부가
사라진 사체

癸未/雷雨。震人及牛于豐海道 鳳州。有人牽牛而行, 震死。人有截死者兩
指及陰者, 觀察使照律論罪。

우레가 치고 비가 내렸는데, 풍해도豐海道[7] 봉주鳳州에서 사람과 소가
벼락 맞았다. 어떤 사람이 소를 끌고 가다가 벼락 맞아 죽었는데, 죽
은 자의 두 손가락과 음경陰莖을 잘라 간 사람이 있었다. 관찰사觀察使
가 율律에 의하여 논죄論罪[8]하였다.

– 태종실록 5권, 태종 3년(1403년) 5월 7일 계미 1번째 기사

✟

    사람이 한평생을 살면서 벼락을 맞을 확률이 얼마나 될까? 벼락 맞을 확률은 조사 기관의 통계마다 다르지만 보통 50만 분의 1로 추정한다. 대한민국 기상청 낙뢰 발생 통계를 보면 2019년 6만 5,721번 낙뢰가 내리쳤다. '이렇게 많은 벼락이 친다고?'라는 의문이 들겠지만, 2010년 12만 4,346번, 2013년 22만 1,031번, 2017년 18만 2,439번 관측된 기록과 비교해 보면 2019년은 벼락이 유독 적게 친 해이다.

    2010~2019년까지 총 10년 동안 낙뢰 발생 평균을 보니 12만 4,346번이다. 수치로만 보면 사람의 수명을 80년으로 가정했을 때, 우리가 대한민국에서 사는 동안 총 99만 4,768번의 벼락을 마주하게 된다. 그러고 보면 사람이 사는 동안 대략 100만 번 내리치는 벼락을 맞지 않고 살아간다는 것 자체가 매우 운이 좋은 일이라 해도 과언이 아니다.

    예전부터 우리는 벼락을 맞고 죽으면 매우 운이 없다고 여기거나, 큰 잘못을 저질러 하늘로부터 천벌을 받았다고 생각했다. 선조들은 잘못을 저지른 사람에게 "벼락 맞을 놈" "그러다 천벌 받으면 어떡하려고 해"라고 말하며, 잘못된 행동을 스스로 깨닫고 경계하도록 하였다. 이처럼 벼락은 오래전부터 단순한 자연현상이 아니라 인간의 삶에 깊이 관여하여 영향을 미치는 관념적 대상이었다. 우리 선조들은 벼락 하나에도 여러 의미를 두고, 올바른 삶을 살아가는 이정표로 삼았다.

지금의 황해도 봉산군 지역에 해당하는 풍해도 봉주에서 태종 3년(1403년), 벼락과 관련하여 엽기적이면서 황당한 사건이 발생했다. 벼락을 맞아 죽은 시신의 손가락 2개와 음경이 누군가에게 잘려나간 것이었다. 벼락을 맞아 죽은 것도 억울한데 시신까지 훼손당했으니, 죽은 당사자는 물론이고 가족들은 복장이 터질 만큼 화가 났을 것이다.

안타깝게도 《조선왕조실록》에는 벼락 맞은 사람의 손가락 2개와 음경이 잘린 정확한 이유가 나와있지 않다. 그러나 시신이 훼손된 이유를 크게 2가지로 유추해 볼 수 있다. 첫 번째로 원한 관계가 있는 사람의 소행이거나, 두 번째로 불치병을 치료하거나 정력제로 사용하기 위한 목적으로 시신을 훼손했을 가능성이다.

시신 훼손이 원한 관계임을 유추할 수 있는 근거가 《조선왕조실록》에 여럿 나와있다. 한 예로 세조 1년(1455년) 12월 12일 기록에 이석산이 친구 신간과 함께 놀러 갔다가 여러 날이 되도록 돌아오지 않자, 이석산의 노비가 형조를 찾아가서 주인 이석산을 찾아달라고 부탁한 사건이 있다. 형조에 잡혀간 신간은 이석산의 행방을 묻는 말에 "이석산이 첨지 민발의 첩 막비와 간통하고, 기생 금자를 유혹하려 했다는 것만 알고 있습니다. 이석산이 지금 어디에 있는지는 모릅니다."라고 대답했다.

4일 뒤인 16일, 의금부에서 이석산의 시신을 찾았는데, 시신이 칼로 잔혹하게 훼손되어 있었다. 의금부는 이석산의 눈이 파여있고 음경이 잘려있는 잔혹함에 꼭 범인을 잡겠다는 의지를 보였다. 그러기 위해서는 왕의 전폭적인 지원이 필요했다. 의금부는 세조에게 이석산을 죽인 범인을 고발한 양인에게는 관직을 주고, 천인에게는 면포 100필을 현상금으로 걸어서라도 잡을 수 있도록 윤허해 달라고 요청했다.

세조는 자신이 왕이 되는 데 크게 공헌하여 원종공신 1등에 책록(策錄)된 민발(1419~1482)과 그의 첩이 관련된 사건을 중차대한 일로 보았다. 여기에 세조는 이 사건이 개인의 치정 살인이 아닌 단종을 복위시키려는 배후 세력의 짓이 아닌지 의심했다. 또한 자신이 즉위한 지 얼마 되지 않은 시점에서 부정적인 여론이 형성될까 봐 걱정했다. 세조는 의금부의 조사내용이 맞는지 확인하기 위해 발견된 시신이 이석산인지 재차 물었다. 그래도 탐탁지 않은 세조는 국왕의 비서 역할을 담당하던 동부승지 이휘(?~1456)를 의금부에 보내 시신을 다시 검안하도록 하였다.

잔혹하게 훼손된 시신이 이석산이 맞다고 확신한 이휘는 곧바로 신간의 증언을 확인하기 위해 민발의 첩 막비 집을 찾아가 조사를 진행하였다. 이휘가 그녀의 집을 탐문해 보니 벽에 뿌려진 피를 감추기 위해 종이가 발라져 있었고, 바닥에 스며든 피도 감추려고 흙을 깎은 뒤 모래로 덮은 흔적이 역력했다. 이곳이 이석산이 피살된 사건 현장임을 직감한 이휘가 집 주인에게 무슨 피냐고 묻자, 주인이 "말을 치료할 때 흘린 피입니다"라고 대답하였다. 이휘가 의심을 풀지 않고 주변을 더 수색하니, 작지만 날카로운 창이 나왔다. 발견된 창을 이석산의 시신에 나있는 구멍에 맞춰보니 딱 맞았다. 그 외에도 이석산의 한쪽 발에서 벗겨져 사라졌던 신발 한 짝이 방석 밑에서 발견되었다.

이휘는 이석산을 살해한 범인이 첩의 간통에 화가 난 민발이라 확신하고 체포하였다. 그러나 세조는 민발의 지위가 재상에 이르고 원종의 공이 있으니 구속하지 말라고 하였다. 이에 승정원이 이석산도 공신의 후손이므로 민발의 죄를 덮을 수는 없다고 반발했지만, 세조는 진짜 범인을 찾으라고 다시 명령하였다. 세조가 자신이 왕이 되는 데 많은 공로를 세운 민발을 감싸준 것인지, 아니면 민발에 대한 음해라고 생각했는지는 아무도 모른다. 그러나 당시 많은 사람이 이를 갈았다는 기록을 보아, 세조의 판단을 부당하게 여겼음이 확실하다.

세조 때 일어난 이석산 살해 사건은 풍해도 봉주 시신 훼손 사건보다 후대의 일이지만, 시신의 음경이 훼손되었다는 공통점이 있다. 민발이 첩의 간통을 목격하고 분개한 나머지 이석산을 납치·살해하고 음경을 자른 사건이라고 추정했을 때, 풍해도 봉주에서 벼락 맞고 죽은 사람도 간통을 벌이다가 상대 배우자에게 음경이 잘렸을 가능성이 있다.

천둥·번개가 치고 비바람이 크게 부는 날은 사람들의 이목을 피해 만남을 갖기 좋다. 그런 날 누군가의 아내 또는 첩을 만나 부정을 저지르고 돌아오던 중, 벼락을 맞아 죽었을 가능성을 상상해 보자. 자신의 아내와 부정을 저지른 남자를 죽이고자 쫓아오던 남편은 갑자기 내리치는 벼락을 맞아 상간남이 쓰러지는 모습에 깜짝 놀랐다. 몸에서 연기가 피어오르며 꼼짝달싹하지 않는 남자를 보고 처음에는 너무 놀라 어쩌지 못하고 제자리에서 우물쭈물하다가, 남자의 시신으로 걸어가 정말 죽었는지를 재차 확인했다. 얼마 뒤

실소를 터트리며 하늘이 천벌을 내렸다고 생각하고 웃었다. 그리고 아내와 간통한 남자를 자신의 손으로 죽이지 못한 것이 너무도 억울해 시신을 훼손했다. 아니면, 죽은 남자의 손가락과 음경을 간통을 저지른 아내 앞에 던지며 복수하고 싶었을지도 모른다.

만약 이 일이 치정 때문에 시신을 훼손한 사건이라면 매우 끔찍한 일이다. 지금도 치정과 관련한 살인이 연이어 발생하는 것은 물론이고, 시신을 훼손하는 일 또한 잊을 만하면 뉴스에 나온다. 2014년 동거녀를 죽인 수원 팔달산 토막 살인 사건, 2015년 아내를 토막 살인한 후 시흥시 시화호 오이도 선착장 부근에 버린 사건, 50대 세입자가 60대 집주인 여성에게 구애하다 거절당하자 살해한 사건 등 생각조차 하기 싫은 무서운 범죄가 우리 주변에서 계속 일어나고 있다.

〈서울 지역 살인 혐의(살인 및 치사) 사건의 범행 수법에 따른 유형화 연구 - SCAS 자료에 대한 잠재계층분석의 적용〉이라는 논문에 따르면 2015~2019년까지 경찰청 과학적범죄분석시스템(SCAS)에 입력된 총 216개의 살인 혐의를 분석한 결과, 치정 살해형 가해자는 범행 시 흉기를 사용하는 경우가 더 많았다. 또한 치정 살해형 가해자 유형이 69건(32%)으로 가장 높은 발생 비율을 보였으며, 범행 후 시신을 유기·훼손한 경우도 28건(13%)이나 되었다. 이 논문은 치정 살인 과정에서 가해자가 극도의 흥분과 복수심으로 피해자의 시신을 훼손하는 빈도가 높다는 사실을 알려준다. 그만큼 치정 사건은 연인이나 배우자에게 극도의 스트레스를 주어 정상적인 사고를 방해한다고 볼 수 있다. 그렇다면 태종 3년, 벼락 맞은 남자의 손가락과 음경을 잘라 간 사람이 간통녀의 연인이거나 배우자일 가능성은 충분하다.

두 번째 추정은 병을 낫게 하려고 시신 일부를 잘라 갔을 가능성이다. 1900년대 초 일본의 창기 진출과 공창제 허용으로 매독과 임질 같은 성병이 유행했다. 특히 그리스 신화의 양치기 시필리스(Syphilis)의 이름에서 유래한 매독은 치료가 매우 어려운 성병이었다. 15~19세기까지 유럽 인구의 20%를 감염시켰던 매독의 치료제가 1910년대에야 개발될 정도로 인류를 괴롭히던 매독은 20세기 조선에서도 심각한 문제를 일으켰다. 매독 치료제를 구하기 힘들었던 민간에서는 매독 치료에 인육(人肉)이 좋다는 소문이 돌았고, 성병에 걸린 사람은 매장한 지 얼마 되지 않은 무덤을 파내 시신 일부를 먹기도 했다.

선조 9년(1576년)에도 인육과 사람의 간·쓸개가 매독을 치료하는 약으로 쓰였다고 《조선왕조실록》에 기록되어 있다. 선조시대 흉악한 무리가 어린아이를 유괴하여 해치는 것은 말할 것도 없고, 홀로 길을 가는 성인을 납치하여 배를 가르고 쓸개를 꺼내는 범죄가 연신 일어났다. 사람의 쓸개가 비싼 가격에 거래되자, 산골짜기에 있는 나무마다 쓸개가 없는 시신이 묶여있었다. 얼마나 많은 시신이 나무에 매달려 있었는지 나무꾼들이 산으로 나무하러 가지 못할 정도였다. 조선 정부는 이를 막기 위해 범인을 신고하거나 잡는 사람에게 포상을 약속하며, 사람 목숨을 파리 목숨보다 못하게 여기고 살인하는 범인을 체포하고자 노력했다.

예로부터 우리 선조들은 병을 치료하는 약으로 사람의 신체 일부를 으뜸으로 쳤다.《조선왕조실록》에는 병으로 앓아누운 부모를 위해 자녀가 자신의 신체 일부를 약으로 드려 병을 치료했다는 기록이 많다.

단종 1년(1452년), 경성에 사는 박자창의 어머니가 몹쓸 병에 걸려 기절하는 일이 발생했다. 박자창은 어머니의 병을 낫게 하려고 백방으로 치료 방법을 수소문하던 중 사람의 뼈를 먹으면 나을 수 있다는 말을 듣게 되었다. 하지만 사람의 뼈를 구하기도 어렵고, 인간의 도리상 타인을 해칠 수도 없던 박자창은 집으로 돌아와 자신의 장지를 잘랐다. 박자창이 잘린 손가락을 약에 섞은 뒤 어머니에게 먹이자, 어머니의 병이 나았다. 이에 조선 정부는 손가락을 잘라 부모의 병을 낫게 한 효자 박자창에게 정문(旌門)⁹을 세워주며 여러 포상과 함께 칭찬을 아끼지 않았다.

성종 7년(1476년)에도 무안현에 사는 자비라는 여인이 남편 박기가 병에 걸리자, 스스로 왼쪽 손가락을 잘라 음지에 말린 후 가루를 내어 국과 술에 타 남편에게 먹였다. 이후 남편이 완쾌했다는 기록이 있다. 고종 12년(1875년) 기사에도 참판 박종길이 아버지의 병이 심해지자 자신의 손가락을 베어 피를 먹인 사건이 기록되어 있다. 이처럼 아픈 사람에게 사람의 피와 신체 일부를 먹여 병을 치료하려는 노력은 조선시대 내내 이루어졌다. 특히 효심을 강조하기 위해 신체 일부를 부모에게 드리는 것을 미덕으로 여겼다. 그러나 자신의 신체 일부를 자르는 것은 매우 어려운 일이기에 타

---

9 정문: 충신, 효자 등을 표창하기 위해 집 앞이나 마을 입구에 세우는 문.

인의 신체 일부를 약으로 쓰거나, 죽은 시신 일부를 약으로 드리며 효를 행했다고 생각하는 사람도 있었다. 그래서 조선시대에도 사람의 장기를 불법 매매하는 범죄자가 있었다.

벼락 맞아 죽은 시신을 훼손한 목적이 병의 치료가 아니라면, 죽은 사람의 음경이 정력을 강화해 주는 보약이라고 생각해 잘라갔을 수도 있다. 예로부터 남성들은 동물의 성기를 보약으로 생각하고 오랫동안 먹어왔다. 세종이 정력을 보충하기 위해 수탉 고환 요리를 즐겨 먹었던 것처럼, 많은 사람들이 동물의 성기를 정력 강화제로 여겼다. 가장 대표적인 정력 강화제로 수컷 물개의 생식기인 해구신(海狗腎)이 있다. 선조들이 수탉과 물개의 생식기가 정력을 강화한다고 믿었던 것에는 나름의 이유가 있었다.

실제로 수컷 물개 1마리가 보통 50~100마리의 암컷을 거느리는데, 2~3개월간의 발정기 때는 하루에 10~20회 정도 교미한다. 수탉도 여러 암컷을 거느리며 살아간다. 이처럼 수컷 물개와 수탉 1마리가 수십 마리의 암컷을 거느리는 모습을 본 사람들은 이 동물들의 생식기를 정력의 상징으로 여기며 부러워했다. 그리고 이 동물들의 생식기를 복용하면 마치 자신도 수탉이나 물개가 여러 암컷을 거느리는 것처럼 정력이 강해질 것이라 확신했다.

이 외에도 호랑이, 말, 개, 사슴 등의 생식기도 정력을 향상하는 보양제로 큰 인기를 얻었다. 오늘날에도 동물의 생식기와 정력은 아무 관련이 없다는 사실이 의학적으로 밝혀졌음에도 불구하고, 많은 이들이 비밀리에 불법적으로 동물의 생식기를 찾다가 발각되는 일이 종종 뉴스에 나온다. 의학과 과학이 발달한 지금도 잘못된 사실을 믿는 사람이 있는 만큼, 조선시대에 남자의 음경을 보약으로 여겼을 가능성도 생각해 볼 수 있다.

더구나 양기를 상징하는 벼락을 맞고 죽었으니, 남자의 성기에 양기가 가득 찼다고 여겼을 것이다. 예로부터 벼락 맞은 대추나무를 벽조목(霹棗木)이라 불렀다. 양기를 지닌 대추나무에 엄청난 양기를 가진 벼락이 내리치면, 아무리 음기가 강한 귀신도 물리칠 수 있는 힘이 생긴다고 믿었다. 또한 벽조목은 돌보다 더 단단하고, 물에 가라앉는다. 혹시 벽조목이 진짜인지 궁금하다면 물에 담가 보면 쉽게 알 수 있다. 벽조목에 글자를 새겨 넣기는 어렵지만, 한 번 새기면 쉽게 마모되지 않는다. 억측일 수도 있지만, 벼락을 맞아 양기가 충만해진 성기를 먹으면 자신의 성기가 벽조목처럼 단단해질 것이라 믿었을 수도 있다.

사랑하는 사람을 빼앗겼다는 복수심, 사랑하는 사람을 위한 치료제, 정력 강화를 위해 어쩔 수 없이 벌인 일이라 할지라도 죽은 시신을 훼손한 것은 이유를 불문하고 절대 정당화될 수 없다. 불의의 사고로 목숨을 잃은 사람의 시신을 수습하고 가족에게 알리는 것은 인간으로서 당연히 해야 할 도리다. 그것이야말로 인간이 짐승과 다른 이유다. 그런데 자신의 욕심과 감정을 이기지 못하고, 잘못된 미신을 맹신하여 악행을 저지른 사람을 인간으로 간주하고 함께 살아간다는 것은 용납하기 어렵다. 이런 범죄자들은 사회를 어지럽히고 불안하게 만드는 악의 존재로, 반드시 이에 합당한 처벌을 해야 한다.

태종도 음경이 훼손당한 이 사건을 가볍게 여기지 않았다. 손가락과 음경을 잘라 간 사람을 찾아내 처벌하여, 다른 사람들에게 경계의 본을 보였다. 사자성어에 '인과응보(因果應報)'라는 말이 있다. 인과응보란 자신이 행동한 대로 대가를 받는다는 말이다. 타인을 고려하지 않고 자신의 이익과 행복을 위해 그릇된 행동을 한 사람에게는 마땅한 처벌이 내려져야 한다. 인과응보, 너무도 당연한 네 글자가 상식으로 통하지 않는 사회라면 분명 문제가 많은 사회이다. 최소한 나 자신과 후손을 위해서라도 사람이 사람답게 사는 세상, 정의가 바로 서는 나라를 만들어야 하지 않을까? 과연 우리가 사는 지금, 이 순간이 인과응보라는 당연한 순리가 지켜지고 있는 사회인지 생각해 볼 때다.

임금이 애지중지하던
왕자의 죽음과 한 무녀

刑曹請盲人巫女之罪。啓曰: "盲人卜者不精其業, 乃以誠寧延命啓聞。且國
巫加伊不能祈禳免禍; 巫女寶文不察病勢, 淫祀雜神於宮闈, 以致不測。請
皆置於法。" 命除盲人及加伊外, 寶文依律處罪。

형조에서 판수盲人 무녀巫女의 죄를 청하였는데, 아뢰기를, "판수로서
점치는 자들이 그 업業에 정미하지 못하여 이에 성녕대군誠寧大君이 목
숨을 연장한다고 계문啓聞[10]하였고, 또 국무國巫[11] 가이加伊는 능히 기양
祈禳[12]하여 화禍를 면하지 못하였고, 무녀巫女 보문寶文은 병세를 살피지
아니하고 궁위宮闈[13]에서 잡신雜神에게 음사淫祀[14]하여서 불측不測[15]한데
이르렀으니, 청컨대, 모두 법대로 처치하소서." 하니, 명하여 판수와
가이를 제외하고 보문은 율律에 의하여 죄를 처치하게 하였다.

– 태종실록 35권, 태종 18년(1418년) 2월 11일 임진 4번째 기사

---

10 계문: 신하가 글로 임금에게 아뢰던 일.
11 국무: 국가와 궁중에서 의뢰하는 굿을 담당하던 무당.
12 기양: 토속 신앙에서 복은 오고 재앙은 물러가라고 빎.
13 궁위: 궁중의 내전. 임금이 거처하는 집.
14 음사: 부정한 귀신에게 지내는 제사.
15 불측: 생각이나 행동 따위가 괘씸하고 엉큼함.

조선 건국 과정에서 가장 중요한 인물이 누구인지 묻는다면 크게 3명이 떠오른다. 고려 말의 명장으로 홍건적과 왜구에 맞서 큰 승리를 거두며 백성들의 지지를 받아 조선을 개국한 태조 이성계, 불교가 아닌 성리학을 바탕으로 조선 500년 기틀을 마련한 정도전이 있다. 여기에 결정적인 순간에 목적을 이루기 위해서라면 피도 눈물도 없이 과감하게 정적을 제거한 이방원도 조선 건국에 빼놓을 수 없는 중요한 인물이다.

이성계가 정적 정몽주에게 모든 것을 빼앗기는 것도 모자라 자칫 죽을 수도 있는 절체절명의 상황에서, 이방원은 선죽교에서 과감하게 정몽주를 죽였다. 이복동생 방석이 세자로 책봉되자, 형제들을 규합하여 제1차 왕자의 난을 일으켰다. 이성계가 살아있는 상황에서도 이복동생 방석과 방번을 살해하고, 조선 건국 과정에서 이성계와 떼어낼 수 없는 동지였던 정도전도 죽였다. 제2차 왕자의 난 이후 권력을 완전하게 장악한 뒤에도 태종 이방원은 왕권을 위협할 수 있는 외척의 발호를 막기 위해 처남 민무구를 비롯한 민무질 4형제를 모두 죽였다.

태종은 여기서 그치지 않았다. 세종이 즉위한 후에도 외척의 발호를 사전에 차단하기 위해 세종의 장인 심온에게 역적이라는 누명을 씌워 사사하였다. 태종은 자식에게도 엄격하여 왕의 자질이 부족하다고 생각한 양녕대군을 세자에서 내치고, 셋째인 충녕대군을 왕으로 앉힐 정도로 평생 냉철한 모습을 보여주었다.

이런 태종을 꼼짝할 수 없도록 만들 뿐만 아니라 자신이 원하는 것이라면 태종이 어떤 이유도 묻지 않고 모두 다 들어주게 만드는 인물이 있었다. 바로 태종과 원경왕후 사이에서 태어난 넷째 아들 성녕대군(1405~1418)이 그 주인공이다. 태종이 38살이라는 늦은 나이에 본 자식이기도 했지만, 왕이 되기 위해 치열한 삶을 살다가 비로소 안정적이고 여유로운 삶을 만끽할 때 낳은 성녕대군은 자식이 얼마나 소중한지를 알게 해주는 예쁜 아들이었다.

《조선왕조실록》에 나와있는 성녕대군 이종을 평가한 글을 보면, 태종과 원경왕후가 끔찍이도 사랑하여 항상 자신들의 옆에서 떠나지 못하게 했다고 표현하고 있다. 또한 '총명하고, 지혜롭고, 용모가 단정하고 깨끗하였으며, 행동거지가 공순(恭順)하였다'와 같은 칭찬만 가득하다. 여기에다 충성스럽고, 효성스럽고, 형제간에 우애가 타고났으며, 학문에 부지런하고 활을 잘 쏘는 등 문무에 모두 뛰어난 인물로 기록하고 있다. 태종의 사랑이 깊었던 만큼 성녕대군의 흠을 《조선왕조실록》에서 당최 찾기가 어렵다.

태종이 성녕대군을 얼마나 사랑했는지를 보여주는 일화가 있다. 성녕대군이 12살이 되던 해에 좌찬성 성억(1386~1448)의 딸과 혼인하기 위해 궁궐을 나와 말에 올랐다. 이때 말 고삐에 있던 장식물인 모식(毛飾)이 떨어졌다. 이에 화가 난 태종은 말을 관리하던 관청인 별안색(別鞍色)의 별감 이도를 파직시키고, 문태와 이대종에게는 태(笞) 50대를 때리는 형벌을 내렸다. 그리고 별안색을 공조에 흡수시켜 없애버렸다. 말 고삐에 묶은 장식물을 떨어뜨려 성녕대군의 혼사를 망치게 한 죗값으로는 너무 과한 처벌이었다.

태종이 그토록 사랑하던 성녕대군이 14살이 되던 해인 태종 18년(1418년) 1월 완두창에 걸렸다. 완두창은 지금의 천연두로 생존율이 매우 낮은 위험한 병이었다. 태종은 성녕대군을 살리기 위해 흥덕사에 승려와 무당을 불러 모아 부처와 산신에게 치병 기도를 드리게 했다. 당시는 불교와 무속 신앙에서 귀신에게 기도를 드리는 행위가 여러 폐단을 불러온다고 구복 행위를 금지하던 상황이었지만, 누구도 태종의 이율배반적인 행동에 감히 이의를 제기하지 못했다. 태종은 여기서 그치지 않고 왕명을 출납하는 승정원을 통해 점을 잘 보는 사람들을 모집하여 성녕대군의 병이 나을 수 있는지를 물었다.

조선의 통치 이념인 성리학에 어긋나는 일을 하면 가차 없이 처벌하던 태종이었지만, 자식의 생사 앞에서는 그도 한낱 연약한 인간이었다. 어떤 수단을 써서라도 사랑스러운 성녕대군을 살리고 싶어 몸부림을 쳤다. 이런 상황에서 어느 누가 성녕대군에게 안 좋은 일이 일어난다고 말할 수 있었을까? 혹시라도 성녕대군이 잘못되는 경우, 모든 책임을 져야 하는 상황이 초래될 수도 있었다. 그 결과, 점을 본 사람이나 점괘를 전달하는 관리 모두가 태종이 원하는 '성녕대군이 완쾌된다'라는 답변만 내놓을 뿐이었다.

하지만 성녕대군의 상태는 점점 더 악화되었다. 절박해진 태종은 부처님에게 성녕대군의 병을 낫게 해달라고 적은 '구병원장(求病願狀)'을 사찰에 보내는 등 갖은 노력을 다하였다. 태종에게 그 순간만큼은 그토록 많은 피를 흘려가며 얻은 조선보다도 성녕대군이 더 중요할 뿐이었다. 태종이 모든 정사를 놔버리고 성녕대군에게 매달리자, 당장 해결해야 할 국정 현안이 쌓여만 갔다. 박습 (1367~1418)은 태종이 정무를 돌보지 않자, 아들 박의보를 시켜 신문고를 치게 하는 고육지책을 펼 정도였다.

성녕대군이 완쾌되기를 바라는 태종의 마음과는 달리 성녕대군은 결국 병을 이기지 못하고 죽고 말았다. 모든 관헌은 성녕대군의 죽음에 화가 난 태종을 두려워하며 혹시라도 모를 책임에서 벗어나는 방법을 모색했다. 그들이 생각해 낸 가장 좋은 방법은 성녕대군의 병을 치료한 의원에게 책임을 떠넘기는 것이었다. 형조와 사간원은 성녕대군의 병을 치료한 양홍달과 원학 등 여러 의원이 완두창을 치료한 경험이 많은데도 제대로 병을 치료하지 못한 것은 불충한 마음을 품었기 때문이라 고했다.

하지만 태종은 의원에게 죄를 물어야 한다고 주장하는 관료들에게 성녕대군의 생사는 하늘에 달린 것이지 의원의 잘못이 아니라고 변호했다. 또한 의원 양홍달이 탄핵을 당할지도 모른다는 두려움으로 자신의 병을 제대로 치료하지 못하고 있음을 이야기하며, 추후 그들의 잘못이 밝혀지면 그때 가서 죄를 물어도 된다며 사건을 일단락했다. 태종은 사랑하는 자식을 먼저 보낸 슬픔에도 무엇이 옳고 그른지를 아는 국왕이었다.

태종이 성녕대군의 죽음으로 받은 충격에서 벗어난 것은 아니었다. 태종이 자식 잃은 슬픔에 밥 한 숟가락도 제대로 먹지 못하며 건강이 상하자, 영의정 유정현을 비롯한 모든 관료가 궁에 입궐하여 수라를 드셔야 한다고 간곡히 요청하였다. 이에 태종은 성녕대군이 아픈 이후로 옷을 갈아입을 힘도 없고, 잠도 통 이룰 수 없다고 토로했다. 수라를 들기 위해 자리에 앉아도 성녕대군의 얼굴이 눈에 선하여 도저히 먹을 수 없다고 슬픔을 이야기했다. 그래도 자신이 일개 촌부가 아닌 온 백성을 책임져야 하는 국왕이라는 사실을 너무도 잘 아는 태종은 관료들의 요청에 힘들더라도 꼭 수라를 들겠다고 약속했다.

하지만 자신의 말과는 달리 태종은 성녕대군을 잃은 슬픔을 이기지 못해 수라를 계속 들지 못했다. 성석린이 고기반찬이 있는 수라상을 바치면서 부모가 돌아가셔도 술과 고기를 먹는 것이 옛 제도라며 수라를 들기를 간청했으나, 태종은 앞으로 어찌 고기반찬을 먹을 날이 없겠냐며 식사를 거부했다.

태종이 식사를 제대로 하지 못하여 날로 기력이 쇠하자, 걱정에 휩싸인 관료들은 다시 형조를 내세워 맹인 점쟁이와 나라의 무당인 국무 가이, 그리고 무녀 보문을 처벌하자고 주장했다. 다른 사람에게 잘못의 책임을 떠넘기면, 죄책감이 줄어드는 사람의 심리를 이용한 것이었다. 태종은 의원에게 성녕대군의 죽음에 대한 책임을 묻지 말라고 하던 때와는 달리 형조의 주장을 일부 들어주었다. 맹인 점쟁이와 국무 가이를 용서하는 대신, 무녀 보문에게는 성녕대군이 죽은 죄를 물었다.

이후 태종은 성녕대군의 넋을 위로하기 위해 성녕대군이 생전에 살던 집을 사찰로 만들고자 했다. 하지만 도성 안에 절을 지어서는 안 된다고 주장하는 하연(1376~1453)을 비롯한 여러 관료의 말에 어쩔 수 없이 성녕대군의 분묘 근처에 절을 짓는 것으로 한 발 뒤로 물러났다. 이것만으로는 성녕대군을 먼저 보낸 미안함을 이기지 못했는지, 태종은 진관사에서 수륙재(水陸齋)[16]를 열었다. 태종은 수륙제에서 성녕대군을 위해 쓴 제문을 다 읽지 못하고 흐느껴 울었다. 성녕대군에게 내린 교서에는 자식 잃은 아버지의 아픔이 고스란히 담겨있다.

"아아! 목숨의 길고 짧은 것은 타고난 천명이니 바꿀 수 없고, 부자의 지극한 은정은 본래 천성이니 그만둘 수가 없다. (중략) 이제 14세인데 일찍이 하루라도 나의 좌우를 떠난 적이 없다. 내가 수라를 들고자 하면 네가 반드시 먼저 맛보았고, 내가 활 쏘는 것을 구경하고자 하면 네가 반드시 수행하여 모든 기거에 있어 반드시 너와 함께하였는데, 이제는 무엇으로 마음을 잡겠느냐? 아아! 슬프다. 모습이 단정하고 깨끗하여 아무런 흠이 있지 않았으며, 총명하고 온아하고 효제함이 그 행동이었고, (중략) 장차 어른이 되어 나의 늙어가는 모습을 위로하리라 여겼는데, 아아! 이제 그만이니 어찌해야 한다는 말인가?

네가 처음에 병들었을 적에 어린아이들의 보통 일이라 생각하였으나, 병이 이미 위독하여져 비록 후회하였지만 어찌 미칠 수 있었겠는가? (중략) 희디흰 너의 얼굴이 항상 눈에 선하고, 낭랑한 너의 목소리는 아직도 귓전에 쟁쟁하다. 아아! 슬프다. 나와 중궁이 너의 죽음을 통곡하나 이제 그만이로다. 너는 효성으로써 죽음에 임하여서도 어버이를 생각하였으니 한(恨)을 먹음이 구천 지하에서도 그만둠이 있

---

16 수륙재: 물과 육지의 홀로 떠도는 귀신들과 아귀餓鬼에게 공양하는 재.

겠는가? (중략) 목숨의 길고 짧은 운수는 실로 하늘에서 나오고 너의 죄가 아니니, 네가 그것을 어찌 한하겠느냐? 나는 너의 아비가 되지만, 옆에서 옷과 이부자리를 볼 수 없었고, 빈소에서 관을 어루만져 보지 못하고, 무덤에서도 자리에 임할 수 없으니, 임금으로서도 도리어 필부의 자식 사랑함과 같지 못하도다.”

수륙재를 행한 이후에도 태종은 성녕대군을 잃은 아픔을 이기지 못했다. 예문관 대제학 변계량을 불러 귀신의 이치를 물으며, 넋이 된 성녕대군을 걱정했다. 이와 함께 성녕대군을 죽게 만든 이들에게 책임을 묻기 시작했다. 우선 성녕대군의 병세를 제대로 말하지 않았다는 이유로 의원 양홍달을 파직했다. 무녀 보문은 두창에 걸리면 술과 음식으로 귀신에게 제사를 지내서는 안 된다는 사실을 어겼다며 교형에 처했다. 이내 자신의 처벌이 과했다고 생각한 태종은 처벌 수위를 낮추어 보문을 경상도 울산 관비로 유배보내버렸다. 하지만 보문은 울산에 도착하기도 전에 성녕대군을 모시던 사람들에게 맞아 죽었다. 이런저런 방법으로 마음을 가까스로 추스른 태종은 성녕대군이 죽은 지 35일 만에야 고기반찬이 있는 수라를 간신히 먹을 수 있었다.

태종의 자녀 사랑이 얼마나 대단했는지를 보여주는 성녕대군의 죽음은 임금이라도 필부의 아버지와 다를 바 없다는 사실을 보여준다. 그러나 한편으론 인과응보라는 생각도 들게 한다. 자식이 병에 걸려 죽는 슬픔을 이기지 못해, 태종은 한 달이 넘도록 제대로 식사도 하지 못했다. 성녕대군의 완쾌를 위해 한시도 떨어지지 않고, 밤낮으로 병간호를 한 의원과 하늘에 치성을 드린 무녀는 고생했다는 위로가 아닌 처벌을 받아야 했다. 그리고 태종이 정무를 돌보지 못해 국가는 큰 피해를 보았고, 이후로도 죽은 성녕대군을 위한 제례를 벌이느라 많은 비용을 지출해야 했다.

그런데 불과 20년 전인 태조 7년(1398년)에 이방원은 권력을 장악하기 위해 벌였던 제1차 왕자의 난에서 어린 이복동생 방석과 방번을 죽였다. 더욱이 태조 이성계가 살아있는 상황에서 유배 가는 이복동생들을 살해하여, 객귀가 되는 신세를 만든 장본인이 태종이었다. 수십만 명의 적군을 벌벌 떨게 하던 이성계는 자식들이 죽어가는 모습에 망연자실하여 아무것도 하지 못했다. 자기가 낳은 형제끼리 싸우고 죽이는 모습을 보면서 제정신을 차리지 못했다. 그렇다고 친자식인 이방원을 죽일 수도 없었다. 아마도 병으로 성녕대군을 잃은 태종보다 태조의 마음은 열 배, 천 배 아닌 만 배 이상으로 아프게 찢어지고 뭉그러졌을 것이다.

태조는 슬픔을 오로지 홀로 이겨내야 했다. 모든 권력이 태종 이방원에게 넘어간 상황에서 죽은 방석과 방번을 위한 어떤 행동도 할 수 없었다. 방석과 방번을 위로하는 행위는 자칫 내전으로 이어져서, 자신이 건국한 조선을 무너뜨릴 수도 있었기 때문이었다. 더욱이 이방원과의 싸움에서 이긴다고 하더라도, 부모로서 자식의 죽음을 또 봐야 하는 아픔을 견뎌야 한다는 사실을 태조가 모를 리 없었다. 그래서 순순히 왕위를 이방과(정종의 본명)에게 물려주고, 고향으로 내려간 것이었다. 자신이 가장 사랑했던 강비의 무덤이 한양에 있다는 사실도 자식을 잃은 슬픔 앞에서는 다 부질없었다.

태종은 성녕대군의 죽음 앞에서 아버지 태조에게 자신이 주었던 아픔을 떠올렸을까? 방석과 방번이 죽었을 때 아버지가 얼마나 비통한 심정이었는지 헤아려 보았을까? 아마도 아니었을 것이다. 모든 사람은 타인의 고통과 아픔보다는 나 자신의 고통과 아픔을 더 크게 느끼기 때문이다. 보통 사람들은 자신의 잘못을 합리화하는 과정에서 자신의 사정을 타인이 알면 이해해 줄 것으로 생각한다. 반면 타인이 자신에게 준 고통과 아픔에 대해서는 비난하고 책임을 끝까지 묻고자 한다. 태종도 자신이 아버지에게 준 아픔은 기억하지 못하고, 자식을 잃은 슬픔에 빠져 힘들어했다. 그렇다면 태조 이성계는 하늘에서 자식 잃은 태종을 어떤 눈으로 바라봤을까? 그리고 어린 나이에 하늘로 온 손자를 어떤 마음으로 만났을까?

조선시대에도
사이비 종교가 있었다?

乙亥/有人書往古被誅將姓相名於紙, 懸之木竿, 號稱豆朴神。【豆朴, 俗語
顚仆之聲。】 每里轉相倣效, 愚民驚惑, 以次祀之, 爭出紙布, 不少吝惜, 龍
仁縣守張莪執而燒其紙榜。上聞之曰: "不圖當世有此怪事。"卽遣少尹李補
丁、副正閔孝懽, 往推始爲妖神者, 若有所問, 勿論其職, 直行拷訊。補丁等
承命推覈, 至陽城, 乃得始作之人姜流豆、朴豆彦、崔雨。

어떤 사람이 지난 옛날에 참형당한 장수와 재상들의 성명을 종이에
써서 장대木竿에 걸어 놓고 두박신豆朴神이라고 호칭하므로, 동리마다
전해 가면서 서로 모방해서, 어리석은 백성들이 놀라며 의혹해서 제
사를 지내는 데에 이르렀는데, 종이와 베布를 다투어 가면서 내어놓
기를 조금도 아끼지 않았다.

용인 현수龍仁縣守 장아張莪가 이를 잡아서 그 지방紙榜[17]을 불살라 버렸
는데, 임금이 이를 듣고 말하기를, "오늘날 세상에 이런 괴상한 일이
있을 줄 생각하지 못했다." 하고, 즉시 소윤少尹 이보정李補丁과 부정副
正 민효환閔孝懽을 보내어 가서 처음 요망한 귀신을 만든 자를 추핵推
覈[18]하게 하고, 만약에 소문이 있더라도 그 벼슬을 물론하고, 바로 고
신拷訊[19]을 행하게 하였다. 보정 등이 명령을 받들어 추핵하여 양성陽

---

17 지방: 종잇조각에 지방문을 써서 만든 신주神主.
18 추핵: 죄인을 추궁하여 죄상을 조사함.
19 고신: 숨기고 있는 사실을 강제로 알아내기 위하여 육체적 고통을 주며 신문함.

城[20]에 이르러서야, 처음으로 만든 사람인 강유두姜流豆·박두언朴豆彦·
최우崔雨를 잡았다.

– 세종실록 72권, 세종 18년(1436년) 5월 10일 을해 1번째 기사

20 얍성: 경기도 안성 지역의 옛 지명.

우리나라에 존재했거나 현재도 존재하는 종교의 수는 몇 개나 될까? 김홍철 교수가 출간한 《신종교대사전》을 보면 동학 이후 최근까지 우리나라에서 만들어지고 없어진 종교 수가 900여 개에 이른다고 한다. 김홍철 교수가 교단에 대해 자세하게 설명한 500여 개 종교와 교단의 이름과 창립자만 간단히 소개한 400여 개 종교 중에서 현재까지 이어지는 종교는 50~60개 정도로 파악되고 있다. 불과 150년이라는 짧은 시간 동안 900여 개의 종교가 나타나고 사라졌다면, 5,000년의 기나긴 역사에서 나타났다 사라진 종교는 얼마나 될까?

아마 우리가 상상도 하지 못할 정도로 많은 종교가 만들어지고 사라졌을 것이다. 이들 중에는 참된 교리로 오랜 세월 사람들의 힘든 마음을 어루만지고 용기를 불어넣어 주는 종교도 있었겠지만, 사람들을 불안하게 만들어 개인의 사리사욕을 채운 사이비 종교도 많았을 것이다. 그렇다면 신생 종교가 사이비 종교인지 아닌지를 판단하는 잣대는 무엇일까? 사이비 종교의 전형을 잘 보여주는 사건이 세종 때에 있었다.

세종 18년(1436년)에 기존에 없던 신을 만들어 사람들을 현혹하여 재물을 뜯어가는 사이비 종교가 등장했다. 신흥종교를 만든 이들은 사람들에게 널리 알려진 장수나 재상 중에 참형을 당한 사람의 이름이 적힌 종이를 장대에 걸어 두었다. 그리고 조선 정부에 의해 참형당해 죽은 사람들을 두박신이라 명명하고, 이들에게 복을 빌거나 액운을 막아달라고 기원하였다. '두박'이란 단어가 사람이 엎어질 때 나는 소리를 말하는 것이어서, 이들은 아마도 장대에 큰 소리가 나는 장치를 설치하여 사람들을 속였을 것으로 짐작된다. 이들이 유명한 인물이면서 억울하게 죽은 장수나 재상의 이름을 외칠 때, 어디선가 정체를 알 수 없는 큰 소리가 들린다면 사람들은 두려워하지 않았을까? 거기에 기가 막히는 달변가가 사람들의 눈과 귀를 홀린다면 말이다.

두박신이 등장한 때가 세종이 열정적으로 국정을 운영하던 시기였다. 세종이 통치하던 시기는 많은 문물이 발달하고 사회가 안정된 시기로 우리는 알고 있지만, 그 당시를 살았던 사람들도 그렇게 여겼을지는 다시 한번 생각해 봐야 한다. 조선이 건국되기까지 백성들은 홍건적과 왜구의 침입을 받으며 고통에 신음했다. 1350~1392년까지 왜구가 침입한 횟수만 따져도 500회를 넘는다.

조선이 건국되는 과정에서도 최영, 정몽주와 같은 고려의 충신이 죽었고, 왕자의 난으로 정도전, 남은 등 개국 공신들도 사라졌다. 세종 때에도 4군 6진을 개척하는 과정에서 많은 이들이 전쟁터에서 죽었다. 승리한 이후에는 사민 정책의 일환으로 많은 백성이 강제로 고향에서 쫓겨나 삶의 터전을 북쪽으로 옮겨야만 했다. 이 과정에서 일부 백성들은 여전히 나아지지 않는 힘든 삶에 조선을 원망했고, 조선 건국을 반대하다가 죽어간 장수나 재상을 그리워했다.

우리는 세종을 인자한 왕으로 기억하지만, 나라 경영에 있어서는 과감하고 단호한 결정을 많이 내린 왕이기도 하다. 세종의 재위 기간이 길기도 했지만, 조선 27명의 왕 중에서 가장 많은 사형을 집행한 국왕이다. 세종은 재위 기간에 무려 400회가 넘는 사형을 집행했다. 그중에는 사지를 찢어 죽이는 잔혹한 능지처참도 무려 60여 회나 되었다.

무엇보다 안정적인 생활을 원하던 백성들은 조선이 건국되고 44년이라는 시간이 흘렀어도 삶에 큰 변화를 느끼지 못했다. 여전히 젊은 남자들은 전쟁터로 끌려갔고, 여인들은 남편이 살아 돌아오기만을 하염없이 기다렸다. 또 잦은 가뭄으로 삶은 피폐했다. 사실 우리나라 역사에서 모든 사람이 배를 곯지 않고 가장 부강하게 산 시대가 지금이라는 점을 생각해 본다면, 아무리 태평성대라 불리는 세종의 치세였을지라도 많은 백성이 어려운 삶을 살았으리라는 것을 어렵지 않게 유추할 수 있다.

그래서일까? 세종 때에는 도적도 많았다. 얼마나 많은 도적이 설쳤는지 왕실 재산을 관리하는 내탕고의 술잔과 제사를 담당하는 봉상시의 제기를 도둑맞을 정도였다. 이에 세종은 도적으로 인해 사회가 혼란해지는 것을 막고자 나쁜 짓을 저지른 사람들을 강력하게 처벌하였다. 예를 들어 1439년에는 미집행 사형수가 190명에 이를 정도로 많은 범죄자가 처벌을 기다리고 있었다. 이 시기의 세종은 도적이 횡행하는 것이 자신의 부덕 때문이라고 자책할 정도였다. 그리고 죄수들의 형량을 감형하겠다는 뜻을 비치기도 하였다.

이에 일부 백성들은 현재 삶의 어려움을 호소하고 미래를 불안해했다. 이를 틈타서 불안한 사람들의 마음을 이용해 사리사욕을 채우는 신흥종교가 등장했던 것이다. 두박신을 내세운 이들은 억울하게 죽은 장수와 재상의 이름을 장대에 걸어 놓고 커다란 소리를 울리는 조잡한 방식을 썼지만, 이를 본 많은 사람이 두박신의 존재를 믿었다. 두박신을 믿고 두려워한 사람들은 장대에서 큰 소리가 울리는 순간 종이와 베를 제물로 앞다투어 내면서도 하나도 아까워하지 않았다.

세종은 사이비 종교가 미치는 해악을 경계했다. 또한 커다란 사건이 아닌 작은 일이 원인이 되어 모든 사회질서가 무너질 수 있다는 것을 너무도 잘 알았다. 세종은 사회에 불안감이 퍼지는 일을 미리 차단하고자, 신을 팔아 사리사욕을 채우는 강유두·박두언·최우를 잡아들여 처벌하였다.

2006년 발표된 유영권 교수의 논문에 따르면 현재 대한민국 국민 중 100만 명 이상이 200여 종의 사이비 종교에 빠져 있다고 한다. 종교와 사이비 종교의 차이점이 무엇이고, 시대를 넘어 한국에 유독 사이비 종교가 많은 이유는 무엇일까?

이를 알기 위해서는 우선 우리나라의 종교 기원부터 살펴봐야 한다. 원시 종교는 크게 3가지로 나뉜다. 신과 인간을 연결해 주는 매개체를 인정하는 샤머니즘, 해와 달과 같은 자연물에 정령이 있다고 믿는 애니미즘, 특정 동식물을 자신과 연결하여 특별한 의미를 부여하는 토테미즘이 있다. 우리가 가장 잘 알고 있으면서 우리 민족 최초의 종교를 엿볼 수 있는 단군신화는 샤머니즘과 토테미즘의 결합에서 만들어졌다. 그러나 시간이 흘러 삼국시대에 들어서부터 사람들이 합리적인 이성을 바탕으로 사회를 판단하는 능력이 향상되면서 토테미즘은 쇠퇴했다. 사람들은 곰과 호랑이를 자신들의 선조라고 더는 믿지 않았다. 다만 왕족만이 용과 결부해 자신들의 특권을 강화하면서 왕족이 아닌 다른 신분이 특정 동물과 연결하는 일을 반정과 역모를 일으키는 위험한 일로 간주하여 처벌하였다. 이로 인해 일반 백성에게 남은 종교는 샤머니즘뿐이었다.

늘 어렵고 힘든 생활을 해야 하는 백성들은 위정자들에게 선정을 바랐지만, 돌아오는 것은 가렴주구였다. 늘 가진 것을 빼앗겨야 했고, 굶주림과 전쟁에서 가족을 잃어야 했다. 백성들은 누구에게라도 하소연하고 도움을 받고 싶었다. 시원하게 넋두리를 털어놓고 위안받고 싶었다. 매번 뜻대로 안 풀리는 상황을 내 탓이 아닌 조상을 비롯한 타인의 잘못으로 넘기거나, 신의 대리인인 무속인에게 잘 될 것이라는 확신을 받고 싶었다. 그리하여 지금까지 샤머니즘은 이어지고 있다.

실제 신이 존재하는지에 대한 논의를 배제하더라도, 수천 년 동안 샤머니즘은 우리 선조들의 삶에 많은 영향을 미쳤다. 샤머니즘은 사람들을 위로하고 격려해 주는 순기능도 있지만, 사람들에게 불안감을 조성하여 재물을 갈취하는 역기능도 있다. 세종 때에 기존에 없던 두박신을 만들어 사회를 혼란하게 했던 이들은 샤머니즘의 역기능을 이용하여 사리사욕을 채운 사이비 교주였다.

사이비 교주들은 기본적으로 타인에게 인정받는 것을 좋아하며, 자기애가 무척 강한 사람들이다. 이들은 평범한 사람들과 달리 자신을 과대 포장하여 특별한 사람으로 대접받기를 원한다. 이런 모습을 '자기애성 인격장애'라고 말한다. 자기애성 인격장애를 지닌 사람은 자신이 매우 중요한 인물이라는 과대망상을 가지고, 타인에게 우월한 존재로 인식되기를 기대한다. 그렇기에 이들은 타인의 감정에 관심을 두지 않고, 아주 특별한 대우를 받기 바라며 거만하고 도도한 행동이나 태도를 보인다. 그중에서도 가장 큰 문제는 자신의 목적을 위해 타인을 이용하는 데 망설임이 없다는 점이다.

그런데 두박신을 만들어 사리사욕을 채우던 이들은 한술 더 떴다. 조선 건국을 부정하며 현 상황에서 더는 희망이 없음을 강조하여, 사람들에게 잠재되어 있던 불만이 한곳으로 향하도록 대상을 확고하게 제시했다. 이런 경우 사람들은 개인의 신변과 관련된 문제가 해결되기만을 바라는 것을 넘어, 점차 사회 구조적인 문제를 거론하며 세상이 변하기를 바라게 된다. 특히 사회와 국가로부터 어떤 보살핌은커녕 차별과 억압을 당한다고 느끼는 사람들에게 불만을 표출할 대상을 만들어주는 행위는 아주 큰 파장을 일으킨다. 힘든 삶을 살아가는 이들은 사이비 교주가 자신들의 아픔을 읽어주고 현재의 기득권을 가진 위정자를 같이 비난해 주는 과정에서 소속감을 느끼게 된다. 이들은 사이비 교주를 중심으로 똘똘 뭉쳐 안정감을 얻고, 새로운 돌파구를 마련하고자 한다.

정행업 교수는 "한국인은 운명에 맞서 도전하려는 것보다는 운명에 순응하여 안주하려고 하는데, 이러한 운명 신앙은 개인적, 사회적 어려움에 맞닥뜨릴 때 퇴행하여 은둔하는 경향이 있다. 또한 기복 심성이 있어 축복을 내리는 일을 남발하고 있다. 사이비 이단을 주도하는 자들은 신비를 무기로 하여 사람들을 미혹한다. 많은 교주가 투시, 예언, 안찰, 안수, 방언, 축사, 환상, 치병, 입신 등의 신비 능력을 자랑한다. 그리고 한국인은 교주에게 전적으로 의존하는 맹목적인 의존성을 보인다."라며 사이비 종교와 한국인의 특성을 제시했다.

정행업 교수의 말을 보았을 때, 그동안 사이비 종교에 대처했던 우리의 모습에 비로소 고개가 끄덕여지면서 이해되는 측면이 많다. 기이한 현상에 의미를 더 많이 부여하고 생활하던 조선시대였던 만큼, 세종은 사회불안을 조성하는 강유두와 박두언 일당을 체포하여 처벌해야만 했다. 특히 조선의 새로운 제도에 적응하지 못하고, 고려를 그리워하는 사람이 아직도 남아있음을 아는 상황이라면 더욱더 강력한 대응이 필요했을 것이다.

현재도 마찬가지다. 종교의 역할과 기능이 과거보다 많이 약해졌다고 하나, 지금도 많은 사람이 종교를 통해 위안을 받고 힘을 얻는다. 신을 내세워 사람들을 괴롭히며 못된 짓을 하는 사람도 여전히 존재한다. 이들의 말에 현혹되어 개인의 삶이 무너지거나 사회와 국가가 위태롭게 되는 일들이 우리가 생각하는 것보다 많이 일어나고 있다. 이런 대표적인 사이비 종교로, 일제강점기 시절 자신을 신의 아들이라고 강조하며 불로장생과 부귀영화를 약속한 백백교가 있다. 백백교는 주문을 외우면 금이 쏟아진다는 금광 사기극을 통해 신도들의 재산을 갈취하고, 자신을 의심하는 400여 명의 신도를 죽이는 만행을 저질렀다.

가장 최근에는 세계인의 삶을 크게 위협하는 코로나19의 국내 확산을 막기 위해 모두가 노력하고 있을 때, 방역 활동을 방해하는 행동으로 전 국민의 공분을 샀던 신천지를 들 수 있다. 신천지가 영국, 중국, 캐나다 등 해외에서도 피해를 주고 있다는 사실이 전

세계에 알려지면서 대한민국의 격이 낮아졌다. 이로 인해 국민과 국가에 엄청난 피해가 발생했다. 이 외에도 교주 자신을 '아가야'라고 지칭하면서 3살짜리 아기이자 신이라 말하고, 신도들의 노동력을 착취하면서 나체로 춤추게 했던 '아가동산', 사채 이자를 감당하지 못한 교주가 32명의 신자를 집단 자살하게 만든 '오대양' 등 여러 사이비 종교가 등장하여 우리를 놀라게 하였다.

신의 존재 여부를 떠나 종교가 가진 순기능은 사람들의 힘든 마음을 위로하고, 다시 일어설 수 있는 용기를 주는 것이다. 하지만 어떤 종교도 모든 사람의 마음을 달래고 어루만질 수 없다. 또한 사람이 신의 말을 전하고, 교단을 운영하는 과정에서 여러 잘못이 나올 수밖에 없다. 특정 종교가 오랜 역사와 많은 신도를 가지고 있다고 해서 늘 올바른 길을 걷는다고 생각해서는 안 된다. 교단이 잘못된 길로 가고 있을 때 잘못을 인정하고 바로 잡으려는 노력을 기울이는 종교야말로 모두에게 존중받고 존경받을 자격이 있다. 우리는 소수의 교인보다는 모두와 함께 올바른 길을 가려는 종교, 자신의 믿음만큼 타인의 믿음도 존중해주는 종교를 바라고 있다.

종교의 자유, 믿음의 자유를 국가가 간섭하고 제약할 수 있는가 하는 문제는 인류가 수천 년 동안 풀지 못한 숙제다. 다만, 종교가 선량한 사람에게 피해를 주고 난 다음에 문제를 해결하기보다는 우리 스스로 사이비 종교를 구분할 수 있는 능력을 키워야 한다. 두박신을 믿고 재물을 바치던 선조들을 바람직하지 않게 여기는 우리의 시선처럼, 훗날 우리 후손들이 오늘날을 부정적으로 바라보지 않기를 바란다면 말이다.

조선판 부부클리닉,
남편은 죄가 없고 아내는 참아야 하느니라

問祀神之禮, 答曰, "國有神堂, 人畏之不得近而視之, 若有嫌人, 則憑巫人祝神, 巫傳神語曰, '當焚其家.' 即起神火, 只焚其家, 暫不延燒隣家, 其可畏如此. 若男夫因酒虐妻, 妻即入神堂, 則國家即斬其男夫, 不斬則投諸遠島, 故男夫畏妻如虎。

신神에게 제사하는 예禮를 물으니, 대답하기를, '나라에 신당神堂이 있는데 사람들이 무서워하여 가까이 가서 볼 수 없으며, 만약 남에게 혐의嫌疑가 있으면 무당巫人에게 부탁하여 신神에게 축원祝願하는데, 무당이 신神의 말을 전傳하기를, "마땅히 그 집을 불태워야 한다." 하면, 즉시 신神의 불이 일어나서 다만 그 집만을 불태우고 잠시라도 그 이웃집으로 불이 옮겨붙지는 않으니, 그것이 두렵기가 이와 같다. 만약 남편이 술로 인하여 아내를 학대虐待하여 아내가 곧 신당神堂으로 들어가 버리면, 나라에서 즉시 그 남편을 목 베는데, 목 베지 않으면 먼 섬에다 던져 놓기 때문에 남편이 그 아내를 호랑이처럼 무서워한다.

– 세조실록 27권, 세조 8년(1462년) 2월 28일 계사 4번째 기사

✟

    인류는 한곳에 정착하는 신석기 시대부터 삶의 모든 것이 크게 달라졌다. 수렵과 이동 생활을 하며 동물과 크게 다르지 않게 생활하던 시대에는 모계 위주로 무리 생활을 하며 살아갔다. 여성보다 상대적으로 근력이 센 남성이 먹이를 구하기 위해 사냥과 채집을 나가는 일은, 생명을 걸어야 할 만큼 위험한 일이었다. 실제로 사냥을 나갔다가 돌아오지 못하는 경우도 많았다. 결국 어린아이들을 외부의 적으로부터 지키고, 병이나 굶주림에 죽지 않도록 무리를 보살피는 일은 여성의 몫이었다. 여성은 무리를 유지하여 생존하기 위한 매우 중요한 역할을 담당하면서 자연스럽게 무리를 이끄는 지도자가 되었다. 그러나 농경 생활이 시작되면서 남성은 위험한 사냥을 무리해서 나갈 필요가 없어졌다. 남성이 농경사회에서 식량을 생산하는 데 있어 중요한 역할을 담당하게 되면서, 무리 내의 중요성이 높아졌다. 그 결과 지도자의 역할이 여성에게서 남성으로 넘어왔다.

    이후 남성은 지도자로서의 권위를 지키기 위해 필요 이상으로 여성을 억압했다. 시간이 흐를수록 가부장적 사회가 형성되었고, 남성이 여성보다 우월하다는 인식이 전 세계적으로 보편화되었다. 사회의 가장 하부 조직인 가정에서도 남성은 부부간의 위계질서를 강조하며 우월성을 내세웠다. 이런 현상은 동서고금을 막론하고 거의 모든 시대와 지역에서 진행되었고, 오늘날에도 여전히 남성 위주로 운영되는 사회와 국가가 남아있다.

그래도 최근에는 남성우월주의가 많이 깨지고 변화되고 있다. 한 사례로 오랫동안 지속되어 온 남성 위주의 사회를 풍자하고 비판하는 영화들이 많이 제작되고 있다. 대표적인 영화로 니콜 키드먼이 주연으로 열연했던 〈스텝포드 와이프〉가 있다. 이 영화는 가부장적 사회의 삐뚤어진 모습을 풍자함으로써, 당연하게 여기던 기존 질서와 가치관이 과연 정당한지 생각해 보는 시간을 준다.

〈스텝포드 와이프〉에서 니콜 키드먼(Nicole Kidman)이 연기한 조안나는 소위 잘나가는 여성 방송인이었다. 그러나 자신이 기획한 프로그램이 선정적이라는 비판을 받으면서, 직장에서 쫓겨나 코네티컷의 작은 마을인 스텝포드로 이사하게 된다. 스텝포드에 사는 여성들은 그들만의 독특한 문화를 가지고 있었다. 여성은 남편을 실망시키지 않으려고 늘 원피스와 하이힐로 자신들을 가꾸는 것을 당연하게 여기며 자랑스러워했다. 남편도 아내를 소유물로 여기며 자신의 뜻대로 아내가 움직이는 것을 자랑거리로 여겼다. 이런 가부장적 사회에 불만을 표출하고 비판하던 조안나와 남편 월터도 어느새 이들과 같은 행동을 하며 동화된다. 이 영화에서 우리는 오늘날 서구 사회도 가부장적 요소가 여전히 남아있음을 알 수 있다. 또한 많은 이들이 남성우월주의를 벗어나야 한다고 주장하는 사실도 알 수 있다.

중국의 영향을 많이 받은 동아시아도 오랫동안 가부장적 사회를 이끌어온 만큼 남성의 권위가 무척이나 강하다. 특히나 정치·사회에 막대한 영향을 미친 유교는 남성과 여성을 차별하며 가부장적 사회를 지향했다. 심지어 남성이 폭력을 통해 여성을 억압하는 것이 어느 정도 용인되기도 했다. 남존여비라는 개념은 한·중·일을 비롯한 아시아 여러 국가에 정착되었다. 그러나 중국과 바다를 두고 멀리 떨어진 유구(流求)는 유교 문화가 상대적으로 덜 유입되면서 가부장적 모습이 강하지 않았다.

유구는 일본 오키나와현에 있던 옛 왕국으로 동북아시아와 동남아시아를 잇는 해상로에 있는 나라였다. 15세기에 통일 왕국을 이룬 유구 왕국은 우리나라와 중국에 조공을 바치며 자신만의 독자적인 문화를 가지고 있었다. 1879년 일본의 침략으로 멸망하기까지 독립을 유지한 왕국이었던 만큼 조선은 유구 왕국의 정보를 수집하며 관리하였다. 그 과정에서 너무도 다른 유구 왕국의 문화에 조선은 놀라워했다. 그중 하나가 부부 관계였다.

가부장적 사회였던 조선은 유구 왕국의 부부 관계를 이해하기 어려웠다. 남편에게 매를 맞은 아내가 신당에 들어가 도움을 요청하면, 국가가 남편을 처형하거나 머나먼 섬에 내다 버리는 유구 왕국의 문화에 조선은 놀라움을 금치 못했다. 고려시대와 다르게 여성의 권리를 빼앗으며 남성 위주의 사회를 만들어가는 조선으로서는 상상도 할 수 없는 일이었다.

그렇다면 조선에서 부부간의 폭행이나 살인이 일어나면 어떻게 처리했을까? 우선 가해자가 남성이냐 여성이냐에 따라 처벌이 달라졌다. 조선은 중국 대명률(大明律)을 토대로 범죄를 저지른 사람들을 처벌했다. 대명률에 따르면 아내가 남편을 때리면 상처가 나지 않았더라도 장(杖) 100대의 처벌을 내렸다. 이러한 처벌은 코와 귀를 훼손하거나 뼈에 금이 갈 정도로 구타한 사람에게 내리는 형벌

수준이었다. 만약 아내에게 구타를 당한 남편이 병에 걸릴 정도로 상해를 입으면 아내는 교형에 처해졌고, 남편이 사망하면 아내의 목을 베는 참형을 구형했다. 아내가 의도한 살인의 경우에는 이유를 따지지 않고 사지를 찢어 죽이는 능지처참에 처했다.

반면 남편이 아내를 때렸을 때는 뼈가 부러지는 중상이 아니라면 처벌받지 않았다. 더러 뼈가 부러질 정도로 심한 상해를 입더라도 일반 상해 사건의 처벌 수위에서 2등급을 감해주었다. 예를 들어 조선시대는 눈과 귀에서 피가 나거나 피를 토할 정도로 내장이 손상되는 폭행을 저지른 사람에게 장 80대를 때렸다. 그러나 아내가 피해자인 경우에는 물건으로 상해를 입힌 사람에게 내려지는 태 40대와 똑같은 형벌이 내려졌다. 남편이 교형에 처해지는 것은 아내를 죽였을 때뿐이었다.

남성과 여성의 처벌 수위의 격차는 조선 전기에서 후기로 갈수록 더욱 심하게 벌어졌다. 성리학이 강조하는 가부장적 질서가 사회에 뿌리내리면서, 남편의 폭력은 아내를 죽이지만 않으면 용납되고 묵인되었다. 특히 조선 후기에는 남편에게 맞아 뼈가 부러지는 큰 상해를 입어도, 아내가 직접 관아에 신고하지 않으면 조사와 처벌이 이루어지지 않았다. 남편의 폭행이 사회적으로 묵인되는 상황에서 아내가 관아에 신고한다는 것은 실질적으로 불가능한 일이었다. 문제는 양반 계층보다 교육을 제대로 받지 못하고 생활이 어려운 하층민에게 가정 폭력이 더 많이 일어난다는 사실이었다. 배움이 짧아 가정 폭력에 대처하는 방법도 모르는 하층민 여성은 자신에게 신고할 권리가 있는지도 몰랐다. 혹은 신고할 수 있다는 것을 알더라도 신고하는 여성이 거의 없었다. 오늘날처럼 격리 조치 등의 피해자 보호 장치가 없었고, 이혼도 불가능한 상황이었기 때문이다.

그나마 양반 계층에서는 친정 식구들에 의해 남편 폭력에 저항할 수 있는 기반이 조금은 마련되어 있었다. 태종 때 이종무의 대마도 정벌을 계획·지원하고, 세종 때는 집현전의 대제학으로 활동했던 변계량(1369~1430)이 태종 12년(1412년)에 사헌부의 탄핵을 받고 사직을 청한 일이 있었다. 변계량은 이촌의 딸과 결혼했으나, 아내와 사이가 좋지 않았다. 그는 보기 싫은 아내를 방에 가두고, 창구멍을 통해 음식물만 넣어주었다. 이촌은 자신의 딸이 화장실도 가지 못하는 등 학대당한다는 사실에 매우 분개하며 사헌부에 변계량을 고발하였다.

변계량은 태종에게 다른 아내를 얻은 일로 장인 이촌(李村)에게 고발당했다고 변명하였다. 그러면서 아내와의 불화로 문제를 일으킨 데다 자신의 병이 더욱 심해졌으니 관직에서 물러나겠다는 의사를 밝혔다. 이에 태종은 "비록 성인이라도 작은 허물이 있는 것을 면치 못하거든, 하물며 그 아래 가는 사람이겠는가? 만일 지금 변계량을 파직하면 문한(文翰)의 임무를 누가 감당하겠는가?"라며 변계량의 가정 폭력을 묵인하였다.

태종의 말과 행동에서 알 수 있듯이 조선시대는 남성이 가하는 가정 폭력을 크게 문제 삼지 않았다. 가정 폭력은 있을 수 있는 작은 허물이라고 말하며, 남성의 사회적 능력을 더욱더 높게 평가하였다. 왕조차도 가정 폭력을 개인의 사소한 일로 치부할 정도였으니, 아랫사람들이 가정 폭력을 어떻게 생각했을지는 굳이 말하지 않아도 알 수 있다. 그나마 변계량의 아내는 양반 가문이었기에 친정아버지가 집으로 데려가 보호할 수 있었다.

양반 계층의 가정 폭력에 대한 대처가 이 정도였다면, 평민에게서 벌어지는 가정 폭력에 대한 정부의 대처가 매우 형편없었음은 자명하다. 예를 들면 고종 41년(1904년)에 일어난 황씨 살인 사건이 있다. 남편 안재찬은 같은 마을에 사는 정이문이 자신의 아내가 거처하는 방에 들어가는 것을 목격했다. 아내가 겁탈당한다고 생각한 안재찬은 방으로 쫓아 들어가 정이문을 내쫓았다. 그리고 아무 죄도 없는 아내 황씨를 다듬이질할 때 쓰는 단단한 홍두깨로 마구 때렸다. 사건은 여기서 끝나지 않았다. 정이문의 할아버지가 관아에 출두하여 정이문과 황씨가 5~6년간 정을 나눈 사이라고 거짓 진술하였다. 이 소식을 듣고 격분한 안재찬은 아내를 죽인 뒤, 관아에 아내가 자살했다고 거짓말하였다. 사인을 검사한 결과 황씨가 자살한 것이 아니었음이 밝혀졌지만, 죄를 지은 아내를 죽인 것은 죄가 아니라는 대명률에 따라 안재찬은 무죄를 선고받았다.

같은 해 영천군에 사는 이재길은 다른 여인과 정분을 나누고 있었다. 남편의 외도를 참지 못한 아내 성소사는 이재길에게 다른 여인을 만나지 말라고 부탁했다. 그러나 이재길은 오히려 성소사의 말에 "아녀자가 남편 하는 일에 간섭하고 투기를 부린다"라며 매질을 심하게 하여 아내를 죽였다. 살인을 저질렀음에도 이재길은 관아에서 당당했다. 이재길은 우선 성소사가 재가했다는 사실을 강조했다. 재가해서 20년이나 함께 살았음에도 성소사가 자식을 낳는 소임을 다하지 못했기에 자신이 다른 여인을 만난 것은 어쩔 수 없는 일이라고 밝혔다. 또한 성소사가 평소 베 짜기 등 집안일을 제대로 하지 않았다며 자신은 아무 잘못이 없다고 주장했다.

조선시대의 가정 폭력은 남편이 아내를 때리거나 죽이는 것에 국한되지 않았다. 남편의 친인척이 아내를 폭행하는 일도 묵인되었다. 한 예로 울산에 살던 최소사는 남편을 여의고 혼자 살고 있었다. 어느 날부터인가 결혼하지 않은 사촌 시동생 김윤기가 최소사의 집에 얹혀살게 되었다. 김윤기는 사촌 형수 최소사의 도움으로 숙식을 해결하는 것에 그치지 않고, 최소사의 재산을 마음대로 탕진했다. 김윤기는 최소사가 이를 문제 삼으면 형수에게 거침없이 발길질하는 등 폭행도 서슴지 않았다. 최소사가 주변에 도움을 요청해도 친척은 물론 이웃도 가족 문제라며 외면했다. 최소사는 더는 횡포를 견디지 못하고 죽에 복어알을 넣어 김윤기를 죽였다.

이처럼 가족과 사회 그리고 국가로부터 보호받지 못했던 조선시대 여성들이 폭력에 대응할 방법은 많지 않았다. 누구에게도 하소연할 수 없었고, 하소연해도 어떤 도움도 받지 못했다. 폭력을 당하는 여성이 현실에서 유일하게 선택할 수 있는 것은 도망뿐이었다. 살던 집과 고장에서 도망친다고 삶이 나아지는 것은 아니지만, 그래도 맞아 죽는 것보다는 나았다. 도망치다 잡히면 국가로부터 장 100대를 맞은 뒤, 남편에 의해 남의 집 종이나 첩 또는 창기로 팔릴 위험을 감수하고 말이다.

가정 폭력으로부터 도망치는 경우는 그나마 살겠다는 의지를 가진 일부 용기 있는 여성이나 가능한 일이었다. 모두에게 외면받고 고립되어 가정 폭력에 시달리던 여성들은 스스로 삶을 마감하기도 했다. 그러나 죽은 이후에도 동정보다는 비난을 받아야 했다. 부모보다 먼저 죽었다는 점에서 불효자의 멍에를 뒤집어써야 했고, 어려움을 이겨낼 의지도 없는 소인배로 낙인찍혔다. 간통과 연관된 경우에는 없던 죄를 뒤집어써야 했고, 사후에도 죽어 마땅한 여인이라는 비난을 계속 받아야 했다.

조선시대 가정 폭력을 당하는 여성의 가장 적극적인 대응은 보복 살인이었다. 그러나 보복 살인의 경우도 여성 본인만을 위해 저지른 사례는 많지 않았다. 부모와 자식을 비롯한 다른 가족이 남편의 폭력에 피해를 보지 않게 하려다가 우발적으로 살인을 저지르는 경우가 대부분이었다.

남성이 여성을 억압하는 것에 그치지 않고, 폭력 행사를 묵인하던 가부장적 사회인 조선에서 유구의 풍습은 어떻게 비추어졌을까? 아마도 조선은 유구를 위아래도 모르는 금수의 나라로 여기며 무시하는 태도를 보였을 것이다. 자신들이야말로 공자의 가르침에 따라 올바르게 생활하고 있다며 자부심을 가졌을 것이다. 하지만 오늘날의 기준으로 본다면 조선시대의 가정 폭력은 도저히 이해되지 않는다. 오히려 야만스럽고 부끄러운 역사로 느껴진다.

요즘도 우리는 남성에 의한 가정 폭력을 자주 접하게 된다. 또한 최근에는 다문화 가정 내의 폭력 문제도 급증하고 있다. 타국에서 온 아내를 폭행하는 남편은 '우리나라에 왔는데 말이 서툴다. 우리 문화를 이해하지 않는다. 게으르다. 고국에 있는 친정에 돈을 많이 보낸다. 다른 남자와 눈이 맞았다.' 등의 이유로 자신의 폭력을 정당화하려는 비겁한 변명을 늘어놓는다. 하지만 어떤 변명으로도 가정 폭력은 정당화될 수 없다. 적어도 21세기에는 남편과 아내가 서로 동등하고 존중받아 마땅한 존재임을 인정하는 가정 문화가 정착되어야 하지 않을까? 부부가 서로를 인격적으로 존중해 주고 사랑으로 대할 때, 자녀도 남녀 차별이 당연한 현상이 아닌 사회적 문제임을 깨닫게 된다. 남녀 차별이 과거 역사에서나 접할 수 있는 용어가 되도록 만드는 힘이 바로 우리네 가정교육에 있음을 아는 사람이 많아진다면, 불공평하고 불합리한 세상이 바뀌지 않을까?

그 여자의 질투는
유죄

傳旨義禁府、刑曹、漢城府:

今見浮流女人檢屍狀, 傷痕遍身, 剖拆陰門, 至于穀道, 慘酷甚矣。此豈閭閻小民鬪狠相毆者之所爲? 必巨家悍婦妬媚妾媵, 甘心快意者之所爲。夫巨室之所爲, 一國效之。干予之紀, 累予之治, 至於此極而不窮索抵罪, 則異日效尤之徒, 庸可禁歟? 在世祖朝, 李孟畇妻因妬擅殺家婢, 孟畇以大臣, 不卽首告, 遷延觀望, 至於勢窮然後乃告, 坐廢終其身。凡今宗宰臣僚, 毋掩家累, 卽來首告, 則許依律原免。若復蹈孟畇之跡, 則當置重典, 以治欺罔之罪。其廣行知會。

의금부義禁府·형조刑曹·한성부漢城府에 전지傳旨하기를,

"지금 떠내려왔다는 여자의 시체를 조사한 것을 보니 온몸이 상처투성이인 데다 음문陰門을 갈라 곡도穀道에 이르게 하였으니, 참혹慘酷하기가 심하다. 이것이 어찌 여염閭閻의 미천한 백성이 서로 싸우면서 때린 자가 한 짓이겠는가? 틀림없이 거가巨家의 독살스러운 아낙네가 첩妾媵을 질투妬媚하여 속 시원하게 분풀이를 하려는 자의 소행일 것이다. 대저 거실巨室에서 하는 것은 온 나라에서 본받는 것이니, 나의 기강紀綱에 관계가 되고 나의 다스림에 누累를 끼치는 것이 이렇게 극도에 이르렀다. 그러한데도 끝까지 추궁推窮하여 죄에 저촉시키지 않는다면 뒷날 좋지 못한 것을 본받는 무리들을 어떻게 금지시키겠는가? 세조世祖朝에 이맹균李孟畇의 처妻가 질투로 인하여 집안의 여종婢을 제멋대로 죽였는데, 이맹균이 대신大臣으로서 즉시 수고首告[21]하지 않고 망설이면서 관망觀望하다가 입장이 궁색하게 된 다음에야 알렸으므로, '그 사건에' 연좌되어 죽을 때까지 폐기되었다. 지금의 종재宗宰 신료臣僚들은 집안의 누累를 엄폐掩蔽하지 말고 즉시 와서 수고하면 율律에 의하여 용서하고 면하도록 허락할 것이다. 만약 이 맹균의 자취를 다시 밟는다면 마땅히 중전重典[22]으로 조치하고 속인 죄를 다스릴 것이니, 널리 시행한다는 것을 알리도록 하라." 하였다.

– 성종실록 216권, 성종 19년(1488년) 5월 22일 을유 2번째 기사

---

21 수고: 남을 대신하여 자수함. 또는 직접 출두하여 고발함.

22 중전: 엄격한 제도나 법률.

성종 19년에 여인의 시신이 강을 따라 떠내려왔는데, 온몸이 두들겨 맞아 상처투성이인 데다가 칼로 인해 생식기가 갈라져 있었다. 실록에 기록된 내용을 읽기만 해도, 상상하기 싫을 정도로 굉장히 끔찍하고 잔인한 살인 사건이다. 이 정도의 사건이라면 오늘날에도 신문 1면을 장식할 정도로 사회적 파장이 클 것이다. 그런데 강을 따라 떠내려온 여인이 살해당한 이유가 투기라면 어떨까? 더욱이 여인을 살해한 사람이 성리학을 공부한 고위 관료층이라면 말이다. 이 사건은 투기가 얼마나 무서운 일인지를 생각해 보게 한다.

투기의 또 다른 말은 질투다. 질투는 시기(猜忌)와 혼동되기도 하지만, 엄연히 다르다. 시기는 상대방의 마음을 가지지 못한 사람이 갖는 감정이고, 질투는 가진 것을 빼앗기지 않으려는 감정이다. 즉, 사랑하는 사람의 마음을 소유하고 있느냐에 따라 시기 또는 질투로 구분된다. 그러나 시기와 질투는 현재 상황을 불안하게 여기며 상대방에게 책임을 전가하려는 공통점을 가지고 있다.

질투는 인간의 역사에서 어느 한순간도 빠지지 않고, 늘 우리의 삶에 공존해 온 감정이다. 질투로 인해 만들어지는 공포와 분노, 그리고 슬픔과 불안 등의 여러 감정은 개인의 삶에 영향을 미치는 것을 넘어 때로는 인류의 역사를 바꾸는 원인이 되기도 하였다. 특히 가부장적 사회였던 조선은 여성의 투기를 칠거지악의 하나로 간주하였다. 그리하여 투기를 부렸다는 이유로 여성을 억압하고,

심지어 집에서 내쫓을 수 있는 근거로 삼기도 하였다. 반면 남성의 투기에 대해서는 '남자는 그럴 수 있어'라는 통념이 보편적이어서 개인적으로나 사회적으로 허용되는 측면이 강했다.

실제로 진화 심리학자들은 남성과 여성의 질투는 다르다고 분석한다. 인류 진화 과정에서 남성은 자신의 유전자를 가진 아이를 갖기 위해 여성이 다른 남성과 성관계를 맺는 것에 질투를 느낀다고 본다. 반면 여성은 아이를 양육하는 데 초점을 둔다. 양육에 많은 시간과 자원이 소요되는 만큼 오랫동안 안정적으로 경제를 뒷받침해줄 남성을 확보하기 위해 자신의 남성이 다른 여성에게 마음을 주는 것을 경계한다고 본다. 그래서 남성은 배우자가 다른 남성과 성관계를 맺을 때 질투의 감정이 극에 달하고, 여성은 배우자가 다른 여성에게 마음을 줄 때 질투의 감정이 극에 달한다고 설명한다. 물론 이것으로 남성과 여성의 질투를 완벽하게 설명할 수는 없다. 그러나 한편으로는 질투라는 감정이 무조건 나쁜 것은 아니라는 생각도 든다. 질투는 인간이라면 누구나 갖는 감정으로, 너무 지나치지만 않으면 아무 문제가 되지 않는다. 오히려 남녀를 서로 더욱더 가깝게 만들어주기도 한다.

하지만 질투로 인해 자신은 물론 상대방에게 해를 끼친다면 가볍게 볼 문제가 아니다. 조선시대에도 질투로 인한 문제는 성별과 상관없이 일어났고, 왕부터 천민에 이르기까지 신분과 관계없이 발생했다. 시기와 장소에 따라 질투에 대한 대처 방식은 달랐지만, 보편적으로 남성보다는 여성에게 더 많은 책임을 물었다. 또한, 질투는 여성만이 갖는 감정으로 가정을 넘어 가문을 망신시키는 투기로 인식하였다. 사회적으로도 여성의 투기는 칠거지악의 하나로, 가족의 일원에서 여성을 배제하는 중요한 원인으로 작용하였다.

특히 왕과 왕비의 질투는 국가 운영의 방향을 바꿀 정도로 엄청난 영향을 미쳤다. 투기로 역사를 바꾼 대표적인 왕으로 성종, 숙종 등이 있다. 12명의 부인을 둔 성종은 슬하에 16남 12녀를 두었다. 그만큼 부인 간에 많은 투기가 있었는데, 대표적으로 첫 번째 왕후 공혜왕후가 죽고 후궁에서 왕후가 된 폐비 윤씨의 일화가 유명하다.

폐비 윤씨는 원자 연산군을 낳았지만, 성종이 자신을 예전처럼 사랑해주지 않는 모습에 화가 났다. 폐비 윤씨는 질투심에 사로잡혀 성종을 만날 때마다 매번 싸웠고, 성종의 총애를 받기 위해 다른 후궁을 저주하거나 음식물에 독극물인 비상을 넣기도 하였다. 결국에는 성종과 싸우던 중 용안에 손톱자국을 내는 잘못을 저지르면서 궁에서 쫓겨났고, 얼마 뒤 사약을 마시고 죽었다. 이로 인해 연산군은 어린 시절 어머니의 사랑을 제대로 받지 못하면서 삐뚤어진 성품을 갖게 되었고, 훗날 폐비 윤씨의 죽음을 명분 삼아 갑자사화를 일으켰다. 이때 훈구파와 사림파가 많이 희생되면서 중종반정이 일어나는 원인이 되기도 하였다.

숙종의 경우에는 장희빈이 있다. 인현왕후가 아이를 낳지 못하는 가운데 원자를 낳은 장희빈은 숙종의 사랑을 독차지하고 싶었다. 장희빈은 숙종을 부추겨 인현왕후가 투기를 부린다는 명분으로 궁에서 쫓아낸 후 왕후가 되었다. 그러나 숙종이 영조의 어머니인 숙빈 최씨를 사랑하자, 온갖 허황된 주문을 외우는 등의 저주의식을 벌어 숙빈 최씨를 쫓아내려다 사약을 받고 죽었다. 어머니 장희빈의 죽음에 큰 정신적 충격을 받은 경종은 우울증을 겪으며 왕의 역할을 제대로 수행하지 못했다. 왕으로 즉위한 경종이 몇 년 뒤 후사 없이 죽으면서 이복동생 영조가 즉위하여 새로운 역사를 만들었다.

관료들도 예외는 아니어서 투기로 인해 관직에 나가지 못하거나 파직당하기도 하였다. 성종 때 인물인 겸사복(兼司僕) 황진은 자신이 사랑하는 기녀에 대한 투기로 조득림의 아들에게 활을 쏘는 만행을 저질렀다. 이 사건을 두고 홍윤성을 비롯한 여러 관료가 무재(武才)가 있는 황진이라도 파직하는 것이 옳다고 국왕에게 주청했고, 성종도 황진의 파직을 허락하였다. 선조 때에는 당진 현감 윤성지가 아내의 투기에 화를 참지 못하고 건물에 불을 질러 창고까지 태워버린 일로 파직당하기도 했다. 광해군 때 제주 판관 문희현은 한 여인이 투기한다는 소장이 접수되자, 잘못을 바로잡는다며 만삭의 여인을 때려죽였다. 여인이 죽고 나서도 배 속의 아이가 한동안 움직여서 보는 사람들이 안타까움에 발을 동동거렸다고 한다.

조선시대 투기에 관련된 기록은 남성보다 여성과 관련된 것이 더 많다. 그런데 유독 성종 때 여성의 투기로 인한 범죄가 많이 기록되어 있다. 여성의 음문을 갈라 죽인 뒤 강에 버린 사건 이전인 성종 5년(1474년)에도 참봉 신자치의 아내가 투기로 계집종을 잔혹하게 살해한 사건이 있었다. 참봉 신자치의 아내 이씨는 남편이 계집종 도리와 간통하자, 분을 참지 못했다. 이씨는 어머니와 함께 도리의 머리를 깎고 매를 쳤음에도 분이 가라앉지 않자, 도리의 가슴과 음문을 빨갛게 불에 달군 쇠로 지졌다. 얼마나 심하게 도리를 때리고 불에 지졌는지, 몸에 붙어있는 살이 보이지 않을 정도였다. 도리가 고문으로 인해 살기 어려워보이자 이씨는 사람들의 눈을 피해 흥인문 밖 산골짜기에 도리를 갖다 버렸다.

이처럼 성종 때 여성의 투기로 인한 사건이 많은 이유는 국가가 성리학을 강조하며 여성의 권리를 축소하고 억압했던 분위기와 무관하지 않다. 성리학이 뿌리를 내리기 전인 조선 초의 여성은 어느 정도의 권리를 가지고 있었다. 여성도 재산을 보유할 수 있었고, 재가도 문제가 되지 않았다. 예를 들어 태종 때 영돈영부사 이지가 과부와 결혼하자, 많은 관료가 이지의 탄핵을 요구했다. 그러나 태종은 배우자를 잃고 홀로 된 남녀가 결혼하는 것이 무슨 문제냐며 앞으로는 이를 문제 삼지 말라고 하였다. 이처럼 고려시대만큼은 아니지만 여성들에게도 어느 정도 자유가 허용되었다.

하지만 성리학이 뿌리를 내리는 성종 때부터 여성은 강력하게 억압받기 시작했다. 성종은 자신의 아내였던 왕후 윤씨를 폐비시키고 사약을 내려 죽였다. 그리고 당대 많은 관료가 간통으로 엮일까 벌벌 떨었던 어우동에 대해서도 강력한 처벌을 내렸다. 왕실 종친이던 이동과 혼인한 어우동(?~1480)이 관료 이란, 이기와 간통했다는 고발이 접수되자 의금부는 진상 조사에 나섰다. 조사 결과 어우동이 이란과 이기 외에도 신분을 가리지 않고 많은 남성과 문란한 성관계를 맺었다는 사실이 밝혀졌다. 이에 의금부는 어우동에게 장 100대에 유배형 2,000리에 처해야 한다고 주장했다. 그러나 성종은 의금부의 주장을 들어주지 않았다. 오히려 어우동에 대한 처벌 수위가 낮다며 처형할 것을 명령했다. 더불어 여성이 재가하거나 절개를 지키지 못하면, 자손인 아들과 손자가 과거 시험에 응시하지 못하게 하는 재가 금지법을 《경국대전》에 명시하도록 하였다.

이처럼 조선시대에는 투기를 가문과 사회를 혼란스럽게 만드는 불행의 근원으로 여겼지만, 정작 투기를 부리거나 간통한 관료와 여성에 대한 처벌 규정은 없었다. 조선 법률의 근간인 《경국대전》에 칠거지악이 나와있을 것으로 생각하지만, 실제로는 칠거지악에 관한 조항이 어디에도 없다. 투기에 대해 형벌을 내릴 근거가 없음에도, 조선시대 내내 사회적 통념과 관습에 따라 투기를 부린 여성을 집에서 쫓아내는 등 가혹한 형벌을 내렸던 것이다.

그러나 여성이 투기를 부려도 처벌받지 않고 오히려 칭송받는 사례가 더러 있기도 하다. 중종 때 관료인 홍언필의 아내 송씨는 투기가 매우 심했다. 홍언필이 아침에 물을 떠 온 여종의 손을 잡는 것을 목격한 송씨는 다음날 여종의 손목을 잘라버렸다. 홍언필이 윤삼계의 여종과 잠자리를 한 사실을 알게 되었을 때는 빗으로 여종의 얼굴을 긁어 상처를 내고 심한 매질을 가했다. 하지만 오히려 사람들로부터 의지와 기개를 겸비한 여장부라는 평가를 받았다.

성리학의 나라로 불리던 조선시대에도 투기라는 인간의 감정은 엄연히 존재했다. 투기는 왕에서부터 천민에 이르기까지 신분에 구애받지 않았고, 남녀 구분도 없었다. 투기로 인해 생명을 잃거나, 관직에서 쫓겨나는 일도 어렵지 않게 볼 수 있었다. 하지만 성리학이 사회에 뿌리내릴수록 투기는 여성의 전유물처럼 여겨졌다. 여성은 투기나 부릴 정도로 옹졸하다는 인식이 확산하였고, 시간이 흐를수록 여성의 사회적 지위는 더욱 낮아졌다. 지금도 많은 사람이 이 관념에서 벗어나지 못하고 투기를 여성을 억압하는 도구로 이용하는 악순환이 반복되고 있다. 심지어 드라마와 영화 같은 대중매체에서도 투기를 부리는 사람은 대부분 여성으로 표현되고 있다. 이제는 투기를 여성의 전유물로 여기는 생각을 바꿔야 하지 않을까? 인간의 감정을 여성과 남성으로 구분하지 않고 바라보는 세상이야말로 진정 성숙한 사회가 아닐까?

병을 낫게 하려고
'사람'을 사고팔다

漢城府啓曰: "南部明哲坊前永春縣監李誠家婢三歲兒, 今月初九日辰時遺
失, 未時推得南學洞松下, 右手兩指刀截云. 作作人等, 受惡疾人厚賂, 誘
致兒童, 剖膽斷指者, 於法當斬, 捕告者有賞. 請令該曹, 窮尋治之." 傳曰:
"至爲驚愕. 捧承傳于刑曹, 期於必得."

한성부漢城府가 아뢰기를, "남부南部 명철방明哲坊의 전 영춘 현감永春縣
監 이성李誠의 계집종이 3살 된 아이를 이달 9일 진시辰時[23]에 잃어버렸
다가 미시未時[24]에 남학동南學洞 소나무 밑에서 찾았는데, 오른손 손가
락 두 개가 칼에 잘려졌다 합니다. 오작인仵作人 등이 악질惡疾 걸린 자
에게 후한 뇌물을 받고 아이들을 유인하여 쓸개를 빼고 손가락을
잘라가는 자는 법에 마땅히 참수형에 처해야 하고, 체포하고 신고한
자는 상을 주어야 합니다. 해조該曹에 명하여 끝까지 추적하여 다스리
게 하소서." 하니, 전교하기를, "매우 경악할 일이다. 형조에서 승전
을 받들어 기필코 체포하도록 하라." 하였다.

– 명종실록 4권, 명종 1년(1546년) 11월 25일 무인 3번째 기사

23 진시: 오전 7시부터 9시까지.
24 미시: 오후 1시부터 3시까지.

《조선왕조실록》에는 폭행·살인·강도·강간처럼 끔찍한 범죄 기록이 많이 남아있다. 오늘날에도 '어떻게 이런 잔인한 행동을 할 수 있었을까?' '이게 사람으로서 할 수 있는 일이야?'라는 생각이 들 정도로 흉악한 범죄에 대한 기록이 많다. 그중에서도 명종 1년(1546년)에 일어났던 사건은 믿기지 않을 정도로 끔찍하고 잔혹하여 실록을 읽는 내내 안타까움을 자아내게 한다.

　　대부분의 사람에게 평범한 하루였던 그날, 한양에서 3살 된 어린 아이가 이른 아침에 실종되었다가 3~4시간 뒤에 온몸이 심각하게 훼손된 채 싸늘한 주검으로 발견되었다. 아이는 오른손 손가락 2개가 잘려져 있었고, 갈라진 배에는 쓸개가 없었다. 불과 얼마 전까지 엄마의 품에서 단잠을 자고 일어나 분주하게 뛰어다니며 환한 웃음으로 어른들의 얼굴에 미소를 짓게 해주던 아이의 끔찍한 죽음이었다.

　　조사 결과 아이를 죽이고 손가락과 쓸개를 가져간 범인은 오작인(仵作人)이었다. 오작인은 사인이 불분명하거나 타살된 시신을 수령이 검사할 때 옆에서 시체를 만지며 임검을 도와주는 사람들을 말한다. 이들의 주업이 시신을 다루는 일인 만큼, 검시 보고서를 직접 작성할 정도로 사람의 신체 구조에 대해 잘 알았다. 이들에게 어린아이를 죽인 뒤, 손가락을 절단하고 쓸개를 빼내는 일은 너무도 쉬운 일이었다.

　　그런데 이런 끔찍한 범죄가 명종 때에만 있었던 것은 아니었다.

중종 27년(1532년)에도 이와 유사한 사건이 있었다. 사헌부가 어린 아이를 납치하여 살인한 범죄를 보고하는 과정에서 다음과 같은 사실이 밝혀졌다.

"근래 큰 병을 앓는 사람들이 산 사람의 간담과 손가락을 먹으면 곧 낫는다고 여기고 있습니다. 오작인과 걸인에게 비싼 값을 지불하고 사들이기에 많은 범죄가 일어나고 있습니다. 반송방에 있는 고(故) 관찰사 유세침 집의 10여 세 된 아이종을 어떤 사람이 산속으로 유인하여 손가락 2개를 끊고 그 흔적을 없애기 위해 온몸을 찔러 상처를 입혀 죽을 위기에 처했습니다. 다행히 살아났는데, 어떻게 이런 풍습이 있을 수 있겠습니까? 한성부의 관원과 각방(各坊)의 관령(管領)을 추문한 뒤에 범인을 은밀히 염탐, 체포하여서 추문한 다음 그 죄를 크게 징계해야 합니다."

이를 통해, 어린아이를 죽여 시신의 일부를 매매하는 범죄가 아주 오랫동안 조직적으로 이루어졌음을 알 수 있다.

지금으로 치자면, 이들은 납치 및 불법 장기 매매를 저지른 것이었다. 물론 지금처럼 신장이나 각막 등을 적출해 이식이 필요한 사람에게 판매하는 것은 아니었다. 그러나 조선시대에도 사람의 신체 일부를 귀한 약재로 여겨 의술로 고치지 못하는 중병을 치료할 수 있다고 믿었다. 이는 민간에 떠도는 유언비어나 속설에 그치지 않았다. 국가에서 편찬한 의학서에도 신체 일부가 질병을 낫게 하는 효험이 있다고 기록되어 있었다.

세종 15년(1433년) 간행된 《향약집성방》은 사람의 머리카락, 소변, 젖, 비듬, 치아, 수염, 남성의 음모, 태반, 배내똥 등이 병을 치유하는 효험이 있다고 소개하고 있다. 세종 27년(1445년)에 간행된 《의방유취》에도 신체 일부를 약재로 사용했을 때, 어떤 효능이 있는지를 상세하게 밝히고 있다. 예를 들어 태반은 종기가 나거나 몸이 쇠약해질 때, 또는 기침과 식은땀이 나며 살이 빠질 때 효과가 있다고 밝히고 있다. 그러나 조선시대에도 신체 일부를 약재로 사용하는 것은 윤리적 비난을 받는 행위였기에, 환자가 알지 못하도록 처방하여 먹여야 한다고 밝히고 있다. 살아있는 사람의 신체를 약으로 사용해도 된다는 내용은 어느 책에도 없었다.

하지만 민간에서는 살아있는 사람의 신체 일부가 병을 치료하는 데 큰 효과가 있다고 믿었다. 이는 중국과 우리나라에 사람의 신체 일부를 약재로 사용하여 병을 낫게 했다는 여러 이야기가 전해져 왔기 때문이다. 한 예로 중국 《신당서》에는 '당나라 진장기가 저술한 《본초습유》에서 인육은 수척해지고 핼쑥해진 사람의 질병을 치료한다고 하였다. 이로부터 민간에서 부모의 질병에 넓적다리 살을 베어 드리는 경우가 많아졌다.'라고 기록되어 있다.

우리나라는 고려시대부터 신체 일부를 약으로 사용했다는 기록이 있다. 그 주인공은 고려 명종 때 귀화한 거란인 위초다. 위초는 아버지 위영성이 중병으로 자리에 눕자, "자식의 살코기를 먹이면 병이 나을 수 있다"라는 말을 듣고, 자신의 넓적다리 살을 만두 속에 넣어 드렸다. 위초의 효심이 하늘에 닿았는지, 아버지는 위초의 살을 넣어 만든 만두를 먹고 점차 차도를 보였다. 이 모습을 본 한문준과 문극겸은 "위초가 거란인으로 글을 알지는 못하지만, 자신의 몸을 아끼지 않고 살을 베어 드렸습니다. 그리고 아버지가 죽은 후에는 삼년상을 마쳤으니 고을에 정문을 세워 후세에 모범을 보여야 합니다."라고 상소를 올렸고, 명종은 이들의 주장이 옳다며 따랐다.

조선시대에는 신체 일부를 약으로 사용하여 먹었다는 기록이 유독 많다. 나라에서도 효와 지조를 강조하기 위한 목적으로 자식과 아내가 병든 부모와 남편을 위해 신체 일부를 약으로 먹이는 일을 칭찬하며 정문을 내려주는 등 많은 포상을 내렸다. 이로 인해 많은 사람이 신체 일부가 병을 치료하는 데 큰 효험이 있다고 믿었다. 그러나 자신의 살을 베어 부모나 남편에게 주는 일은 쉬운 일이 아니었다. 자신의 신체 일부를 자르거나 베는 일은 매우 두렵고 힘든 일이기 때문이다.

부모를 위해 자신의 살을 베어 병을 치료하고자 했으나, 그 고통이 얼마나 큰지 자세하게 설명해 준 인물이 있다. 대한민국 임시정부의 마지막 주석이자, 많은 사람이 존경하고 사랑하는 김구(1876~1949)가 그 주인공이다. 김구는 젊은 시절 아버지가 위독해지자, 자신의 넓적다리 살을 한 점 베었다. 상처 부위에서 나오는 피는 아버지의 입에 흘려 넣고, 넓적다리 살은 구워서 드렸다. 하지만 아버지 병에 차도가 없었다. 자신의 정성이 부족하다고 느낀 김구는 다시 자신의 넓적다리 살을 베려고 했으나 너무 아파 포기하고 말았다. 아버지가 돌아가시고 조문객을 맞이할 때, 추운 날씨에 오래 서 있다 보니 몸이 아파 살을 벤 것을 후회했다고《백범일지》에 쓰여 있다.

이처럼 자신의 살을 스스로 베는 것은 어려운 일이었다. 하지만 가족의 병을 낫게 해주고 싶은 마음이 컸던 사람들은 결국 불법적인 방법을 동원해서라도 사람의 신체 일부를 약으로 사용하고자 했다. 그런데 문제가 있었다. 일반인이 사람을 납치하여 신체 일부를 절단하거나, 배를 갈라 장기를 꺼낸다는 것은 쉬운 일이 아니었다. 더욱이 자신이 직접 범죄를 저지르고 난 뒤 생기는 죄책감보다는, 다른 사람에게 돈을 주고 불법을 자행했을 때 갖게 되는 마음의 짐이 훨씬 가벼웠다. 범죄 현장을 보지 않는 것만으로도 자신의 행동을 정당화하면서 면죄부를 줄 수 있었기 때문이었다. 그래서 아무것도 가진 것이 없는 걸인이나, 시신 다루는 일을 전문으로 하는 오작인에게 돈을 주고 범죄를 의뢰했던 것이다.

걸인이나 오작인은 힘이 약한 데다 가장 깨끗하고 건강한 신체를 가졌다고 생각되는 어린아이를 범죄 대상으로 선택했다. 더욱이 신분이 낮아 신고할 가능성이 적은 아이를 대상으로 삼았다. 천민의 자식은 어려서부터 생계를 위해 논과 밭으로 일을 하러 나오는 만큼, 납치하여 범행을 저지르기에도 수월했다.

오작인은 납치한 어린아이를 인근 야산으로 끌고 가 죽인 후에 필요한 부위를 잘라 도주했다. 이들은 주로 어린아이의 넷째 손가락인 무명지와 쓸개를 가져갔다. 아이의 손가락을 잘라 간 이유는 신체 중 치료에 가장 효과가 좋다는 인식과 함께 복용 방법이 세간에 널리 알려져 있었기 때문이었다.

손가락을 이용한 치료 방법이 널리 알려진 것은 부모나 남편을 위해 자신의 신체 일부를 약으로 먹인 수많은 자식이나 아내 덕분이었다. 이들은 잘린 손가락에서 나오는 피를 환자의 입에 흘려 넣어주거나, 술이나 국에 타서 먹였다. 잘린 손가락은 그늘에 말린 다음, 곱게 빻아 가루로 만들어 환자에게 먹였다. 또는 손가락의 살을 얇게 다진 다음, 밀가루와 섞어 환(丸)을 만들거나 국에 넣어 먹였다. 남은 뼈는 갈거나 불에 태워 가루로 만든 다음 환자에게 먹였다.

쓸개는 대장, 소장, 위, 방광, 삼초와 더불어 오장육부의 하나다. 쓸개는 십이지장에 음식물이 들어오면 쓸개즙을 분비해 소화를 돕는 장기로, 쓸개즙은 매우 쓴맛을 가지고 있다. 또한 쓸개는 신체의 중앙에 자리하고 있어, 예로부터 사람들은 쓸개를 결단을 내리는 곳으로 인식하였다. 그리고 쓸개즙의 쓴맛은 고통과 낭패의 상징으로 여겼다. 그래서일까? 정신 또는 줏대 없는 사람을 뜻할 때 '쓸개 빠진 놈'이라는 관용적 표현을 사용했고, 용기와 온전한 정신이 깃들어 있는 쓸개를 좋은 약재로 생각하였다. 곰의 쓸개인 웅담, 소의 쓸개인 우황 등이 병을 치료하는 효과적인 약재였던 만큼 사람의 쓸개는 더욱 효과가 크다고 믿었다.

사람의 손가락과 쓸개가 병의 치료에 실질적으로 도움이 되었을지는 모르나, 아마도 큰 효과를 보지는 못했을 것이다. 혹시라도 앓고 있는 병에 차도가 생겼다면, 플라세보효과(Placebo effect)였을 가능성이 크다. 기쁨을 준다는 라틴어에서 유래된 플라세보효과는 환자가 약이나 치료 방법이 자신의 병을 완쾌해 줄 것으로 믿었을 때 몸에 나타나는 좋은 변화를 말한다. 플라세보효과가 병을 치료하는 데 도움이 되는 일도 있지만, 치료제가 아니라는 사실을 알게 되었을 때는 역효과를 가져오는 부작용이 있어 최근에는 사용하지 않는 치료법이기도 하다. 이 관점에서 본다면 어린아이를 죽여 얻은 신체 일부를 복용하는 것이 치료에 큰 도움이 되지 않는다고 볼 수 있다. 만에 하나 실제로 신체 일부가 치료에 도움이 된다고 해도 사람을 납치·살해하는 행동은 윤리적으로 옳지 않은 일이다. 사람의 이기심으로 귀하디 귀한 사람의 생명을 앗아간 범죄일 뿐이다. 타인의 삶과 행복에는 아무 관심이 없고, 나와 내 가족만 안전하고 행복하면 된다는 매우 이기적인 마음이 만들어낸 범죄인 것이다.

병자와 병자의 가족은 자신들의 치유만 생각했고, 오작인과 걸인은 자신들의 생활비와 유흥비를 마련하는 데에만 급급했다. 아이를 잃고 가슴을 움켜잡으며 비통하게 슬퍼할 부모는 생각하지 않았다. 더욱이 범죄 현장에서 빨리 도망치기 위해 심하게 훼손된 아이의 시신을 버리고 가는 파렴치한 행동도 서슴지 않고 저질렀다. 아이를 잃은 것도 감당하기 어려운 일인데, 배가 갈라져 있고 손가락이 잘린 아이의 모습을 본 부모는 제정신으로 살아갈 수 있었을까?

인신매매하고 시체를 훼손한 행위는 참으로 끔찍하고 무서운 범죄이고, 동물 중에서 유일하게 인간만이 저지를 수 있는 범죄다. 그런데 더욱더 무서운 것은 이런 일들이 현재도 일어난다는 사실이다. 지금도 지하철이나 버스터미널 화장실에서 불법으로 장기를 거래한다는 전단지 및 부착물을 어렵지 않게 볼 수 있다. 최혜영 더불어민주당 국회의원은 2015~2020년까지 6년간 1,333건의 불법 장기 매매 사이트가 적발되었다고 밝혔다. 적발되지 않은 사이트까지 생각한다면 불법 장기 매매가 훨씬 더 많으며, 지금도 버

것이 이루어지고 있을 가능성이 크다. 지금 이 순간에도 납치 또는 경제적 어려움으로 인한 자발적 장기 매매가 어딘가에서 벌어지고 있을지 모른다.

불법 장기 매매는 비단 우리나라에서만 벌어지는 사건은 아니다. 2017~2018년 중국 안후이성 화이위안현 인민병원의 의사들이 사고로 숨진 사람들의 장기를 유가족에게 기증하겠다고 속인 뒤, 불법 매매한 사실로 징역을 받은 사건이 있었다. 2021년 남아메리카 엘살바도르에서 구호 활동을 하던 스페인 신부 이그나시오 도로뇨는 빈민 마을인 판치말코에서 부모가 병든 자식인 마누엘을 한화로 2만 8,000원에 해당하는 돈을 받고 장기 매매범에게 팔려는 것을 구출한 사건을 회고하기도 했다. 이처럼 극심한 빈곤 지역이나 내전과 전쟁이 벌어지고 있는 지역에서는 아직도 불법 장기 매매가 성행하고 있다.

《조선왕조실록》에 어린아이를 인신매매하고 불법 장기 매매를 한 사건을 두고 선조들의 잔인함과 무지함에 놀라기만 해서는 안 된다. 과거부터 지금까지 왜 그런 일들이 끊임없이 일어났는지 원인을 파악해야 하고, 불법 장기 매매를 근절할 수 있는 대책을 마련해야 한다. 그래서 불법 장기 매매가 이루어지지 않는 안전하고 행복한 사회를 만들어야 한다. 그런 점에서 1948년 유엔 총회에서 채택한 세계인권선언문 제29조는 큰 의미가 있다.

"우리에게는 모든 사람의 자유와 권리를 지키고 살기 좋은 세상을 만들기 위한 의무가 있다."

2부

기이한 소문

하늘이 선택한 왕,
이성계

上在潛邸, 夢有神人執金尺自天而降, 授之曰: "慶侍中 復興, 淸矣而已老;
崔都統 瑩, 直矣而少戇。持此正國, 非公而誰!"

태조가 잠저에 있을 때 나라를 건국할 조짐이 여럿 나타났다. 이성계
가 왕이 되기 전 꿈에 신인神人이 금척金尺, 금자을 가지고 나타났다. 신
인이 말하기를 "시중 경복흥[1]은 청렴하나 늙었고, 도통 최영[2]은 강직
하나 고지식하다. 금척을 가지고 나라를 바로 세울 사람은 공이 아니
면 누가 있겠는가?"라고 하였다.

- 태조실록 1권, 태조 1년(1392년) 7월 17일 병신 2번째 기사

---

1   경복흥(?~1380): 고려 공민왕 때 재상으로 기철을 숙청하는 데 큰 공을 세웠다. 1363년
최유가 공민왕 대신 덕흥군을 왕으로 만들기 위해 1만의 원나라 군대와 쳐들어왔을 때 서
북면도원수가 되어 물리쳤다. 신돈을 제거하려다 실패하고 흥주로 유배되었으나, 곧 좌시
중으로 복귀하여 고려 말 정국을 이끌었다.

2   최영(1316~1388): 고려를 끝까지 지키려고 했던 충신이자 명장이다. 국내에 들어와 노
략질하던 홍건적을 서경과 개경에서 격퇴하였다. 1376년에는 삼남 지방을 노략질하던 왜
구를 크게 이긴 홍산대첩이 유명하다. 그러나 요동 정벌을 추진하는 과정에서 이성계의
위화도회군으로 처형당했다.

✝

　태조 이성계가 조선을 건국한 것은 개인의 욕심이 아닌, 하늘의 뜻을 받들었음을 보여주는 기록이 《조선왕조실록》에 나온다. 기록에 따르면 하늘은 무능력하고 도리를 잃은 고려에 더는 기대하지 않았다. 고려를 대체하여 새로운 세상을 세울 인물을 고르던 중, 이성계야말로 가장 적합하다며 신인을 통해 금척을 내려보냈다. 이때 신인은 백성의 신임과 존경을 받던 경복흥과 최영은 늙고 고지식하다며, 새로운 세상을 만들 사람은 이성계밖에 없으니 금척을 가지고 나라를 세우라고 말한다. 금척은 도대체 무엇이고, 어떤 의미가 있기에 신인이 직접 이성계를 찾아와 내려주었을까?

　금으로 만들어진 자, 줄여서 금척이라 불리는 신물(神物)의 역사를 알기 위해서는 신라 건국으로 거슬러 올라가야 한다. 신라의 시조 박혁거세의 꿈에 나타난 신인이 금척을 주면서 "이것은 왕의 증표이니 길이 자손에게 전하라. 백성 가운데 아픈 이가 있으면 이 자로 재어 치료하라."라고 말한 뒤, 홀연히 사라졌다. 그리고 얼마 뒤 박혁거세는 백성들의 추대를 받아 신라를 건국하고 왕위에 올랐다.

　이후 신라 왕실은 금척을 통해 신라의 왕이야말로 하늘로부터 선택받은 존재임을 대내외적으로 강조하며 왕실의 정통성을 강화했다. 제정일치 사회였던 신라에서 왕은 세속적 지배자면서 종교적 지도자였기에 하늘을 상징하는 금척은 왕이 나라를 이끌어가는 데 없어서는 안 될 중요한 신물이었다. 더욱이 백성이 아프면 왕이 하늘을 대신해 치료해 준다고 하니, 아프고 병든 백성들에게 금척을 가진 왕은 신과 같은 존재였다.

그러나 시간이 흐르면서 왕이 가지고 있던 종교적 지위와 역할이 점차 약해지자, 백성들은 금척이 진짜로 있는지 의심했다. 금척이 실제로 존재한다면 왕은 왜 고통에 신음하는 백성들의 병을 고치지 않고 수수방관만 하는지 당최 이해하기 어려웠다. 백성들의 반발은 결국 금척이 부득이한 사정으로 사라졌다는 전설을 만들어 냈다.

금척이 사라진 전설에 따르면 아픈 사람도 낫게 하는 신물인 금척이 당나라 황제의 귀에까지 들어갔다고 한다. 당나라 황제는 신라에서 금척을 빼앗아온다면 하늘의 명을 받아 천하를 통치한다는 명분과 함께 민심도 얻을 수 있다고 여겼다. 그리하여 신라 왕에게 금척을 바치라고 온갖 방법을 동원하여 협박했다. 신라 왕은 당나라의 협박을 이겨낼 힘이 없는 현실을 한탄했다. 그렇다고 박혁거세부터 이어져 오던 신물을 순순히 당나라에 넘길 수도 없었다. 선조에 대한 불효이면서 신라의 존속을 뒤흔드는 큰 사건으로 발전할 가능성이 컸기 때문이었다.

신라 조정은 오랜 논의 끝에 금척의 존재를 당이 알지 못하도록 꼭꼭 숨기기로 하였다. 다음날부터 백성들을 동원하여 40여 개의 고분을 만든 뒤, 그중 1개의 고분에 아무도 모르게 금척을 숨겼다. 신라의 고분은 돌무지덧널무덤으로, 관을 넣는 나무 덧널 위를 많은 양의 돌과 흙으로 덮는다. 고분의 크기가 작은 동산을 연상할 정도로 크고, 개수가 많다 보니 결국 당나라 황제는 금척 찾는 일

경주 금척리 고분군 전경(출처: 한국학중앙연구원)

을 포기하고 말았다. 문제는 신라마저도 금척이 있는 장소를 철저하게 숨기다 보니, 정작 자신들도 금척을 숨겨놓은 고분을 찾을 수 없었다. 결국 금척은 이후 세간에서 자취를 감추게 되었다. 단지 경주시 건천읍에 있는 금척리 고분군 중 하나의 고분에 금척이 있다는 소문만 전해지고 있다. 수십 개의 고분에 금척이 실제로 존재할지는 모르지만, 그래도 전설이 현재의 지명 '금척리'를 만들어냈다는 사실만으로도 재미를 준다.

신라의 금척에 관한 이야기는 신라가 망하고 나서도 사라지지 않았다. 혼란하고 어려운 시기가 되면 사람들은 어김없이 금척을 찾았다. 대표적인 사례가 이성계의 금척 설화다. 이성계가 고려 장수로 운봉에서 왜구를 소탕하고 개경으로 돌아가기 위해 진안 마이산 옆을 지날 때의 일이다. 마이산을 마주하는 순간 이성계는 젊은 날 신인이 꿈속에 나타나 건네준 금척과 산의 모습이 너무나 흡사한 것에 매우 놀랐다. 그리고 자신이 마이산을 마주하게 된 것은 우연이 아니라 하늘이 자신에게 나라를 세우라는 계시를 다시 한번 일깨워준 것으로 생각했다.

　이성계는 진군을 멈추고, 홀로 마이산의 은수사로 들어갔다. 이곳에서 앞으로 어떻게 행동해야 할지 부처님과 자신에게 물어봤다. 아주 오랜 시간 동안 고민하고 고민한 이성계는 고려에 더는 희망이 없다고 판단했다. 하늘이 자신에게 새로운 세상을 열라고 말해주는 것을 모른 체하는 것이야말로 진정 잘못된 행동이라 생각했다. 무엇보다도 전쟁과 기아로 힘들어하는 백성을 위해서라도 희망이 보이지 않는 고려를 버려야 했다. 다른 국가가 감히 넘볼 수 없는 강대한 나라를 세워 백성을 보호하는 것이야말로 자신이 해야 할 소명이라고 믿었다.

　이때, 고뇌가 힘들었던 이성계는 마음을 진정시키기 위해 인근에 있던 물을 마셨다. 그 순간 물이 얼마나 달콤하고 맛있는지, 자신의 번뇌를 다 씻어주는 듯했다. 이성계가 자신의 번뇌를 순식간에 사라지게 만들어준 물을 쳐다보니 마치 은처럼 맑고 맑았다. 이후 사람들은 이성계가 은과 같이 맑은 물을 마신 장소라며 사찰 이름을 '은수사'로 불렀다. 그리고 은수사가 있는 산도 고려시대 용출산이라 부르던 이름에서 금척을 묶어놓은 것 같다는 의미의 '속금산'으로 바꿔 불렀다. 훗날 태종이 산세가 말의 귀와 같이 생겼다고 하여 마이산으로 다시 바꾸기 전까지 말이다. 그래서일까? 은수사에는 기도를 마친 이성계가 심었다는 청실배나무가 천연기념물로 지정되어있다. 또한 금척을 받는 〈몽금척수수도〉와 〈일월

오봉도)가 은수사 태극전에 모셔져 있다. 진안 지역 축제인 홍삼 축제에서도 태조 이성계의 행렬을 재현하는 몽금척 행렬과 궁중무용인 몽금척 공연을 재연하고 있다.

조선을 세운 이성계는 금척을 통해 자신이 하늘의 선택을 받았음을 선전하며, 건국의 정당성을 이야기했다. 조선을 설계한 정도전은 금척을 받는 이성계의 꿈을 칭송하는 악장(樂章) 〈몽금척〉을 만들었다. 태조는 정도전이 올린 〈몽금척〉을 보고 너무도 흡족한 마음에 정도전에게 큰 상을 내리고, 악공들에게 〈몽금척〉을 연주토록 하였다. 이후 정확하게 언제부터인지는 모르지만, 태종 이후로 〈몽금척〉은 궁중 행사에서 〈금척〉이라는 이름으로 매번 연주되었다. 《악학궤범》에서도 17명이 각기 역할을 맡아 꿈을 재현하는 〈금척〉을 자세하게 소개하고 있다.

고종이 세운 대한제국에서도 금척은 국가의 정통성과 권위를 상징했다. 고종은 1900년 칙령 제13호로 훈장의 등급을 정할 때, 금척대훈장을 최고 등급으로 정했다. 금척대훈장은 황족과 문무관 중 대훈위서성대수장(금척대훈장 한 등급 아래 훈장)을 받은 사람 중에서도 특별한 공로가 인정되는 사람에게만 수여하였다. 또한 금척대훈장을 받는 사람에게는 600~1,000원의 연금이나 2,000원 이내의 하사금을 함께 주었다.

그러나 안타깝게도 대한제국은 자주적으로 국정을 운영할 수 있는 나라가 아니었다. 일제강점기로 넘어가는 시기의 허약하디 허약한 나라였다. 조선과 백성을 위해 모든 것을 희생하겠다는 각오를 지닌 사람보다는 자신의 안위와 이익만 추구하는 사람이 더

금척대훈장(출처: 위키미디어)

많은 나라였다. 이들은 분명 매국 행위를 벌였음에도 대한제국에서 가장 큰 공로가 있는 사람에게 주는 금척대훈장을 받았다. 그 결과 이름만 들어도 치가 떨리고 이가 갈리는 이완용, 윤택영 등 매국노와 초대 통감 이토 히로부미와 제2대 조선 총독 하세가와 요시미치 등이 금척대훈장을 받았다. 고종은 금척대훈장이 이런 인물들에게 주어지리라고는 생각조차 못했을 것이다.

그로부터 100여 년이 지난 오늘날 우리에게는 금척이라는 단어가 너무도 생소하고 낯설기만 하다. 하지만 우리의 역사에서 금척이 등장하고 백성들에게 회자된 역사는 2,000년이 넘는다. 박혁거세가 신라를 세울 수 있었던 대의명분이 금척에 있었다. 금척은 우리 민족이 하늘의 자손이자 하늘로부터 선택받은 민족, 즉 천손 사상이 담겨있는 소중한 역사이자 문화였다. 그러나 중국과 대등한 천손 국가임을 보여주는 금척이 사라짐으로써, 우리는 중국의 사대 질서에 편입되어야 하는 약소국이 되었다. 신라가 삼국 통일 과정에서 중국 당나라의 도움을 받으면서 자주성을 잃어버린 현실처럼 말이다. 그러나 민초들은 자주적이던 옛 모습을 잊지 않았다. 금척을 통해 선조들의 당당했던 역사를 떠올렸다.

고려 말의 민초들은 고려 초에 천자국으로 거란이 세운 요나라와 한족의 송나라를 무릎 꿇리고 강국으로 살아가던 때를 그리워했다. 그러나 현실은 그들의 바람과는 정반대였다. 고려는 원 간섭기에서 벗어나 황제국으로 재도약하고자 했으나, 홍건적과 왜구의침입으로 오히려 국운이 기울어져만 갔다. 백성들은 이제 더는 고려가 황제국이라 천명하는 것에 아무런 관심이 없었다. 오로지 오랜 전란이 끝나고 평화로운 시대가 오기만을 기다렸다. 그런 백성들에게 홍건적과 왜구를 토벌하며 일상생활을 지켜준 것은 고려의왕과 권문세족이 아니었다. 늘 전장에서 병사들과 동고동락하며백성을 걱정하던 이성계였다. 백성에게 이성계는 그야말로 하늘이내려준 인물이었다.

그런 의미에서 본다면 이성계의 꿈에 나타난 신인은 민초가 아니었을까? 신인이 이성계에게 금척을 주며 세상을 바로 잡으라고당부한 말은, 혼란하고 힘든 현실을 끝내고 새로운 세상을 열어달라는 백성의 마음이었을지도 모른다. 그 마음을 아는 이성계는 고려왕조에 대한 충성과 역성혁명 사이에서 오랜 시간 고민했고, 마침내 조선 건국으로 방향을 잡았던 것이다.

금척이 실제로 존재했는지는 오늘날 중요하지 않다. 금척은 단지 상상 속 물건에 불과할 수도 있다. 그러나 금척에 담긴 의미는 잊히지 않아야 한다. 중국과 일본은 하늘의 자손이자 선택받은 민족이라는 사실을 대내외적으로 알리며 국민을 결속시키고 국가의 위상을 높인다. 우리도 분명 단군을 비롯하여 신라의 박혁거세 등 나라를 세운 많은 왕이 하늘의 자손임을 내세웠고, 우리가 천하의 중심이라 생각하던 시절이 있었다. 그러나 금척이 사라지면서 우리의 자주성은 사라졌다. 21세기 대한민국은 경제와 군사 분야 등 세계 10위 안에 드는 강국이 되어 세계를 이끌어가는 중심국이 되었다. 그런데도 미·중·일에 눈치 보는 약소국이라고 말하는 사람들이 여전히 존재하는 것은 아직 우리가 금척을 찾지 못해서는 아닐까?

살쾡이가 준 비술서로
용을 혼내다

靈異, 李靈幹幼時, 就學于金城 外煙洞寺, 時與童子博戲于巖上, 有大虎蹲
于巖邊, 熟視之, 略無吞噬之意。靈幹從容罷博而還, 悉言其故, 僧異之, 往
觀之, 童與虎忽隱, 唯巖上有博局, 其下有虎蹤, 名其岩曰少年巖, 至今遺跡
尙存, 雖經霖雨, 苔鮮不封, 宛然如昨。又寺僧釀酒至熟, 輒有盜飲者, 僧疑
靈幹而撻之再三。靈幹窺之, 有老狸來飲, 靈幹執而欲殺之, 其狸辭曰: "君
若縱我, 平生所用奇術之書, 可得。" 會有靑衣童子以一部之書投之, 靈幹縱
其狸, 而藏其書。及長仕進, 凡所施爲, 皆異於常。其異事, 不可盡記, 姑擧
其一, 則文宗幸朴淵, 坐石上, 靈幹侍從。會風雨暴作, 振動御床, 文宗驚怖
失措, 靈幹作勅書投淵, 龍乃出見, 於是數罪, 笞其背, 淵水爲之赤。越境,
茂珍 皮帶村之地越昌平縣 長平甲鄕, 入于府西。

이영간李靈幹이 어렸을 때, 금성(담양) 밖의 연동사煙洞寺에서 공부를
하다가 어느 날 어떤 아이와 함께 바위 위에서 장기를 두었는데, 큰
호랑이가 바윗가에 앉아서 눈여겨보고 있었으나 잡아먹거나 해칠 생
각은 조금도 없어 보였다. 이영간이 조용히 장기를 끝내고 돌아와서
그 연고를 자세히 이야기하였더니, 중이 이상히 여겨서 그 자리에 가
보니, 아이와 호랑이는 간데온데없고, 오직 바위 위에 장기판만 있고,
그 아래에 호랑이의 발자국이 남아있었다. 그리하여 그 바위의 이름
을 '소년암少年巖'이라고 하였는데, 지금도 그 발자국이 남아있어서 아
무리 장마를 겪어도 이끼가 끼지 아니하고 그 완연함이 마치 어제 일
과 같다. 또 절의 중이 술을 담가서 거의 익을 때쯤 되면 누가 감쪽같
이 훔쳐 먹으므로, 중이 이영간을 의심하여 두세 번 종아리를 때렸다.

이영간이 몰래 엿보니, 늙은 살쾡이가 와서 훔쳐 마시므로, 이영간이 잡아서 죽이려 하였다. 그 살쾡이가 말하기를, "네가 만일 나를 놓아주면 평생에 쓰일 신기한 술법의 책을 얻을 수 있을 것이다." 하였다. 때마침 청의 동자青衣童子가 나타나 한 권의 책을 던져주므로, 이영간이 그 살쾡이를 놓아주었다. 그리하여 그 책을 간직하여 두었는데, 나중에 장생하여 벼슬하매, 그 모든 하는 일이 보통보다 달랐다. 그 기이한 일을 다 적을 수는 없고, 오직 그 하나를 들면, 문종이 박연朴淵에 거둥하여 돌 위에 앉았는데 이영간이 시종하였었다. 갑자기 비바람이 거세게 몰아쳐서 임금의 앉은 자리가 움직이니, 문종이 놀라고 두려워하여 어찌할 바를 몰라 하였다. 영간이 칙서를 지어 못에 던지니, 용이 이윽고 나타나 보이는지라, 이에 이영간이 수죄數罪하여 그 등을 때리니, 못의 물이 새빨갛게 되었다.

– 세종실록 151권, 지리지 전라도 장흥 도호부 담양 도호부

錫堅又啓曰: "延安南大池, 名曰臥龍池, 在府南五里, 周二十里許, 引流灌漑者甚多。每冬月池氷拆裂, 或縱或橫, 邑人謂之龍耕, 以卜翼年豐歉, 橫則豐, 縱則水, 不拆裂則歉。我太宗命有司每歲春秋致祭。又高麗 文宗時以池中膏腴可耕, 賜興王寺, 其年大旱, 邑人翰林學士李靈幹奏請, 還築之, 黑龍現其日, 果大雨, 歲大熟。此雖近於怪誕, 然載在《勝覽》, 本是舊物, 千古不可廢。一朝欲治爲水田, 今使大臣往審之, 臣謂斷不可廢。" 上曰: "此言果是, 勿使大臣往觀之。"

정석견이 또 아뢰기를, "연안延安 남쪽에 있는 큰 못은 이름을 와룡지臥龍池라 합니다. 본부本府에서 남쪽으로 5리쯤에 있고 둘레가 20리 가량이나 되는데 그 물을 끌어대어 농사하는 사람들이 매우 많습니다. 해마다 겨울철이면 그 못의 얼음이 더러는 세로로 더러는 가로로 금

이 가게 되는데, 고을 사람들이 '용경龍耕'이라 이르며 이듬해의 연사가 풍년일지 흉년일지를 점치니, 가로로 되면 풍년, 세로로 되면 홍수 나고, 금이 가지 않으면 흉년든다고 합니다. 우리 태종太宗께서 유사有司를 명하여 해마다 봄·가을에 치제致祭하였고, 또한 고려高麗 문종文宗 때에는 못 가운데의 땅이 기름져 경작할 만하므로 흥왕사興王寺에 내리었는데, 그해에 크게 가물자 고을 사람 한림학사翰林學士 이영간李靈幹이 주청奏請하여 그전대로 쌓으니 흑룡黑龍이 나타나며 그날로 과연 큰 비가 내려 연사가 크게 풍년들었다고 합니다. 이는 비록 괴이하고 허탄한 말에 가까운 것이기는 합니다. 그러나 《여지승람輿地勝覽》에 실려있는 것으로서 본시 옛부터의 것이니 천고千古토록 없앨 수 없는 것인데, 하루아침에 다스려서 무논水田으로 만들려고 하여 지금 대신大臣으로 하여금 가서 살펴보게 한다고 하니, 신은 결단코 없앨 수 없다고 여깁니다."

– 성종실록 233권, 성종 20년(1489년) 10월 30일 갑인 1번째 기사

✝

　세종실록 지리지에서 담양을 소개할 때 이영간이라는 인물이 나온다. 이영간은 11세기 중반 고려의 관리로 활동했던 인물이지만, 어디서 태어나고 죽었는지 알려진 것이 아무것도 없다. 단지 예부상서, 한림학사, 상서우복야를 역임했다고만 간략하게 알려져 있다. 그럼에도 불구하고 《조선왕조실록》에 이영간의 이름이 여러 번 나온다. 이 외에도 《신증동국여지승람》과 《추성지》에도 이영간의 기이한 행동이 여러 차례 나온다. 이영간은 도대체 어떤 기이한 모습을 보여주었기에 수백 년이 지난 《조선왕조실록》에서 거론되었던 것일까?

　이영간과 관련한 첫 번째 기이한 사건은 소년암에 얽힌 이야기다. 이영간이 어린 시절 담양에 있는 연동사에서 공부를 하던 중, 우연히 만난 아이와 장기를 두게 되었다. 장기를 한창 두고 있는데 호랑이 1마리가 이영간 뒤에 있는 커다란 바위에 앉았다. 이영간은 바위에 가만히 앉아 자신을 쳐다보는 호랑이 때문에 도무지 장기에 집중할 수가 없었다.

　반면 아이는 호랑이를 보고도 아무렇지도 않은지 장기에만 몰두해 있었다. 이를 이상하게 여긴 이영간은 아이가 눈치채지 못하도록 장기를 서둘러 마무리 짓고 연동사로 급히 내려갔다. 이영간은 승려에게 자초지종을 설명하고, 승려들과 함께 호랑이가 있던 자리로 되돌아왔다. 그러나 이미 아이와 호랑이는 흔적도 없이 사라졌고, 오로지 장기판과 호랑이의 발자국만이 남아있을 뿐이었다. 이때부터 신기하게도 장마와 같이 큰 비가 내려도 호랑이 발자국이 새겨진 바위에는 이끼가 생기지 않았다고 한다.

두 번째는 이영간이 청의 동자에게서 비술서(祕術書)를 얻는 설화다. 연동사에서 담가놓은 술이 계속 사라지자, 여러 승려가 절에서 공부하는 이영간이 마셨다 의심하고 종아리를 때렸다. 하라는 공부는 하지 않고 술만 훔쳐 먹었다는 죄를 뒤집어쓴 이영간은 너무나도 억울했다. 자신의 말을 믿어주지 않는 승려들에게 해코지하고 싶었지만, 억울함을 푸는 것이 먼저라고 생각한 이영간은 술 항아리를 보관해 놓은 창고를 매일 지켜보았다. 연동사의 맛있는 술을 여러 번 훔쳐 맛을 보았다면, 분명 술맛을 잊지 못한 범인이 또다시 술을 훔치러 올 것이 뻔했기 때문이었다. 이영간은 범인을 잡겠다는 신념 아래 여러 날을 자지도 않고 부릅뜬 눈으로 창고 앞을 지켰다.

그러던 어느 날 믿기지 않는 일이 눈앞에 벌어졌다. 늙은 살쾡이가 창고로 들어가더니 술이 담긴 항아리 뚜껑을 열고 술을 마시는 거였다. 이영간은 자신에게 누명을 씌운 것이 사람이 아닌 동물이라는 사실에 어이가 없으면서도, 한편으로는 너무 화가 났다. 한낱 미물이 인간을 농락하는 것에 그치지 않고, 인간의 물건을 탐냈다는 사실에 분노한 이영간은 늙은 살쾡이를 사로잡아 죽이려 하였다.

죽을 위기에 처한 살쾡이는 이영간에게 살려달라고 연신 빌었다. 자신을 살려주면 신기한 술법이 담겨있는 책을 주겠다고 약속했다. 모든 영물은 오랜 시간이 지나면 신통력이 생긴다는 말을 들은 적이 있던 이영간이 살쾡이의 말에 반신반의하며 주춤하자, 어디선가 청의 동자가 나타나 책 1권을 던져주었다. 이영간이 책을 펼치자 그동안 어디서도 볼 수 없었던 신기한 술법이 가득 적혀있었다. 책에 적혀있는 술법이 사실인지 알 수는 없지만, 혹시나 하는 마음에 이영간은 살쾡이를 풀어주었다.

책에 어떤 내용이 적혀있는지 알려지진 않았지만, 이영간이 비술서를 통해 기이한 능력을 갖추게 되었음을 추측하게 만드는 여러 설화가 전해진다. 이영간이 고려 문종을 보필하여 개경에 있는 박연 폭포를 방문했을 때의 일이다. 갑자기 거센 비바람이 불어오자, 문종이 너무 놀라 어찌할 바를 몰랐다. 이에 이영간이 그 자리에서 일어나 칙서를 못에 던졌다. 그로부터 얼마의 시간이 지나자 연못에서 용이 나오면서 비바람이 멈췄다. 박연 폭포에서 용이 나타날 것이라고는 아무도 생각하지 못했기에, 왕을 비롯한 많은 사람이 허둥대며 도망치기 바빴다. 이영간은 혼돈에 빠진 군중 사이를 헤치고 나와 큰 목소리로 용을 혼내기 시작했다. 이영간은 한참 동안 용을 혼냈고, 용은 연신 고개를 숙이며 반성하는 모습을 보였다. 얼마나 시간이 흘렀을까? 한동안 용을 타이르던 이영간이 용의 등을 손바닥으로 치자, 용은 사라지고 못은 붉은색으로 물들었다.

성종실록에서도 이영간이 용을 부리는 장면이 나온다. 황해도 연백(옛 이름 연안) 지역에 둘레가 8km에 달하는 와룡지라는 큰 연못이 있었다. 예로부터 인근 지역의 사람들은 와룡지에서 물을 길어다 농사를 지었던 만큼 매우 소중하게 여기던 연못이었다. 농민들은 겨울이 되면 와룡지가 꽝꽝 얼면서 생기는 금을 보고 내년 농사의 풍흉을 점쳤다. 얼음의 금이 가로로 나면 풍년이고, 세로로 나면 홍수가 난다고 믿었다. 반면 금이 생기지 않으면 흉년이 들 거라며 근심했다.

이처럼 인근 농민의 삶에 큰 영향을 주던 와룡지를 고려 문종이 흥왕사에 주어 논으로 개간하게 하였다. 농사를 짓는 데 없어서는 안 될 연못이 사라지자, 그해 연백 지역은 큰 가뭄이 들었다. 가뭄으로 절망에 빠진 백성을 안타깝게 여긴 이영간은 문종에게 와룡지에 제방을 쌓아야 가뭄이 해소될 수 있다고 주청을 올렸다. 이영간의 비범함을 너무도 잘 알던 문종은 가뭄 해소를 위해 와룡지에 제방을 쌓게 하였다. 사람들의 노력으로 제방이 완성되는 날 연못에서 흑룡이 승천하고, 곧이어 하늘에 검은 먹구름이 몰려오며 장대비가 내렸다. 이 비로 가뭄으로 쩍쩍 갈라지던 논과 밭에 싹이 돋아났고, 그해 가을 농민은 풍년을 맞이할 수 있었다.

《조선왕조실록》에 나온 이영간과 관련된 설화를 살피다 보면 세종실록과 성종실록에 나온 내용이 시간의 차이가 있음에도 마치 이영간이 특출난 능력을 얻는 과정을 일목요연하게 설명한다는 느낌이 든다. 우선 소년암 설화에 등장하는 호랑이는 이영간을 시험하는 매개체의 역할을 한다. 지금은 우리나라 산천에서 호랑이를 볼 수 없지만, 과거에는 정말 흔하게 볼 수 있던 동물이었다. 한반도에 얼마나 호랑이가 많았는지 태종 2년(1402년) 대호군 김계지는 경상도에만 호랑이에게 물려 죽은 사람이 수백 명에 달한다고 보고할 정도였다. 산이 많은 강원도에서는 호랑이에게 물려 죽는 사람이 많아 '아들 4형제는 낳아야 하나를 차지한다'라는 말이 나올 정도로 호랑이는 늘 우리네와 함께하는 동물이었다.

이처럼 가장 최상위 포식자이면서 많은 개체를 보유한 호랑이는 선조들에게 두려움의 대상을 넘어 신격화되어 모셔졌다. 삼한시대의 동예는 제천 행사인 무천에서 호랑이를 신으로 모셔 제사를 지내는 등 우리 선조들은 아주 오래전부터 호랑이를 산신·산군·산군자 등으로 부르며 추앙했다. 현재도 많은 무속인이 호랑이를 산신으로 인식하여 제사를 올리고 있다. 이 외에도 호랑이가 세상을 변화시킬 인물을 선택하여 능력을 키워주는 역할을 한다고도 믿었다. 한 예로 사람들은 후백제를 세운 견훤이 아기이던 시절에 매일 찾아온 호랑이 젖을 먹고 엄청난 괴력을 갖게 되었다고 믿던 것처럼 말이다.

선조들이 호랑이를 영특한 동물 또는 신격화했던 모습에 비추어 이영간의 설화를 분석해 보면, 호랑이가 소년암에 앉아 이영간을 내려보았다는 내용은 호랑이로 변한 산신이 이영간의 재주와 담력을 테스트한 것으로 해석할 수 있다. 산신은 자신을 보필하는 청의 동자를 내려보내 이영간과 장기를 두면서 대화를 나누게 하였다. 그리고 자신은 호랑이로 변하여 소년암에 앉아 이영간의 말과 행동을 살폈다. 이영간이 얼마나 진실한 사람이고, 그가 만들고 싶은 세상이 무엇인지 하나도 빼놓지 않고 산신은 귀 기울여 들었다. 그리고 이영간이 호랑이로 변한 자신을 보고도 겁내지 않고, 침착하게 위기를 벗어나는 모습에서 세상을 구할 술법을 전달해 줄 만한 인물이라 여겼다.

그러나 산신은 한 번의 테스트만으로 술법이 담겨있는 비술서를 넘겨줄 수 없었다. 산신은 다시 한번 이영간을 테스트하기 위해 살쾡이를 시켜 사찰에서 담근 술을 훔쳐먹게 하였다. 짐승이 술을 먹었을 거라 상상조차 하지 못한 승려들은 외부인이었던 이영간이 술을 훔쳐먹었다고 의심하며 절에서 내쫓으려 했다. 억울한 이영간은 사찰을 떠나지 않고, 술을 훔쳐먹었다는 누명을 벗기 위해 몇 날 며칠을 술 창고 앞을 지키며 남다른 오기와 끈기를 보였다. 잘못을 그냥 넘어가지 않고, 끝까지 바로 잡으려는 이영간의 굳은 의지를 본 산신은 청의 동자를 시켜 비술서를 건네주었다. 그로 인해 이영간은 하늘의 용도 다룰 수 있는 특별한 능력을 갖게 되었다.

이영간은 비술서를 통해 얻은 특별한 재주와 능력을 자신을 위해 사용하지 않았다. 고려 백성을 위해 노력하는 문종의 안위를 위협하는 용을 혼내주었고, 가뭄으로 힘들어하는 백성을 위해 흑룡을 불러내 비를 내리게 했다. 이영간은 오로지 이 땅의 주인인 백성을 위해서만 능력을 펼쳤다. 그러나 역설적이게도 이영간이 벌인 기이한 행동은 이 세상에서 가장 무서운 것이 위정자임을 보여준다.

이영간이 용을 불러내어 비를 내리는 등 도술을 펼치기 위해서는 문종의 허락이 반드시 있어야 했다. 문종의 허락 없이는 도술을 독자적으로 행할 수 없었다. 비를 내리게 하는 용을 꾸짖는 이영간이었지만, 인간 세상에서는 왕의 심기를 살피고 조심스럽게 자신의 생각을 건의하는 신하에 불과했다. 용을 죽일 능력이 있어도 인간 세상에서는 왕에게 죽임을 당할 수 있었다. 그는 문종 앞에서 고개를 조아리는 신료, 그 이상도 그 이하도 아니었다. 이영간의 생살여탈권은 왕, 즉 위정자에게 달려있었다.

이는 비단 고려시대에만 해당하는 이야기가 아니다. 오늘날에도 수많은 자연재해와 전염병으로 많은 사람이 고통에 신음하며 죽어 가고 있다. 그러나 이런 자연재해보다 더욱더 무서운 것은 바로 위정자다. 그들의 생각과 행동 하나하나가 자연현상보다 우리의 삶에 더 막대한 영향을 미치기 때문이다.

민심이 천심이라는 말이 있다. 과거의 위정자는 하늘을 빌려 자신의 권위를 드러냈지만, 지금은 민심이 위정자를 끌어내린다. 그런데도 사람들은 믿을 수 없는 초월적인 능력을 갖춘 영웅이 부조리한 세상을 바꿔주기를 원한다. 자신의 희생과 노력 없이 누군가의 능력과 베풂이 혜택으로 돌아오기를 바란다. 그러나 이영간의 설화는 '자연을 움직이는 힘 〈 위정자 〈 민심'이라는 공식을 보여준다. 비를 내리는 용을 다스리는 이영간은 왕에게 충성했고, 왕은 가뭄에 힘들어하는 백성의 마음이 떠날까 무서워 와룡지를 원래 모습으로 되돌려놨다.

문득 이런 생각이 든다. 대한민국은 민주주의가 뿌리를 내리면서 과거 어느 때보다도 시민이 이 나라의 주인이며 세상을 바꾸는 주체라는 사실을 잘 알고 있다. 그럼에도 많은 이들이 주체적으로 세상을 바꾸려 노력하기보다는 능력 있는 사람이 등장하기를 바란다. 위정자가 국가를 잘 운영하면 당연한 것이고, 제대로 운영하지 못하면 그들만의 잘못으로 매도해 버린다. 이제는 세상을 바꿀 위정자의 출현을 기대하기보다는 우리 스스로 새로운 세상을 만들어 가는 주체가 되어야 하지 않을까? 용을 애완동물처럼 다루고, 천지자연을 마음대로 움직이던 이영간도 하지 못한 일을 말이다.

굶주림을 참지 못해
인육을 먹다

癸卯/義禁府啓: "曹守命供招: '食人肉之事, 不親見之, 但聞諸海州女福德, 曰:「兒屍頭, 在盲人女子家籬下。」 以告金間, 間誤傳於李季甸子塾曰: 「海州人有啗人屍者。」 請金間照妖言惑衆律, 當斬; 福德杖八十; 守命杖七十。"

各命減三等。 先是, 同副承旨李季甸使宦者金得祥啓曰: 金間之獄, 臣悉知始末。 金間所言海州盲人女子啗屍之言, 與福德所說盲人之女之言吻合無異, 曹守命, 特中間傳言耳。 今義禁府以金間爲誤傳守命之言, 照以妖言之律, 罪至於死。 臣竊謂福德所傳盲人之女之言, 實虛語也。 若其實事, 何肯自說食人肉之事乎! 逮問福德而斷之, 則玆事之爲虛也可明矣。 不絶其根株, 而論其枝葉, 臣恐未安也。 此事出自臣兄, 忘其所言之人, 率爾啓之, 罪不可免, 然不聞於耳, 敢發詐言乎! 若造詐言, 罪亦無悔, 只以受其道監司之命, 欲救飢民而請穀種, 乃發此言, 始起是獄。 臣意謂自此之後, 雖眞有食人之事, 人皆諱之, 殿下必不聞矣。 言路通塞, 實關治體, 誠非小事。

의금부에서 아뢰기를, "조수명曹守命의 공초供招에 사람의 고기를 먹었다는 사건은 직접 눈으로 본 것은 아니고, 다만 해주海州 여자 복덕福德의 말에, '죽은 어린애 머리 동강이 소경의 딸네 집 울타리 밑에 있더라.'라고 김한金間에게 일렀는데, 김한이 이계린李季甸의 아들 이숙李塾에게 잘못 전해서 말하기를, '해주 사람으로 사람의 송장을 먹은 자가 있다.'라고 하였사오니, 김한을 요언혹중妖言惑衆의 율에 비추어 마땅히 참형에 처하고, 복덕은 장 80에, 수명은 장 70에 처하기를 청하옵니다." 하였는데, 명하여 각각 3등을 감형하게 하였다.

이에 앞서 동부승지 이계전李季甸이 내시 김득상金得祥을 시켜 아뢰기를, "김한의 옥사는 신이 그 전말을 다 아옵는데, 김한이 말하는 해주 소경의 딸이 송장을 먹었다는 것과 복덕이 말하는 소경의 딸이라는 말과 부합하여 다름이 없삽고, 조수명은 오직 중간에 말을 전했을 뿐인데, 이제 의금부에서 김한이 수명의 말을 잘못 전하였다 하여 요언妖言의 율에 비추어서 죄를 사형에까지 이르게 하옵는데, 신이 가만히 생각하옵기는 복덕이 말했다는 소경의 딸이라는 것은 실상 허무한 말입니다. 만일 사실이라면 어찌 사람 고기 먹은 일을 일부러 자작으로 말을 만들어 했겠나이까. 복덕을 잡아다 물어서 판단해 보면 이 일의 허무한 것임이 명백한 것이온데, 그 근본은 뽑지 아니하고 지엽枝葉을 논하는 것은 신은 미안함을 두렵게 여기나이다. 이 일은 신의 형에게서 나온 것이온데, 누가 말한 것인지도 잊어버리고 경솔히 아뢰었으니, 죄는 면할 수 없사오나, 그러나 귀로 듣지 않은 일을 감히 거짓말을 발설하겠나이까. 만일 거짓말을 조작했다면 죄받아도 후회가 없사오려니와, 다만 그 도道의 감사로 임명을 받자왔으므로 굶주린 백성을 구제하고자 종자 곡식을 청구하면서 그만 이 말이 나와서, 이 옥사가 일어나기 시작했습니다.

신의 의견으로는 이 뒤로부터는 비록 참으로 사람 고기를 먹는 일이 있더라도 사람들이 모두 숨길 것이므로, 전하께서는 도저히 들으실 수가 없게 될 것이온데, 언로言路가 통하고 막히는 것은 실로 치체治體에 관계되오니 참으로 작은 일이 아니옵니다."

– 세종실록 119권, 세종 30년(1448년) 1월 16일 계묘 1번째 기사

많은 사람은 세종이 애민 정신으로 나라를 통치하여 태평성대를 이루었다고 알고 있다. 그런데 세종 때에 태평성대라는 말이 무색하게 기근으로 인육을 먹었다는 기록이 《조선왕조실록》에 등장한다. 인육을 먹었다는 내용을 살펴보면 참으로 잔혹하기 그지없다. 해주 소경의 딸이 어린아이의 송장을 먹었는데, 울타리 밑에 먹고 남은 시신의 머리가 있다는 것이었다. 조선시대를 통틀어 가장 많은 조세를 거두고, 넉넉해진 국고를 바탕으로 수많은 업적을 만들어낸 세종 때에 배고픔으로 사람을 잡아먹었다니, 몇 번을 되뇌어도 좀처럼 믿어지지 않는다. 정말 조선시대에 굶주림을 이겨내지 못하고 사람을 잡아먹는 일이 있었을까?

　세종이 통치하던 시대는 평온하기만 했을 것 같지만, 사실 후대의 다른 어떤 왕보다도 많은 사건·사고가 일어났던 시대이기도 하다. 당시 백성 중에는 태평성대라고 인정하지 않는 사람들도 많았다. 이들은 태평성대라는 말을 인정하지 않는 것에 멈추지 않고 아무도 보이지 않는 곳에서 세종을 비난하고 힐책하기도 했다. 백성들이 세종의 치세에 불만을 가졌던 여러 원인 중에는 영토 확장이 있었다. 세종의 4군 6진 개척은 고려보다 훨씬 넓은 영토를 확보하며 후대에 성군으로 칭송받는 이유의 하나가 되지만, 당시 일부 백성은 이를 두고 불만의 소리를 높였다.

　그 이유를 살펴보면 첫 번째로 적이 침략해오지 않은 상황에서 먼저 전쟁을 일으키는 것을 좋아할 백성이 없다는 점이다. 백성은 불확실한 승리에 대해 불안해했고, 영토 확장의 필요성을 이해하지 못했다. 더욱이 가족의 일부가 군인으로 동원되어 전쟁터로 끌려갔다면, 이들이 세종을 비난할 이유는 충분해진다. 또한 대규모의 군대를 동원하여 4군 6진을 한순간에 개척한 것이 아니었다. 여진족을 쫓아내고 영토를 빼앗으면, 뒤로 물러난 여진족이 곧바로 군대를 재정비하여 여러 번 재침략했다. 4군 6진의 개척은 언제 끝날지 알 수 없는 고통의 반복이었다.

이를 해결하기 위한 가장 좋은 방법은 조선 백성들이 새로 개척한 장소에 마을을 만들어 농사짓는 일이었다. 하지만, 개척한 땅에 머물다가는 여진족의 침입으로 언제 죽을지 알 수 없었다. 남성들은 언제라도 군에 징발되어 목숨 잃을 준비를 해야 했으며, 나머지 가족들은 부족한 농경지와 오래도록 지속되는 추운 겨울을 버티고 살아남기 위해 아등바등 몸부림을 쳐야 했다. 남쪽의 백성들은 오로지 북쪽으로 거처를 옮겨야 하는 대상에 선발되지 않기만을 바랄 뿐이었다. 하지만 바람과는 달리 사민 정책으로 거주지를 강제로 옮겨야 했던 백성들은 세종의 정책에 반감을 드러냈다.

두 번째로 우리는 세종이 성군으로 나라를 잘 경영하고, 많은 문물을 만들어냈다고 해도 모든 것이 지금보다 열악한 시대였다는 점을 고려해야 한다. 오늘날 정치·경제적으로 선진국이 된 대한민국이지만, 아직도 많은 이들이 현재의 삶을 행복하다고 표현하기보다는 불평과 불만을 표출하는 일이 더 많다는 사실을 되돌아보면 쉽게 이해할 수 있다.

세종이 통치하던 시기는 매년 농사짓는 연작이 불가능한 지역이 있을 정도로 조선의 농업생산력은 매우 낮았다. 여기에 이상 기온으로 가뭄과 홍수도 많이 발생하여, 이재민이 연신 속출하였다. 먹고 살 방법이 막막해진 사람들이 자신보다 더 약한 사람을 괴롭히거나 죽여 재물을 빼앗는 도적이 되면서 치안도 불안했다. 그러나 이보다 더 큰 문제는 기근으로 인한 전염병 창궐이었다. 당시 의학 수준과 시스템으로는 전염병을 통제하는 것이 너무도 어려운 일이었다. 그래서 세종은 장애인과 같은 사회적 약자를 먼저 배려하였고, 어떤 상황에서도 문제를 즉각 해결할 수 있는 국가 시스템을 만들기 위해 노력하였다. 이를 위해《향약집성방》《의방유취》와 같은 의학서를 간행하고 배포하여 의학 지식을 전국에 보급하고 발전시켰다.

세종은 건강을 해치면서까지 백성과 국가를 위해 노력하였는데, 기근으로 사람 고기를 먹는다는 소식이 들렸으니 얼마나 놀라고 좌절했을까? 식인 사건은 세종의 조카사위였던 이계린(1401~1455)에게서 시작되었다. 황해감사로 임명된 이계린이 봄에 기근이 심하여 사람 고기를 먹는 자가 있다고 보고하자, 매우 놀란 세종이 이계린에게 사건의 진상을 자세하게 물었다. 그러나 이계린은 소문의 출처가 어디인지를 정확하게 대답하지 못했다. 세종이 형조를 시켜 이계린을 구속한 뒤 인육의 출처를 물으니, 그제야 이계린은 정순공주 집에서 일하는 환관 김한이 외종질 조수명에게 들었다는 사실을 털어놓았다. 이에 세종은 김한과 조수명을 대질시켜 진상을 알아내려 했으나, 둘의 말이 너무 달라 뚜렷하게 밝혀지는 것이 하나 없었다.

하지만 진실을 밝혀내겠다는 세종의 굳은 의지와 지승문원사 강맹경의 뛰어난 수사로 인육 사건의 진실은 조수명의 말이 와전되었음이 밝혀졌다. 해주에 살던 복덕이란 여인이 소경의 딸네 집 울타리 밑에 죽은 어린아이 머리가 있다는 말을 들은 조수명이 김한에게 전했고, 김한이 이계린의 아들 이숙에게 "해주 사람으로 사람의 송장을 먹은 자가 있다"라고 바꾸어 말한 것이 사건의 전말이었다. 의금부는 이 사건의 처리를 두고 인육을 먹는다는 거짓말을 퍼트린 김한의 목을 베고, 이와 관련된 사람들도 중형에 처해야 한다고 주장했다. 그러자 이계린의 동생인 승지 이계전은 수사 과정이 미흡했다는 사실을 내세우며 처벌에 문제를 제기했다. 또한 친지에게 소문을 전했다는 이유만으로 중형을 내리는 것은 부당하며, 이계린이 인육을 먹었다고 보고한 이유는 기근으로 힘들어하는 백성을 돌봐야 한다는 선한 목적이었음을 고려해야 한다고 주장했다.

이계린도 《삼국사기》에 사람이 서로 잡아먹은 기록이 여러 번 나오는 것은 흉년으로 인한 필연적인 일이라고 말했다. 이 말은 기근으로 사람이 사람을 잡아먹은 사례가 예전에도 있었던 만큼 세종 때에도 충분히 일어날 수 있음을 알아달라고 강조한 것이었다. 즉, 자신이 잘못 보고한 것에 초점을 맞추지 말고 현재 백성들이 당하는 고통에 초점을 맞추어 달라고 요청한 것이었다. 이에 세종도 굶주림으로 인육을 먹는 불상사가 자신의 치세 기간에 나올 가능성이 있다고 인정했다. 연이은 흉년으로 황해도 해주 지역의 백성 5분의 1이 죽었다는 말이 나도는 상황이었기 때문이다.

결국 세종은 이계린과 김한 등 관련자들의 죄를 감형해 주었다.

그렇다면 조선 이전에 인육을 먹었다는 기록이 얼마나 남아있을까?《삼국사기》에 고구려·백제·신라 모든 나라에서 사람을 잡아먹었다는 기록이 여러 차례 등장한다. 고구려에는 소수림왕이 통치하던 378년에 가뭄으로 굶주린 백성들이 서로 잡아먹었다는 기록이 있다. 고국양왕 때인 389년에도 기근으로 사람들이 서로 잡아먹어 왕이 창고를 풀어 구제하였다고 밝히고 있다. 백제도 비류왕이 통치하던 331년 큰 가뭄으로 흉년이 들어 사람들이 서로 잡아먹었다는 기록이 있다. 499년 동성왕 때에도 큰 가뭄으로 백성들이 굶주려 서로 잡아먹는 일이 벌어지자, 창고를 풀어 사람들을 구제하자는 관료들의 말을 왕이 듣지 않았다고 한다. 이 외에도 여러 왕의 기록에서 사람들이 서로 잡아먹었다는 이야기를 어렵지 않게 발견할 수 있다.

신라도 예외는 아니었다. 삼국을 통일한 승자이자, 1,000년의 역사를 유지한 나라였던 만큼 배고픔으로 사람을 먹은 이야기는 나오지 않는다. 다만 효심으로 사람 고기를 먹었다는 기록이 있다.《삼국유사》에 따르면 유동보살의 화신이라고 일컬어지는 신효거사가 아직 출가하지 않았던 시절, 고기를 좋아하는 어머니를 위해 사냥을 나갔다고 한다. 신효거사는 길에 학 5마리가 있는 것을 보고 화살을 날렸으나, 1마리도 잡지 못하고 깃털 하나만 주울 수 있었다. 신효거사가 우연히 학의 깃털로 눈을 가려보니 지나가는 사람이 모두 짐승으로 보였다. 자칫 자신이 사람을 죽일 뻔한 사실에 너무 놀란 신효거사는 더는 사냥을 하지 못하고 집으로 돌아가,

자신의 넓적다리 살을 베어 어머니에게 드렸다. 이후 자신이 살던 집을 절로 만들어 효가원이라 부르고, 부처님의 뜻을 따르겠다며 출가했다. 이 기사는 신효거사가 직접 인육을 먹었다는 기록은 아니지만, 사람이 먹을 수 있는 짐승으로 보였다는 점에서 신라도 배고픔으로 인육을 먹는 일이 있었음을 간접적으로 보여준다.

《삼국사기》에는 경덕왕 14년(755년) 충남 공주 지방에 살던 상덕이 흉년과 전염병으로 굶주린 부모가 병들어 죽을 위기에 처하자, 자신의 넓적다리 살을 베어 드렸다는 기록이 남아있다. 이후에도 상덕은 어머니가 종기로 고생하자 직접 종기를 입으로 빨고, 자신의 넓적다리를 베어 약으로 드려 병을 치료하였다. 이 효행으로 그가 살던 마을은 '효가리'라 불렸고, 넓적다리 살을 벨 때 나온 피가 흘러간 개울을 '혈흔천'이라 부르게 되었다. 신라의 왕도 상덕의 효행을 칭찬하기 위해 마을에 정문을 세워주고, 상덕의 효행을 기록한 비석을 세우게 하였다. 이 외에도 경남 진주 출신의 성각이 병든 어머니를 위해 자신의 살을 베어 먹였다는 소식에 벼 300석을 나라에서 내려주었다는 기록이 있다. 신라도 기근과 전염병으로 사람을 잡아먹는 일이 있었겠지만, 삼국을 통일한 승자로서 품격을 지키고자 했다. 그래서 고구려, 백제와 차별을 두기 위해 굶주림으로 사람을 잡아먹었다는 기록은 빼고 효행과 관련하여 인육을 먹인 사건만 소개한 것은 아닐까 싶다.

고려시대에도 인육을 먹었다는 기록이 여럿 나온다. 《고려사절요》에 한림학사를 역임했던 김황원(1045~1117)을 기리는 글이 있다. 글에 따르면 김황원이 요나라에 사신으로 파견되어 북쪽 지방을 지나가던 중 흉년으로 사람이 사람을 잡아먹는 것을 보고, 창고의 곡식을 풀어 백성을 구제해 달라고 예종에게 요청했다. 이에 예종은 급히 곡식을 풀어 기근에 서로를 잡아먹던 사람들을 구휼했다. 이후 김황원이 요나라에 건너가 사신으로서 맡은 바 일을 다하고 다시 북쪽 지방을 지나가게 되자, 백성이 자신들을 살려준 상공(相公)이라 칭송하며 감사를 표했다고 한다.

《고려사》에는 명종 3년(1173년)에 도저히 믿기지 않는 일이 나온다. 그해는 정월부터 비가 오지 않아 하천과 우물이 모두 바닥을 드러냈고, 벼와 보리가 말라 죽어갔다. 전염병마저 발생해 굶주려 죽는 자가 많아지자, 국가는 무당을 모아 기우제를 올렸다. 명종은 관료들을 각 산천으로 파견하여 신령에게 비가 내리게 하는 기도를 드리게 했다. 이 모습을 상세하게 설명하는 과정에서 사람들이 배고픔에 인육을 매매했다는 기록이 나온다. 심지어 충렬왕 13년(1287년) 기록에는 자기 자식마저도 배고파서 먹었다는 기록이 있다. 이 외에도 《고려사절요》에는 고종 46년(1259년) 몽골군이 기암성을 공격하자, 성안에 갇힌 사람들이 서로를 잡아먹었다는 기록이 있다. 이처럼 인육을 판매하고 자기 자식을 먹는 등 영화에서나 나올 법한 끔찍한 일이 우리 역사에 실제로 기록되어 있다.

《고려사》와 《고려사절요》에서는 효심으로 자신의 살을 부모에게 먹였던 신라의 이야기와는 달리, 기근과 전염병 그리고 전쟁으로 사람이 사람을 먹는 끔찍한 일이 빈번하게 일어났다고 말하고 있다. 물론 고려시대는 유독 많은 전쟁으로 살기 어려웠던 것이 사실이다. 그러나 《고려사》가 세종 31년(1449년), 《고려사절요》가 문종 2년(1452년)에 조선 건국의 정당성을 확보하기 위해 편찬되었다는 사실을 생각해보면 굶주림으로 인육을 먹고 매매하는 기록이 적혀있는 이유를 조금은 짐작할 수 있다.

이성계가 위화도회군 이후 조선을 건국하면서 내세운 명분은 하늘의 명을 받아 백성이 편안하고 행복하게 살 수 있는 세상을 만들겠다는 것이었다. 하지만 겉으로 드러나지 않을 뿐 조선을 부정하고 고려를 다시 세우려는 사람들이 곳곳에 존재했다. 이들을 끌어안기 위해서 세종과 문종은 《고려사》와 《고려사절요》 등 역사서 편찬을 통해 고려의 왕이 무능력과 부도덕으로 나라를 망쳤음을 보여주어야 했다. 백성이 굶주림을 견디다 못해 서로의 인육을 먹을 정도로 살기 어려운 세상이었다는 것을 부각하면 할수록 조선 건국의 명분과 타당성이 확보될 수 있었다.

그런데 조선을 건국한 지 57년밖에 안 된 시점인 세종 30년(1448년), 고려 때와 마찬가지로 흉년을 감당하지 못해 사람이 사람을 잡아먹었다는 소식은 조선의 기틀을 세우려는 세종의 가슴을 철렁 내려앉게 했다. 재위 30년 동안 많은 문물과 제도를 통해 세상을 바꾸었다고 자부한 세종이었다. 고려 때처럼 기근으로 사람을 잡아먹었다는 사실이 전국에 알려진다는 것은 상상도 할 수 없는 일이었다. 그러니 세종은 백성이 인육을 먹었다는 사실의 진위를 확인하지도 않고 소문을 퍼뜨린 황해도 관찰사 이계린을 파면할 정도로 크게 화를 낼 수밖에 없었을 것이다.

그러나 예전보다 나아진 세상을 만들었다는 세종의 자부심은 후대에 계속 이어지지 않았다. 자연재해와 전쟁, 그리고 후대 왕들의 무능력이 발목을 잡았다. 무엇보다도 잘못을 바로잡으려는 의지를 보이지 않았던 집권층으로 인해 사람이 사람을 잡아먹는 일이 조선시대에 계속 일어났다. 중종 8년(1513년)에 함경도 북청 등 8개 읍에서 기근을 이기지 못한 사람들이 먹을 것을 구하기 위해 처자식을 팔고, 시체를 먹다가 병이 들어 죽었다는 기록이 《조선왕조실록》에 나온다.

이뿐만이 아니다. 오희문이 한양을 떠난 1591년 11월 27일부터 1601년 2월 27일까지 만 9년 3개월 동안 임진왜란과 정유재란을 겪으면서 보고 들었던 내용을 담은 《쇄미록》에도 사람들이 인육을 먹었다는 내용이 있다. 1594년 4월 3일 기록을 보면 '최근에는 걸인이 매우 드물다. 모두들 두어 달 사이에 굶어 죽었기 때문에 걸식하는 사람이 드물다고 한다. (중략) 영남과 경기에서는 사람들이 서로 잡아먹는 일이 많은데, 심지어 친척을 죽여서 먹기까지 했다고 한다. 전에는 한양 근처에서 1~2되의 쌀을 빼앗으려고 사람을 죽이더니, 최근에는 혼자 가는 사람이 있으면 마치 산짐승처럼 거리낌 없이 쫓아가서 죽여 잡아먹는다고 한다. 이러다 사람의 씨가 말라 버리겠다.'라며 당시의 비참한 광경을 비판하고 있다.

지구의 소빙하기로 알려진 17세기에는 지구 온도가 낮아지면서 세계적으로 자연재해가 잦았다. 중국 강남의 감귤 농장은 추위로 종자가 끊겼고, 에티오피아는 1년 내내 눈이 녹지 않았다. 세계 모든 곳이 가뭄과 홍수 등 자연재해로 농작물이 제대로 자라지 못하면서 많은 사람이 죽었다. 조선도 예외가 아니었다. 현종 11~12년(1670~1671년)에 가뭄과 전염병으로 전체 인구의 약 10%인 100만

명 정도가 죽었다. 1670년 8월 21일 어전회의에서 영의정 허적은 기근으로 백성의 고통이 끝없고, 국가의 존망이 결판났다고 말할 정도였다.

이 당시는 사람들이 살아남기 위해 인육을 먹어도 국가가 처벌하지 못할 정도로 상황은 심각했다. 현종 12년에는 충청감사 이홍연이 연산에 사는 순례라는 여노비가 5살 된 딸과 3살 된 아들을 죽여서 먹었다는 소식을 왕에게 보고했다. 관아에 잡혀온 순례는 자식을 먹었다는 사실을 순순히 인정했는데, 그녀의 몰골은 차마 바로 볼 수 없을 정도로 처참했다. 머리카락과 피부 등이 살아있는 사람으로 보이지 않아 마치 귀신 같은 모습이었다고 한다.

이와 같은 역사를 살펴보면 아무리 좋은 제도와 국가 경영 시스템을 만들어놓아도 자연재해를 피할 순 없다는 사실을 깨닫게 된다. 단지 얼마나 피해를 줄일 수 있는가가 관건인 것이다. 피해를 줄여 국민들이 안정적이고 편안한 생활을 영위할 수 있게 만들기 위해서는 위정자의 능력과 도덕성 유무가 큰 변수로 작용한다. 중종이 자신을 왕으로 만든 훈구파에 끌려다니지 않고 소신 있는 정치를 폈다면, 다른 역사를 만들 수 있었을 것이다. 선조가 일본의 침략 의도를 제대로 파악하고 대처했다면, 전쟁으로 인육을 먹는 일은 없었을 것이다. 현종도 예송논쟁을 벌이기보다는 백성을 먼저 생각하는 정책을 폈다면, 백성들의 피해를 줄일 수 있지 않았을까? 후대의 왕들이 세종처럼 백성과 국가를 위한 훌륭한 정치를 폈다면 백성이 인육을 먹는 비참한 일은 막을 수 있지 않았을까?

과학을 이용한
조선 최고의 마술쇼

義禁府啓: "僧雪澄、倭僧信玉、私奴奇今同、正兵李繼山, 與在逃僧雪山、月心、戒嚴、性明共謀, 用人尿於臂上及手背, 畫佛寫字, 以松炭屑, 鋪之拂拭, 成黑文, 且用人乳, 於空紙畫佛寫字, 沈水成白文, 照火成赤文, 又用白礬於空紙, 畫佛寫字, 沈水成白文, 以此妖術, 誑惑愚民, 以取財貨罪, 律該斬。在逃性明、戒嚴、月心、雪山追捕斬。" 從之。

의금부義禁府에서 아뢰기를, "중僧 설징雪澄·왜승倭僧 신옥信玉·사노私奴 기금동奇今同·정병正兵 이계산李繼山이 도망 중인 중 설산雪山·월심月心·계엄戒嚴·성명性明과 공모共謀하여, 사람의 오줌을 사용하여 팔뚝과 손등에 부처佛를, 그리고 글씨를 써서 소나무 숯가루를 뿌리고 털어 내면 흑문黑文이 되고, 또 사람의 젖을 사용하여 백지白紙에 부처를 그리고 글씨를 써서 물에 담그면 백문白文이 되고, 불에 쪼이면 적문赤文이 되며, 또 백반白礬을 사용使用해서 백지에 부처를 그리고 글씨를 써서 물에 담그면 백문白文이 되게 하여, 이런 요술妖術을 가지고 어리석은 백성들을 광혹誑惑하여 재화財貨를 취取한 죄는, 율이 참형斬刑에 해당합니다. 도망 중인 성명·계엄·월심·설산도 추포追捕하여 참하소서." 하니 그대로 따랐다.

– 성종실록 38권, 성종 5년(1474년) 1월 4일 경인 4번째 기사

20세기까지 동서양을 막론하고 많은 사람의 사랑을 받았던 오
락의 하나가 마술이다. 마술사는 눈 깜짝할 사이에 물건만이 아니
라 사람도 사라지게 만든다. 또는 칼을 삼키거나 긴 창을 입안에
넣었다가 빼내는 등 직접 보고도 믿을 수 없는 기이한 일들을 연
신 펼치며 사람들의 혼을 빼놓는다. 마술사의 기이한 모습과 행동
은 보는 이들의 간담을 서늘하게 만들기도 한다.

하지만 21세기 들어 마술의 인기는 줄어들고 있다. 마술의 원리
를 알려주지 않았던 20세기와는 달리 지금은 많은 방송 매체에서
마술의 비밀을 공공연하게 보여준다. 과거 사람들은 마술을 귀신
을 부르는 요술이라고 생각하며 즐겼으나, 이제는 마술사가 하나
의 마술을 보여주기 위해 얼마나 노력했는지를 높이 평가하며 관
람한다.

조선시대는 마술을 '환술(幻術)'이라 부르며 부정적으로 인식하였
다. 위정자들은 환술을 성리학이 이단으로 생각하는 종교가 시행
하는 사술, 또는 백성을 속여 재물을 뜯어내고 세상을 어지럽히는
사기 수단으로 인식했다. 성종 5년(1474년)에 승려 설징과 왜승 신옥
을 비롯한 수십 명이 환술을 내세워 집단 사기를 벌이다가 처벌받
으면서 환술에 대한 부정적 인식을 각인시켜주는 사건이 있었다.

성종 때 환술로 사기를 친 설징과 신옥을 비롯한 일당은 다양한
계층과 직업을 가진 사람들로 구성되어 있었다. 이들 대부분은 파
계승 설징, 왜승 신옥, 군인 이계산, 노비 기금동 등 조선시대 낮은

계층이었다. 특히 왜승 신옥은 일본 대마도에서 조선으로 건너와 귀화한 인물로 조선 정부로부터 감시를 받는 상황에서 환술을 이용해 사기 행각을 벌였다.

12살에 승려가 된 신옥은 특이한 이력을 가지고 있었다. 대마도에서 조선으로 같이 건너온 아버지가 제포에서 병으로 죽으면서 졸지에 고아가 된 신옥은 밥을 구걸하며 어려운 삶을 살았다. 그러다가 갑자기 조선의 명산을 보러 다니겠다며, 전라도 무등산을 시작으로 경기·충청·황해·평안·강원·경상·함경도 등 전국 각지를 19년 동안 돌아다녔다. 조선 정부는 한양에도 오랫동안 머물러 조선의 실상을 누구보다도 잘 알던 신옥을 골칫덩이로 여겼다. 그렇다고 아무 죄도 없는 신옥에게 처벌을 내리기 어려웠고, 조선의 실상을 너무 잘 아는 신옥을 일본으로 보낼 수도 없었다.

결국 성종 2년(1471년) 조선 정부는 31살의 신옥에게 도첩(度牒)을 주어 한양 근교의 절에 머물도록 하였다. 그리고 신옥이 머무는 지방관아의 수령에게 매년 신옥의 소재 여부를 관찰사에게 보고하도록 하여 감시하였다.

정부의 감시를 받던 신옥처럼 환술로 사기 행각을 벌였던 일당 대부분이 신분적으로나 경제적으로 어려운 처지에 있었던 사람들이다. 이들은 사회적으로 천대받으며 가난하게 생활했지만, 다방면으로 풍부한 지식을 가지고 있었다. 본인들이 어려운 생활을 하는 만큼 사람들이 무엇에 불안해하고 의지하는지 너무도 잘 알았다. 파계승 설징과 왜승 신옥은 불교를 이용하여 사람들의 불안한 심리를 자신들에 대한 믿음으로 바꾸었으며, 노비 출신의 기금동은 사람들이 힘들어하는 마음에 공감해 주었다. 군인 기금동은 귀동냥으로 들은 국법을 내세워 군중들을 겁주거나 자신들의 행위에 정당성을 부여했다.

그러나 이들이 사람들의 마음을 훔칠 수 있었던 가장 큰 배경에는 사람들의 정신을 쏙 빼놓는 신기한 환술이 있었다. 예를 들면 이들은 사람의 오줌을 묻힌 붓으로 팔뚝과 손등에 불상이나 글씨를 쓴 뒤, 숯가루를 묻혔다가 털어냈다. 그러면 먹물로 쓴 것처럼 팔뚝과 손등에 검은 불상과 글씨가 나타났다. 또는 사람의 젖에 불에 탄 재를 넣어 획획 휘저은 다음 글이나 불상을 그린 종이를 물에 넣었다가 꺼내면, 까맣던 글과 불상이 하얗게 변했다. 이것을 다시 불에 쬐면 글과 불상이 붉은 글씨로 변했다.

이들이 보여준 환술은 언뜻 대단해 보이지만, 약간의 화학적 원리만 알면 그리 어렵지 않게 재현해 낼 수 있다. 우선 유리·화약의 원료로 쓰이는 초석(硝石)을 물에 희석하여 종이에 글이나 그림을 그리면 아무런 흔적도 남지 않는다. 하지만 이 종이를 불에 비추면 글이나 그림이 나타난다. 붉은색의 글과 불상을 그리고 싶으면 일반 종이가 아닌 강황의 뿌리줄기를 말려서 만든 강황지(薑黃紙)에 소다수를 묻히면 된다.

오늘날 과학적 지식이 있는 사람이라면 코웃음 칠 만큼 이들이 펼친 환술은 쉬운 일이지만, 당시 사람들에게는 그렇지 않았다. 붓에 먹물을 묻혀 글씨를 쓰면 검은색만 나온다고 알고 있는 상황에서 사람의 오줌이나 젖을 이용해 글씨의 색을 바꾸는 이들의 환술은 경이로움을 넘어, 마치 신선이 부리는 요술로 보였다. 그런 가운데 대왕대비의 인장이 찍힌 문서까지 보여주었으니 이들을 향한 백성들의 믿음은 절대적일 수밖에 없었다.

이들이 사기 행각을 벌였던 성종 4년(1473년)은 세조의 부인이던 정희왕후(1418~1483)가 수렴청정하던 시기였다. 13살이라는 어린 나이로 왕위에 오른 성종이 정사를 돌볼 수 없는 만큼 국정 운영의 중요한 모든 결정은 정희왕후의 손에서 이루어지고 있었다. 17살에 불과한 성종보다 더 큰 권력을 가졌던 정희왕후의 인장이 찍힌 문서를 관중에게 내보이면, 모든 이들이 진실로 여겼다. 이들이 벌인 사기 행각을 그려보면 이 상황을 더욱더 쉽게 이해할 수 있다.

"어느 날 저잣거리에 기이한 환술을 벌이는 사람들이 등장한다. 이들의 현란한 환술에 모여든 사람들은 한순간도 이들의 말과 행동에 눈을 떼지 못했다. 그리고 얼마 뒤 최고 권력자인 정희왕후를 내세워 불사에 필요한 재물을 내면 이후 죄를 지어도 어떤 처벌도 받지 않고, 요역도 면제해 준다는 이들의 말은 달콤했다. 기이한 환술 때문인지 아니면 정희왕후의 인장이 찍힌 문서 때문인지는 모르겠지만, 이들의 환술을 구경하던 많은 이들이 앞다투어 재물을 내놓았다. 그리고는 앞으로 어떤 처벌과 요역도 없을 것이라는 희망에 부푼 마음을 가지고 오매불망 정희왕후가 개최하는 불사에 참여할 날만 기다리며 집으로 돌아갔다."

하지만 재물을 내놓은 사람들에게 들려온 소식은 설징과 신옥 일당이 정희왕후의 도장이 찍힌 문서를 위조하여 사기를 저지른 죄로 의금부에 체포되었다는 사실이었다. 곧이어 설산, 월심 등 사기꾼 일당 몇몇이 체포 직전 남은 재물을 챙겨 도망치는 바람에 한 푼도 돌려받을 수 없다는 청천벽력 같은 소식이 들려왔다. 재물을 바치고 희망을 품은 채, 기쁜 마음으로 살아가던 사람들이 나락으로 떨어지기까지 그리 오랜 시간이 필요하지 않았다. 얼마 후 환술로 사기를 저지른 대부분이 참형을 당해 목숨을 잃었다. 환술로 사람을 현혹하고 국가권력을 내세워 사기를 저지른 이들의 비참한 말로는 당연한 일이었지만, 사기를 당한 백성들의 아픔은 누구도 돌봐주지 않았다.

성종 12년(1481년)에 환술로 인한 문제가 또 발생했다. 설징과 신옥 등이 환술과 정희왕후를 내세워 사회를 혼란하게 만들었다면, 이번에는 환술에 빠져 옳고 그름을 제대로 보지 못하는 성종에 대한 성토였다. 조선 출신의 명나라 환관 정동(鄭同)이 조선에 사신으로 오면서 환술을 펼치는 놀이꾼을 데려왔다.

정동이 데려온 놀이꾼들은 관중이 눈치채지 못할 만큼 빠른 속도로 진짜 갈고리를 가짜와 바꿔치기하여 입에 집어넣거나, 오랜 훈련을 통해 진짜 날카로운 창이나 칼을 삼키기도 하였다. 또한 입에 기름을 머금고 있다가 송진 가루를 이용하여 불기둥을 내뿜는 환술을 보이기도 하였다. 성종이 이들의 환술을 좋아하며 큰 상을 내리자, 조정 관료들이 크게 반발했다. 임금이 환술을 좋아하여 많은 상을 내렸다는 소식이 중국에 전해지면, 이후로 조선에 올 환관들이 재물을 더 많이 얻기 위해 환술사를 계속 데려올 것이라 걱정했다. 더불어 중국에서는 조선이 예의를 갖춘 나라로 알려졌는데, 성종으로 인해 환술을 좋아하는 미개한 나라로 인식될까 두려워했다. 또한 조선에서도 환술하는 자를 내세워 권세를 잡으려는 간신이 나타날 수도 있음을 경계하기도 했다.

어느 시대든 기이한 환술로 사람들을 현혹해 사사로이 재물을 취하는 사람들은 늘 존재했다. 성종 때 환술로 처형당한 사건이 있었지만, 사람들은 이를 반면교사로 삼지 않았다. 기회와 능력이 되면 언제든 타인의 고통은 고려하지 않고 사기를 치는 사람들이 등장했다. 설징과 신옥이 환술로 백성들의 재물을 빼앗다 처형당한 지 약 250년 뒤인 경종 2년(1722년)에도 환술로 사기 행각을 벌인 이상건이 있었다.

이상건은 묵호룡의 고변이라는 굵직한 사건에 연루되는 바람에 환술을 내세운 사기가 발각되어 처벌받았다. 묵호룡은 원래 남인 출신의 서얼이었는데, 자신의 출세를 위해 영조를 다음 왕위로 즉위시키려는 상대 붕당인 노론에 줄을 대고 있었다. 그런데 경종이 즉위하고 소론 세력이 노론의 대신 4명을 몰아내며 권력을 장악하자, 묵호룡은 소론으로 다시 방향을 틀기 위해 삼급수설(三急手說)을 고변했다. 삼급수설은 노론 세력이 세자 시절의 경종을 칼로 죽이거나, 독살하거나, 아니면 모해하여 폐출하고자 했다는 내용이어서, 노론의 대신 4명을 비롯한 많은 노론 인사들이 죽는 신임사화의 원인이 되었다.

조선 정부는 묵호룡의 고변을 조사하던 중, 둔갑술에 능하고 귀신을 통해 어떤 물건이든 가져올 수 있는 '백운산인 이태화'라고 밝힌 이상건이 묵호룡의 집에 찾아왔다는 사실을 알게 되었다. 고변에 따르면 묵호룡은 역모 자금을 구하던 정인중에게 이상건을 소개해 주었다고 한다. 정인중을 만난 이상건은 귀신을 부려 은화를 얻기 위해서는 붉은 도장이 찍힌 종이, 즉 관리의 도장이 찍힌 종이가 필요하다고 말했다. 마침 홍의인(1683~1722) 집에 관인(官印)이 있어 10여 장의 종이에 도장을 찍어 이상건에게 주자, 그는 말도 없이 사라져버렸다. 그리고 얼마 뒤 이상건은 철원에서 관리의 도장이 찍힌 종이를 공명첩으로 위조하여 비싼 가격으로 팔고 있었다. 조정은 이상건을 체포하여 공명첩을 위조하고 요술로써 사람들을 미혹시킨 죄를 물었으나, 이상건은 끝내 잘못을 인정하지 않았다. 결국 이상건은 11번의 형문을 받다가 사형이 집행되기 전 자결해 버렸다.

영조 39년(1763)에도 환술을 부린다는 괴인으로 인해 국문이 열렸다. 좌의정 홍봉한(1713~1778)이 강가에 사는 이의배에게 위험한 소문을 들었다며 영조를 찾아왔다. 홍봉한의 이야기를 들은 영조는 깜짝 놀라며 직접 국문을 열고 이의배와 정창욱을 같이 불러 사실을 조사했다. 이의배와 정창욱은 관아에 나와 말하기를 어느 날 한 괴인이 자신들을 찾아왔다고 밝혔다. 괴인은 이들 앞에서 방석 밑에 묶여있던 끈을 손도 대지 않고 풀고, 주머니에 있던 5문을 50전으로 늘렸다가 도로 5문으로 줄이는 환술을 보여주었다고 말했다. 이뿐만 아니라 괴인이 보이지 않는 곳에서 쓴 글자를 맞추는 등 여러 환술로 자신들의 혼을 쏙 빼놓은 뒤, 6월 무렵 난리가 일어날 때 자신을 따라 공주로 가면 화를 면할 수 있으니 돈꿰미를 달라고 하는 것을 거절했을 뿐이라며 억울함을 호소했다.

영조가 직접 국문을 열어 진상을 조사해보니 괴인이라 지목한 사람은 성균관의 노복 주영흥이었다. 영조가 직접 국문에 나와 어디서 요술을 배웠냐고 묻자, 주영흥은 요술과 6월에 난리가 난다는 말을 공주에 사는 김범갑의 아들 김호희에게서 배웠다고 답했다. 주영흥의 자복에 얼떨결에 붙잡혀 온 김호희는 노끈을 묶고 푸는 방법과 글자를 안 보고도 맞추는 것을 가르친 적이 있지만, 나머지는 모르는 일이라며 극구 부인했다. 이에 영조는 사건과 관련된 여러 사람의 말을 맞추어본 결과, 김호희는 아무런 죄가 없다며 풀어주었다.

주영흥이 행한 환술은 순식간에 끈을 묶고 주머니에 물건을 넣었다가 사라지게 만드는 간단한 마술로, 우리가 재미 삼아 따라 해볼 수 있는 기초적인 마술에 불과하다. 하지만 주영흥은 환술로 세상 원리를 다 아는 도인 행세를 하며 난이 일어날 것이라 겁을 주었다. 그리고 난을 피해 살 수 있는 곳을 알려준다면서 거액의 돈을 갈취하려다 큰 처벌을 받았다. 그런데 여기서 의문이 든다. 지금은 과연 기이한 일인 것처럼 위장하여 사기를 치는 사람이 없을까? 이를 기적이라 믿으며 따르는 사람은 없을까? 자신의 재산과 삶을 송두리째 빼앗기는 것도 모른 채 말이다.

임진왜란의 숨은 공신, 해귀의 등장

全羅道觀察使黃愼馳啓曰: "賊中交通人朴餘慶進告, 倭賊問餘慶以唐兵多少, 餘慶盛稱天兵水陸幷四十萬, 海鬼、獐子, 亦多數出來云云, 則倭賊皆變色, 卜馱雜物, 盡爲載船。行長卽向泗川, 賊將周羅宮相議後, 還入本陣, 卽令卒倭, 修築城子, 殊無撤去之意云。"

전라도 관찰사 황신黃愼이 치계하였다.

"적중에 왕래하는 박여경朴餘慶의 진고進告에 의하면 '왜적이 중국군이 얼마나 되는지를 묻기에 중국군의 수군水軍과 육군이 모두 40만 명인데, 해귀海鬼와 달자㺚子도 많이 나왔다고 엄청나게 불려서 말하였더니 왜적들이 모두 얼굴색이 변하면서 짐바리와 잡물雜物을 죄다 배에 실었다. 소서행장小西行長은 곧 사천泗川으로 향하여 적장賊將 주라궁周羅宮과 상의한 뒤에 본진本陣으로 돌아와서는 곧바로 왜병倭兵들에게 성城을 수축修築시키면서 전혀 철거撤去할 뜻이 없다.' 하였습니다."

– 선조실록 104권, 선조 31년(1598년) 9월 5일 정해 4번째 기사

우리 역사에서 흑인이 처음 등장한 것은 언제일까? 많은 사람은 흑인이 우리나라에 들어온 시기를 개항기 무렵이라고 생각한다. 더러는 6·25 전쟁 당시 미군 병사나 에티오피아 군대처럼 UN군으로 한국에 들어왔다고 생각하기도 한다. 그러나 흑인이 우리나라에 발을 내디딘 것은 그보다 아주 오래전이다. 기록이 없어 정확하게는 알 수 없지만, 아마도 신라에 아라비아 상인들이 찾아와 상품을 거래할 때 자연스럽게 흑인을 만났을 가능성이 크다.

　2,000년 전 로마제국 시대부터 아프리카 노예상은 사하라 사막을 건너 유럽의 백인에게 흑인을 팔았다. 10세기경에는 이슬람 상인이 동아프리카에 무역 기지를 세우고, 상품 판매 대금으로 흑인을 구매했다. 그리고는 구매한 흑인을 세계 각지로 데려가 높은 가격으로 판매하였다.

　신라에 흑인이 노예로 거래되었다는 기록은 없지만, 처용과 일부 무인석을 통해 아라비아인이 귀화하여 정착했음을 보여주는 기록과 유물은 많이 남아있다. 아라비아인이 먼 신라로 오기 위해서는 노를 저어 배를 움직일 노예가 필수였을 것이다. 당연히 노를 젓는 노예 중에는 흑인이 있었을 것이다. 아라비아인이 교역하기 위해 신라의 부둣가에 닻을 내리는 순간, 흑인 노예들도 잠시나마 뭍으로 나와 생활하였을 가능성이 충분하다. 고려시대에도 벽란도가 국제 무역 항구였던 만큼 아라비아 상인이 데려온 흑인을 만나는 것은 낯설지 않은 일이었을 것이다.

그러나 14세기 말에는 상황이 달라졌다. 원나라를 비롯한 동아시아의 많은 왕조가 쇠퇴하면서 전쟁이 빈번하게 일어났고, 이로 인해 혼란한 시기가 오래도록 지속되었다. 특히 왜구는 이를 틈타 동아시아 해안을 돌아다니며 중국을 비롯한 수많은 나라를 약탈하고 다녔다. 고려도 예외일 수는 없었다. 이로 인해 아라비아 상인의 왕래가 확연히 줄어들었다.

이후 새로 건국한 조선과 명나라는 고려, 원나라와는 달리 쇄국 정책을 내세우면서 사사로운 교역을 금지하였다. 이후 우리와 다른 모습을 가진 외국인을 만나는 일은 어려워졌다. 그 결과 서양 세력이 본격적으로 등장하는 구한말을 제외하고는 《조선왕조실록》에 흑인의 이야기가 몇 번 나오지 않는다. 태조 때 섬라국 사신이 흑인을 바쳤다는 기록과 임진왜란 당시 흑인 용병이 전투에 참여하였다는 기록, 그리고 순조 때 이양선이 제주도에 흑인을 버리고 갔다는 내용만이 《조선왕조실록》에 남아있다.

조선시대 흑인이 등장하게 된 것은 우리나라하고 거리가 꽤 멀었던 섬라국과 관련되어 있다. 섬라국은 지금의 태국으로 오늘날 비행 거리로도 약 3,700km나 떨어져 있다. 서울에서 부산까지 거리가 약 400km 정도라는 것을 생각해 볼 때, 섬라국은 조선에서 엄청나게 멀리 떨어진 나라였다. 그런데 쇄국정책을 폈던 조선에 그토록 멀리 있는 섬라국 사신이 무슨 이익을 얻고자 찾아와 흑인을 바쳤을까?

태조실록에 기록된 섬라국은 태국에 존재했던 왕조 중의 하나인 아유타야(1351~1757) 왕국이다. 1376년 명나라 홍무제에게 새인(璽印)과 의대(衣帶)를 받고 섬라(暹羅)라 불리게 된 아유타야 왕국은 북쪽으로는 치앙마이, 동쪽으로는 캄보디아, 남쪽으로는 말레이반도, 서쪽으로 미얀마까지 영토를 크게 넓혔다. 영토 확장이 가능했던 배경에는 중국과 인도를 비롯한 아시아 여러 나라와의 교역을 통한 부의 축적이 있었다. 아유타야 왕국은 세력을 더 확대하기 위해 무역 범위를 확장하려고 했다. 이에 새로 건국한 조선에 축하 사절단을 보내 교역을 성사하고자 했다.

아유타야 왕국은 조선이 건국한 지 1년 뒤인 태조 2년(1393년)에 장사도를 필두로 20여 명을 사신으로 파견했다. 이들은 머나먼 항해 끝에 조선에 도착하여 태조에게 소목 1,000근과 속향 1,000근 그리고 토인 2명을 바쳤다. 이때 특이했던 점이 조공 물품만 보낸 것이 아니라 사람 2명도 바쳤다는 것이다. 토인(土人) 2명이라고 기록되어 있는 것으로 보았을 때, 이들은 태국 현지인으로 추정된다. 이들은 오늘날 타국에 거주하며 외교를 총괄하는 외교관처럼 조선에 상주하여 태국과의 교역을 성사시키려는 목적으로 남았을 것이다. 그러나 이들의 예상과는 달리 토인이라 불린 태국인 2명은 외교 관련 일이 아닌 조선에서 대궐 문을 지키는 일을 하게 되었다. 문지기가 비록 낮은 직책이어도 체격이 건장하고 언어 소통이 되어야 맡을 수 있는 일인 만큼, 토인이라 불린 이들은 어느 정도 문무를 갖춘 인재였을 것이다.

조선에서의 모든 일정을 완벽하게 마무리 지은 아유타야 왕국의 사절단은 조선 사신단과 함께 자신의 고국으로 향했다. 그런데 떠난 지 1개월 만인 7월 5일 조선으로 되돌아왔다. 이들은 태국으로 가던 도중 왜구의 습격을 받았다며, 칼과 갑옷 등 각종 무기와 함께 흑인 2명을 바치며 배 1척을 내달라고 부탁했다. 이들을 불쌍하게 여긴 태조는 배를 내주면서 이자영과 배후를 조선의 사절단으로 다시 보냈다.

그러나 태조 5년(1396년)에 이자영만이 살아서 고국으로 돌아왔다. 아유타야 왕국을 방문하고 태국 사절단과 조선으로 돌아오던 중 전라도 나주에서 왜구의 습격으로 모두가 죽고, 이자영만 홀로 일본에 끌려갔다가 살아 돌아온 것이었다. 사절단이 왜구에게 희생된 것을 알 수 없던 아유타야 왕국은 이후 조선에 사절단을 다시 보내지 않았다. 왜구의 피해로 교역이 쉽지 않았던 현실 때문인지, 아니면 조선에서 돌아오지 않는 사절단에 화가 났기 때문인지는 알 수 없다. 이 외에도 조선의 쇄국정책과 양국의 머나먼 거리 등이 조선과 아유타야 왕국의 관계를 오래 지속되지 못하게 했다.

그렇다면 아유타야 왕국의 장사도 일행이 태국으로 가기 위해 바친 흑인 2명은 어떻게 되었을까? 사실 이들이 조선에서 어떻게 살았는지 알려진 바가 하나도 없다. 만약 흑인이 아유타야 왕국의 사절단 일행이었다면, 배를 빌리는 데 바쳐지지는 않았을 것으로 유추된다. 그런 점에서 조선에 남은 흑인 2명은 아유타야 왕국 사절단의 노예였을 가능성이 크다. 그리고 이들에 관한 기록이 이후에 나오지 않는 것으로 보아, 조선에서 좋은 대접을 받지 못하고 힘들게 살다 죽었을 확률이 높다. 이들은 비록 아유타야 왕국의 사절단이 고국으로 돌아가기 위해 바친 노예였지만, 조선을 방문한 첫 번째 흑인이었다.

두 번째로 흑인이 조선에 등장한 것은 이로부터 200년이 지난 선조 31년(1598년)이다. 임진왜란이 끝나갈 무렵 명나라 팽신고가 원군을 이끌고 조선에 들어왔다. 선조가 앞으로의 행보를 묻자, 팽신고는 1개월 뒤 남쪽으로 내려가 일본군을 토벌하겠다고 호언장담했다. 그러면서 자신에게는 세상 어디에도 없는 특수부대인 신병(神兵)이 있다고 자랑했다. 팽신고는 우리와 생긴 모습이 확연히 다른 신병을 호광의 남쪽 끝에 있는 파랑국 사람으로 설명했다. 파랑국은 현재의 포르투갈로 그 당시 아시아에 많은 식민지를 만들고, 이를 토대로 여러 나라와 교역을 벌이면서 중국과 접촉하고 있었다.

팽신고는 호광이 3개의 바다를 건너야 이르는 곳으로, 조선과 15만여 리 떨어져 있다고 소개했다. 특히 호광에서 온 신병들이 조총을 잘 쏠 뿐만 아니라 여러 무예도 뛰어나다고 자랑하였다. 팽신고의 자랑은 그 정도가 심하여 믿기 어려울 정도였다. 예를 들어 이들은 바다에 잠수하여 적선을 공격할 수가 있고, 물속에서 물고기를 잡아먹으면서 몇 날 며칠을 버티는 것도 가능하다고 말했다. 거기서 그치지 않고 이런 병사는 중국에서도 볼 수 없음을 강조하며, 이들을 특별히 조선에 데려온 자신을 스스로 높이는 데 부끄러움이 없었다.

당시 명의 원군이 절실했던 선조는 신병 또는 해귀라 불리는 흑인이 조선에 온 것은 명나라 황제의 덕택이라면서 일본군을 섬멸하는 것은 시간문제라며 맞장구쳤다. 그러나 곧 선조와 조정 관료들은 팽신고의 계속되는 허풍에 불편하고 지친 기색을 감추지 못했다. 자신의 말을 믿지 않음을 눈치챈 팽신고는 해귀라 불리는 신병들의 능력을 보여준다며, 신병 3명을 선조 앞으로 불렀다.

선조 앞에 나온 신병의 모습은 얼굴과 온몸이 모두 검고 눈은 노란색이었다. 턱수염과 머리카락은 곱슬이고 검은 양모(羊毛)처럼 짧게 꼬부라져 있었다. 또한 1필이나 되는 누른 비단이 반도(蟠桃)[3]의 형상처럼 머리 위에 올려져 있었다. 이 표현을 통해 보았을 때, 팽신고가 소개한 신병은 이슬람교를 믿는 흑인으로 머리에 터번을 두른 것으로 보인다. 크리스트교 국가인 포르투갈 사람이 이슬람교도가 사용하는 터번을 두를 리 없다는 점을 고려하면, 신병이라 불리는 이들은 아프리카에서 노예 상인에게 잡혀 명나라까지 온 것으로 추정된다.

팽신고는 흑인들에게 칼을 주면서 무예를 선보이는 공연을 하도록 명령하였다. 당시 흑인들이 어떤 무예를 보여주었는지 알 순 없지만, 제법 멋진 모습을 보여준 듯하다. 선조가 무예를 펼친 이들에게 은자 1냥을 상으로 주었으니 말이다. 그러나 무엇보다도 우리와 생김새가 너무 다른 흑인의 모습이 조정의 많은 관료에게도 놀라움을 주었다. 유성룡은 《서애집》에서 신병이라 불린 흑인을 '낯빛이 칠처럼 까맣고, 바다 밑에 숨어다니기도 하며 그 모양이 귀신같다 하여 해귀라고 부른다. 키가 큰 사람이 있었는데, 몸이 아주 커서 거의 두 길이나 되었다. 이들은 말을 타지 못하고 수레를 타고 다녔다.'라고 기록하며 놀라움을 금치 못했다. 현재 아

---

3 반도: 3,000년에 1번 열매가 열린다는 선경에 있는 전설의 복숭아.

프리카 남수단에 사는 딩카족의 경우 남자 평균 키가 190cm이며, 여자도 180cm에 이른다. 이들이 제주도의 조랑말처럼 키가 작은 아시아의 말을 타면 발이 끌린다는 점에서 유성룡의 기록에 믿음이 간다.

팽신고가 키가 크고 물속에서 몇 날 며칠을 버틸 수 있다는 해귀를 데려왔다는 소문은 조선 조정을 넘어 일본군에게도 퍼졌다. 그해 9월 5일 선조실록 기사에는 명나라 군대가 수군과 육군 합쳐 40만 명인데, 해귀와 달자(몽골군)도 많다고 말하자, 일본군들의 얼굴색이 모두 변하면서 배에 짐을 실어 도망갈 준비를 했다고 적혀있다. 그러나 막상 명나라군과 전쟁터에서 마주한 일본군은 소문과 달리 명나라 군대가 40만이 되지 않으며, 해귀라는 존재도 별볼 일 없다는 것을 바로 알아챘다.

사실 흑인은 생김새만 달랐을 뿐, 일반 병졸과 큰 차이가 없었다. 며칠을 바다에 머물면서 적선을 공격한다는 것이 불가능한 일이라는 사실을 명나라 군대도 잘 알고 있는 만큼, 상대를 겁주는 용도로만 활용한 것이었다. 명나라군의 거짓 소문은 일시적으로 효과를 가져왔을지는 모르지만, 막상 전쟁이 벌어지자 아무 소용없음이 곧 판명 났다. 일본의 선봉장 고니시 유키나가는 명나라의 허장성세에 더는 속지 않겠다는 것을 보여주듯 성을 쌓고 조선에서 물러나지 않겠다는 의지를 나타냈다.

임진왜란이 끝나고 명나라 병부상서 형개가 중국으로 돌아가는 모습을 그린 〈천조장사전별도〉에 해귀라 불리던 흑인의 모습이 그려져 있다. 유성룡이 밝힌 것처럼 키가 커서 말을 타지 못해서인지

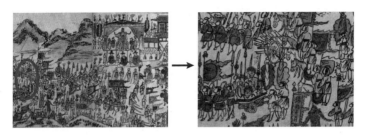

〈천조장사전별도〉(출처: 한국국학진흥원)

그림 속 수레에 흑인 4명이 타고 있다. 그나마 다행스러운 것은 조선에 들어온 4명이 모두 살아서 중국으로 돌아갔다는 사실이었다. 그러나 그림 속 흑인들의 모습을 가까이서 살펴보면 개선장군의 늠름한 모습이 아닌 풀이 죽어 근심이 가득한 얼굴이다. 이들의 표정이 어두워 보이는 것은 혹시라도 전투에서 큰 활약을 하지 못한 일로 처벌을 받지 않을까 걱정하고 있기 때문일지도 모르겠다.

흑인이 조선에 등장한 세 번째 사례는 순조 1년(1801년)이다. 제주도 대정현 당포에 이양선이 잠시 멈추더니, 얼마 후 5명의 사람을 버리고 도망갔다는 보고가 조정에 올라왔다. 이양선에서 버려진 5명의 모습을 설명할 길이 없던 제주도 사람들은 자신들이 아는 동물로 이들을 비유했다. '다섯 사람의 옷과 모습이 대단히 이상하게 생겼다. 옷은 몸을 묶은 것처럼 좁으며, 발에는 버선을 신지 않았다. 머리에는 모자를 썼는데 얼굴과 몸이 모두 검었고, 형상은 팔이 긴 원숭이 같았다. 말을 왜가리처럼 시끄럽게 지절거려서, 글을 쓰게 했더니 왼쪽에서 오른쪽으로 썼다. 글이 한자도 아니고 그림도 아니어서 난잡하기가 엉클어진 실 모양과 같았다.'라고 표현한 것으로 보아 제주도에 버려진 이들이 글을 배운 흑인이었음을 짐작하게 한다.

흑인이 제주도에 도착한 1801년이 미국에서 흑인 노예해방이 이루어지지 않은 시점이라는 점을 가지고 유추해 보면, 이들이 노예 신분으로 배를 탔다가 백인 선원에게 밉보여 버려진 듯싶다. 낯선 곳에 버려진 흑인들은 앞으로 다가올 불안한 운명에 두려워했을 것이다. 그러나 조선도 흑인이 두렵기는 마찬가지였다. 볼수록 괴상하기만 한 흑인들을 어떻게 처리해야 할지 고민하던 정부는 결국 청나라 북경으로 흑인 모두를 보내 버림으로써 분란을 잠재웠다.

흑인은 우리와 하나도 다를 것이 없는 똑같은 사람이었지만, 조선시대의 동아시아에서는 흔히 볼 수 없는 낯선 이들이었다. 중국인은 자신들보다 키와 덩치가 훨씬 크고, 검은 피부와 곱슬곱슬한 흑인의 털에서 흡사 도깨비와 같은 기이한 능력과 힘이 발휘된다고 믿었다. 그래서 임진왜란 당시 흑인을 머나먼 조선의 전쟁터까지 끌고 와 활용했다. 사실 아프리카에서 노예로 잡혀온 흑인들의 삶은 비참했다. 수천 년 전 로마시대부터 이슬람시대를 거쳐 불과 수백년 전까지 많은 노예 상인이 흑인을 잡아와서 물건처럼 매매하였다. 흑인을 인간이 아닌 재물로 치부했던 만큼 그들의 인권은 무시당한 채 주인들에 의해 심한 매질 등 여러 억압을 받았다. 심지어는 이들의 생사까지도 주인의 말 한마디에 달려있었다.

수천 년간 전 세계의 노예로 살아오던 흑인 중 일부가 조선에 왔고, 그들의 특이한 모습을 눈여겨보았던 선조들은 《조선왕조실록》을 비롯한 여러 문집에 기록을 남겼다. 태조 때 섬라국에서 바친 흑인 2명, 임진왜란 때 전투에 참여한 흑인 4명, 순조 때 제주도에 버려진 흑인 5명은 공통점이 있다. 첫 번째로 이들은 자발적으로 조선에 온 사람들이 아니었다. 두 번째로 이들이 어떤 삶을 살다가 죽었는지 모른다. 다만 우리가 분명하게 알 수 있는 것은 조선에 왔던 흑인들이 결코 행복하지 않았을 것이라는 점이다. 그들은 누구보다도 힘들고 고통스러운 삶을 살았을 것이다.

한 번도 인간으로 표현되지 않은 《조선왕조실록》의 흑인은 오늘날 우리 사회에서도 여전히 인종차별을 받으며 인권이 무시되고 있다. 미국과 유럽에서만 흑인에 대한 차별이 이루어지는 것이 아니다. 과거 우리도 흑인을 '검둥이' '연탄' 등으로 비하하여 불렀고, 심지어 잠재적인 범죄자로 여기며 가까이하려 하지 않는 사람도 많다. 이 외에도 인종차별의 사례는 일일이 거론하지 못할 정도로 많았다.

이제는 거짓된 소문과 편견에서 벗어나 흑인을 우리와 똑같은 인간으로 바라봐야 하지 않을까? 《조선왕조실록》에 흑인이 용병으로 싸웠다는 점에만 관심 두기보다는 이들이 어떤 과정을 통해 조선에 왔고 어떻게 살아갔을지를 생각해 보는 시간을 가져보는 것도 좋을 듯싶다. 흑인도 우리와 똑같은 감정을 가진 인간이라는 점을 인지하고 그들이 겪었을 감정에 이입해 본다면, 우리가 행하고 있는 인종차별적인 언행이 줄어들지 않을까?

\<별에서 온 그대\> 속 UFO는
조선에서 실제로 목격되었다

江原監司李馨郁馳啓曰: "杆城郡, 八月二十五日巳時, 靑天白日, 四方無一點雲, 雷聲發作, 自北向南之際, 人人仰望, 則似煙氣兩處微出於碧空. 形如日暈, 撓動移時而止, 發雷聲有若皮皷之聲. 原州牧, 八月二十五日巳時, 白日中, 紅色如布長流去, 自南向北, 天動大作, 暫時而止. 江陵府, 八月二十五日巳時, 白日晴明, 忽有物在天, 微有聲, 形如大壺, 上尖下大, 自天中向北方, 流下如墜地. 流下之時, 其形漸長如三四許, 其色甚赤, 過去處, 連有白氣, 良久乃滅之後, 仍有天動之聲, 響振天地. 春川府, 八月二十五日, 天氣晴明, 而但東南天間微雲暫發, 午時有火光, 狀如大盆, 起自東南間, 向北方流行甚長. 其疾如矢, 良久火形漸消, 靑白煙氣漲生, 屈曲裊裊, 久未消散. 俄頃如雷皷之聲, 震動天地而止. 襄陽府, 八月二十五日未時, 品官全文緯家中庭簷下地上, 忽有圓光烱如盤, 初若着地, 而便見屈上一丈許, 有氣浮空. 大如一圍, 長如半匹布, 東邊則白色, 中央則靑熒, 西邊則赤色. 望之如虹, 宛轉纏繞, 狀如捲旗. 及上半空, 渾爲赤色, 上頭尖而下本截斷. 直上天中少北, 變爲白雲, 鮮明可愛. 而仍似粘着天面飛動, 觸揷若有生氣焉, 忽又中斷爲二片, 而一片向東南, 丈許煙滅, 一片浮在本處, 形如布席. 少頃雷動數聲, 終如擂皷聲, 自其中出, 良久乃止. (是時, 天色淸明, 四際無點翳.)"

강원 감사 이형욱李馨郁이 치계하였다. "간성군杆城郡에서 8월 25일 사시 푸른 하늘에 쨍쨍하게 태양이 비치었고 사방에는 한 점의 구름도 없었는데, 우레 소리가 나면서 북쪽에서 남쪽으로 향해 갈 즈음에 사람들이 모두 우러러 보니, 푸른 하늘에서 연기처럼 생긴 것이 두 곳에서 조금씩 나왔습니다. 형체는 햇무리와 같았고 움직이다가 한참 만에 멈추었으며, 우렛소리가 마치 북소리처럼 났습니다.

원주목原州牧에서는 8월 25일 사시 대낮에 붉은색으로 베처럼 생긴 것이 길게 흘러 남쪽에서 북쪽으로 갔는데, 천둥소리가 크게 나다가 잠시 뒤에 그쳤습니다.

강릉부江陵府에서는 8월 25일 사시에 해가 환하고 맑았는데, 갑자기 어떤 물건이 하늘에 나타나 작은 소리를 냅니다. 형체는 큰 호리병과 같은데 위는 뾰족하고 아래는 컸으며, 하늘 한가운데서부터 북방을 향하면서 마치 땅에 추락할 듯하였습니다. 아래로 떨어질 때 그 형상이 점차 커져 3, 4장丈 정도였는데, 그 색은 매우 붉었고, 지나간 곳에는 연이어 흰 기운이 생겼다가 한참 만에 사라졌습니다. 이것이 사라진 뒤에는 천둥소리가 들렸는데, 그 소리가 천지天地를 진동했습니다. 춘천부春川府에서는 8월 25일 날씨가 청명하고 단지 동남쪽 하늘 사이에 조그만 구름이 잠시 나왔는데, 오시에 화광火光이 있었습니다. 모양은 큰 동이와 같았는데, 동남쪽에서 생겨나 북쪽을 향해 흘러갔습니다. 매우 크고 빠르기는 화살 같았는데 한참 뒤에 불처럼 생긴 것이 점차 소멸되고, 청백靑白의 연기가 팽창되듯 생겨나 곡선으로 나부끼며 한참 동안 흩어지지 않았습니다. 얼마 있다가 우레와 북 같은 소리가 천지를 진동시키다가 멈추었습니다.

양양부襄陽府에서는 8월 25일 미시未時에 지방관아의 품관이던 전문위 집 뜰 가운데 처마 아래의 땅 위에서 갑자기 세숫대야처럼 생긴 둥글고 빛나는 것이 나타나, 처음에는 땅에 내릴 듯더니 곧 1장 정도 굽어 올라갔는데, 마치 어떤 기운이 공중에 뜨는 것 같았습니다. 크기는 한 아름 정도이고 길이는 베 반 필疋 정도였는데, 동쪽은 백색이고 중앙은 푸르게 빛났으며 서쪽은 적색이었습니다. 쳐다보니, 마치 무지개처럼 둥그렇게 도는데, 모습은 깃발을 만 것 같았습니다. 반쯤 공중에 올라가더니 온통 적색이 되었는데, 위의 머리는 뾰족하고 아래 뿌리 쪽은 자른 듯하였습니다. 곧바로 하늘 한가운데서 약간 북쪽으로 올라가더니 흰 구름으로 변하여 선명하고 보기 좋았습니다. 이어 하늘에 붙은 것처럼 날아 움직여 하늘에 부딪힐 듯 끼어들면서 마치 기운을 토해내는 듯하였는데, 갑자기 또 가운데가 끊어져 두 조각이 되더니, 한 조각은 동남쪽을 향해 1장 정도 가다가 연기처럼 사라졌고, 한 조각은 본래의 곳에 떠 있었는데 형체는 마치 베로 만든 방석과 같았습니다. 조금 뒤에 우렛소리가 몇 번 나더니, 끝내는 돌이 구르고 북을 치는 것 같은 소리가 그 속에서 나다가 한참 만에 그쳤습니다(이때 하늘은 청명하고, 사방에는 한 점의 구름도 없었습니다)."

– 광해군일기 20권, 광해 1년(1609년) 9월 25일 계묘 3번째 기사

✝

　미확인비행물체 UFO는 실제로 존재할까? 우주에 인간과 같은 고등 지능을 가진 생물체가 존재할 것인지에 대해 아주 오래전부터 많은 이가 궁금해했고, 지금도 외계인의 실체를 알고자 노력하는 사람이 많다. 심지어 어떤 사람들은 UFO를 타고 온 외계인에게 납치되었다가 풀려났다고 주장하기도 한다. 외계인이 있다고 믿는 사람들은 과거의 기록을 통해 UFO를 증명하려는 노력을 꾸준하게 펼치고 있다. 국가가 외계인의 존재를 숨기고 있다고 주장하기도 한다.

　반면 대부분의 사람은 UFO에 관심이 없거나 UFO의 존재를 믿지 않는다. UFO를 믿는 사람들을 허황된 것을 쫓는 공상주의자라고 비판하기도 한다. 그런데 2021년 6월 25일 UFO를 믿는 사람들에게 단비와 같은 소식이 전해졌다.

　미국 국가정보국장실(ODNI)은 의회에 제출한 〈UAP(미확인 항공 현상): 예비 평가〉라는 보고서에서 UFO가 기상 현상이나 반사된 빛 등이 아닌 물리적 실체로 존재한다고 밝혔다. 미 해군 조종사들이 20년간 미확인비행물체로 추정되는 현상 144건을 목격했는데, 이 중 단 1건만 풍선이었고, 나머지 143건은 설명할 수 없지만 실체가 있는 물체라고 했다. 이로써 UFO는 아직 증명할 순 없지만, 분명 존재할 수도 있다는 것을 국가가 인정한 첫 사례가 되었다.

　외계인과 UFO가 아주 오래전인 수천 년 전부터 등장했다고 주장하는 근거를 살피다 보면, 외계인이 진실로 존재한다는 생각이

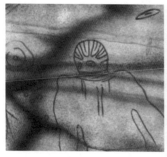

알제리 타실리 나제르 고원 동굴벽화
(출처: in5d.com)

살라망카 대성당 우주인 조각상

든다. 그중 하나는 1952년 알제리 타실리 나제르 고원 지역에서 발견된 UFO와 외계인을 그린 듯한 동굴벽화다. 약 8,000년 전에 그려진 동굴벽화에는 그 당시 사람들이 상상할 수 없었던 우주인 헬멧을 쓴 듯한 인물과 오른쪽 위로 UFO를 닮은 둥근 물체가 보인다. 마치 외계인이 UFO에서 내려와 지상을 관찰하는 듯한 모습이다.

1102년에 만들어진 스페인 살라망카 대성당의 외벽에 조각된 외계인의 모습은 우주복을 입은 우주인의 모습과 똑같아서 우리를 놀라게 한다. 물론 외계인이 존재한다고 상상해 조각했거나 천상에 살고 있는 신들의 모습을 연상해 만들었는지도 모른다. 그러나 상상도 현실에 존재하는 것을 바탕으로 이루어진다는 점을 고려했을 때, 외계인을 직접 목격한 석공이 제작했을 가능성이 있다.

그렇다면 우리나라에도 UFO가 관측된 기록이 남아있을까? 정답부터 말하자면 '그렇다'이다. 최근에도 문화일보 김선규 사진기

자가 1995년 경기도 가평군에서 찍은 사진이 세계의 이목을 끌었다. 김선규 기자는 시골 마을의 가을 정취를 담기 위해 노부부를 촬영했는데, 사진 속 오른쪽 위로 날아가는 UFO의 모습이 담겼다. 이 당시 연사로 찍은 3장 중에서 1장에서만 UFO가 촬영되었기에 기자는 육안으로 인지하지 못한 상태였다. 연사의 속도를 기준으로 UFO의 위치와 속도, 크기를 가늠해 본 결과, 직경 450m의 물체가 고도 3,500m에서 초속 108km로 비행한 것으로 파악하고 있다. UFO 전문 기관과 프랑스 국립우주연구센터(CNES)에서는 이 사진이 조작된 것이 아니라고 판단하고 있다.

1976년에는 더 놀라운 일이 벌어지기도 했다. 청와대 상공에 UFO로 추정되는 물체가 나타났고, 수도방위사령부는 이 물체를 향해 수천 발의 대공포를 발포했다. 좀더 정확하게 살펴보자면 1976년 10월 14일 오후 5시 30분경 광화문 근처에 밝은 빛을 내는 3~4대의 UFO가 나타났다. 얼마 지나지 않아 여러 대의 UFO가 더 몰려들더니 총 12대가 이 근처를 지나던 사람들에게 목격되었다. 라디오 프로그램을 진행하던 가수 이수만이 "서울 상공에 여러 대의 '괴비행체'가 나타났다고 합니다"라고 방송하면서, 이 사실이 전국에 알려졌다.

불과 2개월 전에 판문점에서 북한군 수십 명이 도끼로 미군을 포함한 한국군을 폭행한 '판문점 도끼 만행 사건'으로 긴장 상태에 있던 상황이어서 국방부는 UFO를 북한 전투기로 오인했다. 수도방위사령부 산하 방공여단은 곧바로 UFO를 향해 대공포를 발포했으나, 단 1발도 UFO를 맞추지 못했다. 대공포 발포 이후에도

UFO는 2시간 정도 하늘에 떠 있다가 유유히 사라졌다. 이 당시 국군이 발사한 대공포로 인해 시민 1명이 죽고, 31명이 다쳤다.

1942년 미국에서 UFO를 향해 1,400발의 포를 발사한 이후 한 나라의 군대가 UFO를 향해 대공포를 발사한 첫 사례였다. 그것이 대한민국이라는 점이 매우 놀랍다. 그런데 더욱더 놀라운 것은 《조선왕조실록》에 중종, 광해군, 숙종 등 여러 왕의 재위 기간 중 37번이나 UFO와 관련된 현상이 기록되어 있다는 점이다. 역대 어느 국가보다도 가장 정확하고 많은 기록을 남긴 조선인 만큼 UFO에 대한 기록이 거짓은 아닐 것으로 보인다.

그중에서도 광해군 때의 강원도 감사 이형욱의 보고를 통해 거론된 UFO 내용은 너무도 상세하게 기록되어 있다. 국가 운영이 체계적이지 않았다면, 짧은 시간에 넓은 지역에서 동시다발적으로 일어난 사건을 기록하는 것 자체가 불가능했을 것이다. 임진왜란이 끝나고 전후 수습을 하는 과정에서 광해군을 중심으로 일사불란하게 국가를 운영한 조선이었기에 가능한 일이었다.

광해 1년(1609년) 8월 25일 반나절 동안 강원도 간성, 원주, 강릉, 춘천, 양양에서 UFO가 등장한다. 간성의 구름 한 점 없는 푸른 하늘에서 사시(오전 9~11시)경에 우레와 같은 큰 소리와 함께 비행운(飛行雲)처럼 하얀 연기가 나타났다. 비행운이란 비행기가 차고 습한 대기를 지나갈 때 나타나는 하얀빛의 연기를 말한다. 이후 햇무리와 같은 형체가 모습을 드러냈다가 금세 사라져버렸다. 같은 시간 강릉에서도 윗부분은 뾰족하고 아래는 넓은 호리병 모양의 UFO가 나타났다. UFO가 아래로 떨어질 때 형체가 붉게 변했으며,

지나간 자리에는 흰 기운이 생겼다고 한다. 형체가 붉게 변한 것은 비행체에서 연료가 분사되어 추진력을 얻고 날아간 현상이고, 간성에서와 마찬가지로 비행체가 사라진 뒤에는 비행운이 나타났다. 마치 로켓이 커다란 굉음과 함께 붉은 불기둥을 보이며 날아간 뒤에 비행운만 남는 모습과 매우 비슷하다.

오시(오전 11시~오후 1시)경에 춘천에 나타난 UFO 또한 붉은빛을 보이며 매우 빠른 속도로 날아갔고, 눈에 보이지 않을 만큼 멀리 사라진 후에야 우레와 같은 큰 소리에 천지가 흔들렸다고 한다. 이것은 UFO가 빛처럼 빠르게 움직인 뒤에 들려오는 소리로 짐작된다. 2시간 동안 영동의 간성(고성), 영서의 원주, 영동의 강릉, 영서의 춘천 순으로 나타난 UFO는 잠시 모습을 보이지 않았다. 그러나 얼마 지나지 않아 미시(오후 1~3시)경에 태백산맥 너머에 있는 영동 양양에서 나타났다. 반나절에 불과한 짧은 시간 동안 태백산맥을 4번이나 넘나든 것이다. UFO가 이동한 거리를 직선거리로만 따져도 400km로, 서울에서 부산까지의 거리다. 그런데 구름이 쉬어갈 정도로 높은 태백산맥이 가로막고 있다는 점을 감안한다면 UFO가 400km의 2~3배에 해당하는 아주 긴 거리를 이동했음을 알 수 있다. 당시 교통수단으로는 이처럼 짧은 시간 동안 높은 산맥을 넘나들며 기나긴 거리를 왕복할 수 없다는 점에서 강원도 여러 지역에 등장한 물체는 UFO가 확실하다고 판단된다.

결정적으로 지금까지 보인 현상이 UFO라는 증거가 양양에서 나타난다. 양양부 품관인 전문위 집 뜰에 UFO가 땅에 닿을 듯 내려왔다가 1장 높이까지 올라갔다. 1장이 오늘날 단위로 약 3m 정도니, 인근에 있던 사람들이 정확하게 UFO를 볼 수 있었다는 말이 된다. 전문위 집에 있던 사람들의 증언에 따르면 무슨 기운인지 알 수는 없으나 어떤 물체가 공중에 떠있었는데 크기가 한 아름 정도에 길이는 베 반 필이라고 하였다. 베 1필의 길이를 16.38m로 계산했을 때 전문위 집에 나타난 UFO의 지름은 8m 정도로 소형 비행체가 아니었을까 생각된다.

동쪽에서 흰색, 중앙에서 푸른색, 서쪽에서 붉은색이 뻗쳐 나오던 UFO는 제자리에서 뱅글뱅글 돌다가 하늘로 떠올라 사라졌는데, 우리가 SF영화에서 자주 보던 UFO의 모습과 매우 흡사하다. 전문위 집에서 머물던 UFO는 하늘로 올라가면서 붉게 변하다가 시야에서 사라질 무렵 흰 구름이 되었는데, 이날 다른 지역에서 보였던 UFO 현상과 매우 비슷했다. 그리고 UFO가 떠 있던 자리에는 방석처럼 생긴 흔적과 함께 커다란 소리가 한동안 울렸다고 기록되어 있다. 이를 종합해 보았을 때, UFO가 지상 가까운 곳까지 내려와 인간의 모습을 관찰한 뒤, 매우 빠른 속도로 사라진 것으로 추정된다. UFO가 인간이 식별할 수 있는 가까운 곳까지 접근한 예가 없는 만큼, 이와 같은 일이 오늘날 벌어진다면 아주 큰 화젯거리가 될 것이다.

이외에도 세종 2년(1420년)에 은병 같은 것이 동북쪽에서 솟구쳐 올랐다가 서남쪽으로 이동하면서 우레 같은 소리가 났다고 기록되어 있다. 중종 15년(1520년)에는 동쪽 하늘에 거위알 같은 물건이 달과 함께 앞서거니 뒤서거니 하였으며, 삼경(밤 11시~새벽 1시)에 지진이 일어났다고 기록하고 있다. 선조 21년(1588년)에도 불덩이가 나타났는데, 그 형체가 마치 활과 화살을 휴대한 사람이 원방석에 앉은 것 같았다고 표현하고 있다. 이 불덩이가 공중에서 북쪽으로 날아갔는데, 뒤이어 천둥이 치는 소리와 함께 뜨거운 바람이 사람의 얼굴을 데웠다는 기록 등《조선왕조실록》에는 UFO를 연상하게 만드는 문구가 많이 남아있다.

물론 기이한 자연현상을 UFO로 오인하여 기록한 것일 수도 있다. 하지만 외계인과 UFO라는 개념이 없던 시절임을 감안한다면, 선조들이 UFO의 모습을 창작했다고 생각되지 않는다. 지금이야 비행기와 로켓의 원리를 알고, 주변에서 비행 물체를 자주 보기 때문에 얼마든지 변형된 모습의 UFO를 창작할 수 있다. 그러나 수백년 전 이 땅에 살았던 선조들은 비행기와 로켓을 본 적이 없었다. 그럼에도 어떤 물체가 비행기나 로켓처럼 이동하면서 큰 소리를 내었다고 기록한 점에서 실제 UFO를 본 것이라 가정할 수 있다.

물론 UFO와 외계인을 직접 만나지 못하는 지금의 현실에서《조선왕조실록》에 적혀있는 내용이 정확히 무엇을 의미하는지 알 수 없다. 하지만 좀더 시간이 흘러 외계인과 조우하게 되거나 타임머신이 만들어진다면《조선왕조실록》의 내용을 완벽하게 검증할 수 있지 않을까? 지금이야 UFO와 외계인이 실제로 존재한다는 사실이 놀라운 일이지만, 외계인의 존재가 확인된 다음에는 우리 선조들의 정확하고 자세한 기록에 더 놀라게 되지 않을까?

인간이 된 사슴과 곰의
놀라운 예언

洋海書納供曰: "所謂鹿精、熊精, 以熊鹿之身, 歷屢百年, 而變化爲人, 而
亦解文字。臣得見於仙苑村 李玄晟家, 鹿精, 顔長而髮白; 熊精, 面濁而髮
黑。鹿精, 自言五百歲; 熊精, 自言四百歲。鹿精, 新羅末崔孤雲入伽倻山讀
書時, 常有一鹿來伏床下, 殆若聽道者然。孤雲曰: '爾雖異類, 能知慕道, 當
使得延年之方。' 竟具人形, 通言語。鹿精, 別號或稱淸鏡老叟, 或稱白雲居
士。熊精, 自稱靑烏居士, 俱不道姓名。鹿精常語及時事曰: 東國末乃三分,
干戈百餘年, 始歸一統, 而畢竟統一者, 卽鄭姓。其兵火, 先起羅州, 始於壬
癸之間, 其撥亂反正者, 劉、李、具三姓"

문양해文洋海[4]가 서면으로 바친 공초에서 말하기를, "이른바 녹정鹿精,
웅정熊精이란 곰과 사슴의 몸이 수백 년 동안 지나오면서 변화하여 사
람이 된 것인데, 또한 글자도 압니다. 신이 선원촌 이현성의 집에서
'녹정'을 만나보았는데, 얼굴은 길고 머리털은 희었으며, 웅정은 얼
굴이 흐리고 머리털은 검었습니다. 녹정은 스스로 500살이라고 말하
고, 웅정은 스스로 400살이라고 말하였습니다. 녹정은 신라 말년에
최고운崔孤雲[5]이 가야산에 들어가서 공부할 때, 항상 어떤 사슴 한 마

---

4 문양해: 지리산에서 하천산당을 짓고 실체가 드러나지 않은 김호·고경명·이현성·모문
룡에게 선술과 술법을 배웠다. 1785년《정감록》을 기반으로 역모를 준비하다가 김이용의
고발로 홍복영과 함께 처형당했다.
5 최고운: 최치원. 당나라에서 '토황소격문'으로 황소를 쓰러지게 하여 이름을 떨쳤다.
신라에 돌아와 진성여왕에게 시무책을 올렸으나 시행되지 않았다. 유·불·선 모두 통달하
였다고 알려진 최치원은 전국을 유랑하다 신선이 되었다고 전해진다.

리가 와서 책상 밑에 엎드려 있었는데, 마치 도를 듣는 것 같았다고 합니다. 그래서 최고운이 말하기를, '네가 비록 사슴과 다른 종류의 짐승이지만, 능히 도를 흠모할 줄을 아니, 나이를 연장하는 방법을 얻도록 해야겠다.'고 하였는데, 마침내 사람의 형태를 갖추고 말도 통하게 되었다고 합니다. 녹정은 별호를 혹은 청경 노수 淸鏡老叟라고도 하고 혹은 백운 거사 白雲居士라고도 하며, 웅정은 자칭 청오 거사 靑鳥居士라고 하는데, 모두 성명은 말하지 않았습니다. 녹정은 항상 시사에 대하여 언급하여 말하기를, '동국은 말기에 가서 셋으로 갈라져서 100여 년간 싸우다가 비로소 하나로 통합되게 되는데, 결국 통일할 사람은 바로 정가 성씨를 가진 사람이고, 그 싸움은 먼저 나주에서 일어나는데, 임자년과 계축년 사이에 시작될 것이며, 어지러운 정세를 바로잡아 반정하게 될 사람은 유가 劉哥, 이가 李哥, 구가 具哥의 성을 가진 세 사람이다.'고 하였습니다."

– 정조실록 19권, 정조 9년(1785년) 3월 12일 신유 3번째 기사

✝

　정조실록 19권, 정조 9년(1785년) 3월 12일 자에 역모를 준비하다가 발각된 문양해를 국문하는 내용이 나온다. 하동에 사는 도인으로 알려진 문양해는 국문을 받는 과정에서 신선이 사는 선원촌의 이현성 집에서 녹정과 웅정을 만났다고 진술했다. 사슴에서 인간이 된 녹정은 나이가 500살로 얼굴이 길고 머리털이 흰 외모로 '청경 노수' 또는 '백운 거사'라 불리고, 곰에서 인간이 된 웅정은 나이가 400살로 얼굴이 흐리고 머리털이 검었는데 '청오 거사'라 부른다고 했다.

　문양해의 증언에 따르면 녹정은 최치원의 도움으로 인간이 되었다. 사슴이던 시절의 녹정은 가야산에서 최치원이 글 읽는 소리가 좋아 매일 그의 책상 옆에 앉아있었다. 최치원은 녹정의 모습을 보고 "네가 비록 사슴과 다른 종류의 짐승이지만, 도를 흠모할 줄 아니, 나이를 연장하는 방법을 얻도록 해야겠다"라고 말한 뒤부터 사람의 형태를 갖추고 말도 하게 되었다. 최치원이 9세기에 살았던 인물이라는 점을 고려하면, 정조 시대 녹정의 실제 나이는 1,000살이어야 한다. 그런데 녹정이 스스로 500살이라고 밝힌 것을 보면 인간으로 변한 시점부터 계산하여 500살이 되었다고 말한 것이 아닌가 싶다.

　짐승에서 인간이 되면서 신통력을 갖게 된 녹정은 문양해에게 앞으로 일어날 세상일을 예언해 주었다. 녹정의 말에 따르면 임자년과 계축년 사이에 나주에서 유가·이가·구가 성을 가진 사람

이 조선을 셋으로 나누고, 100년을 싸우다가 정씨가 통일한다고
하였다.

너무나 기이하여 허무맹랑하다고 여겨지는 문양해의 증언은《정
감록》에 기반한 조선 최초의 역모로 기록되었다. 그러나 역모보다
눈길이 가는 것은《정감록》의 예언을 전달해 준 인물이 사슴이었
다가 인간으로 변한 녹정이라는 점이다. 최치원에 의해 1,000년
가까이 살게 되면서 도를 깨우친 사슴이 앞으로 일어날 일을 문양
해에게 전해주었다는 허무맹랑한 이야기지만, 궁금증도 생긴다.
왜 미래를 예언한 인물이 사슴이었을까? 산신으로 여겨지는 호랑
이가 아니고 말이다.

요즘 우리에게 사슴은 특별하고 영험한 동물로 인식되지 않는
다. 또한 고라니를 제외하고는 야생에 분포하는 사슴을 만나는 일
도 매우 드물다. 그러나 과거 우리나라에는 말사슴·꽃사슴·고라
니·노루 등 여러 종류의 사슴이 많이 살고 있어, 언제라도 쉽게 만
날 수 있었다. 하나의 사례로 태조 이성계는 1385년 우왕을 따라
해주로 사냥하러 갔을 때, 40마리의 사슴 등골에 화살을 맞추었다
고 한다. 이성계의 뛰어난 무공을 보여주는 이야기지만, 다른 측면
에서 보면 한반도에 사슴이 그만큼 흔했음을 보여주는 일화이기도
하다. 19세기에 편찬된《만기요람》황해도 해주 편에서 '옛적에 노
루와 사슴이 백·천 마리가 떼 지어 다녔다'라고 기술된 것으로 짐
작해 보건대 불과 얼마 전까지만 해도 사슴이 한반도에 매우 많았
음을 알 수 있다. 사슴이 이토록 많다 보니 설화 등 많은 이야기에
자주 등장하게 된다.

실제로 아시아의 여러 국가에서는 사슴을 신성한 동물로 여기고 숭상했다. 중국에서 사슴은 천하를 의미하는 동시에 장수를 상징했다. 《사기》 회음후열전에 보면 한신에게 모반을 제의했다는 죄목으로 한나라 고조에게 끌려온 괴통은 "진나라가 사슴을 잃어버리자 천하의 영웅들은 모두가 그 뒤를 쫓았습니다. 그래서 키가 크고 발이 빠른 자가 먼저 그 사슴을 잡았습니다."라고 말했다. 여기서 사슴은 천하를 의미한다. 중국 백과사전인 《이아》에서도 사슴은 1,000년이 되면 푸른 사슴이 되고, 500년이 더 지나면 흰 사슴이 되고, 또 500년이 지나면 검은 사슴이 된다고 기술하며 특별한 존재로 성장할 수 있다고 설명한다.

몽골 전설에서도 하늘에 의해 태어난 푸른 늑대가 아름다운 암사슴을 아내로 맞아 가정을 이루면서 몽골이 시작되었다고 말한다. 푸른 늑대와 암사슴은 바트차강을 낳았고, 그의 11대 후손 보돈차르가 징기스칸을 낳으면서 세계적인 대제국을 이루었다고 몽골인들은 믿었다. 이때 몽골 전설에 등장하는 사슴은 땅과 대지를 의미하는 동시에 천하를 상징한다.

우리나라도 예외는 아니었다. 사슴을 우애·장수·복록을 상징하는 특별한 동물로 여겼다. 사슴이 무리를 지어 이동할 때 머리를 높이 들어 뒤처지는 사슴이 없는지 살피는 모습에서 선조들은 우애를 찾았다. 그리고 사슴을 오래 사는 십장생의 하나로 생각했다. 매년 봄이면 뿔이 자라다가 번식기가 지나면 떨어지는 모습에서 불멸과 재생, 그리고 장수를 연상했다. 자수, 그림, 공예 등의 장식에 사슴을 표현하여 장수하고자 하는 바람을 표현하기도 했다.

또한 사슴의 한자인 록(鹿)이 관료에게 지급하던 녹(祿)과 발음이 비슷해서, 영화로운 삶을 뜻하는 '복록'을 의미하기도 했다. 선조들은 2마리의 사슴을 그려놓은 '쌍록도'와 100마리 사슴을 상징하는 '백록도'를 보관하여 자신들에게 복이 내려오기를 희망했다. 특히 사슴의 뿔이 왕관처럼 보인다는 점에서 왕을 상징하기도 하였다.

제주도에서는 사슴을 신선으로 표현하기도 하였다. 전설에 따르면 한라산 백록담으로 하늘의 선녀들이 자주 내려와 목욕을 즐겼다고 한다. 선녀가 내려오면 모든 짐승은 물론이고 한라산을 관리하는 산신조차 백록담 주변에 얼씬거리면 안 되었다. 그러던 어느 날 한라산 산신은 목욕하는 선녀들의 모습이 너무도 궁금해졌다. 결국 호기심과 욕정을 참지 못한 산신은 백록담으로 몰래 다가가 선녀들이 목욕하는 모습을 훔쳐보다가 그만 발각되고 말았다. 너무 놀라고 화가 난 선녀들은 옥황상제에게 한라산 산신이 자신들의 목욕하는 모습을 훔쳐보았다고 일러바쳤다. 한라산 산신이 선녀들의 목욕을 훔쳐보았다는 사실을 확인한 옥황상제는 산신의 자격을 박탈하고 흰 사슴으로 살게 하는 벌을 내렸다.

제주도에는 또 다른 전설도 내려온다. 효성이 지극한 아들이 깊은 병에 걸린 어머니를 살리기 위해 하얀 사슴인 백록의 피가 필요했다. 한라산으로 사냥을 나간 아들은 어렵게 백록을 발견했지만, 사냥에 실패하고 말았다. 어머니의 병을 고칠 기회를 잃었다는 사실에 낙심한 아들이 터덜터덜 백록이 있던 자리에 가보니 우물이 하나 있었다. 깊은 산속에 자리한 우물의 깨끗한 물이라도 어

경복궁 영제교 천록(출처: 문화포털)

머니에게 드리겠다는 심정으로 물 한 바가지를 집으로 가져와 어머니에게 드렸다. 그러자 어머니의 병이 씻은 듯이 나았다고 한다. 이처럼 제주도에서 사슴은 신선이기도 했고, 고통받는 이들의 아픔을 쓰다듬어주는 동물이기도 했다.

궁궐에서도 사슴은 귀한 동물이었다. 경복궁 영제교에는 천록(天鹿)을 표현한 조각상이 있다. 천록은 흉하고 사악한 것을 없애는 상상 속의 동물이지만, 한자만 풀이해보면 '하늘의 사슴'이다. 생긴 모습을 보면 언뜻 사슴이 연상되지 않지만, 천천히 살펴보면 머리에 뿔이 달려있고 꼬리가 짧은 것이 노루를 모델로 했음을 알 수 있다. 또한 영제교에 있는 천록 중 한 마리는 혀를 내밀고 메롱 하는 모습을 하고 있어서, 예로부터 사슴이 우리에게 친근한 존재였음을 보여준다.

그러나 사슴을 만나기 어려운 오늘날 사슴은 우리에게 친근한 동물이 아니다. 이제 고라니를 제외한 대부분의 사슴은 농장이나 동물원에서 만날 수 있는 희귀한 동물이 되었다. 오히려 고라니로 인해 사슴은 인간에게 피해를 주는 동물로 인식되고 있다. 고라니는 세계적인 멸종 위기 동물이지만 유독 우리나라에서는 유해 동물로 치부되고 있다. 대한민국에 서식하는 50~60만 마리 고라니는 겨울철이 되면 부족한 먹이를 찾아 농가에 내려와 피해를 주고 있다. 도로에도 자주 출몰해 2014년 한해에만 1,824건의 로드킬이 발생했다. 그래서일까? 영화 〈부산행〉의 시작에 좀비가 된 사슴이 등장한다. 이는 앞으로 다가올 재앙을 암시하는 것으로, 그만큼 부정적으로 변한 사슴의 이미지를 떠올리게 한다.

　과거 왕을 상징하기도 했고, 우애·장수·복록을 나타내던 사슴이 유해 동물로 인식되는 상황을 어떻게 바라봐야 할까? 어쩌면 우리가 인간의 오만과 잘못을 인정하지 못해서 사슴을 탓하게 된 것은 아닐까? 영화 〈부산행〉 속 사슴은 앞으로 다가올 대재앙을 암시하는 존재가 아닌, 인간의 잘못으로 파괴된 자연을 상징한다. 마치 녹정이 100년간의 싸움으로 고통받을 미래를 예언한 것이 당시 위정자들의 위선과 오만을 비판하고 깨우쳐주려는 목적이었던 것처럼 말이다.

3부

요괴와 귀신

어린 백성부터 왕까지
섬기는 감악산 신

御經筵, 講《撮要》。至西域有神, 其名曰佛, 良久乃曰: "佛, 謂之神則非也。"
知經筵事河崙對曰: "五帝三王之時, 未有佛, 至漢 明帝時, 其書始播。其道以
寂滅爲宗, 與鬼神無以異也。" 上曰: "鬼神之道, 不可謂之虛也。寡人昔仕僞
朝爲代言, 從僞主次長湍, 有妓五六人, 俱發腹病, 卽用酒肉享, 紺嶽以禱,
俄有神降于一妓, 顚倒踊躍, 不知羞赧。若此者, 不可謂之虛也。且佛氏以慈
悲不殺爲道, 儒者之道, 亦有好生惡殺之理, 此則近似也。"

경연經筵에 나아가서 《촬요撮要》를 강하다가, '서역西域에 신神이 있으
니 그 이름은 부처佛라'고 한 데에 이르러서, 한참 있다가 말하기를,
"부처를 신神이라고 하는 것은 잘못이다." 하였다.

지경연사知經筵事 하륜河崙이 대답하기를, "오제五帝·삼왕三王 때에는
부처가 없었고, 한漢나라 명제明帝 때에 이르러 그 경서經書가 비로소
전파되었는데, 그 도道가 적멸寂滅을 종지宗旨로 삼아서 귀신과 다를
것이 없습니다." 하였다.

임금이 말하기를, "귀신의 도는 허虛라고 말할 수 없다. 과인寡人이 옛
날에 위조僞朝에 벼슬하여 대언代言이 되어, 우왕을 따라 장단長湍에 머
물렀는데, 기생 5, 6명이 한꺼번에 복통腹痛이 났었다. 곧 술과 고기를
가지고 감악산紺嶽山에 제향하여 기도하였는데, 조금 있다가 신神이 한
기생에게 내려 전지도지顚之倒之하고 펄펄 뛰면서 부끄러운 것을 알지
못하였으니, 이런 것은 헛된 것이라고 말할 수 없다. 또 불씨佛氏는 자

비 불살慈悲不殺로 도를 삼는데, 유자儒者의 도에도 또한 살리기를 좋아
하고 죽이기를 싫어하는 이치가 있으니, 이것은 비슷하다." 하였다.

- 정종실록 3권, 정종 2년(1400년) 1월 10일 을해 2번째 기사

✝

정종은 유독 귀신에 관한 일을 신하들과 많이 논의했다. 정종도 왕이 되기 전에는 전국을 돌아다니며 삶과 죽음이 공존하는 전쟁터를 누빈 장수였던 만큼, 본인 자신도 기이한 일을 여러 번 겪었다고 신하들에게 밝혔다. 귀신에 관련된 이야기를 경연에서 나눈 것은 정종 개인의 궁금증을 해결하기 위해서가 아니었다. 국가 운영의 토대를 불교에서 유교로 바꾸는 과정에 있어, 그동안 믿어왔던 기이한 현상을 어떻게 해석하느냐는 국가적으로도 매우 중요한 일이었기 때문이다. 수백 년 동안 백성이 사실이라 믿어오던 기이한 현상을 유교의 입장에서 해석하여 백성을 설득시키는 일은 건국한 지 얼마 되지 않은 조선이 해결해야 할 당면 과제였다. 하지만 경연 내내 정종은 기이하고 신비로운 일을 기존의 관점으로 해석하고 믿었다. 그 배경에는 무엇보다 정종 스스로 유교를 정확하게 이해하지 못한 까닭도 있었다.

이와 관련된 재미있는 내용이 정종실록에 나와있다. 정종이 신하들과 《통감촬요》를 가지고 경연을 벌이던 중 하륜과 귀신에 관해 대화를 나누었다. 하륜이 부처는 아주 오래전인 삼황오제 때에는 존재하지 않다가 한나라 명제 때에 이르러서야 알려진 귀신과 다를 바 없는 존재라고 말했다. 1,000년 가까이 절대적 존재로 구복 신앙의 중심에 있던 부처를 한순간에 귀신으로 전락시키는 하륜의 말에 정종은 동의하지 않고 반발했다. 정종은 귀신이 허황한 것만은 아니며 불교의 자비와 유교의 도(道) 모두가 사람을 살리는 것을 중요하게 생각하는 점에서 비슷하다고 강력하게 주장했다.

정종은 자신의 말이 옳다는 것을 증명하기 위해 본인이 우왕을 따라 감악산에 갔다가 겪은 기이한 일을 이야기했다. 이방과로 불리던 시절의 정종이 우왕과 함께 장단에 머무를 때, 동행했던 기생 5~6명이 갑자기 복통을 호소했다. 기생의 복통이 심상치 않은 일이라 여긴 우왕과 신료들은 감악산에 가서 술과 고기를 올려놓고 제를 올렸다. 그러자 조금 전까지 아픔을 호소하던 기생들이 언제 아팠냐는 듯 펄쩍펄쩍 뛰어다녔다. 정종은 이 일이 기생의 몸에 귀신이 들어와 생긴 일이라며 자기 생각이 옳다고 주장했다. 하륜은 귀신이 존재한다고 강력하게 주장하는 정종의 의견에 반박하지 않고, 불교와 유교의 차이점을 이야기하며 대화를 마무리했다. 하륜은 왜 정종의 주장에 반박하지 않았을까?

하륜이 귀신이 없다고 반박하지 못한 배경에는 감악산이 있다. 감악산은 경기도 양주와 연천, 그리고 파주에 걸쳐있는 해발고도 675m의 높지 않은 산이다. 그러나 삼국시대부터 감악산은 한반도의 서북지역과 중부지역을 연결하는 중요 통로였으며, 대표적인 영산(靈山)으로 알려졌다. 많은 사람이 감악산 산신의 존재를 믿으며 매년 한 번도 빠지지 않고 제를 올렸다.

감악산이 국가 주도로 제사를 지내는 대상이 된 것은 신라시대부터였다. 신라는 명산대천에 제사를 지내며 국가의 안녕과 발전을 빌었는데, 7~8세기 무렵 소사(小祀)에 감악산이 포함되었다. 한반도의 동남쪽에 수도를 둔 신라가 멀리 있는 감악산에서 제사를 올린 이유는 이곳이 전략적 요충지였기 때문이었다. 진흥왕이 한강 하류를 장악한 이후 감악산 인근은 고구려군과 잦은 전쟁을 치르던 장소였다. 만약 감악산이 고구려군에게 함락되면, 한강 유역을 지키기란 매우 어려운 일이었다. 고구려가 멸망한 이후에도 감악산 일대는 신라를 정복하려는 당나라에 맞서 전투를 벌이던 장소로, 신라의 존망 여부가 결정될 수 있는 지리적 요충지였다. 따라서 나라를 위해 목숨을 잃은 신라군의 영령을 위로하고, 감악산 산신이 신라의 승리를 도와준다고 믿게 만드는 제사는 자칫 돌아설 수 있는 감악산 인근 지역의 민심을 잡는 데 매우 중요한 역할을 하였다.

그런데 놀라운 것은 통일신라시대에 감악산의 산신으로 당나라 장수 설인귀(613~683)가 지목되었다는 점이다. 설인귀는 당 태종과 고종 시기에 활약했던 중국 장수로, 고구려를 멸망시키고 돌궐을 상대로 큰 승리를 거두면서 중국인들의 영웅이 된 인물이다. 중국인들이 설인귀를 얼마나 좋아했는지 설인귀를 주인공으로 다룬 《설인귀정동》《설정산정서》 등의 작품은 시대가 바뀌어도 늘 사랑받았다. 심지어 설인귀에 관한 이야기는 우리나라에서도 18세기 이후 《설인귀전》으로 번역되어 많은 이들이 읽을 정도로 인기가 좋았다. 하지만 객관적으로 설인귀는 한반도의 지배권을 두고 신라와 전쟁을 치른 적대적 인물이다. 그런데도 설인귀를 감악산 산신으로 모신 이유는 무엇일까?

감악산이 위치한 지역은 신라가 차지하기 전까지 오랫동안 고구려의 영토였다. 그 결과 감악산 일대는 당과 신라에 대항한 고구려 부흥 운동이 끊임없이 일어났다. 특히 임진강 건너 호로고루에서는 신라와 당군의 치열한 전투가 벌어지기도 하였다. 통일신라 말에 궁예와 왕건이 감악산에서 멀지 않은 철원과 개성을 도읍으로 정하고 나라를 세운 것도 신라에 대한 이 지역의 반감을 이용하기 위해서였다. 반면 신라는 늘 감악산 일대의 민심을 다독이고 억누를 필요가 있었다. 그래서 당나라 군대 2만 명을 평양 안동도호부에 주둔시켜 고구려인을 죽이고 억압하던 설인귀를 이용하기로 마음먹었다. 통일신라는 엄청난 괴력으로 고구려인을 두려움에 떨게 했던 설인귀의 위명을 이용하여 고구려 유민을 진압했다. 그 결과 이 지역 백성들이 발해로 이탈하는 것을 막는 효과를 보았다.

고려시대에도 감악산 산신 설인귀에게 국가 주도로 제사를 지냈던 기록이 《고려사》에 나와있다. '현종 2년(1011년) 2월 거란군이 장단에 침입하자 때마침 바람과 구름이 세차게 일어 감악산 신사에 군기와 군마가 있는 것처럼 보이니 거란군이 두려워하며 더 이상 진군하지 못하였다. 이에 해당 부서로 하여금 제사를 거행하게 하였다.'라고 적혀있는 《고려사》의 내용에서 설인귀가 거란군을 내쫓는 신기하고 기이한 능력을 보여주었고, 고려왕은 보답의 의미로 설인귀에게 감사의 제사를 지낸 것을 알 수 있다.

고려시대에 들어 무엇보다 달라진 것은 중국 장수로서 고구려와 통일신라를 괴롭히던 설인귀의 모습이 완전히 사라졌다는 점이다. 고려 초의 설인귀는 더 이상 고구려를 무너뜨린 당나라 장수가 아니었다. 설인귀는 감악산이 있는 파주 적성 출신으로 중국 당나라에 가서 출세한 뒤, 고향과 고국을 못 잊어 감악산의 산신이 되었다는 전설이 기정사실화되었다. 백성들은 설인귀가 이민족의 장수가 아닌 우리 선조로서 고려의 생존을 위협하는 거란군을 신비한 능력으로 내쫓고 왕과 나라를 수호했다고 믿었다.

이후 설인귀는 지역사회를 수호하는 역할을 넘어 왕실과 국가를 지키는 막강한 신으로 승격되었다. 거란이 물러난 이후에는 사람들이 설인귀에게 가족을 만들어주었다. 고려 조정은 설인귀 부부와 두 아들 부부, 총 6명을 산신의 대열에 올렸다. 이들에게 봄·가을로 제사 올리는 것을 잊지 않았고, 국난이 생기면 감악산을 수시로 찾아가 도와달라고 기도를 드렸다.

충렬왕 13년(1287년) 원나라 황제를 돕기 위해 모반을 일으킨 내안(?~1287)을 토벌하기 직전, 고려 조정이 설인귀의 둘째 아들을 도만호(치안 담당 장관직)에 책봉했다는 《고려사》 내용을 통해서도 감악산 산신의 영향력이 얼마나 컸는지를 짐작하게 해준다. 고려 조정이 나라의 운명을 기댈 정도로 설인귀를 높이 평가하자, 백성들은 더욱더 감악산 산신의 존재를 믿었다. 감악산 산신이 영험한 능력으로 자신들을 영구히 보호해 주기를 원했다.

조선도 백성들이 의지하는 감악산 산신에게 올리는 제사를 중지할 수 없었다. 오히려 태종 14년(1414년) 고려시대 잡사에 속해 있던 감악산 산신제를 소사로 격상시켰다. 또한 《신증동국여지승람》 《동국여지비고》에서는 감악산을 강원도의 의관령과 함께 북쪽을 대표하는 명산으로 기록했다. 조선 건국에 큰 공을 세운 권근(1352~1409)은 "한양의 백악산은 원형으로 토덕이요, 북쪽의 감악산이 곡형으로 수덕이요, 남쪽의 관악산이 첨형으로 화덕이요, 동쪽의 아차산이 직형으로 목덕이요, 서쪽의 계양산이 방형으로 금덕이다."라며 감악산을 음양오행 중 수(水)로 평가하면서 한양을 수호한다고 설명했다.

조선은 공식적으로 맹춘(孟春)[1], 중춘(仲春)[2], 중추(仲秋)[3] 세 차례에 걸쳐 감악산 치제를 올렸다. 이 외에도 홍수·가뭄·황충·역질 등 백성의 삶을 위협하는 재해가 발생하거나, 왕실의 책봉 및 관·혼례가 있을 때도 감악산 산신에게 제사를 올렸다. 특히 왕이나 왕실 사람들이 중병에 걸리거나 가뭄이 들면 국가 차원에서 감악산 산신에게 기원하는 제사를 진행했다.

고려에 이어 조선도 감악산 산신을 인정하고 국가 차원에서 제사를 올렸던 만큼, 많은 무속인이 감악산에 터를 잡고 기도를 올렸다. 이 과정에서 무속인이 신병 치유를 약속하며 재물을 빼앗거나, 아녀자들이 제사를 준비하느라 가정을 돌보지 않는 등 사회적 물의가 일어나기도 하였다. 이에 태종은 예조에 감악산 산신제를 금지하라는 명령을 내리기도 하였다. 그러나 큰 효과를 보지 못했는지 감악산 산신제와 관련하여 세종 13년(1431년)에 대사헌 신개가 다시 문제를 제기하였다.

신개는 "사대부의 아내가 귀신에게 아첨하고 혹하여, 산야의 음혼한 귀신을 제사하지 않음이 없으며, 그중에 송악산과 감악산에 섬기기를 더욱 지극하게 하여, 매양 봄과 가을이면 몸소 가서 제사하여 술과 반찬을 성하게 베풀며, 귀신을 즐겁게 한다고 칭탁하여

1　맹춘: 음력 1월.
2　중춘: 음력 2월.
3　중추: 음력 8월.

풍악을 치고 즐기기를 극진히 하며, 밤을 지내고 돌아오면서 도로에서 자랑하고 떠벌리며, 광대와 무당이 앞뒤에서 난잡하게 풍악을 베풀어 방자하게 놀이를 행하여도, 그 남편이 금하지 않습니다. 이를 이상하게 생각하지 않는 자가 이따금 있사오니 부녀의 실덕이 이보다 큼이 없을 뿐만 아니라, 미혹하고 요사스러운 오랜 습관과 무당이 노래하고 춤추는 음란한 풍속을 장차 금할 수 없을 것이옵니다. 청컨대, 지금부터 중외의 명산과 신사에 부녀들의 내왕을 엄하게 금하고 만일 어기는 자가 있거든 죄를 물어주십시오."라며 왕의 허락을 구하였다. 감악산 산신제와 관련하여 잡음이 계속 발생하자, 세종도 신개의 상소를 받아들여 이들의 죄를 묻겠다고 답했다.

하지만 세종 자신도 재위 7년(1425년) 중병에 걸리자 감악산을 비롯한 삼각산과 백악산 등 여러 산천에 쾌유를 비는 제사를 지냈다. 또한 세조도 의경세자(1438~1457)가 병에 걸리자 감악산에서 치유를 비는 제사를 지냈다. 백성이 감악산 산신에게 개인적인 구복 행위를 하지 못하도록 금지했던 왕실조차도 자신과 관련된 일이라면 망설임 없이 산신에게 제사를 올렸다.

이처럼 감악산 산신은 왕실이나 민간에서 어려운 일이 생길 때마다 찾는 중요한 산신으로 경배의 대상이었다. 감악산 산신의 영향력이 얼마나 대단했는지 성종 때에는 차을중이라는 사람이 감악산 산신을 한양으로 모셔왔다는 거짓말로 사람들을 현혹하기도 하였다. 성종 15년(1484년) 목면산사(남산의 사당)를 지키는 차을중은 감악산 산신을 뜻하는 목상을 만들어 사리사욕을 채운 죄로 교수형을 당할 위기에 처했다. 다행히 한명회를 비롯한 여러 대신은 차을중이 허기진 배를 채우는 용도로 감악산 산신을 이용했으니 죄를 감면해 주자고 주청하여 사형만은 면했다. 그런데 재미있는 것은 차을중이 남산의 산신을 모시는 사람이었음에도 감악산 산신을 통해 재물을 얻었다는 점이다. 이것은 조선시대 사람들이 감악산 산신을 어떤 신보다도 가장 영험한 능력을 보여주는 신으로 여겼음을 알려준다.

감악산 산신에게 복을 비는 구복 신앙은 비단 조선시대만의 이야기가 아니다. 조선시대에 비해 과학이 발달하고, 비논리적인 것에 문제를 제기하는 오늘날에도 많은 이가 건강과 행복을 빌기 위해 감악산을 찾는다. 이들이 감악산을 찾는 이유는 1,000년이 넘도록 국가와 민간에서 감악산 산신의 영험한 능력을 인정하고 구복 행위를 지속해 온 역사에 있다. 오랜 역사만큼 감악산에는 유명한 기도터가 여럿 있다. '도사바위' '벼락바위' '용현암'과 같은 기도터에는 여전히 무속인들이 자리를 잡고 감악산 산신의 영험한 능력을 강조하고 있다.

이를 증명하듯 감악산에는 불교 사찰마저도 버티지 못했다고 전해진다. 실제로 16세기《신증동국여지승람》에 따르면 운계사와 신암사가 감악산에 있었다고 전하고 있다. 18~19세기에는 운계사와 신암사가 사라지고, 봉암사만 있었다고《범우고》와《경기읍지》는 말하고 있다. 무속인들의 말처럼 감악산 산신의 영험한 능력에 눌려 불교 사찰이 버티지 못했는지도 모르겠다.

그래서일까? 감악산에 자리한 범륜사 안에 있는 산신각은 영험한 기도처로 알려져 있다. 그리고 '산신각 주의 사항' 중 첫 번째에 '산신님은 부처님의 호법 제자입니다. 산신 기도하시는 분은 꼭 대웅전의 부처님께 먼저 참배하십시오.'라고 적혀있다. 이것은 산신의 영험한 능력을 인정한 것일 수도 있고, 아니면 산신을 찾는 많은 이를 불교로 끌어들이기 위한 수단일 수도 있다. 그러나 분명한 것은 감악산에서만 볼 수 있는 특이한 현상이라는 점이다.

지금도 감악산 곳곳에서 감악산 산신의 영험한 능력에 기대어 구복 신앙이 이루어지고 있는 모습을 보았을 때, 감악산 산신에게 제사를 지내 기생의 복통을 치유했다는 정종의 말에 하륜이 반박하지 않은 것이 어느 정도 이해가 된다. 감악산 산신이 다른 어떤 신보다도 국가의 안위를 지키는 역할이 컸던 만큼, 감악산 산신을 부정하고 깎아내리는 것은 정치 생명을 걸 만큼 위험한 일이 될 수도 있었기 때문이다.

왕과 신하의
100분 귀신 토론

御經筵。問於同知事李詹曰: "老子與神仙之道, 可得聞歟?" 詹進曰: "臣昔
以爲老與仙道無異。今見《通鑑綱目》, 老子之道, 以虛無爲宗, 謂人生此
世, 比之離家而行, 不拘生死遲速, 速還本處, 是任生死以反本爲貴。仙以長
生不老爲貴, 服餌求生, 不欲其死也。釋道則有天堂地獄之說, 爲善者生天
堂, 爲惡者墜地獄。然人未見其果生天堂墜地獄也。" 上曰: "嘗聞儒道以爲:
'人受陰陽二氣以生。' 然則仙、老、釋之說, 與儒家孰是?" 詹曰: "吾道不
在於杳冥昏默, 在乎事物上, 古之聖賢, 蓋嘗論之矣。人受天地陰陽以生, 陰
陽卽鬼神。其生者神也, 其死者鬼也。人之動靜呼吸, 日月盈虧, 草木開落,
莫非鬼神之理也。" 上曰: "然則鬼神之理, 卽天地之理也。人之死也, 其有精神
乎? 且諺曰: '鬼神有降禍福與責取之說。' 然乎?" 詹曰: "人之死也, 精氣未
散, 則有責取之理。此非天地鬼神之正氣, 乃不正之氣也。" 上然之。

경연經筵에 나아가서 동지사同知事 이첨李詹에게 묻기를, "노자老子와 신
선神仙의 도를 말하여 줄 수 있겠는가?" 하니, 이첨이 말하였다.
"신이 옛날에는 생각하기를, '노자와 신선의 도가 다를 것이 없다.'고
여겼는데, 지금 《통감강목通鑑綱目》을 보니, 노자의 도는 허무虛無로 종
지宗旨를 삼아서 말하기를, '사람이 이 세상에 난 것은, 비유하면 집을
떠나서 나다니는 것과 같으니, 생사生死의 더디고 빠른 것을 구애하지
말고 빨리 본곳으로 돌아가라.' 하였으니, 이것은 생사를 맡겨 근본으
로 돌아가는 것을 귀히 여기는 것이고, 신선은 오래 살고 늙지 않는 것
을 귀히 여겨, 약을 먹고 살기를 구하고 죽으려 하지 않는 것입니다. 석
씨釋氏이 두는 천당天堂·지옥地獄의 설說이 있는데, 착한 일을 한 자는

천당에서 살고, 악한 일을 한 자는 지옥에 떨어진다고 합니다. 그러나, 사람들이 과연 천당에 살고 지옥에 떨어지는 것을 보지는 못하였습니다.”

임금이 말하기를, “일찍이 들으니, 유도儒道에서는 사람이 음양陰陽 두 기운을 받아서 났다고 하는데, 그렇다면, 선도仙道·노자老子·석씨釋氏의 말과 유가儒家의 말은 어떤 것이 옳은가?” 하니, 이첨이 말하기를, “유가의 도道는 묘명杳冥하고 혼묵昏默한 데에 있지 않고 사물事物 위에 있으니, 옛날 성현들이 대개 일찍이 논한 것입니다. 사람이 천지의 음양陰陽을 받아서 나는데, 음양이 곧 귀신鬼神입니다. 사는 것은 신神이고, 죽는 것은 귀鬼입니다. 사람의 동정動靜 호흡呼吸하는 것과 일월日月이 차고 이즈러지고 하는 것과 초목이 피고 떨어지고 하는 것은 귀신鬼神의 이치가 아닌 것이 없습니다.” 하였다.

임금이 말하기를, “그러면 귀신鬼神의 이치가 곧 천지天地의 이치로군! 사람이 죽으면 정신이 있는가? 또 속담에 말하기를, ‘귀신鬼神이 화복禍福을 내리고, 책責하고 취取한다.’는 말이 있는데, 그러한가?” 하니, 이첨이 말하기를, “사람이 죽어서 정기精氣가 흩어지지 않는다면, 책責하고 취取하는 이치가 있겠으나, 이것은 천지 귀신의 정기正氣가 아니고 부정不正한 기운입니다.” 하니, 임금이 그렇게 여겼다.

– 정종실록 6권, 정종 2년(1400년) 10월 3일 갑오 4번째 기사

✝

　정종 2년에 벌어진 경연에서 동지사 이첨(1345~1405)과 정종이 귀신에 관한 이야기를 나누었다. 조선이 건국한 지 8년밖에 안 된 시점에서 처리해야 할 국가 현안이 대단히 많을 텐데, 왕과 신하가 한가로이 귀신 이야기를 하고 있다는 사실이 선뜻 이해되지 않는다. 아무리 정종(1357~1419)이 동생 이방원의 등쌀에 떠밀려 왕이 되었다고는 하지만, 너무 무책임한 처사가 아닌가 하는 생각까지 든다. 혹시 신하와 귀신 이야기를 나눈 것은 자신이 왕위에 관심이 없음을 이방원에게 보여주기 위한 행동이었을까?

　하지만 정종과 이첨이 경연에서 나눈 귀신 관련 토론은 조선 500년을 이끌어갈 통치 이념을 확립하기 위한 매우 중요한 순간이었다. 조선은 고려와는 다른 세상을 만들고자 하였다. 고려가 유학을 국가 운영의 기틀로 잡고, 불교로 사람들의 마음을 다독이는 방법으로 나라를 이끌었다면, 조선은 성리학으로 국가 운영만이 아니라 백성들의 마음까지도 어루만지려 했다.

　그러기 위해서는 오랫동안 사람들의 생각과 행동에 깊은 영향을 주었던 불교, 무속 신앙 등 기존의 여러 종교와 거리를 둘 필요가 있었다. 그러나 삼국시대부터 조선 초에 이르기까지 1,000년 가까이 정신적 지주 역할을 하던 불교가 사람들에게 미친 영향력을 무시할 수 없었다. 이뿐만이 아니었다. 중국에서 들어온 도교와 불교가 토착 종교인 무속 신앙과 결합하면서 우리나라만의 기이하고 독특한 문화가 단단하게 형성되었다. 이런 상황에서 이성적이고 합리적인 사고를 요구하는 성리학을 백성들이 받아들이게 하는 것은 결코 쉬운 일이 아니었다.

성리학의 도입과 보급이 시대적 요구로 자리잡았던 까닭은 기존 종교의 폐단이 정도를 지나쳤기 때문이었다. 그중 가장 큰 폐단으로 백성과 사회에 해악을 끼치던 종교가 불교였다. 오랜 세월 순수하게 사람들의 아픈 마음을 위로하던 불교는 고려 말 변질하여 부정부패의 상징이 되어있었다. 권문세족들은 앞다투어 승려로 출가하여 부와 권력을 잡으려 혈안이었다. 사원과 승려가 국가로부터 면세, 면역 등의 혜택을 받는 만큼, 재산을 증식하고 은닉하는 데 불교만 한 수단이 없었다. 또한 여러 신들을 모시는 무속인도 고려 말 백성들의 불안한 마음을 이용하여 사리사욕을 채웠다.

고려 말 성리학을 배운 신진사대부들은 백성들에게 피해를 주는 불교와 도교, 무속 신앙을 타파해야 할 대상으로 여겼다. 그리고 이들 종교와 사상이 차지하고 있던 자리를 신진사대부들이 가장 올바르다고 생각하는 성리학으로 대체해야 했다. 1,000년 이상 사람들이 믿고 따르던 종교와 사상을 바꾸는 것이 매우 어렵다는 사실을 잘 아는 신진사대부들은 이 일을 자신들의 사명으로 여겼다. 또한 조선이 건국되면 모든 것이 새롭게 바뀔 것이라 기대했다. 하지만 세상은 그들이 생각했던 것만큼 변하지 않았다. 왕부터도 성리학을 제대로 이해하지 못했고, 일부 신진사대부들은 어디서부터 문제를 해결해야 할지를 몰랐다.

모든 변화는 작은 것에서부터 시작된다. 조선 초의 사대부들은 일상의 작은 것부터 변화를 끌어내고자 했다. 가장 먼저 제대로 된 학문을 배우지 못한 채 수많은 전쟁터를 누볐던 태조와 정종에게 성리학이 추구하는 세상이 무엇인지 알려주어야 했다. 그러나 태조와 정종에게 복잡하고 이해하기 어려운 성리학을 처음부터 하나하나 설명하는 것은 굉장히 어려운 일이었다. 더욱이 이들은 수없이 많은 일을 겪으면서 자신만의 확고한 가치관을 성립한 성인이었다. 그렇기에 관심을 끌 수 있는 일상적인 사례를 이용하여 성리학을 가르칠 필요가 있었다.

그 대표적인 사례가 귀신이었다. 예나 지금이나 귀신 이야기는 남녀노소를 불문하고 모두가 흥미롭게 여기며 좋아하는 소재다. 왕도 다르지 않았다. 태조와 정종은 어린 시절부터 전국 방방곡곡을 돌아다니며 많은 사람을 만났고, 그들로부터 믿기 어려운 이야기를 많이 들었다. 특히나 고려 말 홍건적과 왜구의 침입으로 수많은 사람이 죽어가는 모습을 보면서 정종은 죽음과 사후 세계에 대해 궁금해했다. 그런데 죽은 이후의 모습인 귀신에 대해 유교, 불교, 도교, 무속 신앙은 모두 다르게 설명하고 있었다. 이첨을 비롯한 사대부들에게 귀신 이야기는 성리학을 왕에게 쉽게 이해시킬 수 있는 좋은 소재이며 기회였다.

이첨은 정종에게 도교와 신선도, 그리고 불교를 이해하기 쉽게 설명해 주었다. 이첨은 도교가 삶과 죽음을 기의 변화로 인식하여, 삶과 죽음에 연연하지 말 것을 강조하는 종교라고 설명했다. 특히 시비와 선악에 의미를 두고 해결하기보다는 해소를 주장하며 허무를 강조하는 폐단이 있다고 말했다. 이를 잘 보여주는 사례로 장자가 아내의 죽음을 설명하는 일화를 제시했다.

장자가 아내의 죽음에 박을 두드리며 노래를 부르는 모습에 친구 혜시가 놀라며 타박하자 "처음 나도 아내의 죽음에 슬펐네. 그러나 돌이켜 보니 생명은 원래 없었던 것이 아닌가. 혼돈의 흐릿함 속에서 어쩌다 기가 생겼고, 그게 형체가 되고, 다시 생명이 된 것이 아닌가. 그게 또 변해서 죽음이 된 게 아닌가. 이는 사계절이 번갈아 오는 것과 같네. 아내는 지금 천지라는 거실에 편안히 누워있는 거라네. 그것을 울고불고 곡을 해서 시끄럽게 해야 하겠는가?"라는 말을 남겼다.

이 일화를 통해 도교는 귀신을 기의 변화로 생각하여 크게 의미를 두지 않는다고 이첨은 정종에게 설명했다. 신선도는 사람들이 늙지 않고 오래 살기 위한 욕망을 채우기 위해, 불사를 이루어주는 약을 먹고 죽지 않는 것을 중요하게 여기는 종교로 간단하게 설명했다. 이는 신선도가 현실적이지 않아서 크게 논할 가치도 없음을 보여준 것이다. 또한 불교는 착한 일을 하면 죽어서 천당에 가고, 나쁜 일을 하면 지옥에 가는 것을 강조하는 종교라고 말한다. 하지만 천당과 지옥이 있는지를 본 사람은 아무도 없기에, 신선도와 같이 허무맹랑한 소리일 뿐이라고 이첨은 일축해 버렸다. 이는 이성적이고 합리적인 성리학을 공부한 이첨이 다른 종교를 논리적이고 과학적인 방법으로 분석하고 있음을 보여준다.
　하지만 정종은 성리학이 얼마나 대단하기에 오랜 세월 많은 선현과 사람들이 믿어온 도교, 신선도, 불교를 힐책하는지 묻고 싶었다. 그래서 성리학이 죽음을 어떻게 바라보며, 다른 학문과 종교보다 어떻게 뛰어난지를 물었다. 이첨은 정종의 질문을 예상이라도

한 듯, 성리학에서는 천지의 음양을 받아서 사람이 태어나는데, 살아있으면 신(神)이고, 죽으면 귀(鬼)가 된다고 설명한다. 사람의 삶과 죽음은 특별한 것이 아닌 자연이 순환하는 흐름과 다르지 않다고 대답했다.

이첨의 대답은 성리학을 집대성한 주자(朱子)가 밝힌 귀신에 대한 정의였다. 주자는 귀신이란 이기론적 관점에서 음양의 조화와 기의 작용으로 만들어진다고 보았다. 사람은 기(氣)가 모인 존재로, 살아서는 혼백(魂魄)이라는 두 종류의 영혼이 조화롭게 존재하다가 죽으면 기가 흩어지면서 혼과 백이 분리된다고 보았다. 분리된 혼은 인간의 몸에서 빠져나와 하늘로 올라가고, 백은 죽은 몸에 남아있다가 시체와 함께 흙이 된다고 보았다. 즉, 귀신이란 실체가 있는 것이 아니라 인간의 마음으로 깨닫는 자연현상이라고 본 것이다.

이첨의 설명을 들었지만 정종은 이해가 되지 않았다. 왜냐하면 살아오는 동안 귀신이 은혜를 갚거나 사람을 해쳤다는 이야기를 수도 없이 들어왔기 때문이다. 이첨의 말처럼 사람이 천지의 흐름에 따라 죽고 사는 것이라면, 죽은 사람이 원한을 품고 해코지하는 현상이 일어날 이유가 없었다. 봄·여름·가을·겨울이 순환하는 것처럼 사람도 생과 사의 흐름을 따른다면 사후에 원한이 존재하지 않을 것이고, 자연히 죽은 영혼도 인간사에 관여할 수 없기 때문이었다. 그래서 정종은 이첨에게 귀신이 인간에게 화복(禍福)을 내리는 등 인간의 삶에 관여하는 이유가 무엇인지 다시 물었다. 이첨도 정종의 질문에 말문이 막혔는지 귀신이 사람에게 영향을 미치는 것은 단지 부정한 기운이라는 말로 얼버무렸다. 부정한 기운이 무엇이고 어떻게 만들어지는 것인지에 대한 설명이 이후의 대화에서 일절 없었다.

정종도 이첨의 대답을 크게 기대하지 않았는지, 아니면 경연이 빨리 끝나기를 원했는지 "알았다"라는 말로 경연을 마무리 지었다. 정확하게 말하면 경연의 목적이 귀신의 존재 여부를 따지는 것이 아닌, 정종 자신에게 조선을 운영할 성리학을 가르치는 자리라는 사실을 인지하고 있었기 때문이다. 왕의 자리를 동생 이방원에게 물려주고 물러날 것을 계획하고 있는 정종의 입장에서도 경연에서 굳이 머리 아프게 고민하고 시시비비를 따질 이유가 하나 없었다. 그런 일은 동생 이방원이 해야 할 몫이었으니 말이다.

이후 정종이 왕위에서 물러나 여유로운 생활을 했던 것과는 달리 사대부들은 귀신에 대한 정의를 내리는 것에 매우 큰 의미를 두었다. 유교의 핵심 중 하나가 선조들의 혼을 모시는 제례였고, 고려 말 수많은 전란으로 억울하게 죽은 사람들의 원혼이 있다고 믿는 백성들이 불안에 떨지 않고 생업에 전념할 수 있도록 다독이기 위해서라도 귀신을 무조건 부정하는 것은 올바른 방향이 아니었다. 그래서 사대부들이 선택한 방법은 성리학의 입장에서 귀신을 설명하면서 국가가 귀신을 위한 제의를 주도하여 불교와 무속 신앙이 하던 역할을 빼앗아오는 것이었다. 그래야만 불교를 억압하고 성리학을 국가 이념으로 선택한 자신들의 일에 정당성을 확보하면서 불교와 무속 신앙으로 생기는 폐해를 막을 수 있기 때문이었다.

이런 기조에서 성리학으로 귀신을 설명하려 했던 조선 전기의 대표적 유학자로 김시습과 남효온이 있다. 김시습(1435~1493)은 귀신이 바르고 진실한 기로 하늘과 땅 사이를 움직이며 백성을 돕고 하늘에 순응한다고 보았다. 죽은 선조들에게 기도를 드리는 것은 해코지를 당할까 두려워서가 아니라 공덕을 갚기 위한 일이라고 설명하였다. 즉 귀신은 인간에게 화복을 주며 길흉을 주는 존재가 아닌, 천지에 순응하는 기의 작용으로 본 것이다. 그렇기에 사당을 세워 죽은 자의 공덕을 기려야 한다고 주장했다. 그런데 재미있는 것은 김시습이 귀신의 모습을 구체적으로 표현했다는 점이다. 김시습은 신(神)으로 된 것은 정령과 요괴 그리고 물귀신이고, 형(形)으로 된 것은 새와 짐승이며, 가장 빼어나고 신령스러우며 천성을 가진 것이 인간이라고 설명하였다.

남효온(1454~1492)은 귀신이란 특정한 형체가 없고, 모든 사물에 들어있는 이치라고 생각했다. 특히 인간의 영혼은 혼과 백으로 이루어져 있는데, 사람이 죽으면 혼은 하늘로 올라가고 백은 소멸한다고 보았다. 천신(天神)과 혼에 정성을 다해 제사를 지내면 제물을 받아서 먹는다고 말했다. 즉 귀신이 인간의 화복에 영향을 주는 존재는 아니지만, 제사를 통해 정성을 다하는 마음은 알아준다고 말함으로써 조선 건국 초 사대부들의 입장을 계승하였다.

김시습과 남효온은 귀신에 대해 조금은 다른 정의를 내렸다. 그러나 귀신이 사람의 길흉화복에 크게 영향을 미치는 것을 제어하기 위한 의식이 필요하다고 강조하는 불교나 무속 신앙을 부정하는 공통점을 보였다. 귀신이란 이와 기의 자연스러운 순환의 과정으로, 다만 후손으로서 선조의 덕에 감사를 표하는 정도면 충분하다는 설명으로 고려 말의 폐단이 이어지는 것을 경계하였다.

성종 5년(1474년)에는 《국조오례의》를 통해 소사(小祀)의 여제(厲祭) 항목을 제도화하면서 귀신에게 제사를 올리는 불교와 무속 신앙의 역할을 빼앗았다. 이는 신료와 백성에게 조선의 왕이 모든 귀신을 통제하고 관리한다는 사실을 보여줌으로써 강력한 왕권을 구축하고자 했기 때문이다. 그러나 원통하게 죽은 귀신을 위한 여제를 국가가 시행함으로써 성리학이 설명하지 못했던 인간의 길흉화복에 관여하는 귀신의 역할을 인정한 일이기도 했다. 이는 건국 초의 강경한 태도에서 한발 물러나, 백성이 가지고 있는 귀신에 대한 관념을 바꿀 수 없음을 일부 시인한 것이었다. 백성을 설득하지 못하여 국정 운영에 지장을 초래하기보다는 국가가 통제하는 방법을 선택한 현명한 방침이었다.

이처럼 조선 정부가 귀신이 인간사에 영향을 미친다는 전통적인 생각을 일부 인정하게 된 것은 태종 1년(1401년) 국왕에게 치도(治道) 6조목의 하나로 여제를 제시한 권근(1352~1409)의 역할이 컸다. 권근은 옛날부터 공이 있는 백성과 후손이 없는 귀신에게도 제사를 지내왔음을 강조했다. 권근은 "명명(冥冥)한 가운데 어찌 원통하고 억울함을 안고 혹은 분한(憤恨)을 품어서 마음속에 맺히어 흩어지지 않고, 배를 주리어 먹기를 구하는 자가 없겠는가? 이것이 족히 원기가 쌓여 질역(疾疫)⁴이 생기고, 화기(和氣)를 상하여 변괴를 가져온다."라고 말하며, 명나라 《홍무예제》에 따라 조선도 시급히 여제를 시행해야 한다고 주장했다.

4 질역: 역병.

민심이 얼마나 중요한지를 잘 알던 태종은 권근의 의견을 받아들여 여제를 시행하였고, 세종은 기존의 12개였던 여귀(厲鬼)에 3개를 더 추가한 15위에 제사를 올렸다. 국왕이 주도하여 백성을 위로하는 구휼적 성격의 여제가 《국조오례의》 소사에 포함된 이후, 한양을 비롯한 지방에도 여단을 세워 매년 여귀에게 제사를 행했다. 특히 역병이나 전쟁처럼 나라에 큰 일이 벌어지면 조정에서 먼저 시행하라고 촉구할 정도로 여제는 사직제, 문묘석전제와 더불어 지방의 중요한 제사로 자리잡았다. 문종은 황해도와 경기도에 역병이 돌자 스스로 여제 축문을 지어 제사를 지냈고, 선조는 임진왜란 때 죽은 사람을 위한 여제를 지냈다. 많은 조선의 왕은 성난 민심을 달래는 방법으로 여제를 활용하였다.

조선은 성리학을 국가 운영의 이념으로 채택하여 기존의 폐단이 다시 일어나지 않는 나라를 만들어 운영하고 싶었지만, 오랫동안 내려온 관습과 종교를 바꾸지는 못했다. 조선을 건국한 사대부들은 귀신이 인간의 삶에 영향을 미치지 않음을 강조하며 불교와 무속 신앙의 폐단을 백성들에게 알리려 노력했다. 그러나 사람의 마음은 쉽게 움직일 수 있는 것이 아니었다. 오랜 시간에 걸쳐 만들어진 믿음은 한순간에 바꿀 수 없음을 깨달은 조선은 백성들이 생각하는 귀신을 일부 인정하고 국가 제도로 수용함으로써 민심을 얻었다. 이러한 조선 정부의 노력은 500년 동안 이어져 내려와 조선만의 새로운 역사와 문화, 전통을 만들어냈다.

죽은 뒤 뱀이 되어
남편을 좇아다니다

吏曹參判尹安仁病革, 上命內醫, 問病賜藥。

史臣曰: "安仁曾按湖西, 眄公州妓, 率來家畜, 其妻妬忌, 成疾死。葬時有
蛇妖, 安仁大駭之, 葬畢而病, 病時蛇常隨之, 雖深夜遷避, 皆然。安仁益駭,
病革極熱, 請用至寶丹, 故以內藥賜之。去奸之事, 安仁自以爲己功, 常論朝
廷人物。又不悅金安國, 毁短不已。安國與安仁切族, 甚難之, 頗與所親年少
名士言之, 朝中皆厭難之。至是病革, 數日而卒, 人無惜之。爲人浮虛誕妄,
不得爲世所重。"

이조 참판 윤안인尹安仁의 병세가 위급하자, 상이 내의內醫에게 명하여
문병하고 약물을 내렸다.

사신은 논한다. 안인이 전에 호서湖西[5]의 안찰사로 갔다가 공주公州의 기
생과 눈이 맞아 데리고 와서 같이 살았는데, 그의 아내가 질투하다가
병이 되어 죽었다. 그런데 그를 장사지낼 적에 뱀의 요괴가 일어나 안
인이 크게 놀랐다. 장사를 마친 뒤에 병이 났는데 앓을 때 뱀이 항상 따
라다녔고 아무리 깊은 밤에 피해 다녀도 늘 그러했다. 그리하여 안인이
더욱 놀라 병이 심해져 열이 극도에 오르자 지보단至寶丹[6]을 간청하였
다. 그래서 내의원內醫院의 약을 하사하였다.

---

5 호서: 충청도.

6 지보단: 《동의보감》에서 숨이 차고 가슴이 답답하거나, 소아 간질, 뇌출혈 등 증상에
   쓰는 환약.

간신들을 제거한 일을 안인이 자신의 공이라 여기고 조정의 인물을 논하기도 하였고, 또 김안국金安國을 좋게 여기지 않아서 그를 헐뜯어 마지 않으니 안국과 안인과는 가까운 일가간이었으므로 안국이 매우 곤란스럽게 여기며 자기와 친한 젊은 명사名士들에게 이야기하였다. 이리하여 조정의 관료들이 모두 안인을 싫어하였는데 이때에 병이 심하여 수일 만에 죽었으나 아무도 애석히 여기는 사람이 없었다. 그는 사람됨이 경솔하고 거짓말을 잘했기 때문에 사람들에게 중망重望[7]을 얻지 못하였다.

- 중종실록 88권, 중종 33년(1538년) 9월 2일 임신 2번째 기사

7 중망: 명성과 인망.

✝

뱀이 허물을 벗는 모습을 보고 다시 태어난다고 생각한 고대 사람들은 뱀을 영원한 생명을 가진 불멸의 존재로 여겼고, 많은 알을 낳는 모습에서 다산과 풍요를 떠올렸다. 그러나 시간이 흐를수록 동서양을 막론하고 많은 사람들이 뱀을 부정적으로 인식했다. 그 배경에는 기독교의 영향이 크다고 말할 수 있다. 전 세계의 종교 중 유대교, 기독교, 이슬람교는《창세기》를 믿고 따른다는 공통점이 있다. 이들 종교가 전 세계에 보급되어 많은 신자를 보유하고 있는 만큼 인류의 역사에 큰 영향을 미쳤다. 그중 하나가 뱀에 대한 부정적 인식이다. 우리나라도 조선 후기에 기독교가 유입되면서 뱀에 대한 부정적 인식이 더욱 강해졌다. 그렇다면 기독교에서 뱀은 어떤 연유로 안 좋은 이미지를 갖게 된 것일까?

유대교, 기독교, 이슬람교의 근간이라고 할 수 있는《창세기》에 가장 많은 영향을 준 것은 메소포타미아 문명이다. 메소포타미아 문명에서 뱀은 인간에게 도움을 주는 동물이기보다는 피해를 주는 동물로 등장한다. 메소포타미아 문명에서 전해지는 뱀과 관련된 설화 중에 가장 오래된 것이 수메르 신화의 하나인 길가메시 서사시다. 길가메시 서사시는 우룩의 왕 길가메시의 모험을 다루고 있다. 엄청난 괴력의 소유자인 길가메시에게 괴롭힘을 당하던 백성들은 신에게 매일 기도를 올렸다. 많은 사람이 하루도 빠짐없이 길가메시를 없애달라는 기도를 하자, 신은 지상에 막강한 힘을 가진 엔키두를 내려보냈다. 그러나 엔키두는 길가메시를 이기지 못했다. 오히려 둘은 오랜 시간 싸우면서 정이 들었고, 세상에서 둘도 없는 친구가 되어 버렸다. 둘은 작은 왕국 우륵을 떠나 더 큰 세상을 만나보자며 모험을 떠났다. 이 과정에서 둘은 힘을 합쳐 거인 훔바바를 죽이는 등 많은 일을 겪으며 성장했다.

둘의 여정을 눈여겨보던 이슈타르 여신은 매사에 자신감이 넘치는 용맹한 길가메시에게 사랑을 느끼고 자신의 마음을 고백했다. 하지만 길가메시는 이슈타르 여신에게 연정을 느끼지 못하고, 그녀의 구애를 매몰차게 거절했다. 길가메시를 잊지 못한 이슈타르 여신이 매일 밤낮으로 울자, 그녀의 아버지 아누 신은 딸에게 상처를 준 길가메시를 죽이기 위해 천상의 황소를 지상으로 내려보냈다. 길가메시는 엔키두와 함께 아누 신이 보낸 천상의 황소를 죽이지만, 이 과정에서 둘도 없는 친구 엔키두를 잃게 된다.

엔키두의 죽음을 마주한 길가메시는 자신도 언젠가 죽게 될 것이라는 두려움에 영생하는 방법을 찾아 여정을 떠난다. 고되고 힘든 여정 끝에 길가메시는 영생의 비밀을 알고 있는 우트나피시팀을 만나게 되고, 그에게서 세상의 많은 비밀과 진실을 듣게 된다. 우트나피시팀은 길가메시에게 대홍수에서 자신이 살아남을 수 있었던 비결을 이야기하면서, 대홍수가 일어났던 시간만큼 잠을 자지 않으면 영생을 얻을 수 있다고 알려준다. 하지만 쏟아지는 잠을 이기지 못한 길가메시는 결국 영생을 포기한다. 이를 안타깝게 여긴 우트나피시팀은 영생을 가능하게 해주는 불로초가 있는 장소를 알려준다. 길가메시는 여러 어려움을 이겨내며 힘들게 불로초를 얻지만, 어이없게도 뱀에게 빼앗기고 만다. 이때부터 인간은 영원한 삶을 살 기회를 잃게 되었고, 사람들은 언제든 자신의 생명을 빼앗아갈 수 있는 뱀을 두려워하게 되었다. 이후 길가메시 서사시에서 영생을 앗아간 뱀의 모습이 성경에 반영되면서, 뱀은 악하고 간교한 이미지를 굳히게 된다.

성경의 시작인 《창세기》를 살펴보면 신이 흙으로 인간을 만들고 영혼의 숨결을 넣어 아담을 만든다. 신은 아담의 갈빗대 하나를 이용하여 이브를 만들어 에덴동산에서 둘이 행복하게 살게 한다. 아담과 이브는 선악을 알게 해주는 과일만 먹지 않는다면, 에덴동산에서 얼마든지 자신들이 원하는 삶을 살 수 있었다. 그러나 아담과 이브의 행복한 삶을 시기한 사탄이 뱀의 몸을 빌려 이브에게 다가가 금지된 과일을 먹으면 영생을 누릴 수 있다고 유혹했다. 이브는 결국 뱀의 유혹에 넘어가 과일을 먹었고, 곧 벌거벗은 자신의 몸이 부끄러워 무화과 잎으로 몸을 가렸다. 이를 본 신은 이브가 약속을 어기고 금지된 과일을 먹었다는 사실에 화가 나서 아담과 이브를 에덴동산에서 쫓아냈다. 이때부터 남자는 일을 하여 가족을 책임지고, 여자는 아이를 낳는 고통과 남편에게 순종하는 벌을 받게된다. 그리고 사건의 빌미가 되었던 뱀은 평생을 배로 기어 다니는 벌을 받는다. 《창세기》에서 인간이 천국과 같았던 에덴동산에서 쫓겨나 노동과 출산이라는 고통을 갖게 된 원인으로 뱀을 지목하면서, 서구에서는 오랫동안 뱀을 미워하고 두려워했다.

물론 뱀이 나쁘게만 표현된 것은 아니다. 사람들을 깨우치는 존재로 상징되기도 했다. 예를 들어 모세가 이스라엘 사람들을 데리고 이집트를 탈출하여 광야에서 고난에 빠지자, 많은 사람이 불평했다. 이때 신은 불평하는 사람들을 혼내고 깨우쳐주기 위해 불뱀을 보내 이스라엘 사람들을 죽였다. 불뱀에 겁이 난 사람들은 모세에게 살려달라고 부탁했고, 모세는 신에게 기도를 올려 불뱀을 내쫓고 사람들을 되살렸다. 또한, 예수도 12제자에게 "뱀과 같이 지혜로우라"라고 말하기도 했다. 하지만 세상의 종말을 이야기하는 《요한계시록》으로 인해 뱀은 사탄의 또 다른 모습으로 각인되었고, 이후 사람들은 뱀을 신의 뜻을 따르지 못하게 막는 사악한 존재로 인식하였다.

아시아에서도 뱀을 지혜와 다산의 상징으로 인식하기도 했지만, 교활하고 간사한 모습으로 여기기도 했다. 뱀의 좋은 이미지는 중국의 전설에서 시작된다. 고대 중국인은 우주와 생명 창조를 상징하는 대모신 여화(女媧)를 사람 머리에 뱀의 몸을 가진 모습으로 형상화하면서, 뱀을 모든 만물의 시작점으로 여겼다. 또한 중국인들은 삼황오제 중의 하나인 신농과 복희도 뱀의 모습을 가지고 있다고 생각하며 뱀을 긍정적으로 보았다. 우리나라도 신라 경문왕이 왕으로 즉위하기 전에 뱀들이 밤마다 침소에 들어와 보호해 주었다고 《삼국유사》에 기록할 정도로 뱀은 좋은 이미지를 갖고 있었다.

물론 뱀의 나쁜 이미지도 있었다. 그러나 서구처럼 절대적인 악으로 표현하기보다는 인간의 집념이나 원한을 표현하는 데 활용하는 경우가 많았다. 한 예로 청평사의 상사뱀 설화는 뱀을 통해 인간의 잘못된 집념이 얼마나 무서운 결과를 가져오는지 보여준다. 강원도 춘천에 있는 청평사에 내려오는 설화에 따르면 당나라 황제는 공주가 평민 출신의 남자와 사랑에 빠지자 매우 화가 났다.

황제는 황실에 망신을 준 공주에게 차마 벌을 내리지 못하고, 평민 출신의 남자에게 사형이라는 중형을 내려 목숨을 빼앗았다. 공주를 너무도 사랑했던 남자는 억울하게 죽은 후에도 공주를 잊을 수 없어 저승으로 가지 못했다. 죽은 남자는 사랑하는 공주의 옆에 있고자 뱀으로 환생하여 공주의 몸을 칭칭 감싸고 한시도 떨어지지 않았다. 황제는 공주의 몸에서 뱀을 어떻게든 떨어뜨리고자 백방으로 노력했으나 매번 실패로 끝났다. 오히려 뱀은 황제가 자신을 공주의 몸에서 떨어뜨리려 할수록 더욱 힘차게 공주의 몸을 감았다.

결국 해결책을 찾지 못한 황제는 부처님의 도력이 높다는 신라로 공주를 보내 부처님에게 기도를 드리게 했다. 황제의 명을 받은 공주는 신라의 유명 사찰을 돌며 기도를 드렸고, 어느덧 춘천의 청평사까지 오게 되었다. 청평사 아래 자리한 동굴에서 공주와 뱀이 머물던 중 들려오는 종소리에 마음의 동요가 생긴 뱀은 혼자서 절 구경을 하겠다는 공주의 부탁을 들어주었다. 그러나 이대로 공주가 도망칠까 두려워진 뱀은 공주를 찾기 위해 청평사로 따라 들어섰고, 그 순간 하늘에서 내리친 벼락에 맞아 죽는다. 벼락을 맞고 죽은 뱀을 본 공주는 10년 동안이나 자신을 괴롭힌 뱀에서 벗어나게 되었다는 기쁨도 잠시, 한때 자신이 사랑했던 남자에 대한 미안함과 회한이 가슴 깊이 밀려왔다. 그래서 죽은 뱀이 극락에 갈 수 있도록 청평사에 석탑을 세우고 기도를 올렸다.

《조선왕조실록》에 기록된 윤안인과 관련된 뱀의 이야기도 청평사의 상사뱀 설화와 내용이 비슷하다. 윤안인이 지방에서 아름다운 외모를 가진 기생을 첩으로 데려오자, 본처는 질투를 견디지 못하고 죽었다. 본처가 뱀으로 환생한 것인지는 모르지만, 아내를 장사 지내는 순간부터 뱀 1마리가 계속 윤안인을 따라다녔다. 본처를 학대하고 내친 자신에게 복수하기 위해 뱀이 나타났다고 생각한 윤안인은 두려움에 떨다가 결국 병이 들어 자리에 눕고 말았다. 중종은 윤안인이 알 수 없는 이유로 아프다는 이야기를 듣고, 내의원을 통해 약을 내려주었으나 아무런 차도가 없었다. 이를 두고 많은 이들이 윤안인을 쫓아다닌 뱀을 비난하기보다는 본처를 내쫓아 죽게 만든 윤안인을 힐책했다. 즉, 윤안인을 쫓아다닌 뱀은 본처였으며, 남편에게 상처 입은 수많은 여인의 마음을 대변하는 것이었다.

이를 통해 우리 선조들은 뱀 자체를 미워하거나 두려워하지 않았다는 것을 알 수 있다. 청평사의 상사뱀과 윤안인을 따라다닌 뱀 이야기에는 우리의 정서가 흠뻑 반영되어 있다. 두 설화 속 뱀은 연인이 자신을 더는 사랑해 주지 않고 버렸어도, 연인을 향한 지고지순한 마음을 버리지 않았다. 분명 옛 연인을 독이 든 이빨로 물어 죽일 수 있는 능력이 있음에도 복수하지 않았다. 다만 자신을 잊지 말아달라고, 그들을 따라다니며 늘 보이는 곳에 있었을 뿐이다.

그리고 보면 전설 속 뱀은 인간을 아무 이유 없이 괴롭히지 않는다. 인간에게 피해를 당해서 복수를 하는 것이다. 이와 비슷한 이야기로 치악산 상원사 종각에 내려오는 까치와 구렁이 전설이 있다. 까치와 구렁이 전설은 과거 시험을 보기 위해 한양으로 올라오던 선비가 새끼 까치를 잡아먹으려는 구렁이를 활로 쏘아 죽이는 일로 시작한다. 구렁이를 죽이고, 가던 길을 재촉하던 선비는 늦은 밤 산속에서 길을 잃고 헤매다가, 멀리 불빛이 비치는 집을 발견한다. 그제야 안심이 된 선비가 불빛이 새어 나오는 집을 향해 가보니, 소복을 입은 여인이 홀로 있었다. 남녀칠세부동석을 강조하던 시대라는 점과 홀로 있는 여인이 한밤중에 낯선 남자를 만났을 때 갖게 될 두려움을 선비는 생각하지 않았다. 오로지 자신의 안위만 생각하며, 선비는 여인에게 하룻밤 재워주기를 청했다.

여인의 허락을 받고 곤히 잠을 자던 선비는 갑자기 숨이 막힐 정도의 고통에 눈을 떴다. 어찌 된 일인지 알아보기 위해 주변을 살펴보니, 커다란 구렁이 1마리가 자신의 몸을 감싸고 있었다. 구렁이는 선비가 낮에 자신의 남편을 활로 쏘아 죽였으니, 자신도 선비를 죽여 원수를 갚겠다고 말했다. 단, 새벽 4시 이전에 상원사에 있는 종이 울리면 하늘의 뜻이 자신과 다름을 인정하고 선비를 살려주겠다고 약속했다. 선비에게 도움을 받아 자식을 살릴 수 있었던 까치는 이 광경을 목격하고 은혜를 갚기 위해 상원사의 종을 머리로 들이받아 종을 울렸고, 선비는 목숨을 구할 수 있었다.

모든 동물이 살기 위해 다른 짐승을 잡아먹는 것은 본능이며 자연의 섭리다. 그런데 아무 연관이 없는 사람이 어쭙잖은 윤리적 잣대를 들이대며 자신의 남편을 죽였으니 구렁이 아내는 무척이나 억울했을 것이다. 그래도 구렁이 아내는 선비를 찾아가 바로 죽이지 않았다. 오히려 선비가 남편을 잃은 구렁이의 집으로 찾아 들어온 것이다. 그런데도 구렁이 아내는 선비에게 살 기회를 주었고, 자신이 내뱉은 약속을 지켰다. 이 이야기에서 동물보다 더 잔인하고 약속을 지키지 않는 인간보다 구렁이가 훨씬 더 인간적이고 훌륭하다는 생각이 드는 것은 왜일까?

이 외에도 선조들은 뱀을 우리의 삶을 지켜주는 업 신앙의 대상으로 여겨왔다. 업 신앙이란 두꺼비, 지네 같은 동물이 가정을 지키는 수호신이라고 믿는 것인데, 대표적 동물이 구렁이다. 선조들은 구렁이가 집 주변에 나타나면 큰비가 온다고 믿었고, 추녀 근처나 집안에 구렁이가 나타나면 가족 중 누군가에게 좋지 않은 일이 생긴다고 보았다. 특히 구렁이가 대들보에서 죽으면 업이 나간 것으로 보아 집안이 곧 망한다고 생각했다. 그래서 집에서 구렁이가 나오면 그 집의 업이 나왔다고 하여, 절대로 다른 곳으로 나가지 못하도록 막았다.

이처럼 우리 선조들의 삶에서 뱀은 빼놓을 수 없는 동물이었다. 인간의 탐욕이나 잘못을 뱀에 빗대어 꾸짖었고, 우리의 삶을 지켜주는 수호신으로 신성시하고 중요하게 여겼다. 그러나 현대에 들어서면서 기독교의 영향으로 뱀의 좋은 이미지는 사라지고, 사악한 이미지만 남았다. 더욱이 우리의 정서를 더는 뱀에 투영시키지 않는다. 단지 뱀은 인간과 공존할 수 없는 동물이며 사라져야 할 대상으로 여길 뿐이다. 또한 뱀을 신성시하는 마음은 사라지고, 정력을 강화하는 보양식으로만 생각하는 일부 사람들로 인해 무차별적 포획이 이루어지고 있다.

옛이야기의 주인공으로 가장 많이 거론되는 구렁이는 일반 뱀보다 큰 몸통을 가지고 있지만, 성질이 온순하면서 움직임이 느리다. 구렁이의 주 서식지가 인가의 돌담이나 밭둑의 돌 틈이었으며,

농가의 퇴비 속에 알을 낳았기에 1950년대까지만 하더라도 구렁이를 일반 가옥 주변에서 쉽게 만날 수 있었다. 사람들은 자주 마주치게 되는 구렁이를 업 신앙의 대상으로 생각하여 잘 잡지도 않았지만, 실제로도 사람에게 피해를 주는 쥐와 참새를 잡아먹는 유익한 동물이었다.

그러나 1960년대 이후 구렁이가 정력에 좋다는 말이 떠돌자 무분별하게 포획되어 현재는 멸종 위기에 처했다. 구렁이만이 아니다. 유혈목이, 살모사, 누룩뱀 등이 포획 금지종 또는 멸종 위기종으로 지정되었다. 그런데도 무차별적인 포획은 그치지 않고 있다. 심지어 사람들의 왕래가 불가능한 민통선까지 밀렵꾼들이 들어가 뱀을 불법적으로 포획하고 있다.

특히 뱀이 겨울잠을 준비하는 기간이 되면 밀렵꾼들은 농수로에 3~4m 간격으로 통발을 설치하여 뱀을 포획한 뒤 건강원 등에 판매하고 있다. 이는 밀렵꾼만의 잘못이 아니다. 불법임을 알면서도 자신의 탐욕을 채우기 위해 밀렵꾼에게 많은 돈을 건네고 뱀을 사는 사람들에게도 책임이 있다. 이들로 인해 우리나라 생태계의 균형은 급속도로 무너지고 있다.

다시 정리해 보면 우리나라에서 뱀은 나쁜 존재로만 인식되지 않았다. 집안을 지키는 수호신이면서, 살아가는 동안 겪는 어려움과 아픔을 대변하는 역할을 해왔다. 선조들은 내비치기 어려운 한을 뱀을 통해 풀었고, 인간으로서 지켜야 할 도리를 어길 경우에는 뱀을 통해 경각심을 심어주며 스스로 경계하기를 바랐다. 그러나 서구 문물이 들어오고, 과거의 전통이 무너지면서 뱀은 불필요한 존재를 넘어 유해한 존재가 되었다. 더불어 인간과 절대 공존할 수 없는 동물이라는 인식이 자리를 잡았다.

　윤안인처럼 권력과 부만 좇는 이기적인 사람을 꾸짖는 도구로 뱀을 활용하던 조선시대가 지금보다 나아보이는 것은 왜일까? 뱀은 살아가는 데 필요한 최소한의 먹이만 먹는다. 불필요한 살생을 하지 않고 절제하는 미덕을 가지고 있다. 또한 뱀은 사람을 먼저 물지 않는다. 사람은 물론이고 자신보다 큰 동물을 만나면 먼저 도망간다. 뱀이 사람을 무는 것은 더는 도망갈 곳이 없어 막다른 궁지에 몰렸을 때이다. 즉, 뱀이 사람을 무는 것은 성품이 못돼서가 아니라 살아남기 위해 마지막 방어를 하는 것이다. 이처럼 순하고 절제를 하는 뱀을 선입견과 편견으로 무턱대고 미워하는 것이 과연 옳은 일일까? 과거 우리의 선조들처럼 뱀을 인간과 공존하는 동물로 인식하고, 앞으로 우리의 정서와 이야기를 담는 소재로 활용하기를 기대해 본다.

몸은 하나,
머리는 둘 달린 괴물

漢城府啓: "中部貞善坊居私奴叔孫妻守永, 今月初四日産女, 一身兩頭, 各有耳目口鼻, 産後母與女俱死." 傳于政院曰: "以古事及《文獻通考》觀之, 未有若此之怪. 雖則或有兩頭兩足之怪, 安有人而如此者乎? 況於京城之內有之, 尤爲駭愕. 令弘文館博考以啓. 自上考之, 則漢 平帝 元始元年六月, 長安女子生兒, 兩頭異頸, 面相向, 四臂共胸, 俱前向, 此則相似矣. 今物怪兩頭相向與否, 令當部官員更檢以啓." 政院問而回啓曰: "兩頸兩頭, 並存於一體之上, 耳目口鼻, 則兩頭各有之." 答曰: "知道."

한성부가 아뢰기를,

"중부中部 정선방貞善坊에 사는 사노私奴 숙손叔孫의 아내 수영守永이 이달 4일에 딸을 낳았는데, 머리가 둘이었고 각각 귀·눈·입·코가 있었으며, 낳은 뒤에 어미와 딸이 모두 죽었습니다." 하니,

정원에 전교하기를,

"옛일과 《문헌통고文獻通考》를 보아도 이와 같은 괴물이 없었다. 닭은 혹 두 머리에 두 발인 괴물이 있으나, 어찌 사람으로서 이러한 것이 있겠는가. 더구나 서울에 이런 일이 있으니, 더욱 놀랍다. 홍문관에게 널리 살펴서 아뢰게 하라. 내가 살펴보건대, 한 평제漢平帝 원시元始 원년 6월에 장안長安의 여자가 아이를 낳았는데, 목 둘에 두 머리가 달리고 얼굴을 서로 마주하고 네 팔은 가슴과 한가지로 모두 앞을 향하였다고 하였으니, 이것과 서로 닮았다. 이번 괴물의 두 머리가 마주하였는지, 그 부部의 관원을 시켜 다시 살펴서 아뢰라." 하였다.

정원이 물어서 회계하기를, "두 목과 두 머리가 나란히 한 몸 위에 있고 눈·코·입·귀는 두 머리에 각각 있습니다." 하니, 알았다고 답하였다.

– 중종실록 101권, 중종 38년(1543년) 9월 8일 기유 2번째 기사

중종 38년(1543년) 한양을 통괄하는 한성부에서 노비 숙손의 아내가 머리가 2개 달린 여자 괴물을 낳았는데, 얼마 지나지 않아 어미와 딸 모두 죽었다는 보고를 올렸다. 이 소식에 조선 정부는 기이한 모습을 가진 동물이 있다는 소식을 접한 적은 있으나, 1개의 몸에 2개의 머리가 붙은 인간이 있다는 이야기는 들어본 적이 없다며 깜짝 놀란다. 그러면서도 중국 한나라 평제 때 2개의 머리를 가진 아이가 태어난 일이 있었다며, 좀 더 자세하게 조사할 것을 지시했다. 오늘날 우리는 숙손의 아내가 괴물을 낳은 것이 아니라 샴쌍둥이를 낳았다는 사실을 쉽게 알 수 있다. 그러면서도 중종 이전에는 샴쌍둥이가 한 번도 태어난 적이 없었는지 의문이 든다. 샴쌍둥이를 본 일이 없어서 조선 정부가 이토록 놀란 것일까?

　　샴쌍둥이란 몸 일부가 붙어서 태어나는 일란성쌍둥이를 말한다. 수정란이 완전히 분리되지 않는 경우에 발생하는데, 신생아 20만 명당 1명의 확률로 나타난다고 알려져 있다. 샴쌍둥이는 크게 머리와 가슴이 하나이며, 머리 양쪽에 얼굴이 있는 야누스체(Janus體)와 팔 2~3개, 머리 2개가 있는 이두체(二頭體)로 구분된다. 두 유형 모두 보통 사람보다 일찍 죽는다는 공통점이 있다. 특히 의학 기술이 발달하지 않았던 과거에는 샴쌍둥이가 태어나면 얼마 살지 못하고 죽는 경우가 허다했다. 부모를 비롯한 가족도 다른 사람의 이목을 피하고자 샴쌍둥이를 빨리 매장하려고 해서 세상에 알려지지 않고 감춰지는 경우가 많았다.

샴쌍둥이 어원이 된 창과 엥 형제

그렇다면 샴쌍둥이가 세상에 공식적으로 알려진 것은 언제일까? 이 질문에 대한 정답은 샴쌍둥이 영문명에 있다. 샴쌍둥이의 영문명은 'Siamese twins'이다. 'Siamese'는 태국의 옛 이름인 시암(Siam)에서 온 것이고, 'Siamese twins'은 태국에서 태어나 세상에 존재를 알린 창과 엥 형제를 뜻한다.

1811년 태국에서 창과 엥 형제는 가슴과 허리 부위가 붙어서 태어났다. 당시 태국 왕 라마 2세는 괴이하게 태어난 이들의 모습에 사형 선고를 내렸지만, 어머니의 노력으로 형제는 운 좋게 살아남았다. 이들은 어렸을 적 부모를 도와 농사를 지으며 평범하게 생활했는데, 일반 아이들처럼 달리기나 수영을 잘했다고 한다. 키도 157cm로 당시 성인 남자의 평균 키와 비교했을 때, 그리 작은 편이 아니었다.

창과 엥 형제는 1829년 강변에서 놀다가 돈을 많이 벌 수 있게 해준다는 영국 상인의 제의를 받고 미국 뉴욕으로 넘어갔다. 서커스단에서 공연하던 형제는 영국 상인의 말대로 큰 인기를 얻으면서 많은 돈을 모았다. 세계를 누비며 공연을 하던 이들은 마침내 미국 시민권을 획득하여 노스캐롤라이나주의 한 농촌 마을에 정착했다. 이들은 이곳에서 친자매인 애들레이드 예이츠와 사라 예이츠와 결혼하면서, 평범한 듯 평범하지 않은 삶을 살았다.

샴쌍둥이 창과 엥 형제는 결혼 초창기에는 한집에서 같이 살았다. 그러나 서로의 아내가 자주 다투자, 결국 분리하여 각자의 집에서 3일씩 머물렀다. 이후 창은 10명, 엥은 11명의 자녀를 낳았다. 대가족을 이루었던 형제는 평생 붙어다니며 살아왔던 것처럼 죽음도 같이 했다. 1874년 창이 죽고 3시간 뒤에 엥도 숨을 거두었다. 창이 죽으면서 생긴 독성 물질이 엥의 간에 부담을 준 것이 사인이었다. 이후 전 세계 사람들은 몸이 붙어 태어나는 일란성쌍둥이를 이들 형제의 출신을 따서 샴쌍둥이라 부르게 되었다.

태국 출신의 샴쌍둥이 형제가 의학 기술의 도움 없이 오래 살아남는 것은 거의 기적에 가까운 일이었다. 건강하게 태어나 살아가는 것도 어려운 일이지만, 타인에 의해 죽는 경우가 훨씬 많았기 때문이다. 동서양을 떠나서 샴쌍둥이는 부정적인 이미지로 인해 늘 고통을 당하며 살았다. 중국에서는 샴쌍둥이는 잘못을 저지르는 인간 세상을 향한 하늘의 경고로 여겼다.

그렇다면 우리나라에서 샴쌍둥이에 대해 최초로 기록한 것은 언제일까? 《삼국사기》에 따르면 우리나라의 가장 오래된 샴쌍둥이에 대한 기록은 고구려 보장왕 7년(647년)으로, 고구려 왕도의 여인이 몸 1개에 머리가 2개 달린 아들을 낳았다고 한다. 그 다음은 통일신라 헌덕왕 17년(825년) 때로, 무진주 마미지현에서 사는 여인이 머리와 몸이 2개이고 팔이 4개인 아이를 낳았다고 기록하고 있다.

그렇다면 중종 이전에 몸 일부가 붙어있는 샴쌍둥이가 태어났고, 역사를 공부한 관료들은 책을 통해 알고 있었다고 해석할 수 있다. 그런데 조선 조정은 원나라 학자 마단림(馬端臨)이 1319년에 간행한《문헌통고》를 거론하며 샴쌍둥이가 이전에는 없던 괴물이라고 표현했다. 관료들은 왜 한나라 평제 때 태어난 샴쌍둥이를 들먹이며 앞뒤가 맞지 않는 말을 했을까? 이것은 당시 사람들의 샴쌍둥이에 대한 기본적인 인식이 매우 부정적이었기 때문이다.

한나라 평제(BC 9~AD 6)는 9살에 황제로 즉위한 인물이다. 평제는 어린 나이에 왕으로 즉위한 만큼 아무런 실권이 없는 허수아비 왕이었다. 모든 나랏일은 신하였던 왕망이 운영하고 결정했다. 평제는 왕망의 딸을 황후로 맞이하며 간신히 보위를 지키는 듯싶었지만, 결국 왕망에게 독살당해 죽는다. 마단림은 평제의 죽음을 샴쌍둥이와 연관시켰다. 평제 원년에 샴쌍둥이가 태어난 일은 하늘이 한나라의 멸망을 예고한 것이라 해석한 것이었다. 이런 역사적 배경을 알던 중종은 한성에서 태어난 샴쌍둥이 소식을 경계하며 더욱 철저하게 조사할 것을 지시했다.

특히나 중종 때에는 수탉이 암탉으로 변하거나, 다리가 6개 달린 송아지가 태어나는 등 기이한 일이 유독 많이 일어났다. 신하들은 이를 두고 중종이 부덕하고 정치를 잘못하기 때문이라고 몰아붙였다. 그리고 그때마다 정치에 큰 변곡점이 생겼다. 예를 들어 조광조가 등용되어 훈구파를 몰아세우거나, 조광조를 비롯한 사림이 제거되는 기묘사화가 일어날 때마다 기형적인 동물이 태어났다. 그런데 이번에는 동물도 아닌 사람에게서 기형적인 모습이 등장했으니, 중종과 조정 관료들이 긴장하지 않을 수 없었다. 그러나 중종은 샴쌍둥이가 태어난 것을 크게 문제 삼지 않고 진상을 다시 조사하라고 지시하는 것으로 서둘러 마무리 지었다. 하지만 정말 우연의 일치인지 헷갈릴 만한 일이 다음 해에 일어났다. 1544년 중종이 승하한 것이었다. 물론 샴쌍둥이의 탄생과 중종의 죽음이 우연의 일치이고, 억지로 꿰어 맞춘 궤변이라 생각할 수 있다.

이후에도 《조선왕조실록》에는 샴쌍둥이에 대한 기록이 여럿 나오지만, 중종 때처럼 괴물로 표현되지는 않는다. 단지 태어난 모습을 담담하게 기록할 뿐이었다.

"민간에서 어느 여인이 아이를 낳았는데, 머리는 하나이고 귀·눈·코·머리털을 갖추었으나, 몸체는 둘이어서, 어깨·팔이 넷이고 손에는 각각 손가락 마디와 손톱을 갖추었고 다리가 넷에 발에는 각각 발가락 마디와 발톱을 갖추었으니, 각각 음문(陰門)·항문과 양 볼기가 있는데 계집아이였다. 이것은 사람의 이변이니, 홍문관을 시켜 전사(前史)를 살펴서 아뢰라."

– 명종 13년(1558년) 4월 10일

명종 13년(1558년)은 중종 때 샴쌍둥이가 태어난 지 불과 15년밖에 지나지 않은 시점이지만, 괴물이라는 표현 대신 이변이란 말만 사용했다. 이변(異變)이란 예상하지 못한 사태, 또는 괴이한 변고라는 의미로, 샴쌍둥이의 탄생을 더는 인간 세상에 대한 하늘의 경고로 연관시키지 않았음을 보여준다.

"파주(坡州)의 양녀(良女) 고금(古今)이, 머리와 얼굴은 하나에 눈이 넷, 귀가 넷, 코가 둘, 입이 둘, 손이 넷, 발이 넷, 그리고 자지가 둘, 불알도 둘인 아이를 낳았는데 낳자마자 죽은 일이 있었다."

— 선조 16년(1583년) 7월 29일

"호서 예산(禮山) 고을에서 여인이 아들을 낳았는데, 몸은 하나에 머리가 둘이고 손과 발이 넷씩이어서 감사 이진이 치계하여 알려왔다."

— 현종 즉위년(1659년) 6월 7일

위의 《조선왕조실록》 기록처럼 조선은 샴쌍둥이의 출생 대부분을 어떤 사견없이 태어난 모습만을 있는 그대로 기록하였다. 샴쌍둥이에 대해 부정적인 의식을 가지고 의견을 첨부하지 않은 것은 태국의 왕이 창과 엥 형제에게 사형선고를 내린 것과 비교해 보아도 조선이 이성적이고 합리적 시각으로 샴쌍둥이를 바라봤음을 보여준다. 또한 이를 바탕으로 유추해 볼 때, 조선시대 사람들은 샴쌍둥이만이 아니라 장애가 있는 사람들을 편견 없이 바라보며 함께 살아갔음을 알게 해준다.

다행히 오늘날에는 많은 국가에서 샴쌍둥이에 대한 인식이 개선되었고, 의학 기술의 발달로 생존율도 매우 높아졌다. 한 예로 미국 미네소타의 샴쌍둥이인 애비게일과 브리트니 자매는 1조 분의 1이라는 확률로 몸 하나에 2개의 머리를 가지고 태어났다. 왼쪽 머리인 브리트니가 왼쪽 팔과 다리를, 오른쪽 머리인 애비게일은 오른팔과 다리를 움직이며 생활한다. 하나의 몸을 나누어 움직여야 하는 제약에도 불구하고, 이들은 당당하게 운전면허를 취득했다. 자동차 운전에 있어서도 애비게일이 액셀과 브레이크 페달을 담당하고, 브리트니가 방향지시등을 조작하는 등 쉽지 않은 일이지만 자매는 보란 듯이 해냈다. 운전면허를 취득한 자매도 대단하지만, 더 놀라운 것은 미국이 이 자매에게 운전면허 자격증을 준 사실이다. 장애인에 대한 편견을 갖지 않고 있기에 가능한 일이다.

샴쌍둥이 자매의 성장은 여기서 끝나지 않았다. 둘은 대학을 졸업하고 한 초등학교의 수학 선생님이 되었다. 흔하지 않은 샴쌍둥이인 만큼 어린 자녀를 가진 부모들의 반대가 심했을 것으로 생각하겠지만, 자매는 별다른 반대 없이 교사가 되어 현재 아이들과 학교에서 생활하고 있다. 어린아이들도 편견 없이 자매를 선생님으로 존경하고 따르고 있다.

과거 조선은 장애인에 대한 처우가 좋았다. 세종실록의 기록을 보면 세종 13년 관현악을 연주하는 맹인들에게 콩 한 섬을 더 주었고, 세종 24년에는 맹인 김성길이 사람을 죽였으나, 불치의 병이 있다는 이유로 사형을 감면시켜주었다. 이처럼 장애인에게 일자리를 제공하고, 각종 처우 개선을 위해 노력했던 자랑스러운 역사를 가진 우리 사회는 현재 샴쌍둥이를 비롯한 장애인을 바라보는 시선에 과연 몇 점을 줄 수 있을까? 아마도 높은 점수를 받기 어려울 것이라는 답변에 많은 사람이 고개를 끄덕일 것으로 생각된다. 아무 이유도 없이 장애인을 곱지 않은 시선으로 바라보고 있는 것은 아닌지 우리 스스로 되돌아볼 필요가 있다. 장애인은 단지 우리와 다르게 태어났을 뿐이라는 생각을 바탕으로 아무 편견 없이 바라보는 인식의 변화가 절실하다. 이와 함께 장애인에 대한 정부의 지원도 시급하다.

2014년 MBC 〈휴먼다큐 사랑〉이라는 프로그램에서 '말괄량이 샴쌍둥이' 편이 방영되었다. 캐나다 브리티시컬럼비아주 버논에 거주하는 크리스타, 타티아나 호건 자매는 머리가 붙어서 태어났지만, 늘 밝은 모습을 잃지 않는다. 자매가 밝게 자랄 수 있었던 배경에는 어머니의 엄청난 희생과 정부의 지원이 있었다. 배 속의 태아가 샴쌍둥이라는 사실을 알게 된 21살의 어린 어머니 펠리시아 호건은 낙태를 거부하고, 남편과 함께 의료 지원이 가능한 밴쿠버로 향했다. 그녀는 그곳에서 의사 17명의 도움을 받아 2006년 두 아이를 출산했다.

호건 자매는 하나의 뇌를 공유하기에 남들과 달리 함께 맛을 느끼고, 시각을 공유한다. 편중된 뇌로 인해 심장이 너무 빨리 뛰는 부작용을 제거하기 위해 수술을 받는 등 자매에게 위험한 순간이 늘 따라다녔다. 그러나 어머니 펠리시아 호건은 두 아이의 생명이 언제 끝날지 모른다는 불안감 대신, 두 딸과 함께하는 순간을 행복으로 느끼며 생활한다. 물론 펠리시아 호건의 긍정적인 태도 덕분에 가능한 생활이었지만, 캐나다 정부의 지원도 빼놓을 수 없다. 캐나다 정부는 샴쌍둥이 출산과 이후의 막대한 수술 비용, 그리고 성장하는 데 필요한 약과 보조 기구 등을 지원해주고 있다. 이것이 가능한 배경은 모든 생명이 소중하다는 인식을 공유하며, 국가의 지원을 응원한 캐나다의 성숙한 시민 의식에 있다.

이제는 우리도 샴쌍둥이를 나의 삶과 상관없는 사람들로 생각하거나, 부정적으로 인식하는 시대는 끝내야 한다. 과거 조선시대는 다른 국가들보다 장애인을 동등한 인격체로 대하고, 각종 지원을 아끼지 않았다. 그러나 지금은 어떠한가? 과거보다 나아졌다고 말할 수 있을까? "그래도 몇 년 전보다 나아지고 있어"라고 에둘러 말하기보다는 다른 나라가 부러워할 정도로 장애인을 존중하는 풍토를 갖추는 것이 시급하다. 미래의 우리 후손들이 대한민국을 자랑스러워할 수 있도록 말이다.

일본군을 물리친
귀신 군대

賊陷京城, 都檢察使李陽元, 都元帥金命元, 副元帥申恪, 皆走。先是, 賊至
忠州, 潛遣銳卒, 扮作我軍貌樣, 入京城。偵知西幸已決, 遂分道進兵, 一軍
由陽智、龍仁, 趨漢江, 一軍由驪州、利川, 趨龍津。賊數騎至漢江南岸,
戲作浮渡之狀, 諸將色變, 命左右鞍其馬, 衆遂潰。李陽元等棄城走, 金命
元、申恪等各自逃散, 京城遂空。賊到興仁門外, 見開門撤備, 疑不敢入, 先
遣兵數十人, 入城探視數十番, 至鍾樓, 明知其無一箇軍兵, 然後乃入, 其足
盡繭, 十寸僅步云矣。時, 宮闕盡爲焚燒, 倭大將平秀家, 率其衆, 入處宗廟,
每夜有神兵擊之, 賊輒驚駭, 以劍相擊殺, 多有喪明者, 亦多死者。秀家不得
已, 移屯南別宮。此殆與漢 高廟之靈, 示威於王莽無異也。

적이 경성을 함락시키니 도검찰사都檢察使 이양원, 도원수 김명원, 부
원수 신각申恪이 모두 달아났다. 이에 앞서 적들이 충주忠州에 도착하
여 정예병을 아군처럼 꾸며 경성京城으로 잠입시켰다. 왕의 파천이 이
미 결정되었음을 염탐한 뒤에 드디어 두 갈래로 나눠 진격하였으니,
일군一軍은 양지陽智·용인龍仁을 거쳐 한강으로 들어오고 나머지 일군
은 여주驪州·이천利川을 거쳐 용진龍津으로 들어왔다.

적의 기병騎兵 두어 명이 한강 남쪽 언덕에 도착하여 장난삼아 헤엄쳐
건너는 시늉을 하자 우리의 장수들은 얼굴빛을 잃고 부하들을 시켜
말에 안장을 얹도록 명하니 군사들이 다 붕괴하였다. 이양원 등은 성
을 버리고 달아났고, 김명원·신각 등은 뿔뿔이 흩어져 도망하였으므
로 경성이 텅 비게 되었다. 적이 흥인문興仁門 밖에 이르러서 문이 활

짝 열려 있고 시설이 모두 철거된 것을 보고 의심쩍어 선뜻 들어오지 못하다가 먼저 십수 명의 군사를 뽑아 입성시킨 뒤 수십 번을 탐지하고 종루鍾樓에까지 이르러 군병 한 사람도 없음을 확인한 뒤에 입성하였는데, 발들이 죄다 부르터서 걸음을 겨우 옮기는 형편이었다고 한다.

이때 궁궐은 모두 불탔으므로 왜적 대장 평수가平秀家는 무리를 이끌고 종묘宗廟로 들어갔는데, 밤마다 신병神兵이 나타나 공격하는 바람에 적들은 경동驚動하여 서로 칼로 치다가 시력을 잃은 자가 많았고 죽은 자도 많았었다. 그래서 수가秀家는 할 수 없이 남별궁南別宮으로 옮겼다. 이것은 한 고조漢高祖의 영혼이 왕망王莽에게 위엄을 보인 것과 다를 바가 없다.

- 선조실록 26권, 선조 25년(1592년) 5월 3일 임술 9번째 기사

임진왜란 초기의 조선은 저항다운 저항 한번 없이 일본군에게 한성으로 오는 길을 내주었다. 일본군은 선조 25년(1592년) 4월 13일 부산에 상륙한 이후 제대로 된 전투도 치르지 않고 보름 만에 조선의 수도 한성을 점령했다. 반면 조선의 국왕 선조를 비롯한 위정자들은 자신들의 목숨을 부지하기 위해 백성들을 버리고 야반도주했다. 왕이 도망치는 판국에 관찰사와 수령이 일본군에 맞서 싸우기를 기대하는 것은 어려운 일이었다. 일본군에 두려움을 느낀 장수와 병사들이 어디론가 사라져버렸다는 말만 여기저기서 들려올 뿐이었다.

그때마다 백성들은 불안하고 초조했다. 어느 위정자도 자신들을 지켜줄 생각이 없어 보였기 때문이었다. 아니 보호해 달라고 말하고 싶어도 그들이 어디 있는지조차 알 수 없었다. 그러던 차에 일본군이 패배했다는 소식이 들려왔다. 그것도 한성의 가장 중심부에서 아군의 피해는 1명도 없이 일본군을 내쫓았다는 것이었다. 도대체 어떻게 된 일이었을까?

선조실록은 종묘에 들어온 일본군을 내쫓은 것이 신병(神兵)이라고 설명하고 있다. 임진왜란에서 공식적인 첫 승리는 5월 7일, 이순신이 이끄는 조선 수군이 일본 함대를 무찌른 옥포 해전이다. 그러나 이보다 이른 5월 3일, 종묘에 주둔하고 있던 일본군 총사령관 우키타 히데이에(1572~1655)를 상대로 신병이 전투를 벌여 일본군을 남별궁으로 쫓아냈다고 하니 매우 중요한 사건이 아닐 수 없다. 조선의 첫 승리이면서 일본군 총사령관에게 첫 패배를 안겼다는 점에서 매우 특별한 사건이었다. 그러나 일본군을 상대로 승리한 주체가 신병, 즉 귀신으로 이루어진 군대라는 점에서 과연 믿을 수 있는 이야기인지 고민하게 된다.

이를 알기 위해서는 우선 임진왜란 초기의 조선이 일본군을 상대로 연전연패했던 원인이 무엇인지를 살펴볼 필요가 있다. 조선은 16세기 이후 사화와 당쟁으로 정치와 경제가 정상적으로 운영되지 않으면서 국방도 무너졌다. 훈구파의 부정부패로 백성의 삶이 파탄 난 상황에서도 위정자들은 백성의 삶을 외면한 채 권력을 장악하기 위한 당쟁만 일삼았다.

나라와 백성을 생각지 않는 위정자들로 인해 삶의 기반이 무너진 백성들은 생계유지를 위해 다른 사람에게 군역을 떠넘기는 대립제와 방군수포제를 선택할 수밖에 없었다. 이로 인해 적군이 쳐들어왔을 때 싸울 수 있는 조선의 병력은 얼마 되지 않았다. 군인이 없으니 각 고을이 독자적으로 병력을 모아 적군을 맞아 싸우는 진관체제는 무용지물이었다. 궁여지책으로 정부는 전쟁이 일어나면 각 읍의 수령들이 군사를 이끌고 지정된 장소로 집결한 뒤, 중앙에서 파견한 병·수사가 군대를 지휘하는 제승방략을 조선 중기부터 운영하였다.

그러나 막상 임진왜란 당시 대규모의 일본군이 조선에 상륙하자, 제승방략도 제대로 운영되지 않았다. 각 고을의 수령과 병·수사는 군대를 모집하여 약속된 장소로 가기보다는 제 살길을 찾아 도망치기에 바빴기 때문이다. 대표적으로 여진족 이탕개를 상대로 승리를 거둔 적이 있던 이일은 경상도 상주에서 일본군을 만나자마자 모든 것을 내팽개치고 도망쳤다. 종사관이던 윤섬이 도망치는 이일을 향해 "국은이 망극한데 싸우지도 않고 도망치느냐? 남자가 절개를 지키고 의를 위해 죽어야지."라고 꾸짖으며 부끄러워할 정도였다. 도망치는 장수는 이일만이 아니었다. 경상우도 수군절도사였던 원균은 일본군이 몰려오자 자신이 타고 갈 병선을 제외한 나머지를 모두 바다에 수장하고 도망치기에 바빴다.

제승방략으로 그나마 모은 오합지졸을 데리고 조선을 지키고자 한 신립(1546~1592) 장군은 험준한 조령에서 일본군의 진격을 막자는 김여물의 주장을 거절했다. 여진족을 상대로 큰 승리를 여러 번 거두었던 신립은 병졸이 탈영하는 것을 막으면서 결사 항전할 장소로 충주 탄금대를 선택하고 일본군에 맞서 싸웠다. 하지만 일본군이 가진 조총의 위력은 대단했고, 밤새 내린 비로 진흙탕이 된 탄금대에서 조선 기마병의 기동력이 봉쇄되면서 결국 일본군에 패배하고 말았다.

선조는 믿었던 신립 장군마저 패배했다는 소식에 일본군을 피해 안전한 곳으로 떠날 준비를 했다. 그러면서 우의정 이양원을 수성 대장으로 삼은 뒤 이전을 좌위장, 변언수를 우위장, 박충간을 순검사로 임명하여 한성을 지키게 하였다. 도원수로는 김명원, 부원수에는 신각을 임명하여 한강을 지키도록 하였다. 그러나 왕부터 도망갈 준비를 하는데, 한강과 한성을 지켜야 하는 관료와 병사들이 제자리에 있을 리 없었다. 수성 대장 이양원과 도원수 김명원이 왜군이 도착하기도 전에 자리에서 이탈하자, 남아있던 7,000여

명의 병졸도 각자 제 목숨을 부지하기 위해 전장에서 도망쳤다. 오로지 부원수 신각(?~1592)만이 흩어진 병사를 수습하여 양주 해유령에서 일본군을 상대로 승리를 거두었을 뿐이다. 신각의 승리는 지상에서 거둔 조선군의 첫 승리였지만, 명령을 따르지 않고 군대를 이탈했다고 도원수 김명원이 잘못된 보고를 하는 바람에 신각은 처형당하고 말았다.

반면 일본군 총사령관 우키타 히데이에가 이끄는 20만여 명의 군인들은 두 갈래로 나누어 한성으로 진격했다. 한 무리는 양지와 용인을 거쳐 한강으로 들어오고, 나머지 군대는 여주와 이천을 거쳐 용진으로 올라왔다. 한강 남쪽 언덕에 도착한 일본군이 조선군의 방비 상태를 떠보기 위해 거짓으로 헤엄쳐 건너려 하자, 한성과 한강 방어를 맡은 장수와 병졸은 싸울 생각도 하지 못한 채 겁을 먹고 뿔뿔이 흩어져 버렸다.

일본군은 조선군이 싸우지도 않고 물러나는 것을 보고 함정이 아닐까 우려했다. 하지만 한성으로 들어가는 관문인 홍인문 가까이에 도달할 때까지 조선의 병사는 어디에도 보이지 않았다. 오히려 일본군에게 들어오라는 듯 홍인문이 활짝 열려 있었다. 자신들을 성내로 끌어들인 뒤 일시에 포위하여 섬멸하려는 조선군의 작전이라 생각한 일본군은 우선 십수 명의 군사를 뽑아 한성 곳곳을 살펴보았다. 선발대가 한성의 가장 중심부인 종루까지 들어와도 조선군은 1명도 보이지 않았다. 그제야 조선군이 모두 도망갔음을 확인하고 안심한 일본군은 한성으로 무혈입성하였다.

당시 일본군은 400km에 가까운 길을 보름이라는 짧은 시간 동안 무장한 채 걸어왔기에 몸 상태가 좋지 않았다. 부르튼 발로 인해 간신히 거동하는 자가 많을 정도로 일본군 내에는 싸울 수 없는 병졸이 많았다. 만약 왕이 도망가지 않고, 한성과 한강의 수비를 맡은 장수와 병졸이 죽기 살기로 일본군에 맞서 싸웠다면 어땠을까? 왕이 백성을 절대 버리지 않는다는 믿음을 갖게 된 관군과 의병이 한성으로 올라왔다면, 오히려 일본군을 포위하여 섬멸함으로써 임진왜란은 쉽게 끝났을지도 모른다.

더욱이 한성에 입성한 일본군 총사령관 우키타 히데이에는 불과 20살에 불과한 어린 장수였다. 100년간의 전국 시대를 거치면서 일본에도 뛰어난 명장이 많았을 텐데, 약관에 불과한 우키타 히데이에가 총사령관이자 제8군 사령관이 될 수 있었던 이유는 무엇이었을까? 큰 이유는 도요토미 히데요시가 일본 비젠 지역을 영지로 삼은 우키타 히데이에를 양자로 삼을 정도로 매우 총애했기 때문이다.

우키타 히데이에가 도요토미 히데요시와 인연을 맺게 된 것은 그의 아버지 우키타 나오이에가 죽기 직전 아내와 10살 된 아들을 도요토미 히데요시에게 돌봐 달라고 부탁하면서다. 이에 도요토미 히데요시는 우키타 나오이에의 청을 받아들여 그의 부인을 자신의 첩으로 삼고, 우키타 히데이에는 양자로 삼았다. 도요토미 히데요시가 우키타 히데이에를 얼마나 아꼈는지, 자신의 이름 중 '히데(秀)'를 사용하도록 허락해줄 정도였다. 도요토미 히데요시는 여기에 그치지 않고 자신의 양녀를 우키타 히데이에의 아내로 주면서, 모든 이들에게 우키타 히데이에를 자신이 얼마나 사랑하는지 보여주었다. 우키타 히데이에도 도요토미 히데요시의 신임과 총애에 어긋나지 않게 기슈, 시코쿠, 규슈 정벌에 참여하여 큰 공을 세우며 보답했다.

이후 어린 나이에 일본군 총사령관이 되어 조선에 들어온 우키타 히데이에는 보름도 안 되는 짧은 시간에 조선의 수도 한성에 입성할 생각에 입꼬리가 올라갔다. 조선의 왕 선조를 잡아 항복만 받으면, 도요토미 히데요시에게 공로를 인정받아 막강한 권력과 부를 갖게 된다는 생각에 기뻤다. 하지만 한성에 입성한 지 얼마 지나지 않아 그는 좌절하고 분노했다. 전쟁에 지면 깨끗이 항복하고 할복자살하는 일본과는 달리 조선의 왕은 백성을 버리고 도망가 버렸다. 우키타 히데이에는 조선 왕의 행동을 도무지 이해할 수 없었다. 그러나 가장 큰 문제는 다시 북으로 올라가서 조선 왕을 잡아야 한다는 중압감이었다.

선조가 사라진 것에 화가 난 우키타 히데이에는 분풀이로 조선 왕이 머물던 궁궐을 모조리 불태워 버렸다. (일설에는 선조가 도망간 것에 화가 난 백성들이 궁궐을 불태웠다는 말도 전해진다) 그리고 도망친 선조가 죄책감을 느끼도록 왕릉을 파헤치고 도굴하는 만행도 저질렀다. 또한 선조가 선왕들의 위패를 가지고 도망갔다는 말에 보란 듯이 종묘에 군대를 주둔시키며, 온갖 모욕을 주고자 노력했다. 조선이 효를 가장 중요한 개념으로 여기는 나라인 만큼, 선조가 더는 불효를 저지르지 않기 위해 한성으로 되돌아올 것이라 믿었다.

하지만 선조는 우키타 히데이에의 예상 범주에서 벗어난 인물이었다. 선조가 자신의 잘못은 아랫사람에게 자연스럽게 떠넘기고, 공로는 혼자서 독차지하는 소인배라는 사실을 우키타 히데이에는 알지 못했다. 이 당시 선조는 우키타 히데이에의 만행에 복수를 다짐하기는커녕, 제 목숨만 구하기 위해 명나라로 망명할 준비를 하고 있었다.

오히려 우키타 히데이에가 궁궐을 불태우고 왕릉을 파헤치며 성스러운 종묘를 군대 숙소로 사용한 것에 대한 반발이 예상치 못한 곳에서 나왔다. 낮에는 보이지 않던 존재가 밤만 되면 어디선가 불쑥 나타나 일본군을 공격하였다. 귀신으로 이루어진 병졸, 즉 신병은 일본군이 쏜 조총의 탄환에 맞아도 상처 하나 입지 않았고, 칼로 몸이 베어져도 곧 다시 붙었다. 일본군이 종묘에 등장한 신병을 향해 쏜 탄환은 건너편의 일본군을 맞추어 다치게 하거나 죽게 했다. 신병에게 어떠한 공격도 통하지 않자 두려워진 일본군은 눈을 감고 칼을 마구 휘둘렀다. 이로 인해 자신들이 휘두른 칼에 맞아 상처를 입거나 죽는 일본군이 늘어만 갔다.

우키타 히데이에는 부하들이 보고하는 신병의 존재를 처음에는 믿지 않았다. 애꿎은 부하 장수만 닦달하며 신병을 잡아 정체를 밝혀내라고 연신 독촉하였다. 그는 20살의 젊은 장수였지만 20만에 가까운 총 병력을 책임지는 자리를 맡은 총사령관이었다. 신병이 있다는 사실이 알려져서는 안 된다는 것을 너무도 잘 알았다. 더욱이 신병에게 일본군이 속수무책으로 당한다는 사실이 퍼지면 일본군 사기가 크게 떨어질 것이라는 사실을 충분히 예상했다. 하지만 여러 날이 지나도 신병은 잡히지 않았고, 사라지지도 않았다. 결국 우키타 히데이에는 종묘에서 신병과 싸우는 것보다는 빨리 주둔지를 옮기는 것이 전략적으로 낫겠다고 판단했다. 얼마 후 그는 종묘를 불태우고 중국 사신이 머물던 숙소인 소공동 남별궁으로 군대 진영을 옮겼다.

신병을 만난 이후 우키타 히데이에에게는 계속 안 좋은 일만 생겼다. 바다에서 일본 수군이 이순신 장군이 이끄는 조선 수군에 패했다는 소식만 연신 들려왔다. 이순신 장군이 한산도에 수군 진영을 설치하여 일본 본토에서 오는 군수물자가 조선에 도착하지 못하게 만들자, 군수물자가 부족해진 일본군은 평양성에 머물며 더는 북쪽으로 진군하지 못했다. 곧이어 명나라가 조선에 군대를 파병하자, 전세가 역전되어 일본군은 평양성을 빼앗겼다. 명나라 장수 이여송이 공로에 눈이 멀어 주변의 만류에도 불구하고 무리하게 한성을 탈환하려는 것을 간신히 막아냈으나, 그 기쁨도 잠시였다.

우키타 히데이에는 한성을 탈환하려는 권율 장군이 수원의 독산성으로 들어가자, 2만 명의 병력을 동원해 포위했다. 성으로 들어가는 물줄기를 막아 조선군을 고립시켜 승리를 거두려 하였으나, 권율이 쌀로 말을 씻기는 모습에서 성안에 물이 풍부하다고 생각한 우키타 히데이에는 독산성 포위를 풀고 물러났다. 얼마 뒤에는 행주산성에서 두 번째로 만난 권율에게 큰 패배를 당했다.

우키타 히데이에는 해발 70~100m밖에 안 되는 낮은 능선에 축조된 행주산성에 4,000명의 관군과 의병을 거느린 권율을 상대로 승리를 자신했다. 벽제관에서 이여송을 이긴 만큼 일본군의 사기도 매우 높은 상태였다. 고니시 유키나가를 비롯한 일본군의 명장을 모두 소집했고, 총 병력도 3~4만 명이나 되었기에 손쉬운 승리를 자신했다. 하지만 행주산성을 향한 공격이 거듭 실패하면서 아무 소득도 없이 퇴각해야 했다. 총사령관으로서의 위신이 땅에 떨어지는 순간이었다.

이때부터 우키타 히데이에에게는 되는 일이 없었다. 젊은 나이인 데다 임진왜란에서 승전보다 패전이 많아지면서 부하 장수들로부터 신임을 잃어버렸다. 특히 고니시 유키나가와 가토 기요마사는 우키타 히데이에를 총사령관으로 인정하지 않았다. 우키타 히데이에를 앞에 두고 서로 자신의 말이 맞다며 큰 소리로 연신 싸웠다. 이후 우키타 히데이에는 정유재란까지 참전했으나, 연이은 실책으로 구설수에 자주 오르내리게 된다.

임진왜란이 끝나고 일본으로 돌아간 우키타 히데이에는 종묘에서 만난 신병을 평생 원망했다. 종묘의 신병을 만나기 전까지 우키타 히데이에가 하는 모든 일은 승승장구였다. 도요토미 히데요시의 양자이자 사위로 일본군 총사령관에 오를 정도로 막강한 권력과 명예를 지니고 있었다. 부산에 상륙한 지 보름 만에 한성에 입성할 정도로 빠른 속도로 전투에서의 공로도 올렸다. 그러나 종묘에서 신병을 만나고 나서는 좋은 일보다 안 좋은 일이 훨씬 더 많았다. 임진왜란이 끝나고 일본으로 돌아간 이후에도 세키가하라 전투에서 패배하면서, 에도막부를 연 도쿠가와 이에야스에 의해 하치조섬으로 유배되었다. 이곳에서 83세까지 50년 동안 아무것도 하지 못하고 죽었다.

하지만 우리 입장에서 우키타 히데이에의 불운은 통쾌한 일이다. 우키타 히데이에가 아무리 어린 나이에 출정했다지만, 조선의 왕릉을 파헤치는 만행을 저질렀다. 특히 나라의 근간이라고 생각하는 종묘에 군영을 설치하고 효를 중시하는 조선을 욕보였다. 무엇보다도 아무 잘못이 없는 백성을 죽이고 이 땅에서 내쫓았다. 그러니 어쩌면 조선을 건국한 태조부터 태종, 세종, 성종과 같은 성군들이 신병을 일으켜 일본군을 종묘에서 내쫓은 것인지도 모른다. 이미 죽은 왕들이 이승의 일에 개입해서는 안 되는 만큼, 조선에 들어온 일본군 모두를 내쫓을 수는 없었을 것이다. 그러나 자신들이 머무는 종묘만큼은 일본군에게 조금도 내어줄 수 없다는 사실을 보여주기 위해서라도 신병을 불러 일본군을 쫓아낸 것은 아니었을까? 아니면 못난 선조가 비록 백성을 버리고 도망갔어도, 선대 왕들은 절대로 나라와 백성을 버리지 않는다는 것을 선조와 백성들에게 보여주고 싶었던 것은 아닐까?

종묘에서 신병이 등장하여 일본군을 내쫓은 사건이 임진왜란에 어느 정도 영향을 주었는지는 모른다. 하지만 선왕들의 애민 정신을 보여주며 백성의 충성을 끌어내는 데 일조하였음은 부정할 수 없다. 신병이 나타난 이후 전국 각지의 많은 백성이 조선을 지키기 위해 의병이 되어 일본군과 맞서 싸웠으니 말이다.

창경궁에 나타난
도깨비

乙亥/上御熙政堂受鍼。藥房都提調許積進曰: "竊聞閭巷之言, 慈殿時御宮
中, 有鬼魅之變, 而通明殿尤甚云。若移御闕內他處何如。"上曰: "久欲移
御, 而慈殿不從矣。"

상이 희정당에 나아가 침을 맞았다. 약방 도제조 허적이 나아가 아뢰
기를, "삼가 민간의 말을 들으니, 자전께서 거처하시는 궁중에 도깨
비의 변괴가 있는데 통명전通明殿이 더욱 심하다고 합니다. 궐내의 다
른 곳에 옮기시는 것이 어떠하겠습니까." 하니, 상이 이르기를, "오래
전부터 옮기려고 하였으나 자전께서 따르지 않으신다." 하였다.

- 현종실록 9권, 현종 5년(1664년) 12월 18일 을해 1번째 기사

현종 5년 약방의 도제조 허적(1610~1680)이 창경궁 통명전에 도
깨비가 나오니 인선왕후(1618~1674)의 거처를 옮겨야 한다고 왕에
게 건의하였다. 현종의 어머니이자 왕실의 실질적인 어른인 인선
왕후의 거처를 옮겨야 하는 이유가 도깨비 출몰이라는 점이 놀랍
기만 하다. 지금으로 치면 청와대의 대통령 침실에 도깨비가 나오
니 거처를 바꿔야 한다는 말과 크게 다르지 않다.

　　상식적으로 도깨비 때문에 거처를 옮겨야 한다는 말에 동의할
사람이 얼마나 될까? 특히 이성과 합리성을 따지는 성리학의 나라
에서 이런 주장을 했다가는 말도 되지 않는 해괴한 소리를 한다며
왕이 쫓아내도 뭐라 변명할 게 없다. 그런데 현종은 순순히 허적의
말에 동의한다. 오히려 본인도 어머니 인선왕후에게 거처를 옮길
것을 여러 번 부탁했으나, 어머니가 뜻을 따르지 않음을 걱정했다.
그렇다면 실제로 통명전에서 도깨비가 나온 것이었을까?

　　허적과 현종이 귀신이나 요괴가 아닌 도깨비로 정확하게 콕 집
어서 말한 것으로 보아, 아마도 사람들이 생각해 오던 도깨비의 형
체가 나타나거나 도깨비 소동이 통명전에서 벌어졌음이 확실하다.
그렇다면 도깨비는 무엇이며 우리 선조들은 도깨비를 어떤 의미로
받아들였을까?

　　도깨비는 우리 역사에서 오랜 시간 다방면에 걸쳐 많은 이야기
를 만들어낸 상상 속 존재다. 인간의 마음을 투영한 가상의 도깨비
를 진짜로 만났다는 사람들도 있지만, 일반적으로 도깨비는 상상

의 존재로 본다. 선조들은 사람들이 오랫동안 사용하며 애착을 주던 물건에 기가 모여있다가, 사람에게서 버려지게 되면 도깨비가 된다고 보았다. 특히 여자의 월경 혈이 도깨비를 만드는 주요 요소라고 보았다. 그래서 여자가 월경 중에 깔고 앉았던 빗자루나 절굿공이 등이 시간이 흐르면 도깨비가 된다고 믿었다. 이 외에도 고목나무가 도깨비로 변하거나, 홍역이나 천연두로 죽은 아이들이 도깨비가 된다고도 생각했다.

옛 기록은 도깨비의 형체를 사람과 비슷하지만, 키가 팔척장신처럼 크고 팔뚝이나 가슴에 털이 북슬북슬하게 많다고 표현하고 있다. 하지만 도깨비의 모습이 딱 정해진 것은 아니어서 지역마다 얼굴이 작다거나, 외다리 또는 상반신이나 하반신만 있다고 설명하기도 한다.

도깨비는 식성도 좋아서 음기의 속성을 지닌 메밀묵과 고기를 좋아하며, 소·돼지·생선 할 것 없이 잘 먹는다. 마치 사람처럼 콩, 수수밥, 말고기 등 음식을 가리지 않고 먹는다. 다만 백마의 피를 비롯한 붉은 피를 무서워하여 먹지 않는다. 또한 담뱃불이나 죽은 아기를 무서워하며, 쥐고기를 먹으면 죽는다고 알려져 있다. 인간의 염(念)이 물건에 모여 도깨비를 만들어냈기 때문인지 몰라도 도깨비는 인간의 모습과 참으로 닮은 점이 많다. 그리고 인간의 순수한 마음이 모여서 만들어졌기 때문일까? 도깨비는 인간보다도 더 솔직한 모습을 보여준다.

도깨비는 보통 인간을 좋아하여, 어려운 일이 생기면 많은 것을 도와주는 착한 존재다. 인간과 친해지고 싶어 밤길을 지나는 장정에게 씨름 내기를 걸어 밤새도록 노는가 하면, 자신과 친해진 인간에게 쌀과 재물을 원 없이 제공한다. 인간이 홍수나 강한 비바람에 피해를 보지 않도록 집 담장을 쌓아주거나 둑을 만들어주는 큰 공사를 벌이기도 한다.

다만 도깨비 터에 집을 지으면 자신의 거처를 빼앗기지 않기 위해 인간을 괴롭힌다고 전해진다. 예를 들어 누군가 창문에 모래를 던져서 주위를 살펴보면 아무도 없다거나, 밤마다 방아를 찧어 잠못 들게 하는 등의 방법으로 인간을 괴롭힌다. 또한 인간에게 겁을 주기 위해 길어놓은 물로 밤새 설거지를 하거나, 장롱을 뒤져 옷을 펼쳐놓는 조화를 부린다고 한다. 이처럼 도깨비는 인간에게 직접적인 해악을 끼친다기보다는 투정에 가까운 행동을 보여주어 순수하고 귀엽게만 느껴진다.

현종 시절 통명전에 도깨비가 나타난 것은 자신들의 거처를 지키기 위한 행동이었을지도 모른다. 창경궁의 역사는 성종 15년(1484년)에 세조의 비 정희왕후, 덕종의 비 소혜왕후, 예종의 계비 안순왕후를 모시기 위해 폐허가 되었던 수강궁을 수리하여 궁궐을 지은 것에서 시작한다. 창경궁 통명전은 서거정이 '통달하여 밝다'라는 뜻으로 전각의 이름을 지은 만큼, 침전이자 내전의 중심 역할을 하며 창경궁에서 가장 큰 규모를 자랑했다.

통명전에서는 비극적인 일도 많이 일어났다. 연산군은 통명전에서 어머니 폐비 윤씨의 죽음과 관련하여 아버지 성종의 후궁이던 정씨와 엄씨를 자루에 넣어 묶은 다음, 그녀들의 자녀로 하여금 때려죽이게 했다. 인조 때에는 소현세자의 아내였던 강씨를 모함하려는 온갖 부정한 일들이 통명전에서 벌어지기도 하였다. 이뿐만이 아니었다. 창경궁은 현종 때까지 수차례 불에 타고 많은 사람이 죽은 장소이기도 했다. 임진왜란 때에는 선조가 궁인을 비롯한 백성을 버리고 도망가면서, 일본군으로 인해 불에 타버렸다. 이 과정에서 많은 사람이 창경궁에서 목숨을 잃었다. 임진왜란이 끝나고 광해군이 1616년 창경궁을 중건했지만, 인조 2년(1624년) 이괄의 난으로 다시 불에 타버리면서 한동안 폐허로 버려졌다. 이후 인조는 이괄의 난과 정묘호란으로 실추된 왕실의 위엄을 다시 높이고자, 인경궁의 전각을 헐어 인조 11년(1633년)에 창경궁을 중건하였다.

그 덕에 창경궁이 빠르게 중건되었지만, 여전히 궁인을 비롯한 많은 사람의 기억에는 폐허였던 모습이 오랫동안 남아있었다. 이처럼 왕실의 암투 등 여러 굵직한 사건이 벌어지고, 수차례 불에 타버린 창경궁은 남 말하기 좋아하는 사람들에게 좋은 소재를 제공하기에 충분했다. 특히 이곳에서 한을 품고 죽은 사람들이 많았고, 왕실 사람들과 궁인들이 애착을 갖고 생활하던 물건들이 오랫동안 여기저기 버려져 있었다. 특히 통명전은 대비가 거처했던 여인들의 공간이었던 만큼 여성들의 피와 한이 서려있어 도깨비가 등장하는 배경으로 충분한 조건을 제공했다.

그러한 창경궁 통명전에 효종과 함께 북벌을 준비하던 왕비이자, 현종의 어머니였던 인선왕후가 머물렀다. 인선왕후는 북벌이라는 거대한 역사의 소용돌이 속에서 세간의 관심을 많이 받던 인물이었다. 때마침 인선왕후가 머무는 통명전에 도깨비가 나타난다는 소문이 돌았다. 태연했던 인선왕후와는 달리 불안해진 궁인들은 작은 소동만 일어나도 도깨비짓이라고 생각했다. 도깨비를 보았다는 말이 궁인들의 입을 통해 은밀하고 조용하게 전해질수록 기정사실로 굳어졌다. 그런 이유로 허적을 비롯한 여러 관료는 소문의 근거지인 인선왕후의 거처를 옮겨 소문을 잠재우고자 현종에게 주청을 드린 것이었다.

하지만 인선왕후는 보통 여염집의 아낙네가 아니었다. 병자호란 직후 청나라 선양에 볼모로 잡혀간 9년 동안 많은 사람을 만나 정보를 접하면서 넓은 식견을 갖춘 여인이었다. 타국에서 볼모로 살아가기 위해 늘 합리적이고 이성적인 사고를 해야 했던 만큼, 미신에 현혹되지 않는 모습을 보였다. 그녀는 남편 효종과 함께 북벌을 준비할 때는 청나라의 눈을 속이기 위해, 이불의 색을 적색과 청색 2가지 색으로 통일시켜 전시에 군복으로 활용할 수 있도록 만들 정도로 강단 있는 여장부였다. 이런 인선왕후의 활동 중에 잘 알려지지 않은 사실 하나가 굿판을 근절한 것이다. 그녀는 사람들을 현혹하여 필요하지 않은 재물을 쓰게 하는 굿을 좋아하지 않았다. 그런 인선왕후에게 도깨비의 등장과 장난은 그저 낭설에 불과했다.

이처럼 도깨비 소동에 정작 인선왕후는 태연했지만, 주위 사람들은 그렇지 않았다. 인선왕후의 거처를 옮기자는 주청이 올라온 지 2년이 다 되도록 통명전의 도깨비 이야기는 그칠 줄 몰랐다. 오히려 도깨비들에게 어떤 피해를 보았다는 등의 이야기가 구체화되면서 더 많은 사람이 도깨비의 존재를 믿었다. 특히 현종은 통명전에 도깨비가 존재한다고 누구보다 강력하게 믿었다. 정태화(1602~1673)가 현종에게 귀신이 나타나 괴이한 일을 벌이고 있다는 이야기를 들었다고 말하자, 현종은 기다렸다는 듯이 통명전의 도깨비 소행을 제시하며 인선왕후의 신변을 걱정하는 한탄을 늘어놓았다.

현종은 인선왕후가 거처하는 통명전에 돌덩이가 날아오거나, 의복에 불이 붙고, 궁인의 머리카락이 잘리는 일이 있었다고 정태화에게 말했다. 이런 요사스러운 일이 일어나는 이유가 통명전이 오랫동안 비어있었고, 여인들이 모여 사는 곳으로 음기가 많이 모여 재앙이 생긴 것 같다면서, 혹시라도 어머니 인선왕후에게 안 좋은 일이 생길까 현종은 노심초사했다. 정태화는 어머니를 걱정하는 현종의 마음을 다독여주면서, 하루빨리 인선왕후의 거처를 옮기자며 현종을 위로해주었다.

도깨비가 여인들의 피가 묻은 오래된 물건에서 만들어져 음기가 강하다는 말을 들은 현종은 통명전을 도깨비의 터라고 생각했다. 늘 인선왕후가 도깨비에게 화를 당할까 걱정했다. 특히 도깨비와 관련한 풍문 중에 도깨비를 잘 다스리면 부자가 되고 못 다스리면 화를 당한다는 말과, 도깨비 터에 집을 지으면 3년 안에 부자가 되지만 10년이 되면 폭삭 망한다는 말을 믿는 현종은 매사 불안하고 초조해했다.

결국 현종은 큰 결심을 하게 된다. 우선 신료들을 모아놓고 통명전의 도깨비를 달래기 위해 전례대로 죄인을 풀어주는 노력을 기울였지만, 여전히 아무 소용이 없음을 강조했다. 그리고 경덕궁으로 잠시 거처를 옮겼던 인선왕후가 창경궁을 계속 그대로 둘 수 없다며 다시 봉녕진으로 돌아온 사실을 이야기했다. 그와 함께 도깨비의 해코지가 여전히 멈추지 않아, 어머니 인선왕후에게 무슨 일이 생길까 봐 자신이 잠을 못 이루겠다고 토로했다. 이제는 인선왕후의 안전을 위해서라도 창경궁을 버리고 경복궁의 옛터에 새로운 궁을 만들겠다고 현종 8년(1667년)에 강력하게 천명했다.

현종은 수년간 창경궁에서 해괴한 일들이 벌어지고 있는 사실을 관료들이 아는 만큼 새로운 궁궐을 짓는 일에 모두가 찬성할 것이라 생각했다. 하지만 현종의 뜻과는 달리 홍명하(1607~1667)를 제외한 대부분의 관료는 새로운 궁궐을 짓는 역사를 반대했다. 너무 사치스럽게 궁궐을 짓지 않는다면 문제 될 것이 없다는 홍명하의 주장에 정태화(1602~1673)는 절박한 현종의 마음은 이해하지만, 궁궐을 짓는 일은 대규모 역사라서 가볍게 생각할 문제가 아니라고 반박했다. 더불어 양(陽)의 덕이 성하면 음(陰)의 사특함이 저절로 사라질 것이라며 강력하게 반대했다. 이 말은 도깨비를 무서워하기보다는 왕으로서 선정을 베풀고 정사에 매진하면 도깨비도 자연히 물러날 것이라는, 왕에 대한 질책이었다.

정치화(1609~1677)도 가뭄으로 인해 모든 것이 참혹해진 상황에서 하늘의 책망을 당해도 할 말이 없는 현실임을 강조하며 정태화의 의견을 지지했다. 무엇보다도 궁궐을 짓는 역사를 일으키면 백성들이 어떻게 살아갈 것인지 생각해 보라며 현실적인 문제를 거론했다. 덧붙여 궁궐 짓는 역사로 조선은 틀림없이 망하게 될 것이라며 크게 반대했다. 다시 말하면 나라의 형편이 어려워 나라가 망할 위기에서, 인선왕후 홀로 안락을 누릴 수 있겠냐며 반대 의사를 강하게 표명한 것이었다.

현종은 자신의 의도대로 상황이 흘러가지 않고, 관료들이 강하게 반발하자 당혹감을 감추지 못했다. 그리고 내심 섭섭한 감정을 넘어 왕을 무시한다고 생각했다. 하지만 가뭄과 전염병 등으로 인해 조선이 어려운 상황에 처한 것을 알기에 자신의 뜻을 끝까지 내세울 수도 없었다. 그래도 혹시나 신하들이 마음을 돌릴까 싶어 한참을 뜸 들이다가 "국가의 어려운 상황을 모르는 것은 아니지만, 도깨비로 인해 어머니가 힘들어하고 궁궐이 소란스러우니 대신들과 더불어 상의하는 것이다."라고 말했다. 그리고 다시 한번 관료들을 훑어보고는 고개를 숙이며 "안 된다고 하면, 어찌 억지로 여러 사람의 의견을 어기겠는가."라며 새로운 궁궐을 짓는 일을 포기했다.

현종이 재위하던 시기는 소빙하기로 전 세계적으로 기상이변과 자연재해가 유독 잦았던 때다. 새로운 궁궐을 짓겠다고 선포한 현종 8년(1667년)에도 전국적으로 기근과 전염병이 창궐하여 많은 사람이 죽었다. 많은 관료가 기근과 전염병으로 나라가 망할 수도 있음을 여러 번 강조할 정도로 조선의 상황은 최악으로 흘러가던 시기였다. 나라가 망할 수도 있다는 말이 자칫 역모로 비추어질 수도 있음에도, 여러 관료가 현종에게 연이어 말한 것은 그만큼 나라의 상황이 좋지 않았기 때문이었다.

그러나 현종은 관료들의 말을 곧이곧대로 듣지 않았다. 현종은 즉위년인 1659년, 인조의 계비 자의대비가 효종의 죽음에 상복을 1년 입어야 했던 기해예송을 기억했다. 이는 효종이 인조의 왕위를 계승한 적장자가 아닌 작은 아들로 비추어지는 것이어서, 당연히 현종의 왕권을 약화하는 결과를 가져왔다. 이후 관료들에게 끌려다녀야 했던 현종의 마음에는 반드시 왕권을 강화하겠다는 의지가 가득했다. 그런 상황에서 어머니 인선왕후를 위해 새로운 궁궐을 짓겠다는 자신의 뜻이 신하들로 인해 꺾이는 상황이 발생한 것이었다. 성리학에서 가장 중요하게 여기는 효(孝)마저도 관료들의 허락을 받아야 하는 상황에 현종은 속으로 눈물을 흘렸다.

이로부터 얼마 뒤인 1670~1671년 불어닥친 경신대기근을 생각한다면, 관료들의 의견이 옳았다. 경신대기근 때 약 100만 명이 죽었을 정도로 현종이 통치하던 시대는 조선 역사상 가장 큰 재난을 겪던 시기였다. 만약 어머니 인선왕후를 위한 효의 실천으로 궁궐을 지었다면, 수년 뒤 찾아온 경신대기근 때 어떤 결과를 가져왔을지는 굳이 말하지 않아도 쉽게 짐작할 수 있다.

그래도 통명전에 도깨비가 나왔다는 이야기는 다양한 해석과 궁금증을 일게 한다. 진짜 도깨비가 궁궐에 나타났을까? 인선왕후는 도깨비와 맞설 정도로 강단이 있었을까? 인선왕후는 수년간 도깨비들과 싸우면서 어떻게 지냈을까? 현종이 새 궁궐을 지으려 한 것은 진정 어머니에 대한 효심 때문이었을까? 왕권을 강화하기 위한 새로운 수단은 아니었을까? 새 궁궐을 지었다면 조선의 역사는 어떻게 바뀌었을까? 도깨비가 수년간 통명전에 나타난 것은 앞으로 다가올 어려움을 알려주기 위해서였을까? 현종 이후에도 통명전에는 도깨비가 계속 나왔을까? 이렇듯 꼬리에 꼬리를 무는 궁금증이 계속 생기는 것은 왜일까.

사내아이를 낳은
7살 소녀

癸巳/山陰縣七歲女人, 孕胎生男, 慶尙監司金應淳馳啓, 上以係是人妖物
怪之大者, 大加驚慮。左議政韓翼謩、左副承旨尹勉憲, 至請除去, 上以爲:
"此亦吾民之一赤子, 豈可枉殺無辜?" 命文學具庠馳往廉探以來。

'산음현山陰縣에 일곱 살 먹은 여자가 잉태해서 사내아이를 낳았다.'고
경상 감사 김응순金應淳이 치계馳啓하였는데, 임금이 이는 요괴의 인
물 중의 큰 것이라고 하면서 크게 우려하였다. 좌의정 한익모와 좌부
승지 윤면헌尹勉憲이 없애버리자고 청하니, 임금이 말하기를, "이 역
시 나의 백성 중의 한 아이이다. 어찌 무고한 사람을 죽일 수 있단 말
인가?" 하고, 문학 구상具庠에게 명하여 달려가서 염탐해 보고 오라고
하였다.

- 영조실록 109권, 영조 43년(1767년) 윤7월 2일 계사 1번째 기사

命山陰御史具庠入侍, 讀書啓。上曰: "何以問之耶?" 具庠曰: "多般鉤問,
得其情狀。與本官及丹城縣監眼同査問, 則終丹之兄以丹所招, 果如所聞。
而的是鹽商宋之命之子矣。" 上曰: "終丹之年, 的是七歲乎?" 曰: "其隣家
有同生者, 故捉來問之, 則果是七歲矣。" 上曰: "其長如何?" 庠曰: "體樣已
成矣。宋之命捉來營門, 與道臣眼同嚴問, 則一如以丹所告矣。" 上曰: "史
官當直書於史冊矣。七歲兒生産, 豈非異事耶? 旣得其夫, 嶺南誑惑之人心,
庶可定矣。" 庠曰: "然矣。" 敎曰: "御史旣已復命, 交奸之人, 不下一杖自伏,
此則予之所料可謂偶合。而今予〔之〕心, 畢査豈弛? 物怪則物怪。其雖望

八, 德能勝怪。豈聞史牒所無事? 此人處置, 即歇後事也。雖無股宗雊雉祥
桑之事, 豈無自修之心? 以御史書啓, 置諸政院, 欲爲從容下敎。 頃者筵
中幾番下敎, 而耳目之臣, 若聾若瞀, 無一人論啓。雖欲下敎, 本事未訖, 故
泯默。 世間豈有無父之子? 日就月將之說, 豈比喩於終丹者乎? 無識面任,
雖若此, 讀書士夫, 豈謄其言? 豈云百里十里? 誠難。山陰縣監施以削版之
典, 此狀啓頒布朝報。" 命其女其母其奸夫其所生, 分編海島, 爲奴婢。

"사관史官은 마땅히 사책에 그대로 써야 할 것이다. 일곱 살 아이가 애
를 낳았으니, 어찌 이상한 일이 아니겠는가? 이미 그 지아비를 알아
냈으니, 현혹된 영남의 민심이 거의 안정될 수 있을 것이다." 하니, 구
상이 말하기를, "그렇습니다." 하였다.

하교하기를, "어사의 보고에 간음한 사람이 곧장 한 대도 치지 않아
자백하였다고 하였는데, 이는 내가 예상했던 바와 우연히 합치된다
하겠다. 그러나 지금 조사를 끝냈다고 나의 마음이 어찌 해이되겠는
가? 괴물은 괴물이다. 내 비록 80을 바라보는 나이지만 나의 덕이 요
괴를 이길 것이다. 어찌 사서史書에 없는 일을 들을 수 있겠는가? 이
사람들을 처리하는 것은 별일이 아니다. 비록 은 고종殷高宗의 구치雊
雉와 상상祥桑의 일은 없지만, 어찌 스스로를 수양하는 마음이 없겠는
가? 어사의 서계를 승정원에 두고 조용히 하교하려고 하였다. 그런데
지난번 연석筵席에서 몇 차례 하교했으나, 이목耳目의 역할을 하는 신
하들이 마치 귀머거리나 장님처럼 한 사람도 논계論啓하지 않았다. 그
래서 비록 하교하고 싶었으나 이 일이 끝나지 않았기 때문에 묵묵히
있었다. 세상에 어찌 아비없는 자식이 있겠는가? '날과 달로 무럭무
럭 자란다日就月將.'는 말을 어찌 종단 같은 자에게 비유할 수 있겠는
가? 무식한 면임面任은 비록 그럴 수 있다고 하더라도 독서한 사대부
가 어찌 그 말을 베껴 쓸 수 있단 말인가? 어찌 백 리를 다스리고 십
리를 다스린다고 말할 수 있겠는가? 정말 어렵다. 산음 현감에게 사

적仕籍에서 삭제하는 법을 시행하고, 이 장계를 조보朝報에 내도록 하라." 하고, 그 여자·어미·간통한 남자·아이를 바다의 섬에다 나누어 귀양 보내어 노비로 삼으라고 명하였다.

– 영조실록 109권, 영조 43년(1767) 윤7월 29일 경신 2번째 기사

영조 43년 경상 감사 김응순이 산음현(경북 산청군)에서 7살 먹은 여자아이가 사내아이를 출산하는 기괴한 일이 벌어졌다는 보고를 올렸다. 일반적으로 7살 여자아이가 출산하는 것은 불가능한 일이었기에 경상 감사 김응순의 보고에 백성은 물론 조정은 혼란에 빠졌다. 70년 넘게 살아온 영조도 7살의 여아가 출산했다는 소식을 들어본 적이 없었다. 영조 자신도 많은 책을 읽었지만, 조선 건국 이후 약 400년 동안 7살의 여아가 출산했다는 기록은 어디서도 찾아볼 수 없어 당황스러웠다.

우선 영조는 인간이 아닌 요괴의 소행이 아닌가 생각하였다. 마침 좌의정 한익모와 좌부승지 윤면헌도 7살의 여아가 출산한 것은 좋은 일이 아니니, 훗날 문제가 되지 않도록 7살 여아와 갓 태어난 아기를 죽이자고 건의하였다. 어린아이가 출산했다는 사실이 꺼림칙했던 영조도 신하들의 뜻에 따라 7살짜리 산모와 갓 태어난 아이를 죽이려 했지만, 차마 지시를 내릴 수 없었다. 성군이라 칭송받던 영조는 아무런 조사도 없이 7살의 어린 여자아이가 아기를 낳았다는 사실만으로 처형된다면 민심이 떠나지 않을까 걱정되고 부담되었다. 그러나 여전히 경상도에서는 이 일을 두고 "요괴의 짓이다." "큰일이 벌어지게 될 것을 알려주는 하늘의 뜻이다."라는 여러 풍문이 돌았다.

오랜 세월 국가를 경영해 온 영조는 이 문제를 성급하게 결정하지 않기로 했다. 오히려 섣부른 판단으로 두 아이를 죽였을 때 일어날 반향이 더 신경 쓰였다. 영조는 정치 9단답게 7살에 출산한 아이도 자신의 백성으로 함부로 죽일 수 없음을 강조하며, 구상을 산음현으로 보내 사건의 진상을 철저히 조사토록 하였다. 이로써 자신이 애민 정신을 가지고 국가를 운영하고 있음을 관료와 백성에게 보여주었다.

산음현으로 내려간 구상은 7살 여자아이인 종단의 오빠 이단을 심문한 결과, 7살의 종단이 아이를 낳은 것이 사실이라는 자백을 받아냈다. 그와 함께 인근에 살던 소금 장수 송지명이 종단을 희롱했다는 사실도 알아냈다. 구상이 송지명을 관아로 잡아들이자, 자신의 죄가 드러날까 전전긍긍하던 송지명은 심문도 받기 전에 모든 죄를 다 털어놓았다. 송지명은 자신이 어린 종단을 꾀어내어 성관계를 맺었는데, 아이가 임신하고 출산하게 될 줄은 꿈에도 몰랐다며 용서를 빌었다.

영조는 구상의 보고를 듣고 요괴가 벌인 일이 아니라는 사실에 안심이 되었다. 그러나 송지명이 어린 여자아이를 성폭행하고 아이를 낳게 한 일은 용서할 수 없었다. 송지명에게 장을 때린 후 머나먼 섬으로 유배를 보냈다. 그리고 산음현의 현감은 성폭행과 소문을 막지 못했다는 죄를 물어 관직에서 쫓아내고, 산음현은 '음'이라는 글자 때문에 문란한 일이 벌어졌다며 지명을 '산청군'으로 바꾸게 하였다. 하지만 이 시대는 여성에 대한 인식과 법체계가 오늘날과는 달랐다. 영조는 피해자였던 종단의 모친과 종단, 그리고 종단이 낳은 아기까지 섬으로 유배를 보냈다. 너무 어린 나이에 아기를 낳고 몸조리를 제대로 받지 못한 종단은 몸이 허약해질 대로 허약해져 유배지에 도착한 지 얼마 되지 않아 죽었다. 젖을 빨 수 없었던 아기도 곧이어 종단을 따라 죽었다.

《조선왕조실록》에 상세하게 적혀있지 않은 종단이란 여자아이에 대한 기록은 이덕무의 《청장관전서》에 자세하게 나온다. 이덕무에 따르면 종단은 태어난 지 삼칠일, 즉 21일 만에 월경하고 3살에 음모가 났다고 한다. 그리고 보통 여자아이와 크게 다를 바없이 컸는데, 7살에 임신하자 갑자기 성장하여 14~15살 아이처럼 보였다고 한다. 이덕무가 기술한 종단의 모습은 상식적으로도 이해가 되지 않는다. 아무리 생각해도 불가능한 일이기 때문이다. 7살의 여자아이에게 갑자기 이차성징이 나타날 수 있을까?

아기를 낳을 수 있는 신체적 특징을 생각해 볼 때, 종단이의 이야기는 아무래도 사람들이 살을 보태어 과장했을 가능성이 커 보인다. 하지만 아예 없는 사실을 만들어내지는 않았다. 지금의 의학 용어로 종단이의 신체 변화를 설명한다면 성조숙증에 가장 가깝지 않을까 싶다. 성조숙증은 초경이나 가슴이 나오는 이차성징이 나이에 비해 빠르게 나타나는 현상을 말한다. 성조숙증의 원인은 뇌에서 분비하는 호르몬의 증가와 연관이 깊다. 뇌하수체가 성선자극호르몬을 분비하면 생식기관에서 성호르몬이 생산되어, 여자는 유방이 발달하고 초경을 시작하며 남자는 고환이 커진다.

이차성징이 빨리 이루어지면 남녀 모두 보통 아이들보다 성장판이 일찍 닫히면서 작은 체구를 갖는 경우가 많다. 그리고 성조숙증은 여자아이에게서 주로 나타난다. 보통 아이와 다른 신체 변화를 겪는다는 것은 의학적 지식이 널리 알려진 지금도 어린 소녀에게 많은 시련을 준다. 그런데 성조숙증이라는 것을 모르던 당시, 종단이가 마을 사람들에게 차별당하고 놀림받으며 겪었을 고통은 말로 표현하지 못할 정도로 심했을 것이다.

그러나 가장 큰 문제는 같은 마을에 어린아이에게 성적 욕구를 느끼는 소아기호증(Pedophilia), 다른 말로 소아 성애자였던 소금 장수 송지만이 산다는 사실이었다. 소아기호증은 사춘기 이전의 아이를 성적 대상으로 보고 성적 공상이나 성행위를 하는 것을 말한다. 소아기호증이 있는 사람들 대부분은 어린 시절 성추행 경험이 있거나, 인격적으로 미성숙하여 원만한 대인 관계를 맺지 못한다. 이로 인해 생기는 스트레스를 해소하거나 쾌락을 느끼기 위해 어린아이의 성기를 만지거나 어린아이에게 자신의 성기를 만지게 하는 행위를 저지른다. 심한 경우에는 아이에게 폭력 또는 성폭행을 아무런 죄의식 없이 행사한다.

소금 장수 송지만이 7살의 어린 종단이를 성폭행하고 임신시킨 죄로 구상의 심문을 받게 되자, 곤장 맞을 것이 무서워 자신의 죄를 술술 털어놓았다는 대목은 소아기호증의 전형적인 모습을 보여준다. 소심하고 대인 관계가 원만하지 않았던 송지만이었기에, 마을의 누구도 그가 종단이를 성폭행하고 있다는 사실을 알지 못했을 것이다.

남들과 달리 조숙한 신체를 가진 종단이를 소금 장수 송지만은 아무도 모르게 괴롭혔다. 아직 정확한 의사 표현을 하지 못하던 종단은 그저 성폭행의 고통을 혼자 감수해야 했다. 언제 끝날지 모를 송지만의 성폭행은 종단이의 임신과 출산으로 인해 세상에 드러났고 처벌받았다. 그런 의미에서 본다면 영조가 7살의 여아가 출산한 것이 요괴의 소행일지도 모르겠다고 생각한 것이 완전히 틀린 말은 아니었다. 아니 오히려 요괴와 비교도 안 되게 악질인 인간이 천인공노할 범죄를 저지른 것이었다.

그런데 요괴만도 못한 아동 성범죄자가 과거에만 존재하지는 않는다. 지금도 우리 주변에서 아동 성범죄가 일어나 많은 이들의 공분을 사고 있다. 아동 성범죄가 성립되는 조건을 살펴보면 13살 미만 어린이는 발달 단계상 성적인 접촉 행위를 하겠다는 판단과 표현을 할 수 있는 '성적인 의사 결정 능력'이 형성되지 않았다고 본다. 그렇기에 13살 미만 어린이에 대한 성적 접촉은 무조건 성폭력 범죄로 규정하고 처벌한다. 또한 아동 성범죄는 상당수가 가족이나 이웃에 의해 반복해서 지속적으로 이루어지는 경우가 많다. 그 결과 피해 아동은 가해자의 거짓말과 협박으로 제대로 된 판단을 하지 못한 채, 잘못된 의사 표현을 함으로써 범죄가 늦게 발견되거나 묻히는 일이 많다. 그리고 성폭력을 당한 아이들 대부분은 평생 아픈 기억에서 벗어나지 못한 채, 정상적인 삶을 살지 못한다.

경찰청 통계에 따르면 2005년 738건이던 아동 성폭력이 2008년에는 1,220건으로 늘어났다. 2006년부터 2008년까지 초등학생을 대상으로 하는 성폭력 사건이 증가하자, 정부는 아동 대상 성범죄 형량을 강화하는 성폭력특별법 개정안을 내놓았다. 그러나 2008년 경기도 안산에서 등교하던 8세 초등학생을 성폭행한 조두순이 감형받은 사건이 세상에 알려지면서 성폭력특별법의 효력에 대하여 많은 논란이 일어났다. 조두순이 아이의 장기를 파손하고 성폭행하는 범죄를 저질렀음에도 범죄 당시 조두순의 나이가 많고 술에 취해 있었다는 이유로 심신미약이 인정되어 징역 12년형을 선고받았기 때문이다. 오히려 당시 검찰이 조두순의 형량이 많다며 항소와 상고를 한 결과, 2020년 12월 12일 조두순은 출소하여 피해자가 살고 있는 안산시로 돌아갔다.

2021년 9월에는 미성년자 11명을 인천과 경기 일대에서 연쇄 성폭행한 김근식이 15년형을 마치고 출소했다. 김근식은 어른을 공경하고 힘든 사람을 도와주려는 어린아이들의 심성을 이용하여 범죄를 저지르는 악행을 저질렀다. 가정과 학교에서 배운 대로 선한 행동을 펼친 아이들에게 평생 씻지 못할 고통을 남겨준 것이다.

그러나 정작 중요한 문제는 조두순, 김근식과 같은 아동 성범죄자들이 출소했다는 사실이 아니다. 또한 유죄가 확인된 아동 대상 성폭행범 중 20% 정도가 실형을 선고받고, 나머지는 집행유예나 벌금형에 그친다는 통계도 아니다. 아동 성범죄의 가장 큰 문제는 10%도 안 되는 낮은 신고율이다. 그래서 아동 성범죄가 일어난 이후 범인을 잡고 죄를 묻는 사후 대책보다는 아동 성범죄 자체가 발생하지 않도록 우리 모두 주변에 관심을 가지고 예방하려는 노력이 절실하게 필요하다.

그런 측면에서 영조 43년(1767년)에 조선 역사상 가장 어린 7살의 여자아이가 출산했다는 사실만 기억해서는 안 된다. 우리가 기억해야 할 것은 어린 종단이가 겪었을 아픔이다. 종단이는 이웃에 사는 소금 장수 송지만으로부터 상습적인 성폭행을 당하면서도, 누구에게도 말하지 못했다. 오히려 아이를 낳자, 요괴의 자식을 낳았다며 손가락질을 당해야만 했다. 나라 임금님은 사건의 진상을 다 알고 나서도, 종단이를 위한 어떤 보호조치도 하지 않았다. 오히려 종단이와 아이를 섬으로 유배해 죽게 하는 결과를 만들었다.

지금과 달리 남성 위주의 가부장적 사회였고, 엄격한 신분제 사회였음을 고려하더라도 종단이에 대한 처벌은 너무도 안타까운 마음이 들게 한다. 그런데 200여 년이 지난 지금은 상황이 많이 달라졌을까? 종단이와 같은 아이가 우리 사회에 더는 없는지 묻는 말에 누구도 쉽게 대답할 수 없을 것이다. 아동 성폭력 문제에 대한 책임을 국가와 사회에 떠넘기기보다는 나 자신부터 가족, 이웃, 그리고 사회에 얼마나 관심을 가졌는지 되돌아볼 필요가 있다.

4부

기적을
행한 사람

퇴계 이황이 전한
아내 사랑

谷州故草溪郡事李台慶妻姜氏, 其夫歿於官, 一子尚幼。姜力貧歸葬其夫于慶山, 終三年不離墳側。喪畢, 京有巨室, 聞其年少而美, 欲娶之, 姜泣拒之, 避于谷州。州之大家又求婚焉, 姜斷髮自誓, 節義彌堅。至是, 皆旌其門而復之。

"곡주谷州에 고故 초계 군사草溪郡事 이태경李台慶의 처妻 강씨姜氏라는 자가 있었습니다. 그 남편이 관직을 수행하다가 죽고 아들 한 명은 아직 어렸습니다. 강씨가 힘이 모자란데도 그 남편을 경산慶山에 귀장歸葬[1]하여 마침내 3년 동안 무덤 옆을 떠나지 못하였습니다. 상이 마칠 때에 서울에 있는 거실巨室[2]들이 나이가 어리고 아름답다는 소문을 듣고 그녀를 맞이하려고 하였으나 강씨가 울면서 거절하여 곡주로 피하였습니다. 곡주의 대가大家가 또 혼인을 요구하였습니다. 강씨가 단발하고 스스로 맹서하니 절의가 더욱 견고하였습니다."

이때에 이르러 모두 그 문門을 정표旌表하고 호역戶役을 면제하였다.

– 태종실록 10권, 태종 5년(1405년) 12월 29일 신묘 2번째 기사

---

1 귀장: 다른 고장에서 죽은 사람의 시체를 고향으로 가져와서 장사 지냄.
2 거실: 대대로 번창하고 문벌이 좋은 집안.

✝

    사람이 일평생을 살면서 가장 오랫동안 함께하는 사람은 누구일까? 부모, 형제, 친구라고 대답하는 사람도 있겠지만, 기혼자 대다수는 배우자라고 말할 것이다. 우리를 이 세상에 존재하도록 해주고 키워준 사람은 부모지만, 자신만의 확고한 가치관과 삶의 정체성이 정립되면 더는 부모와 함께하려 하지 않는다. 경제력을 갖추면 부모에게서 독립하는 것이 일반적이다. 어린 시절 수도 없이 싸우고 화해하며 서로 간에 없어서는 안 될 정도로 친했던 형제도 성인이 되면 자주 연락하거나 만나기가 어렵다. 그래서 옛 어른들은 형제도 결혼하면 남남이라는 말을 자주 했다. 피를 나눈 가족도 성인이 되면 함께하지 못하는데, 친구는 말할 것도 없다. 정말 내 마음을 누구보다 잘 알 것 같은 친구도 같은 공간에서 오랜 시간 함께하기란 쉬운 일이 아니다.

    그런데 나와 다른 이성이면서 성장 과정이 확연히 다른 남녀가 결혼하게 되면 특별한 일이 아니고서는 40~50년을 같은 공간에서 함께 생활한다. 사랑의 결실인 아이들이 있기에 평생을 함께하는 것이라고 말하는 사람도 있고, 정으로 사는 것이라고 말하는 사람도 있다. 그러나 부부가 기나긴 시간을 함께하는 이유를 설명하기에는 설득력이 매우 부족하다.

    생판 남이었던 사람과 평생을 함께하기 위해서는 사랑, 행복과 같은 정서적 공감과 유대감이 필요하다. 많은 인내와 희생도 요구된다. 그중에서도 남편과 아내에 걸맞은 역할을 규정하고 따르도록 만드는 사회적 규범과 덕목도 부부가 평생을 함께하는 중요한 항목이다. 그러나 최근 몇십 년만 봐도 사회가 요구하는 남편과 아내의 역할이 여러 번 바뀌었다. 90년대까지만 해도 남편은 가족의 생계를 책임져야 한다는 의식이 강했다. 그 당시 아내가 경제활동을 하는 것은 남자의 무능력으로 비쳤다. 그래서 남편들은 집안일에 관심 두기보다는 직장생활을 더 중시하며 돈을 버는 데 집중했다.

그 결과 남편은 자신이 버는 돈으로 생계를 꾸려간다고 자부하고 자상함보다는 가부장적 모습으로 아내와 자녀를 통제했다. 아내도 자신의 개인적 삶보다도 남편과 아이들을 위해 희생하는 것을 당연하게 여겼고, 남편의 뒷바라지를 잘할수록 현모양처의 자격을 갖춘다고 여겼다. 그래서 남편과 자녀가 높은 지위에 있고, 얼마나 많은 돈을 버는지가 여성이 아내와 어머니로서 얼마나 충실하게 살았는지를 평가하는 척도가 되었다.

그러나 2000년대 들어서부터 남편과 아내의 역할이 바뀌고 있다. 남성은 가족의 생계를 책임져야 하는 부담감에서 벗어나, 직장생활보다는 가정생활을 더 중요하게 여긴다. 기혼 남성들은 가부장적인 남편보다는 자상한 남편이자 아버지가 되는 것을 더 선호하고, 아내보다 뛰어나야 한다는 생각을 더는 하지 않는다. 또한 사랑을 표현하는 남자는 팔불출로 놀림당하기보다는 사랑스러운 남편으로 주변의 자랑거리가 된다. 아내도 남편과 아이들을 뒷바라지하는 역할에서 벗어나 자신만의 삶을 살아가면서 행복을 추구하는 것이 당연한 시대로 변하고 있다. 이제 남편과 아내는 상하관계가 아닌 동반자 관계가 되었다. 하지만 조선시대 유교적 부부

관계에 국한해 남편과 아내의 역할을 규정하는 측면이 아직 우리 사회에 남아있다. 그렇다면 조선시대 부부간의 윤리는 우리가 아는 것처럼 서열을 강조하며 여성의 희생을 강요했을까?

조선시대의 부부 관계에 대해 부정적으로 인식하는 사람이 많다. 대체로 조선 중·후기의 부부 관계가 바람직하지 않았던 것도 사실이다. 조선시대는 유교의 영향으로 고려시대에 비해 여성들의 지위가 낮아진 것은 물론 남성과 동등한 교육이 이루어지지 않았다. 그렇다보니 여성을 위한 교육 기관이 없었다. 오로지 집에서 부모가 여성의 도리를 말해주는 것이 교육의 전부였다. 부모가 가르친 주된 내용은 남녀가 서로 얼굴도 마주 보지 않는다는 '남녀칠세부동석'과 '내외법'이었다. 이외에도 여자가 10살이 되면 집 밖으로 나가지 않는다는《소학》의 '여자십년불출(女子十年不出)'처럼 여성을 수동적으로 만드는 내용이 대부분이었다.

여성의 사회 활동을 제약하는 배경에는 공자의 영향이 컸다. 지금의 초등학교 교재에 해당하는 조선시대 여성 교훈서였던《소학》명륜편에 공자가 정의한 여성의 역할이 나와있다.

"여인에게는 따라야만 하는 3가지 도리가 있는데, 집에 있을 때는 아버지를 따르고, 결혼하면 남편을 따르고, 남편이 죽으면 아들을 따름으로써 감히 제멋대로 하는 바가 없어야 한다. (중략) 따라서 여자는 종일 거처하는 규문(閨門) 안에 있어야 하고, 100리 길의 초상에 나가지 않는다. 또한 일을 마음대로 하지 않고, 행동은 혼자 하지 않고 참여하여 알게 된 다음에야 행동하며, 증명할 수 있는 다음에야 말한다. (중략) 부인에게는 7가지의 내쫓길 수 있는 조건이 있다. 시부모에게 순종하지 않고, 자식이 없으며, 음란하면 안 된다. 질투하고, 질병이 있으며, 말이 많고 도둑질하면 내쫓길 수 있다."

공자도 자신이 거론한 삼종지도(三從之道)와 칠거지악(七去之惡)이 시간적으로나 공간적으로 한참 떨어진 조선 여성들의 삶을 평생 옭아맬 줄은 꿈에도 생각하지 못했을 것이다.

유교 자체가 불공평과 차별을 인정하고 자신의 본분과 현실에 맞추어 충실히 살아갈 것을 강조하는 학문인 만큼, 사회를 이끌어가는 남자와 비교하여 여성을 차별하는 행위를 당연한 일로 받아들였다. 그러나 간과하지 말아야 할 것은 유교가 무턱대고 여성을 무시하고 차별해야 한다고 주장한 것이 아니라는 사실이다. 후대 성리학자들이 공자의 말을 처음 의도와 다르게 해석하여 사회에 적용함으로써 여성을 무시하는 행태가 나타난 것이다. 그 결과 조선시대 결혼한 여성은 시부모와 남편을 잘 모시며, 형제·친척과 화목하게 지내도록 노력하여 집안에 분란을 일으키면 안 되었다. 또한 자녀를 잘 가르치는 것은 기본이고, 시댁 제사를 정성을 다해 모시면서 집에 방문하는 손님을 잘 접대해야 했다. 늘 근면 성실하게 생활하면서 남편에게 투기하지 않고 언행을 올바르게 하는 것이 조선시대 여성의 최고 덕목이자 추구해야 할 가치가 되었다.

그러나 유교에서 추구하는 남녀 관계는 여성과 남성이 서로 다름을 인정하고, 자신이 할 수 있는 일에 최선을 다하는 것이었다. 오륜의 하나인 부부유별(夫婦有別)만 봐도 해석이 얼마나 중요한지를 알게 해준다. 옛 남성들은 여성들이 자신의 목소리를 내면, 남자와 여자가 엄연히 서로 다르다는 부부유별을 내세웠다. 감히 여자가 주제넘게 남자의 일을 넘보거나 기웃거리면 안 된다고 강조하며, 여성을 억압하였다. 그러나 부부유별이란 남자와 여자는 서로 할 수 있는 것이 다름을 인정하고 존중하라는 의미로 해석해야 한다. 남자가 아이를 낳고 젖을 먹일 수 없으며, 세심하게 아이의 마음을 어루만지는 것이 여자보다 못함을 인정해야 한다는 것이다. 여자가 근력이 필요한 일을 남자보다 잘하지 못하는 만큼 생계유지를 위한 사냥이나 농사처럼 대외적 경제 활동보다는 가정에서 가족 구성원을 세심하게 돌보는 것이 효율적이라는 말이다. 즉, 유교에서 부부유별이란 남녀가 서로의 장단점을 인정하면서 효율적이고 효과적인 활동을 해야 한다고 강조한 것이다. 21세기에 이 관점을 적용해 본다면, 남녀 구분 없이 자신이 잘할 수 있는 일을 선택하고 응원해 주는 것이라고 말할 수 있다.

남편과 아내가 상대방보다 잘할 수 있는 일을 하고, 서로를 믿는 것이 부부가 가져야 할 가장 기본적인 덕목이다. 부부가 함께한 시간이 길고 짧음이 중요한 것이 아니다. 흔히 아내에게 요구하는 절개의 의미는 남편이 죽어도 무조건 재가하지 말라는 뜻이 아니다. 남편을 믿고 평생 사랑하겠다는 마음으로 살아가라는 것이지, 자신의 행복을 포기하면서까지 죽은 남편을 그리워하며 살라는 의미가 아니다. 현재 함께하는 배우자를 깊이 사랑하며, 다른 사람에게 연정을 품지 않겠다는 마음을 계속 가지라는 것이다. 혹시라도 배우자와 헤어지는 경우라도, 그 사람과의 행복했던 순간을 후회하지 말라는 의미다. 만약 둘 사이에 사랑의 결실인 아이가 있다면, 끝까지 책임지고 올바르게 성장할 수 있도록 양육하라는 의미가 바로 절개의 숨은 뜻이다. 평생 수절하는 것을 최고의 미덕으로 여기는 것은 결코 절개의 올바른 뜻이 아니다.

주자의 성리학을 한층 더 발전시킨 퇴계 이황(1501~1570)의 아내 사랑은 오늘날 우리에게 큰 가르침을 준다. 누구보다 공자의 가르침을 잘 알고 일상생활에서 실천했던 퇴계 이황의 아내 사랑은 부부로서 어떻게 살아가야 옳은지를 보여주는 이정표가 된다. 퇴계 이황은 2번 결혼했는데, 첫 번째 부인 허씨는 아들 둘을 낳고 산후조리를 잘못하여 죽고 말았다. 2명의 자녀를 위해 이황은 다시 장가를 갔는데, 두 번째 부인인 안동 권씨는 지적장애인이었다. 이황은 아내가 지적장애라는 사실보다는 부부의 연을 맺었다는 데 더 의미를 두고 중요하게 여겼다.

아내 권씨를 향한 이황의 사랑이 얼마나 대단했는지를 보여주는 사례가 여럿 있다. 그중 대표적인 일화는 권씨가 이황이 입는 두루마기를 다림질하다가 태워버린 일이다. 권씨는 두루마기의 구멍을 비슷한 색으로 막지 않고, 멀리서도 눈에 확 띄는 붉은 천으로 구멍을 기웠다. 보통의 남자라면 체면을 생각해 아내에게 화를 내며 호통칠 만도 할 텐데, 이황은 전혀 부끄러워하지 않고 아내가 이상하게 기워준 두루마기를 입고 밖으로 나갔다. 색깔이 맞지 않는 두루마기를 본 사람들이 모두 이황에게 한마디씩 하자, "붉은색은 잡귀를 쫓고 복을 부르는 것이라네. 우리 부인이 나에게 좋은 일이 생기라고 일부러 붉은색으로 기워준 것이니 얼마나 고마운 일인가."라며 부인의 허물을 덮어주는 것을 넘어 현명한 부인으로 만들어주었다.

또 한번은 제사상에 있던 배를 몰래 훔친 아내를 이황이 두둔하는 일도 있었다. 유교에서 가장 중요한 덕목 중의 하나가 효다. 그리고 제사는 효를 보여주는 매우 중요한 의례이다. 한 치의 흐트러짐도 허용되지 않는 중요한 제사 준비 과정에서 권씨는 떨어진 배 하나를 치마에 숨겼다. 이를 본 큰 동서가 제사에 쓰일 음식이 상에서 떨어진 것은 우리가 정성스럽게 제사 준비를 하지 못하고 있음을 보여주는 것인데, 이를 부끄러워하기는커녕 치마에 배를 감추면 되겠냐고 꾸짖었다. 마침 이 광경을 보게 된 이황은 "형수님, 조상님께서도 손자며느리의 잘못을 귀엽게 보고 웃어 넘겨주실 겁니다. 앞으로 이런 일이 없도록 잘 타이르겠습니다."라며 사과한 뒤, 아내를 밖으로 데리고 나왔다. 그리고 아내가 먹고 싶어 한 배를 손수 깎아 주었다. 이처럼 아내를 사랑하는 모습을 감추기보다는 떳떳하게 보여주던 이황은 권씨가 죽자 전처 사이에서 낳은 2명의 아들에게 시묘살이를 시켰다. 자신도 권씨의 무덤 옆에 양진암을 짓고 1년 넘게 머무르며 아내를 그리워하였다.

이황은 손자 안도에게 부부로서 서로에게 지켜야 할 도리를 편지로 남겨주었다. 편지를 통해 아내를 사랑하는 방법을 가르쳐준 것이다.

"부부란 인륜의 시작이요, 만복의 근원이란다. 지극히 친근한 사이이기는 하지만, 또한 지극히 바르고 조심해야 하지. 그래서 군자의 도는 부부에게서 시작된다고 하는 거란다. 허나 세상 사람들은 부부간에 서로 예를 갖추어 공경해야 하는 것을 싹 잊어버리고, 너무 가깝게만 지내다가 마침내는 서로 깔보고 업신여기는 지경에 이르고 말지. 이 모두 서로 손님처럼 공경하지 않았기 때문에 생긴 거란다. 그 집안을 바르게 하려면 마땅히 시작부터 조심해야 하는 것이니 거듭 경계하기 바란다."

이황이 안도에게 남긴 편지는 우리에게 많은 울림을 준다. 배우자를 다정한 눈길로 바라보고 배려할 줄 아는 사람은 밖에서 다른 사람을 대할 때도 다정다감하다. 가장 사랑하는 사람인 동시에 가장 편안함을 주는 배우자를 어떻게 대하고 있는지 각자 행동을 되돌아보자. 어설프게 아는 유교 덕목이나 옛사람의 단편적인 말만 가지고 배우자에게 상처를 주는 언행을 하기 전에, 성리학을 집대성한 이황의 말과 행동을 먼저 떠올려 보면 어떨까? 아내가 남편에게 하는 행동만을 보고 평가하지 말자. 사랑하는 사람에게 먼저 표현하고 존중하는 것이야말로 진정 모두가 지켜야 할 부부간의 도리가 아닐까.

전설 속 검은 여우의 털을
황제에게 바쳐라

丁巳/視事。上謂代言等曰: 參判李明德還自義州言: '昌盛見黑狐、白雁曰:
「此皆瑞物, 天下必來賀。」' 予考歷代黑狐、白雁、白雉, 皆非瑞物也。周
時, 獻黑狐, 隋 煬帝時, 亦獻黑狐。 且麒麟或出盛世, 或出衰世。以此觀之,
祥瑞不足信也。然尹鳳言: '今皇帝酷好祥瑞, 至於白鼠白兔, 皆令馴養而
翫。' 若見今進黑狐、白雁、海靑, 則必深喜矣。

정사를 보았다. 임금이 대언代言들에게 이르기를, "참판參判 이명덕
李明德이 의주義州로부터 돌아와서 말하기를, '창성昌盛이 흑호黑狐
와 백안白雁을 보고 이르기를, "이것은 모두 상서로운 물건이다. 천
하에서 반드시 와서 하례할 것이다." 하였다.' 하는데, 내가 역대의
일을 고찰하니, 흑호·백안·백치白雉는 모두가 상서로운 물건이 아니
다. 주나라 때에도 흑호를 바친 바 있고, 수隋나라 양제煬帝 때에도
흑호를 바친 적이 있다. 또 기린麒麟도 성창한 시대에 나오기도 하고,
혹은 쇠잔한 시대에 나오기도 하였다. 이것으로 본다면 상서라는 것
은 족히 믿을 것이 못된다. 그러나 윤봉尹鳳의 말에 의하면 지금 황제
께서 상서를 너무 좋아하여 백서白鼠·백토白兔까지도 모두 길들여 기
르면서 애완愛翫하신다 하니, 만약 이번에 바치는 흑호와 백안, 그리
고 해청을 보신다면 반드시 심히 기뻐하실 것이다."

– 세종실록 42권, 세종 10년(1428년) 11월 9일 정사 1번째 기사

검은 여우 털인 흑호는 삼황오제가 등장하는 전설에 나온다. 중국 고대 신화에 자주 등장하는 서왕모는 삼황오제 중 1명인 황제(黃帝)가 중원을 두고 치우와 싸우다 태산으로 후퇴하자, 검은 여우 갑옷을 입은 사자를 파견하여 승리를 도왔다고 한다. 주나라와 수나라 양제 때도 검은 여우 털을 황제에게 바쳤다는 기록이 있다. 실제로 검은 여우 털은 모피 중에서 검은담비 다음으로 높이 평가받는다. 17세기 러시아 귀족은 검은 여우 털로 제작한 옷을 이용해서 자신의 지위를 강조했다. 중국 청나라 황제 건륭제는 여행을 가거나 말을 탈 때 착용하는 행관을 검은 여우 가죽과 검은 양가죽으로 제작하라고 규정하기도 했다.

이처럼 황제나 귀족이 검은 여우 털을 선호한 것은 구하기 힘든 물건인 만큼 시장에서 매우 비싼 값으로 거래되었기 때문이었다. 그래서 세종 때 명나라 사신으로 온 윤봉은 황제를 내세워 조선 정부에 검은 여우 털을 바치라고 협박하곤 했다. 윤봉만이 아니라 명나라에서 온 사신들이 황제를 내세워 검은 여우털인 흑호를 비롯하여 많은 조공품을 요구한 것은 하루 이틀의 일이 아니었다. 이들은 왜 조선에 많은 물품을 요구했을까? 그렇다면 조선의 왕과 조정 대신들은 명나라 사신의 횡포에 어떻게 대처했을까?

조선에 들어와 많은 공물을 내놓으라고 횡포를 부렸던 윤봉은 조선에서 명나라에 조공으로 바쳤던 환관이었다. 조선 건국 초 명나라는 원나라를 거론하며 많은 공녀와 환관을 조선에 요구했다.

태종 7년(1407년)에는 베트남에서 환관이 될 남자를 3,000명이나 바친 사실을 거론하면서, 조선도 300~400명의 환관이 될 남자를 보내라고 압력을 행사하였다. 갑자기 생식기를 없앤 남자아이 수백 명을 바치라는 명나라 요구에 태종은 "이들은 심으면 나는 것도 아닌데, 어떻게 갑자기 많이 얻을 수 있겠냐."라며 한탄하였다.

그도 그럴것이 고려는 총 9번에 걸쳐 100여 명의 환관을 원나라에 바쳤다. 조선은 그보다 훨씬 많은 인원인 207명의 거세한 10대 소년을 15번에 걸쳐 환관으로 보냈다. 거세라는 큰 고통을 당한 어린 소년들이 말도 통하지 않는 명나라에서 살아가기란 매우 어려운 일이었다. 이들은 필요에 따라 언제든지 버려질 수도 있어 생사를 장담할 수도 없었다. 거세된 어린 소년들은 어떻게 해서든지 살아남기 위해 일찌감치 돈과 권력의 속성에 눈을 떠야 했다. 그 결과 이들은 자신보다 약한 사람은 밟아버리고, 강한 사람에게는 아첨하며 살아남았다. 그리고 마음 깊은 곳에 자신을 먼 타국으로 보내 고생시킨 조선을 원망했다.

특히 윤봉의 횡포는 그전에 왔던 명나라 사신들보다 더욱 심했다. 황해도 서흥에서 태어나 명나라에 끌려간 윤봉은 영락제를 비롯한 3명의 황제를 모셨다. 뛰어난 수단으로 황제의 신임을 받은 윤봉은 12차례나 조선에 사신으로 파견되었는데, 그 권세가 얼마나 대단했는지 태종도 문무백관을 거느리고 모화루에 나가 맞이할 정도였다. 조선에 윤봉이 얼마나 부담스러운 존재였는지, 태종은 윤봉 형제들에게 벼슬까지 주었다. 윤봉이 자신의 형제들에게 벼슬을 주라고 하자, 태종이 서반의 사직(司直)·사정(司正)을 윤봉 형제에게 제수한 것이다. 여기서 끝이 아니었다. 윤봉의 요구에 황해도 서흥 본가에 백미와 콩 30석을 보냈고, 윤봉의 집안은 요역과 잡공에 동원되지 않도록 모두 면제해 주었다.

윤봉은 자신의 집안을 일으키는 정도로 만족하지 않았다. 세종 7년(1425년)에는 자신이 태어난 서흥을 도호부로 승격해 달라고 요구하여 관철시켰다. 자신의 힘과 권세로 서흥을 도호부로 승격한 사실을 자손만대에 전하고 싶은 것이 가장 큰 이유였다. 심지어는 동부대언 정흠지에게 경관직, 평양 토관 등의 관직에 자신이 추천한 사람을 임명하도록 지시를 내리기도 했다. 이렇듯 윤봉은 조선에 내정간섭을 했고, 세종은 윤봉의 뜻을 들어주었다.

조선 관료의 인사이동에 개입하고 고을을 도호부로 승격시킬 정도의 힘을 가진 윤봉은 조선을 자신의 곳간처럼 생각했다. 필요한 물건이 있으면 언제든지 마음 내키는 대로 가져가서 이익을 챙겼다. 예를 들어 자신이 구매한 비단 1필을 청서피라 불리는 족제비 털 500장과 바꾸고, 폭이 넓은 비단의 한 종류인 광초 3필을 호피 30장과 바꾸는 등 말도 안 되는 부당한 거래로 막대한 이득을 취하였다. 이처럼 명나라에서 사고팔 물건이나 관리에게 바칠 뇌물을 마련하기 위해 황제의 이름을 내세워 조선에서 서슴없이 물건을 빼앗아갔다.

윤봉이 조선에서 가져가려고 혈안이 되었던 주요 품목은 황제가 좋아하는 해동청(송골매)·스라소니·검은 여우였다. 윤봉이 요구했던 동물은 명나라에서 최고의 상품으로 알아주는 것이었다. 하지만 조선에서 구하기는 매우 힘든 동물로, 아주 높은 가격으로 거래되는 품목이었다. 조선 정부는 윤봉이 개인적으로 착복하려는 것을 알았지만, 명나라 황제가 원한다는 윤봉의 말에 아무 대응도 할 수 없었다. 만에 하나 명나라 황제가 정말 요구한 것이라면, 외교적 문제가 될 것이 자명했기 때문이었다. 또한 윤봉이 앙심을 품고 명나라 황제에게 있지도 않은 사실을 거짓으로 전하면, 조선에 더 많은 어려움이 불어닥칠 것이 자명했기 때문이다.

그렇게 윤봉이 조선에서 막무가내로 가져가는 물품의 양은 실로 어마어마했다. 세종 11년(1429년) 기록에 '윤봉이 요구한 물건이 200여 상자나 되었다. 상자 1개를 메고 가는 데 8명이 필요한데, 상자를 멘 사람들이 태평관(太平館)에서부터 사현(沙峴)에 이르기까지 연달아 이어져 끊어지는 일이 없었다. 사신(使臣)의 물품 요구가 많은 것이 이보다 더 심할 때는 없었다.'라고 적혀있다. 중국 사신이 머물던 태평관은 지금의 태평로에 있었고, 사현은 지금의 무악재다. 태평관과 사현의 거리가 3~4km 정도인 것으로 보았을 때, 윤봉이 조선에서 가져가는 재물이 얼마나 많았는지 알 수 있다.

비단 조선에 들어와 횡포를 부린 사람은 명나라 환관 출신 윤봉만이 아니었다. 조선 초에 들어온 명나라 사신들은 하나같이 모두 조선에서 한몫을 단단히 잡겠다고 생각했다. 조선에서 그들이 요구하는 물품을 구하는 것은 모두 힘든 일이었지만, 그중에서도 사냥개를 바치는 일은 특히나 고된 일이었다. 고려시대부터 사냥매 못지않게 중국에서 인기가 좋은 짐승이 사냥개였다. 우리나라의 사냥개는 매우 영리하고 민첩해서 조선에서 사냥개 1마리를 사가면 명나라에서 2배 이상의 가격을 받을 정도로 인기가 높았다. 명나라 황실도 조선의 사냥개를 좋아하여 수시로 요구했다. 얼마나 많이 요구했는지 세종이 병조에서 사냥개를 관리·선발하여 조공을 바치는 데 차질이 없도록 하라고 지시할 정도였다.

사냥개를 키우기 위해서는 야외에서 짐승을 잡는 훈련이 필요한 데, 이때 농사를 짓는 백성을 동원하거나 농작물에 피해를 주는 경우가 많았다. 조선이 사냥개를 훈련해 조공으로 바치는 일을 얼마나 신경 썼는지 세종 13년(1431년)에는 내금위 이곤이 명나라에 바칠 개를 훔쳤다는 죄명으로 참형을 당하기도 하였다.

명나라의 과도한 진상 요구와 사신들의 횡포가 너무 오래 지속되자, 명나라를 섬기는 것을 기조로 삼았던 조선 내에서도 반발이 일어났다. 불과 30년 전만 해도 요동을 정벌하려 했던 조선이기에, 명나라도 조선의 반발에 신경 쓰지 않을 수 없었다. 동아시아의 강국이던 조선이 명나라에 반발한다면, 그 파장은 걷잡을 수 없이 커질 가능성이 있었다. 명나라는 태조 주원장부터 영락제에 이르기까지 수많은 전쟁을 치르면서 주변국들을 사대 질서에 편입시켰다. 이제야 전쟁이 끝나고 안정된 국정을 운영하려는 시점에서 사대 질서를 가장 잘 지키는 모범 국가인 조선과 전쟁을 벌이게 된다면, 가까스로 안정시킨 주변국들이 동요를 일으킬 것이 분명했다. 또한 조선은 중국이 역사상 한 번도 완전하게 정복한 적이 없는 강국이기도 했다.

세종 11년(1429년), 명나라 황제는 조선 국왕에게 명에서 파견되는 환관과 사신을 예의로만 대접하고 물품을 따로 주지 말라고 당부했다. 사신이 황제의 말을 사칭하여 물품을 요구하는 것에 응하지 말고, 오직 황제의 도장인 어보가 찍힌 문서에 적힌 물품만 보내면 된다고 재차 강조했다. 혹시라도 조선 국왕이 자신의 말을 믿지 않을까 우려한 황제는 태종부터 세종에 이르기까지 명나라를 섬겨온 것을 너무도 잘 알고 있다고까지 말했다. 중간에서 사신들이 아무리 이간질해도 황제 자신은 휘둘리지 않을 자신이 있으니 아무 걱정하지 말라고 덧붙였다.

하지만 명나라 황제의 호언장담과는 달리 현실은 그렇지 않았다. 명나라 사신과 환관은 조선에서 재물을 얻지 못하자, 명나라 황제에게 조선에 대한 험담을 멈추지 않았다. 심지어 명나라 사신은 조공할 사냥매가 부족하다며, 함경도까지 수백 명의 군사를 데리고 들어와 횡포를 부렸다.

세종은 왜 명나라에 제대로 된 항의를 하지 않았을까? 가장 큰 원인은 명나라보다 약한 국력에 있었다. 명나라의 사대 질서를 거부하는 나라들이 명의 침략을 받아 어떤 고초를 겪었는지 잘 아는 세종은 묵묵히 참고 견딜 수밖에 없었다. 나라의 안정이 아직 이루어지지 않았고, 잦은 가뭄 등의 자연재해로 백성들의 삶은 여전히 어려웠다. 이런 상황에서 명나라를 상대로 전쟁을 벌여 승리할 자신이 없었다. 또한 북쪽에서는 여진족이 끊임없이 국경을 넘어 백성들을 살육하고, 재물을 노략질해 갔다. 현실을 냉철하게 볼 줄 알았던 세종은 거대한 힘을 가진 명나라에게 조공을 바치고 전쟁을 피하는 것이 국익에 훨씬 도움이 된다고 판단했다. 반면 조선보다 세력이 약하면서 직접적인 피해를 주는 여진족을 토벌하여 멀리 내쫓고, 국경선을 확고히 하는 것이 낫다고 판단하였다.

세종은 명나라 사신의 횡포를 묵묵히 참았다. 가장 가까이에서 조선을 괴롭히는 여진족 토벌을 최우선 과제로 생각하고 실현하기 위해 명나라 사신의 비위를 맞추어주었다. 관료들의 반발이 있었지만, 세종은 국력을 기르고 백성을 보호하기 위해서라면 비난받는 것을 하나도 두려워하지 않았다. 결국 세종의 노력은 명나라의 완벽한 신임을 얻어냈다. 조선이 여진족을 토벌하여 조공로(朝貢路)를 확보하겠다는 명분을 내세워 북쪽으로 군대를 동원해도 명나라는 아무런 반대도 하지 않았다. 바로 명나라의 영토와 맞닿은 곳에 군대를 동원했는데도 말이다. 그 결과 세종은 4군 6진 개척이라는 업적을 쌓을 수 있었다.

다행스럽게도 명나라에 바칠 조공을 마련하느라 고생한 백성을 애써 모른 체하는 것을 힘들어하던 세종의 마음이 《조선왕조실록》에 고스란히 나온다. 최윤덕 장군을 통해 4군을 개척하기 1년 전인 세종 13년(1431)에 황해도 감사가 검은 여우를 조정에 바친 일이 있었다. 명나라 사신이 늘 검은 여우 털을 요구했던 만큼, 황해도 감사는 검은 여우를 바치면 나라의 근심이 덜어지리라 생각했다. 그러나 세종은 "앞서 검은 여우를 생포하려던 것은 중국에 바치기 위한 것이었다. 작년에 평안도에서 생포해 바친 것을 즉시 도로 놓아주게 하였는데, 이제 황해도에서 또 바쳐 온 것은 반드시 모르고 한 것이니, 이를 각도 감사에게 유시하라."라고 말하며, 앞으로는 검은 여우를 진상하지 말라고 말했다. 명나라의 신임을 얻어 큰일을 도모할 수 있게 된 만큼, 이제라도 백성들이 조공 물품을 마련하느라 고생하지 않기를 바라는 마음이었다.

이는 조선과 명나라의 국력 차이를 너무도 잘 알던 세종이 고심 끝에 명나라에 조공을 진상하는 불가피한 선택을 했음을 알 수 있다. 자신의 선택으로 고통받는 백성의 모습을 보는 것은 백성을 사랑하는 세종에게 매우 힘든 일이었을 것이다. 그러나 결과적으로 세종의 선택 덕분에 고려 때보다 훨씬 넓은 영토를 확보할 수 있게 됐다.

조선 후기에도 세종처럼 국제 정세를 잘 파악하여, 백성의 고충을 덜어주려는 왕이 있었다. 폭군으로 알려진 광해군이 그 주인공이다. 형제를 죽이고 어머니를 유폐시킨 일로 왕에서 쫓겨난 광해군은 아주 오랜 세월 백성을 돌보지 않는 폭군으로 묘사됐다. 하지만 명나라 사신이 요구하는 조공 물품을 거부했던 당당한 태도는 광해군을 재평가하게 한다.

광해군이 집권한 시기는 임진왜란이 끝난 지 얼마 되지 않은 시점이었다. 인구가 대폭 감소하고, 경작지가 3분의 1로 축소되는 등 국가 기반이 무너진 상황에서 나라를 경영하기란 매우 어려운 일이었다. 게다가 누르하치를 중심으로 통합을 이룬 여진족이 명나라와 조선을 위협하고 있었다. 반면 명나라는 임진왜란을 통해 예전의 강국이 아닌 종이호랑이에 불과하다는 사실을 여실히 보여주었다. 그런데도 명나라는 조선을 이용하여 빠르게 성장하는 여진족을 견제하는 동시에 조선을 과거처럼 통제하고자 무리한 압력을 행사하였다.

명나라는 광해 2년(1610년)에 조공으로 바친 초피를 품질이 나쁘다는 이유로 모두 퇴짜를 놓았다. 그리고 구하기도 힘든 흑백 호피를 바치라고 연신 독촉했다. 검은 호랑이와 흰 호랑이를 잡을 수 없는 상황에서 흑백 호피를 계속 내놓으라는 명나라 사신의 억지에 왕홍명이 "조선의 그림에서도 흑호와 백호는 보지 못했으며, 있다 하더라도 신이한 동물로 사람이 잡을 수 없습니다."라고 대답했다. 그러자 명나라 사신은 변명만 하지 말고 어떻게 해서든 구해오라며 왕홍명을 채찍으로 때렸다. 이 소식을 들은 광해군은 다시 한번 사신에게 사정을 말해보고, 그래도 안 된다고 하면 다른 물품으로 대체하라고 지시했다. 국왕인 자신이 직접 나서서 명나라 사신이 부당한 요구를 하지 못하도록 차단한 것이었다. 이로써 흑백 호피를 구하기 위해 고생할 관료와 백성을 보호할 수 있었다.

이는 광해군을 내쫓고 왕이 된 인조가 현실을 제대로 파악하지 못하고 맹목적인 사대주의를 고수해서 2번의 전쟁을 치렀던 모습과는 확연히 다르다. 광해군은 조선이 약소국이라는 사실을 인지하고 강대국 사이에 흐르는 미묘한 변화의 흐름을 읽었다. 광해군은 궁궐을 짓는 대규모 토목공사를 벌여 백성을 힘들게 하기도 했지만, 필요할 때는 명나라에 당당하게 "아니오"를 외치며 백성이 곤욕을 겪지 않도록 했다. 최소한 병자호란이 끝나고 포로로 끌려갔던 백성들이 고향으로 가기 위해 압록강을 넘어 도망쳐 오는 것을 군대로 막은 인조보다는 백번 나은 모습이었다.

세종과 광해군 때 명나라가 검은 여우 털과 흑백 호피 등 구하기 어려운 조공을 요구했던 일은 비단 그 당시만의 문제는 아니다. 오늘날 대한민국도 경제·군사적으로 세계 10위 안에 드는 강대국이지만, 비슷한 어려움을 겪고 있다. 우리보다 더 막강한 힘을 가진 미국과 중국의 틈바구니에서 우리의 목소리를 내는 것은 어려운 일이다. 그들과 비교했을 때 우리는 약소국이기 때문이다. 그런데 더 큰 문제는 미국과 중국이 조선시대의 명나라처럼 우리에게 아무렇지도 않게 무리한 요구를 한다는 점이다. 이때마다 우리는 어떤 자세를 취해야 하는지 고민하게 된다. 어떤 선택도 정답이라고 말할 수 없는 상황으로 국론 분열이 일어나기까지 한다.

세종과 광해군은 현재의 우리보다 더 열악했던 상황에서 어떤 목표를 가지고 움직였을까? 세종은 백성과 관료에게 비난을 받았지만, 영토 개척과 국정 운영의 안정을 이루었다. 반면 광해군은 국제 정세를 제대로 파악하여 대외적으로 조선의 목소리를 냈으나, 국론 분열을 막지 못하면서 왕에서 쫓겨났다. 인조는 현실 개선의 노력 없이 맹목적으로 명나라에 대한 사대만을 강조하다가 전쟁을 두 번 겪으면서 수많은 백성이 죽고, 국토를 유린당하는 결과를 낳았다. 조선의 역사를 통해 미국과 중국의 갈등 속에서 우리가 피해를 보지 않고 오히려 이득을 얻을 수 있는 방법을 찾아야 하지 않을까?

사람을 현혹하는
불교를 탄압하십시오

司諫院啓: "今僧徒乃於京外寺社, 稱爲十王圖, 圖畫人形, 至於殊形異狀, 無不畫作, 其殘忍慘酷之狀, 目不忍見, 眞得其道者, 必不爲此。後世奸僧欲營生業, 假托佛說, 乃爲此圖, 張掛佛宇, 恐嚇愚民, 多聚資財, 非徒有乖釋氏慈悲之意, 愚民畏慕罪福, 不顧生理, 傾財失業, 未免飢寒, 以至棄其父母妻子, 逃世剃髮, 敗毁綱常, 生民之害, 實由此圖。 請令京中司憲府、外方各官窮搜燒毁, 其或敢有藏匿, 或潛隱圖畫者, 許人陳告, 隨卽燒毁, 按律抵罪。" 不允。

사간원에서 아뢰기를,

"지금 승도僧徒들이 서울 바깥 사찰에서 '시왕도十王圖'라고 칭하고서, 사람 형상을 괴상한 형용과 이상한 모양에 이르기까지 그리지 않는 바가 없사옵니다. 그 잔인하고 참혹한 형상을 눈뜨고 차마 볼 수 없사옵니다. 진실로 그 도道를 터득한 자는 반드시 이러한 짓을 하지는 아니할 것입니다. 후세에 간사한 승도들이 생업生業을 영위하고자 불설佛說을 가락假托하여, 이 그림을 만들어 절간에 걸어 두고 어리석은 백성들을 을러메서 많은 재물을 긁어모을 것이오니, 단지 석씨釋氏의 자비스러운 뜻에 어긋날 뿐만 아니라, 어리석은 백성들이 죄과를 겁내고 복락을 얻으려고 생계를 돌보지 아니하고서, 재산을 털어 넣고 생업을 잃어 굶주림과 추위를 면하지 못할 것입니다. 이 때문에 그 부모 처자를 내버리고 세상을 도피하여 머리를 깎아 강상을 허물어뜨리오니, 생민生民의 폐해가 실로 이 그림에서 연유됩니다. 청하건대, 서울은 사헌부에서, 외방은 각 고을에서 샅샅이 수색하여 불태우거나 헐어버리게 하고, 그중에 혹시 감히 숨겨 놓거나 혹은 몰래 숨어서 그림을 그리는 자는, 사람들에게 진고陳告하는 것을 허락하여 즉시 불태워 없애고서, 법에 의하여 죄를 주게 하옵소서." 하였으나, 윤허하지 아니하였다.

– 세종실록 88권, 세종 22년(1440년) 1월 25일 무진 3번째 기사

✟

조선은 고려 말 사리사욕으로 온갖 부정부패를 저지르며 종교의 기능을 잃어버린 불교를 억압했다. 정도전은 《불씨잡변》을 통해 불교의 폐단을 지적하며 국가의 운영에 있어 하나도 도움이 되지 않는 종교라고 강조했다. 여기에 그치지 않고 불교가 사람으로서 마땅히 지켜야 할 도리를 파괴한다고 주장했다. 정도전의 주장은 조선 500년 동안 유학을 공부하는 유생들에게 절대 어겨서는 안 되는 원칙이 되었고, 이후의 국가 운영에 엄청난 영향을 미쳤다.

조선 왕들도 정도전의 불교 배척에 호응하여 각종 억압 정책을 펼쳤다. 특히 조선 초의 왕들은 적극적으로 불교를 억압하는 데 많은 노력을 기울였다. 태종은 11개의 불교 종단을 7개로 축소하면서, 서울 외곽 70여 개의 사찰을 제외한 전국 사찰의 재산과 노비를 몰수하였다. 세종도 억불 정책을 계승하여 승려의 도성 출입을 금지하는 한편, 7개의 종단을 2개의 종파로 줄였다. 그런데 《조선왕조실록》에 시왕도로 사람들을 현혹하는 불교를 탄압해야 한다는 사간원의 주장에 세종이 동의하지 않았다는 기록이 나온다. 강력하게 불교를 억압하던 세종의 모습과 너무도 다른 행보에 의아함이 생긴다. 사간원이 말한 시왕도는 무엇이고, 세종은 사간원의 불교를 탄압하자는 주장을 왜 반대했을까?

세종 22년(1440년) 사간원은 지옥에서 죽은 자를 심판하는 10명의 왕을 그린 '시왕도'를 통해 승려들이 어리석은 백성을 현혹하고 있다며 문제를 제기했다. 이는 석가모니가 주장하는 자비와는 아

시왕도(출처: 국립중앙박물관)

무런 상관도 없는 행위로, 승려들이 생계 수단으로 백성에게 겁을 주어 재물을 뜯어내는 횡포라고 주장하였다. 이로 인해 백성들이 가족을 버리고 승려가 되거나, 재산을 모두 사찰에 기부하여 빈곤하게 사는 일이 벌어진다며, 세종에게 시왕도를 없애는 것은 물론, 시왕도를 그리는 자도 잡아서 처벌해야 한다고 강력하게 건의하였다.

　사실 시왕도는 세종 시기에 처음 만들어져 유행한 것이 아니었다. 시왕도는 불교가 한국에 유입되면서 토착 신앙과 결합하여 만들어진 것으로 아주 오랫동안 우리 선조들의 삶에 큰 영향을 미쳐왔다. 시왕도를 구체적으로 살펴보면 다음과 같다. 불교에서는 사람이 죽으면 명부(冥府)라 불리는 저승 세계로 간다고 보았다. 저승에는 10명의 왕이 있는데, 죽은 자들은 저승을 다스리는 시왕에게 심판을 받고 업에 따라 환생하거나 지옥에서 벌을 받는다고 여겼다. 저승에서 죽은 자의 죄를 심판하는 왕은 진광대왕(秦廣大王), 초강대왕(初江大王), 송제대왕(宋帝大王), 오관대왕(五官大王), 염라대왕(閻羅大王), 변성대왕(變成大王), 태산대왕(泰山大王), 평등대왕(平等大王), 도시대왕(都市大王), 전륜대왕(轉輪大王)이 있다.

진광대왕은 망자를 처음으로 맞이하는 왕으로 도산지옥을 관리하며 생사나 수명을 관장한다. 진광대왕은 망자가 나쁜 일을 멈추고 선행을 하도록 만드는 일을 맡고 있는데, 특히 살인이나 협박 등을 한 죄인을 심판한다. 초강대왕은 망자가 두 번째로 만나게 되는 왕으로 화탕지옥을 관리한다. 초강대왕은 초강(初江) 근처에 관청을 세우고 강을 건너는 죽은 자를 감시하는데, 부정직한 중매나 사기를 저질렀거나 사람이나 동물을 불구로 만든 죄인을 심판한다.

송제대왕은 세 번째 시왕으로 한빙지옥을 관리한다. 큰 바다의 동남쪽 아래에 있는 지옥에 머무는데, 죄의 경중에 따라 죄인을 16개의 지옥으로 보낸다. 송제대왕은 부정한 행위를 저질렀거나 음주로 물의를 일으킨 자 또는 남을 곤경에 빠트린 사람을 주로 심판한다. 오관대왕은 망자가 네 번째로 만나게 되는 왕으로 업칭(業秤)이라는 저울에 망자의 죄를 달아 무게에 따라 벌을 주는 검수지옥의 관리자다. 아무 이유 없이 동물을 죽이거나 음란하고 난잡한 음행을 저지른 자 또는 남의 것을 빼앗고 베풀지 않은 자에게 벌을 내린다.

우리가 제일 잘 아는 염라대왕은 업경(業鏡)이라는 거울을 통하여 망자에게 전생의 일을 보여준 뒤, 벌을 주는 발설지옥의 왕이다.

염라대왕은 음란한 행위를 하거나 남을 비방하고 거짓말을 한 자를 심판하는 다섯 번째 왕이다. 변성대왕은 망자가 오관대왕과 염라대왕의 심판을 받고도 남은 죄가 있으면 벌을 주는 왕으로 독사지옥을 관리한다. 신을 부정하거나 신을 이용하여 개인의 사리사욕을 채운 사람들, 추위와 더위와 같은 자연현상을 원망하거나 저주한 자들에게 벌을 준다.

일곱 번째로 인간의 선악을 기록하고, 죽은 자가 태어날 곳을 정하는 거해지옥의 관리자 태산대왕이 있다. 태산대왕은 동물을 무자비하게 살생하고, 사람을 무시한 자에게 벌을 내린다. 여덟 번째 평등대왕은 8개의 추운 곳, 8개의 뜨거운 곳이 있는 철상지옥을 다스린다. 평등대왕은 죄와 복을 공평하게 다스리는데, 동물을 자비심 없이 죽이거나 불효자처럼 부모에게 잘못을 저지른 사람을 심판한다.

아홉 번째로 풍도지옥을 관리하면서, 죽은 자에게 법화경 및 아미타불 조성의 공덕을 말해주는 도시대왕은 낙태 시술자, 외설적인 글과 작품을 만든 사람이나 읽은 사람, 방화범, 그리고 자살한 사람을 심판하고 벌을 내린다. 시왕의 마지막 왕인 전륜대왕은 죽은 사람의 어리석음과 번뇌를 다스리는 흑암지옥의 관리자다. 협박 등 나쁜 행동을 통하여 이윤을 취하거나, 중죄를 저지른 사람을 고통이 끝나지 않는 지옥으로 내려보내지만, 죄를 짓지 않은 사람은 다시 태어나도록 해주는 윤회를 담당하고 있다.

10명의 시왕은 각기 조사하는 범죄유형이 다르지만 일부 왕들은 망자가 똑같은 범죄를 저질렀는지 조사하고 벌을 내린다. 또는 태산대왕이나 전륜대왕처럼 윤회를 담당하며 태어날 곳을 정하는 일이 겹치는 왕도 있다. 이렇듯 저승 세계에서는 죽은 사람마다 지은 죄에 따라 최소 1번에서 최대 10번의 심판을 받는다. 망자는 까다로운 심판을 통과해야 하므로 이승에서 지은 죄를 감추기란 매우 어려운 일이다. 따라서 지은 죄가 많은 사람은 시왕을 두려워할 수밖에 없다.

죽은 사람은 시왕의 판결에 따라 육도(六度)라고 불리는 천상(天)·인간(人間)·아수라(阿修羅)·축생(畜生)·아귀(餓鬼)·지옥(地獄) 중 하나로 떨어지게 된다. 천상과 인간 그리고 아수라는 삼선도(三善道)라 하여 좋은 곳으로 여기고, 축생과 아귀 그리고 지옥은 삼악도(三惡道)라고 하여 나쁜 곳으로 생각했다.

천상도는 모든 속박을 벗어나서 심신(心神)만이 존재하는 4개의 무색계(無色界)와 탐욕은 없으나 색법을 벗지 못한 18계의 색계(色界), 그리고 욕망이 강하게 남아있는 6개의 욕계(欲界)로 이루어져 있다. 총 28개의 하늘로 이루어진 천상도는 신들이 머무는 곳으로, 모든 욕망이 충족되고 즐거움이 가득한 천국에 비유될 수 있다. 예를 들어 사찰 입구에서 보게 되는 사천왕은 욕계의 사왕천을 다스리면서 인간의 선악을 살핀다. 그리고 도리천의 왕인 제석천은 불교와 불교에 귀의한 사람을 보호한다.

인간도는 현재 우리가 살고 있는 세계다. 탐욕과 어리석음 등이 어우러져 있으며, 의지에 따라 업보에 적극적으로 대처하여 변화시킬 수 있는 공간으로 본다. 아수라도는 인간과 축생의 중간에 위치하는데, 구체적으로는 수미산과 지쌍산 사이의 바다 밑에 있다고 알려져 있다. 이곳에는 얼굴이 3개이고 팔이 6개인 아수라가 살고 있는데, 이들은 분노가 많아 싸움을 멈추지 않는다고 여겼다.

축생도는 새, 짐승, 곤충 등 인간이 아닌 동물로 태어나는 곳으로 즐거움보다는 고통이 많다. 축생은 식욕과 음욕이 강하여 서로 잡아먹고 싸우는 일만 하는데, 인간이 죄를 많이 지으면 축생으로 태어난다고 여겼다. 아귀도는 욕심이 많아 보시[3]하지 않거나, 다른 사람의 보시를 방해하면 떨어지는 곳으로 끊임없이 큰 고통이 주어진다. 이곳에 사는 아귀들은 큰 입에 비해 바늘처럼 가는 목구멍을 가져서, 늘 목마름의 고통과 뜨거운 열의 고통을 받는다고 한다.

육도의 마지막이 지옥도이다. 시왕도는 지옥의 모습을 그림으로 묘사하였는데, 잔혹할 만큼 끔찍하게 표현되어 있다. 죽은 사람을 목판 위에 눕힌 뒤 몸에 못을 박는 지옥, 배를 갈라 오장육부를 끄집어내는 지옥, 빼낸 혀 위에서 소가 쟁기질하는 지옥, 창에 몸을 꿰어 팔팔 끓는 솥에 넣는 지옥, 쇠 절구에 몸을 넣어 찧는 지옥, 날카로운 칼이 꽂힌 숲에 몸이 던져지는 지옥, 몸을 형틀에 묶어놓고 톱으로 자르는 지옥, 몸이 얼음산에 던져지는 지옥 등이 있다.

임방(1640~1724)은 자신이 편찬한 야담집 《천예록》에서 '또 다른 지옥에 이르니 없는 말을 만들어 꾸며 하는 자의 죄를 다스리는 감옥이라고 쓰여있었다. 두어 길쯤 되어 보이는 쇠기둥 아래 큰 돌이 있었다. 죄인을 기둥 아래 꿇어 앉히고, 날카로운 칼로 혀를 찌르고 철사로 꿰어 기둥 위에 매달아 땅에서 한 자쯤 떨어지게 했다.

---

3 보시: 자비심으로 남에게 재물이나 불법을 베풂.

또 큰 돌을 발에 매다니 혀가 한 자 남짓 빠져나오고 눈알이 모두 튀어나와 그 아픔을 견디지 못했다.'라며 지옥을 설명하고 있다.

이처럼 글로 표현해도 잔인하고 끔찍한 지옥의 모습을 생생하게 그림으로 표현한 시왕도를 직접 보게 되면 누구라도 두려움에 빠질 수밖에 없다. 불교에서 시왕도를 통해 지옥의 무서운 모습을 보여주는 것은 사람들이 평소에 자신의 행동을 되돌아보며 죄를 짓지 않고 선한 행동을 하도록 유도하기 위해서였다. 그러나 고려 말 일부 승려들은 시왕도를 통해 불교에 귀의하지 않거나 시주하지 않는 경우, 지옥에 떨어진다는 말로 사람들을 겁박하여 많은 재물을 빼앗아갔다. 조선이 불교의 폐단을 없애 사람들이 평안하게 살 수 있는 나라를 만들겠다는 명분으로 건국된 만큼, 승려들이 시왕도를 내세우며 불교를 믿도록 하는 행위를 좋게 볼 리 없었다. 또한 성리학이 미신을 믿지 않는 성향이 강한 학문인 것도 시왕도를 부정적인 모습으로 인식하는데 한몫했다. 무엇보다 성리학은 이(理)와 기(氣)로 우주 만물을 설명하고 문제를 해결하려는 학문이었기에 불교에서 말하는 지옥을 그대로 인정하고 받아들이지 못했다.

그러나 국가를 운영하는 왕들은 불교를 완전히 배제하려는 생각을 갖지는 않았다. 다만 조선을 건국하고 운영하려면 사대부의 협력이 무엇보다 중요했기 때문에 그들이 주장하는 불교의 폐단을 바로잡을 필요를 느낀 것 뿐이다. 불교를 아예 없애려 했던 것은 아니다. 불교를 믿어온 오랜 역사와 부처님을 믿는 많은 사람의 마음을 모두 부정하는 것은 불가능하다는 사실을 알았다. 또한 조선 건국에 일조한 무학대사와 같은 불교계의 협력도 무시할 수 없었다. 무엇보다 조선 왕실이 불교를 존속시킨 제일 큰 이유는 왕과 왕실조차도 병이 들어 아프거나 나라의 근심이 생기면 사찰을 찾아가 부처님께 기도를 올려왔고, 앞으로도 그래야만 했기 때문이었다.

세종도 집현전 제학 윤회(1380~1436)가 불교의 개혁과 관련하여 올린 상소문에 대해서 "상소가 실로 이치에 합당하지만, 불씨의 법이 그 유래가 이미 오래되어 급격하게 한번에 다 개혁하기는 어려울 것이다."라며 불교를 완전히 없앨 수도 없으며, 없앨 생각도 없음을 밝혔다. 세종도 국왕으로서 어쩔 수 없이 국가 운영을 위해 불교를 억압하는 정책을 폈을 뿐, 개인적으로는 신실한 불교 신자였다.

한 예로 세종이 창덕궁 문소전 서북쪽 빈터에 불당을 짓도록 세종 30년(1448년) 승정원에 명령을 내린 일이 있었다. 이에 도승지를 비롯한 모든 승지가 반대 상소를 올린 뒤 전원 사직서를 제출했고, 집현전과 육조의 모든 관헌도 사찰 건립은 절대로 있을 수 없는 일이라며 강력하게 반대했다. 그런데도 세종은 왕실 조상을 위한 일이라며 뜻을 굽히지 않았다.

이처럼 세종이 불교를 버리지 못했던 가장 큰 이유는 백성에게 미치는 불교의 힘을 알고 있었기 때문이었다. 국가에서 불교를 억압해도, 일반 백성들은 어렵고 낯선 성리학보다는 오랫동안 자신들과 함께하면서 친숙해진 불교가 편했다. 백성들은 어려서부터 불교를 통해 세상을 바라봤고, 부처님의 힘을 믿었다. 왕실의 여인들조차도 부처님을 버리지 못하는 상황에서 불교를 완전히 없앤다는 것은 절대적으로 불가능한 일이었다. 특히 믿음과 신념을 바탕으로 운영되는 종교는 국가의 공권력으로 없앨 수 있는 대상이 아니었다.

세종에게 있어 불교는 국가를 운영하기 위해 때로는 다독이고, 때로는 혼을 내며, 때로는 품어주어야 하는 동반자였다. 불교가 백성들의 일상생활 속에 깊이 파고든 문화라는 사실을 인정하고 국왕이 불교를 완전히 배척하지 않을 것이라는 믿음을 백성에게 보여줄 필요가 있었다. 다만 불교가 종교의 기능을 잃어버리고 백성들의 삶을 어렵게 만들 때는 국왕이 불교를 통제할 수 있다는 사실도 알려줄 필요가 있었다. 그래서 세종은 불교를 인정하면서도 억압하는 이중적인 태도를 보였다. 또한 백성들이 마음의 위안을 얻을 돌파구를 마련해 줘서 현실에서 오는 고통과 불안감이 자칫 역모로 이어지지 않도록 막는 목적도 있었다.

사람들이 불안한 마음을 버리고 평온하게 일상생활에 전념할 수 있도록 도와주는 것이 종교가 가진 진짜 힘이라는 사실을 알았던 세종은 사간원의 반대를 무릅쓰고 시왕도를 허용했다. 왕이 시왕도를 인정한 만큼 백성들도 불평불만을 늘어놓기보다는 자신이 맡은 일에 최선을 다하면 지옥에 가지 않는다는 믿음으로 생업에 종사할 수 있었다. 더불어 승려가 불교 억압에 반발하여 문제를 일으키지 않도록 숨 쉴 통로도 마련해 줌으로써 잠재된 불만을 해소할 수 있었다. 이렇듯 하나의 현상을 다양한 각도로 바라보고 생각하여 나라를 다스렸기에 세종이 성군이라 불리게 된 것이 아닐까?

강아지도, 고양이도 아닌
애완 호랑이

慶尙道 淸道郡將仕郞金克一, 母嘗發疽, 親爲吮之。及死, 負土營墳, 居於
塚側, 每日朝夕奠後定省於父。父又得血痢, 嘗其甛苦, 及死, 又廬墓三年,
若得異味, 不薦不食。有虎乳於塋外叢林, 投以祭餘, 如養家畜。父有二妾,
視之如親母, 衣服飮食, 不使乏絶, 妾感之, 三十餘年守節而死.

경상도 청도군淸道郡의 장사랑將仕郞 김극일金克一은 그 어미가 일찍이
등창疽이 나자 몸소 입으로 빨았으며, 어미가 죽으니 흙을 져다 무덤
을 만들고 무덤 곁에서 살면서 날마다 조석전朝夕奠을 올린 뒤에 아비
에게 정성定省을 하였고, 아비가 또 이질血痢에 걸리자 그 곱똥의 달고
씀嘗其甛苦을 맛보아 가면서 간호하였으며, 아비가 죽으니 또 여묘廬墓
살이를 3년 동안 하였는데, 특별한 음식異味을 얻을 것 같으면 천신薦
新하지 않고는 먹지를 아니하였으며, 영역塋域 밖의 숲속에 호랑이 새
끼가 있으므로 제사祭祀지내고 남은 음식을 주어 가축家畜을 기르듯이
하였고, 아비에게 있었던 두 첩妾을 친어미같이 보살피며, 의복衣服과
음식을 떨어지지 않게 하여, 첩이 감동하고 30여 년 동안 수절守節하
며 살다가 죽었습니다.

– 단종실록 12권, 단종 2년(1454년) 8월 17일 병신 3번째 기사

✝

　애완동물로 호랑이를 키울 수 있을까? 과거 우리 선조들이 호랑이를 애완동물로 키웠다는 이야기가 있다. 그러나 한반도에 호랑이가 아무리 많았어도 집에서 애완동물로 키웠다는 사실이 좀처럼 쉽게 믿어지지 않는다. 호랑이 중에서도 가장 큰 덩치를 자랑하는 시베리아 호랑이를 키우기 위해서는 먹이로 엄청난 양의 고기가 필요할 텐데, 조선의 부호라도 호랑이 식비를 감당하기 쉽지는 않았을 것이다. 또한 호랑이로 인해 많은 피해를 봤던 시절인 만큼 호랑이를 키우는 사람이 있었다면 주변 이웃들의 질타가 매우 심했을 것이다. 그런데 《조선왕조실록》을 보면 단종 2년에 김극일이라는 사람이 호랑이를 가축처럼 키웠다는 기사와 중종 35년(1540년) 유언겸이 여막 옆에서 호랑이 2마리를 키웠다는 기사가 나온다. 과연 이들은 호랑이를 진짜로 키웠을까?

　해외에서는 실제로 호랑이를 애완동물로 키우는 사람들이 있다. 2013년 9월 27일 KBS 뉴스에서 브라질의 보르헤스 가족이 7마리의 호랑이와 살고 있는 모습을 방영했다. 영상에서 이들 가족은 호랑이와 식사하는 것은 물론 수영도 함께하는데, 딸 3명은 모두 호랑이를 전혀 무서워하지 않고 친구처럼 대했다. 2021년 5월 13일에는 CNN이 미국 전역에서 사육하는 호랑이 수가 5,000마리가 넘을 것이라고 보도했다. 이 중 6%만 동물원에서 살고 있으며, 나머지는 작은 테마파크나 개인 집 뒷마당에서 길러지고 있다고 했다.

이런 뉴스를 통해 보았을 때, 조선에서도 호랑이를 애완동물로 키웠을 가능성이 꽤 크다. 사냥을 나갔다가 어미 잃은 새끼 호랑이를 데려와 키우거나, 일부러 새끼 호랑이를 잡아다 사육했을 수도 있다. 실제로 얼마 전 '길림 장백산의 호랑이 회엽서'라는 사진엽서가 공개되면서 큰 파장을 일으킨 적이 있다. 엽서에는 집 마당에서 사육하는 호랑이 2마리의 모습과 함께 하단에 '오랫동안 한국 민가에서 사육해 온 호랑이'라는 설명이 적혀있다. 어떤 경로로 엽서가 만들어지고 유통되었는지는 알려지지 않았지만, 사진기가 국내에 들어온 19~20세기까지 조선에서 호랑이를 애완동물로 키웠다는 사실이 증명되었다.

그러나《조선왕조실록》에는 호랑이를 애완용으로 집에서 키웠다는 기록은 나오지 않는다. 다만 효행을 강조하는 과정에서 호랑이가 자주 등장하였고, 그중 호랑이를 본의 아니게 키우게 되는 이야기가 나올 뿐이다.

《조선왕조실록》에서 첫 번째로 호랑이를 키운 인물은 김극일이다. 김극일은 효심도 유명했지만, 자녀 교육도 훌륭했던 것으로 알려져 있다. 김극일에게서 가정교육을 받은 여러 손자 중에서 김일손이 가장 널리 알려져 있다. 김일손은 17살 때까지 할아버지 김극일에게《소학》을 비롯한 기초 학문을 배운 후 김종직의 문하에 들어가 학문을 익혔다. 어려서부터 할아버지 김극일의 효심과 신중한 언행을 보고 자라면서 몸에 익힌 김일손은 모든 사람에게 늘 겸손했지만, 그릇된 일에는 주저 없이 올바른 소리를 하였다. 관직에 나가서도 훈구파의 부정과 비리를 밝히며 잘못을 바로잡던 김일손은 결국 조의제문(弔義帝文)⁴과 관련하여 무오사화 때 훈구파에 의해 능지처참을 당했다.

이처럼 올바른 언행으로 역사의 큰 변동을 가져왔던 김일손에게 막대한 영향을 미쳤던 김극일은 태어나기 전부터 주자로부터 효자가 될 것이라는 예언을 받았다고 전해진다. 설화에 따르면 김극일이 어머니 배 속에 있을 때, 아버지 김서의 꿈에 주자가 나타나 《소학》을 건네주며 태어날 아들이 세상에 둘도 없는 효자가 될 것이라고 말했다는 것이다. 이 말을 들은 김서는 너무도 행복하여 하루라도 빨리 아기 만날 날을 기다렸지만, 김극일은 배 속에서 도무지 나올 기미를 보이지 않았다. 그렇게 부모의 애를 태우던 김극일은 14개월 만에 세상에 태어났다. 부모의 애간장을 다 녹일 정도로 어렵게 태어났다는 미안함 때문일까? 김극일은 태몽에 나온 주자의 말처럼 어려서부터 효심이 매우 깊었다.

어머니가 등창으로 고생을 하자, 10살 전후의 어린 김극일은 피고름과 진물이 흐르는 어머니의 종기를 입으로 직접 빨아 치료하고자 하였다. 그러나 김극일이 지극정성으로 어머니의 병간호를 했음에도 병세가 호전되지 않고 결국 어머니가 돌아가시자, 직접 흙을 져다 어머니의 무덤을 만들고 그 옆을 지켰다. 매일 아침·저녁으로 돌아가신 어머니에게 음식을 올린 뒤, 집으로 돌아와서는 아내를 잃은 상심으로 힘들어하는 아버지 곁을 지키며 위로했다. 시간이 흘러 아버지도 연세가 들고 이질까지 걸려 자리에 눕자, 김

---

4 조의제문: 조선 전기의 학자 김종직(1431~1492)이 세조의 왕위 찬탈을 비난한 글.

극일은 어머니 때와 마찬가지로 아버지의 항문에서 나오는 점액 고름인 곱똥을 직접 맛보며 병세를 살폈다. 어머니에 이어 아버지의 몸에서 나오는 고름을 직접 입으로 빼내어 치료하는 김극일의 행동은 주변 사람들에게 감동을 주었다.

아버지가 돌아가시자 3년간 여묘살이에 나선 김극일은 하루도 빠짐없이 모든 음식을 부모님에게 드리고 나서야 자신이 먹었다. 그런데 어느 날부터 새끼 호랑이가 찾아와 김극일의 주변을 떠나지 않았다. 김극일은 새끼 호랑이가 나타나자 주변에 어미 호랑이가 있을까 두려워했으나, 시간이 흘러도 어미 호랑이가 나타나지 않자 부모님에게 드린 음식을 호랑이에게 주었다.

이렇게 인연을 맺은 새끼 호랑이는 매일같이 김극일을 찾아왔고, 김극일은 그때마다 먹이를 주면서 호랑이와의 인연을 이어갔다. 김극일과 호랑이는 마치 친구와도 같아서, 김극일은 시간이 날 때마다 호랑이를 쓰다듬어 주며 남들에게 하지 못했던 말을 털어놓기도 하였다. 사람들은 호랑이를 가축처럼 키우는 김극일을 보면서 호랑이도 그의 효심에 감격해 부모님 묘를 같이 지킨다고 생각했다.

김극일의 효심은 부모님이 다 돌아가시고 나서도 끝나지 않았다. 아버지의 첩 2명을 어머니와 같이 생각하고 극진하게 모셨다. 남편이 죽으면 내쫓겨야 하는 첩에 불과한 자신들을 지극정성으로 모시는 김극일의 모습에 감동한 그녀들은 30년을 수절했다. 이 외에도 한성부윤을 지냈던 장인어른이 사관으로 관직에 나갈 것을 권유했을 때도 부모님 봉양을 이유로 거절했다. 이처럼 효심이 깊었던 김극일은 후대에 귀감이 되는 인물로 선정되어 청도의 자계 서원에 모셔진다.

효심에 감동하여 호랑이가 효자의 곁을 지킨 사례는 중종 때도 있었다. 중종 35년(1540년)에 충청도 관찰사 허자가 조정에 믿기 어려운 보고를 올렸다. 관찰사 허자는 천안에 사는 유생 유언겸 (1496~1558)이 여묘살이하는 곳에 호랑이가 찾아와 전염병을 쫓아내고, 유언겸 옆을 지켰다고 중앙에 보고했다. 보고서의 주인공인 유언겸은 어려서부터 효심이 매우 깊어, 주변 사람들의 칭찬이 그칠 날이 없던 인물이었다. 어린 나이에 아버지가 돌아가셨을 때도 3년 동안 여묘살이를 하며 자식의 도리를 다하였다. 또한 성인이 되어서는 어린 시절에 아버지가 돌아가실 때 입지 못했던 상복을 3년 동안 입었다.

아버지가 일찍 죽으면서 가세가 기울었지만, 유언겸은 어려운 생활 형편에 불평과 불만을 내보이지 않고 학업과 일에 매진하며 어머니를 힘껏 봉양했다. 그러나 날이 갈수록 살림살이는 더욱 어려워져만 갔다. 그로 인해 어머니가 제대로 된 식사도 하지 못하게 되자 유언겸은 양반의 체통은 생각하지 않고 주변 사람들에게 옷과 음식을 구하여 어머니를 봉양하였다. 유언겸의 아내도 남편처럼 효부여서 밤낮으로 농사를 지으면서도 어머니 봉양을 한순간도 게을리하지 않았다.

시간이 흘러 어머니가 돌아가시자, 유언겸은 3년간 어머니의 묘소 옆에서 여묘살이를 하며 부모님을 그리워했다. 그러던 어느 날 인근 지역에 창궐한 전염병으로 유언겸이 자리에 눕게 되면서 여묘살이를 더는 하지 못하는 상황에 처했다. 유언겸은 자신이 병에 걸려 죽으면 어머니의 묘소를 돌봐줄 사람이 없다는 생각에 눈물이 흐르면서 울음이 터져 나왔다. 한번 터진 울음은 시간이 한참 지나도 멈출 생각을 하지 않았다.

유언겸이 모든 것을 내려놓고 죽을 날만 기다리고 있을 때, 호랑이 2마리가 다가왔다. 호랑이는 유언겸을 향해 산이 쩌렁쩌렁 울릴 정도의 큰소리로 울부짖었다. 유언겸은 호랑이가 울부짖는 것을 보고 자신의 운명이 여기서 끝났다고 생각하며 체념했다. 그런데 호랑이는 유언겸을 잡아먹으러 다가오지 않고, 그저 그 자리에 가만히 앉아 유언겸을 내려다볼 뿐이었다. 그렇게 몇 날 며칠을 호랑이가 유언겸의 집에 찾아오자, 병에 걸려 곧 죽을 것 같던 유언겸은 언제 아팠냐는 듯 병이 나았다. 몸이 가뿐해진 유언겸은 자신의 병을 고쳐준 호랑이를 은인으로 여기고, 자신이 지니고 있던 음식을 호랑이에게 나누어주었다. 음식을 받아먹은 호랑이는 또 몇 날 며칠을 유언겸 옆을 떠나지 않고 머물렀다. 호랑이를 키운다는 소문을 듣고 많은 사람이 유언겸 집을 찾아와 귀찮게 해도, 호랑이는 한 번도 울부짖거나 사람들을 해치려는 행동을 보이지 않았다.

유언겸의 효심으로 인해 일어난 기이한 일은 이뿐만이 아니었다. 삼년상을 치르던 어느 추운 겨울날 샘물이 얼어붙어 제사상을 차릴 수 없게 되자, 유언겸은 여러 개의 산 너머에 있는 물을 길어와 밥을 지어 제사상을 차리며 불효를 저지르지 않으려 노력했다. 그러나 여러 날 물을 길어오느라 발에 동상이 걸린 유언겸은 한발도 내딛지 못할 정도로 거동이 어려워졌다. 이때 하늘이 유언겸의 효행에 감동했는지 부엌에서 물이 솟구쳐 오르기 시작했다. 이로써 물을 길으러 가지 않게 된 유언겸은 그 시간만큼 부모를 위해 제사상 차리는 일에 매진할 수 있었다. 그리고 삼년상이 끝나는 날 신기하게도 부엌에서 솟구쳐 나오던 물이 말라버렸다.

중종은 유언겸의 이야기를 듣고 "정성스러운 효심은 이같이 하늘에 닿았고, 미물을 감동시켰다. 또 추후에 상복을 입었으니 효행이 뛰어나서 매우 가상하다. 포상함이 마땅하니 합당한 직을 제수하고 정문(旌門)을 세우고 복호(復戶)할 것이며 향표리(鄕表裏) 1벌, 쌀 5섬을 각별히 급여하여 각박한 풍속을 진작(振作)시키라."라고 지시하였다.

이로부터 3년 뒤, 유언겸의 효행이 또다시 조정에서 거론되었다. 중종 38년(1543년) 왕이 신하들과 학문을 논하던 조강에서 자식이 아버지를 살해한 사건을 두고 앞으로 어떻게 백성들을 교화시킬지를 주제로 이야기를 나누었다. 이때 홍언필이 사직제를 올릴 때 만난 유언겸과 나눈 대화를 효행의 본보기로 제시했다.

홍언필은 유언겸의 됨됨이가 순박하고 정직한 자로서, 자신이 행한 효행이 특별하다고 여기지 않았다고 평가했다. 그러면서 유언겸에게 호랑이를 길들였다는 말이 사실인지를 물으니 "호랑이 2마리가 집에 들어와 한 달간 함께 살았습니다. 제가 호랑이를 길들인 것은 우연의 일이지, 어찌 감동한 바가 있겠습니까?"라고 답했다면서, 그의 효도가 하늘을 감동시킨 것이라고 강조했다. 그러면서 중종에게 한양에 올라와 있는 유언겸이 참봉의 녹봉만으로는 한양에서 생활하기가 힘들어 고향으로 내려가려 한다고 말했다. 이에 중종은 백성들의 효행을 진작하기 위해 유언겸을 종9품에서 6품으로 특별히 단계를 뛰어넘어 새 관직을 내렸다.

효심이 깊었던 유언겸에 대한 왕들의 사랑은 대를 이어 계속 이어졌다. 인종에 이어 왕위에 오른 명종도 재위 3년(1548년)이 되던 해에 "유언겸이 청렴하고 공평하며 백성 돌보기를 자식같이 하여 온갖 폐단이 모두 바로 잡혔다."라며 인제 현감으로 있던 그에게 품계를 한 등급 더 올려주었다. 그러나 때때로 유언겸을 시기하는 사람들 때문에 관직에서 물러나는 일도 있었다.

예를 들어 명종 4년(1549년)에 형조정랑으로 있던 유언겸은 효행이 있으나 직무를 감당하지 못하여 다른 사람으로 바꿔야 한다는 사헌부의 주장에 관직에서 물러나기도 하였다. 그러나 물러나는 것도 잠시였다. 다시 관직에 올라 용담·신계·문화 현령을 역임하며 많은 백성의 어려움을 해결해 주며, 관료의 모범이 되었다. 중종 시대부터 명종 시대에 이르기까지 효의 모범이 된 유언겸이 죽자, 명종은 "유언겸은 효자인데 뜻하지 않게 죽었으니, 내가 매우 슬프고 애석하게 여긴다."라며 깊은 애도의 뜻을 표했다.

최근 들어서는 이런 훈훈한 이야기를 접하기가 어렵다. 오히려 안타깝고 씁쓸한 이야기를 더 많이 접한다. 한 예로 2015년 MBC 뉴스에서 보도한 부모와 자녀 간의 분쟁 사건이 있다. 유 모씨는 2003년 아들에게 서울에 있는 2층 단독주택을 물려주면서, 부모를 충실히 부양하지 않으면 계약해제나 다른 조치를 취해도 이의를 제기하지 않겠다는 효도 각서를 받았다. 그러나 재산을 받은 아들은 몸이 편찮은 어머니의 병간호를 누나와 가사도우미에게 맡겼고, 끝내는 이것도 귀찮아서 어머니를 요양 시설로 보내려 하였다. 이에 유씨는 물려준 집을 돌려달라는 소송을 냈고, 대법원은 유씨의 손을 들어주면서 아들에게 집을 돌려줄 것을 명령하였다.

이처럼 부모와 자식 간의 관계가 예전과 많이 달라졌다. 대가족을 이루고 살았던 농경 사회가 끝나고 핵가족을 이루는 오늘날에는 조선시대와 같은 효도를 기대하기 어렵다. 조선시대의 효를 강요하는 것 또한 옳지 않다. 이제는 부모와 자식이 같은 공간에서 함께 살기보다는 각자의 공간에서 자유롭게 살기를 원한다. 부모와 자식이 서로의 삶과 행복을 인정하고 존중해 주는 것이 21세기에 어울리는 효도의 모습이다.

그러나 자신을 세상에 있게 해준 존재, 모든 것을 다 내어줄 만큼 평생을 사랑해 준 부모에게 감사의 표현을 하는 효도의 기본 정신은 바뀌지 않는다. 조선시대처럼 본인의 삶과 행복을 포기하고 부모를 위해 희생하면서 사는 것은 오늘날에 맞지 않는 방식이다. 이제는 부모와 자식 모두가 각자의 삶과 행복을 응원해 주고 도와주어야 한다. 하지만 한편으론 김극일과 유언겸의 효심에 감동한 호랑이가 옆에 머물렀다는 이야기가 부럽다는 생각도 든다. 주변에서 효심 깊은 사람을 만나는 것이 왜 이토록 어려운 일이 되었을까?

다섯쌍둥이는
하늘의 뜻

政院啓曰: "凡一産三兒者, 有題給米太十(碩)〔石〕之例。原州居良女四月, 一産三子, 梁山居私婢明之, 一産四子, 當依他題給。而近者年凶儲竭, 量減題給何如?" 傳曰: "雖依前給之, 國儲有何虧損?"

정원이 아뢰기를,
"한번에 세 아이를 출산한 자에게는 쌀과 콩 10석을 제급題給한 전례가 있습니다. 원주原州에 사는 양녀良女 사월四月이는 아들 세쌍둥이를 출산하였고, 양산梁山에 사는 사비私婢 명지明之는 한번에 아들 네쌍둥이를 출산하였으니, 마땅히 다른 예에 의하여 제급해야 할 것입니다. 그러나 근래에 흉년이 들어 비축된 곡물이 거의 떨어졌으니 감량해서 제급하는 것이 어떻겠습니까?" 하니, 전교하기를, "비록 전례에 의하여 준다 하더라도 국고가 어찌 줄어들겠는가." 하였다.

- 명종실록 3권, 명종 1년(1546년) 2월 8일 을미 3번째 기사

21세기 대한민국의 가장 큰 화두이자 걱정거리를 뽑으라면 많은 사람이 저출산을 이야기한다. 특히 중·장년층 이상의 기성세대는 국가 존립을 거론하며 저출산으로 인해 다가올 고령화 시대의 여러 문제를 걱정한다. 실제로 경제협력개발기구(OECD) 37개국 중 대한민국이 저출산과 고령화 속도가 가장 빠르다는 분석이 나왔으며, 2026년에는 만 65세 이상 되는 노인의 비중이 20% 이상 차지하는 초고령 사회로 진입할 것으로 예상한다. 이로 인한 성장 잠재력 잠식과 재정 여력 악화를 막기 위해 대한민국 정부를 비롯한 여러 사회 단체는 다양한 출산 장려 정책을 적극적으로 펴고 있다. 그런데 출산을 권장하는 정책은 비단 우리 시대만의 당면 과제였을까?

우리의 역사를 살펴보면 삼국시대부터 조선시대까지 인구를 늘리는 일은 국가의 가장 중요한 과제 중의 하나였다. 국가 경영의 토대가 농업이었던 만큼, 농사지을 수 있는 인구의 증가가 국가 발전으로 이어졌기 때문이다. 그래서 우리 역사상 모든 왕조는 흉년이 들면 세금을 감면해 주는 등 여러 정책을 통해 백성이 마음 편하게 출산할 수 있는 기반을 마련하려 노력하였다.

특히 조선은 여성의 임신과 출산이 조상에게 효를 행하는 것이며 선(善)임을 강조했다. 모든 이가 조상에게 생명을 받아 이 세상에 태어난 만큼, 자신도 새로운 생명을 잉태하고 출산하여 가문의 대를 잇는 것이야말로 자손으로서 마땅히 해야 할 도리라고 가르쳤다. 조선시대의 혼인은 지금과 달리 선택이 아닌 의무였다. 특히 가부장적 사회를 추구했던 조선시대에는 아들을 낳으면 가계(家系)를 계승하는 동시에 노후를 대비할 수 있다고 여겼다. 이로 인해 조선 중기 이후 아들을 낳을 때까지 아이를 출산하면서 자연스럽게 인구가 증가했다.

조선 정부도 인구 증가를 국가 운영의 최우선 목표로 삼고, 수령이 꼭 해야 하는 7가지 임무 중 하나로 인구 증가를 명시할 정도로 엄청난 노력을 기울였다. 조선시대 법전인《경국대전》에서는 '사족(士族)의 딸로서 나이가 30세에 가깝도록 가난하여 시집을 가지 못한 자가 있으면, 예조에서 왕에게 보고하여 재물을 지급한다. 그 집안이 궁핍하지 않으면서 나이가 30세가 되도록 시집가지 못한 경우 그 가장을 논죄한다.'라고 하여 국가가 혼인 비용을 지급하거나, 혼인을 강제할 수 있도록 하였다. 조선 후기에는《대전통편》을 통해 혼인 장려의 대상을 사족에서 일반 백성으로까지 확대하고, 2년마다 혼인하지 못한 사람을 조사하여 호조와 지방관아에서 돕도록 하였다.

무엇보다 임신한 여성에게는 조선 정부가 여러 혜택을 주었다. 임신한 여성이 죄를 저질러 고문을 해야 하는 경우 출산 후 100일이 지난 다음에 고문을 시행하도록 하였다. 여성 죄수가 사형을 선고받더라도 임산부라면 감옥에 산파가 들어가 산모를 간호할 수 있도록 하고, 사형은 출산 후 100일 뒤에 집행하였다. 임산부인 죄수가 출산하기 전에 형을 집행한 관리에게는 장 80대를 때렸고, 출산 후 100일이 되지 않은 경우에는 장 70대를 쳤다. 칠거지악에 해당하는 간음으로 임신한 여성에게도 안전하게 출산할 수 있도록 기다려 주는 등 형벌의 집행보다 출산에 더 무게를 두었다.

이 외에 출산을 장려하는 정책 중의 하나가 쌍둥이를 비롯한 다태아(多胎兒)를 낳은 여인에게 포상해 주는 것이었다. 인구가 많았던 중국에서 다태아를 재앙이 되는 괴이한 현상의 하나로 여기고 부정적으로 인식한 것과는 달리, 우리 왕조는 인구 증가의 청신호로 여겼다.

다태아에 대한 우리나라의 가장 오래된 기록은 《삼국사기》에 나와있다. 신라 벌휴이사금 10년(193년) 경주 육부(六部) 중의 하나였던 한기부(漢祇部)에 살던 한 여인이 한번에 4남 1녀를 낳았다. 우리나라에서 다태아를 낳았다는 첫 번째 기록이 무려 다섯쌍둥이였다. 네쌍둥이로 태어날 확률이 100만 분의 1로 아주 낮은데, 우리나라 첫 번째 다태아 기록이 무려 다섯쌍둥이라는 점이 매우 놀랍다. 더욱이 다태아의 경우에는 보통 임신 10개월을 다 채우지 못하고 태어나면서 미숙아인 경우가 많다. 그런데 2,000년 전 경주에서 태어난 5명의 아이가 모두 건강했다는 사실도 대단히 놀랄만한 일이다. 오늘날 다섯쌍둥이가 태어난다고 해도 인큐베이터에서 한동안 보살핌을 받아야 할 텐데, 신라시대 여인이 다섯쌍둥이를 건강하게 출산한 것은 하늘의 뜻이 아닐까 싶을 정도로 기적 같은 일이다.

477년 뒤인 신라 문무왕 10년(670년)에도 한기부에 살던 여인이 한번에 3남 1녀를 출산했다. 신라 조정에서는 다태아를 출산한 여성에게 곡식 200석을 상으로 내렸다. 1석이 144~160kg 정도인 것을 감안했을 때, 200석은 대략 2만 8,800~3만 2,000kg의 양이다. 네쌍둥이를 낳은 한기부에 살던 여인은 엄청난 포상을 받은 것이다. 신라 조정이 이토록 엄청난 포상을 준 이유는 무엇일까?

여인이 아이를 낳은 시점이 신라가 삼국을 통일한 지 얼마 되지 않았을 때라는 점에 주목할 필요가 있다. 660년 백제가 멸망하고, 668년 고구려가 멸망하는 과정에서 많은 인명이 전쟁으로 죽어갔다. 이러한 때에 네쌍둥이의 출산은 하늘이 신라의 삼국 통일을 지지하고 도와주고 있음을 백성들에게 보여줄 수 있는 훌륭한 기회였다. 또한 백제와 고구려 유민들에게 신라 왕이 백성을 얼마나 생각하고 사랑하는지를 보여줌으로써 민심을 얻는 좋은 방법이기도 했다.

이로부터 150여 년이 지난 헌덕왕 17년(825년)에도 다태아를 낳은 여인에게 신라 조정은 상을 내려주었다. 우두주 대양관군에 사는 황지의 아내가 2남 2녀를 낳자, 신라 조정은 조 100석을 내려주었다. 이 또한 중앙 귀족의 내분과 반란으로 혼란스러운 정국을 안정시키기 위한 노력이었다.

고려시대에는 다태아에 대한 기록이 11건 나온다. 삼국시대처럼 넷 또는 다섯쌍둥이가 아닌 세쌍둥이가 주를 이루는데, 이중 국가가 산모에게 하사품을 내려준 것은 4건이 있다. 정종 원년(1035년) 진주의 백성 득렴의 처가 세쌍둥이를 낳자, 고려 조정은 각각의 아이 몫으로 곡식 40석을 하사하였다. 정종 3년(1037년)에도 세쌍둥이를 낳은 여인에게 곡식 30석을 주었다. 예종 3년(1108년)에는 50석, 우왕 9년(1383년)에는 20석을 주었다. 고려 정부가 하사한 곡식의 양은 산모의 삶을 바꿔놓을 정도로 대단한 양은 아니었다. 산모와 아이들이 3~4달 먹을 정도의 양이었다. 하지만 다태아를 낳은 산모를 위한 특별한 구휼 제도가 없었던 시대에는 그 정도 곡식이라도 출산 가정에 큰 도움이 되었다.

삼국시대부터 고려시대까지 다태아를 낳은 집에 곡식을 준 사실을 본받아 조선도 다태아를 낳은 산모에게 곡물을 하사하였다. 그런데 유독 조선시대는 다태아가 많았다. 네쌍둥이는 5회, 세쌍둥이가 태어난 기록은《조선왕조실록》에만 무려 140여 회 나온다. 조선시대에 특별히 다태아가 많이 나왔다기보다는 이전 왕조보다 다태아에 관련된 상황을 세세하게 기록한 것이 더 큰 이유일 것이다. 물론 다태아가 많이 태어난 또 다른 이유가 있을지도 모른다. 하지만 분명한 것은 고려보다 다태아를 낳은 산모에게 곡물을 제공하는 횟수가 현저히 많아졌다는 사실이다. 하지만 횟수가 많아진 만큼 하사되는 곡물의 양은 줄었다.

조선이 건국되고 최초의 다태아 출산 소식은 태종 4년(1404년) 서균형의 노비가 아들 3명을 한꺼번에 낳으면서 시작되었다. 태종 6년(1406년)에도 최운사의 노비 개덕이 세쌍둥이를 낳았다는 소식에 조선 정부는 미두 10석을 내려주었다. 태종 때에만 세쌍둥이가 5번이나 태어났고, 이때마다 국가는 쌀을 내려주었다. 세종 때에도 세쌍둥이는 전국에 걸쳐 많이 태어났고, 이때마다 곡물을 최소 5석 이상 산모에게 하사하였다. 태종과 세종이 다태아를 출산한 가정에 곡물을 하사한 것이 전례가 되어 후대 왕들도 다태아 출산 가정에 곡물을 하사하며 포상하는 것을 잊지 않았다.

다태아를 낳은 산모에게 곡물을 하사하는 것을 반대한 왕도 있었다. 조선을 대표하는 폭군 연산군이 그 주인공이다. 연산 8년(1502년) 강원도 감사 이복선이 강릉 연곡에 사는 백성이 사내아이 2명과 계집아이 1명을 한배에 낳았다고 보고했다. 이에 연산군은 전례에 따라 쌀과 콩을 내려주었다. 그런데 4일 뒤에 연산군은 세쌍둥이를 낳은 일은 괴이한 일인데, 어찌 쌀을 내려줄 필요가 있는지를 신료들에게 되물었다. 그러면서 다태아를 낳은 산모에게 쌀을 내려주는 법을 만든 이유가 무엇인지 찾아오라고 시켰다. 이에 대해 예조는 연산군의 눈치를 살피며, 정확한 의미를 찾기는 어려우나 아마도 산모가 여러 아기를 기르기 어려울 것이므로 쌀을 내려주었다고 대답하며 위기의 순간을 넘겼다.

이후의 왕들은 다태아를 낳은 산모에게 곡물을 하사하는 것에 이의를 제기하지 않았다. 오히려 명종은 다태아에게 주는 곡물을 아끼지 말라고 지시하였다. 명종 1년(1546년)에 원주에 사는 사월이가 세쌍둥이를 출산하고, 양산에 사는 명지가 네쌍둥이를 출산했다. 당시 관료들은 흉년으로 국고가 부족하니 쌀과 콩을 줄여서 하사하자고 주장했으나, 명종은 다태아를 낳은 여인에게 쌀과 콩을 전례대로 준다고 큰 문제가 발생하지 않는다며 관료들의 주장에 반박했다. 이것은 명종의 뜻이기보다는 수렴청정하던 문정왕후가 인종을 독살했다는 소문을 잠재우고 민심을 다독이기 위한 목적이 더 컸다. 다태아를 낳은 산모에게 곡식을 하사한 일은 백성의 마음을 달래주는 데는 매우 효과적이었다. 다태아가 많이 태어난 것은 하늘이 명종을 선택했음을 보여주는 사례이며, 명종이 그들에게 곡물을 하사함으로써 선대 왕들처럼 백성을 사랑하고 있다는 애민 정신을 각인시켜 줄 수 있었다.

그러나 조선 후기에 들어설수록 태어나는 다태아의 성별이 여성보다 남성이 많아졌다. 조선 전기만 해도 다태아 중에 여자가 있었다는 기록이 여럿 나오지만, 후기에는 다태아로 태어난 아기들 대부분이 남자였다. 이것은 성리학이 일상생활에 뿌리를 내리면서 남존여비 사상이 강해졌음을 보여준다. 여아보다는 남아 여럿이 한배에서 태어났다고 말할 때, 사람들과 정부의 반응이 더 좋았다. 또한 관헌들조차도 남아 선호 사상에 근거하여 여자보다는 남자 다태아 출산을 보고하는 것을 더 선호했다.

다태아를 낳은 여성의 신분이 대부분 종과 같은 천민 신분이라는 점도 주목할 필요가 있다. 천민과 양반이 유전학적으로 다르지 않은데, 양반에게서 다태아가 나오지 않는 것 자체가 얼마나 말도 안 되는 일인지를 우리는 잘 안다. 조선 후기의 양반이 다태아를 낳으면 고의로 보고하지 않았을 가능성이 의심된다. 물론 양반이 다태아를 낳았다고 해서 차별받거나 불이익을 당하는 일은 없었다. 하지만 자랑거리도 아니었기에 보고하지 않았을 가능성이 크다.

조선시대 다태아를 낳은 신분이 평민이나 천민이 주를 이루었던 것은 부의 재분배와도 관련이 있다. 경제적으로나 사회적으로 안정적인 생활을 영위할 수 있었던 양반 계층은 여가 활동을 통해 다양한 방면에서 행복을 느끼며 살아갔다. 그러나 자유가 허용되지 않고, 오로지 고된 노동만 강요되었던 하층민들은 일상생활에서 받는 스트레스를 해소할 창구가 없었다. 부부간의 사랑 행위가 거의 유일한 오락거리며 스트레스를 푸는 돌파구였다. 그로 인해 양반들보다 더 많은 아이를 출산했고, 아이의 수가 많은 만큼 키우는 데 막대한 비용이 들었다. 그 결과 가난한 평민이나 천민은 출산과 양육으로 어려움을 겪는 악순환이 반복되었다.

과거나 지금이나 우리나라의 다태아에 대한 인식은 부정적이지 않다. 오늘날 70%가 넘는 대학 진학률로 취업과 결혼이 늦어지면서 산모의 평균 출산 연령이 2019년 기준 32.8세로 높아졌다. 고령 출산 등 여러 외부적인 요인으로 난임을 겪는 여성들이 아이를 갖기 위해 시험관 아기 등 체외수정 시술을 받는 일도 증가하고 있다. 정부도 인구 증가를 위해 체외수정과 인공수정 비용을 적극적으로 지원하면서 자연스럽게 쌍둥이를 출산하는 비중이 높아지고 있다. 1979년 국내 최초로 다섯쌍둥이가 태어난 이후 2018년 다태아 출산 건수가 210건을 기록할 정도로 많아졌다. 이제는 주변에서 쌍둥이를 보는 것이 그리 어려운 일이 아니다. 과거처럼 쌍둥이를 신기하게 바라보는 눈길은 사라진 지 오래고, 오히려 다태아의 부모를 칭찬하고 격려하는 모습을 자주 보게 된다.

하지만 이런 모습은 저출산의 현실에 직면한 오늘날에 씁쓸함도 준다. 삼국시대부터 조선시대까지 척박한 환경에서 굶주림과 전염병으로 많은 사람이 죽어갔다. 왕조는 국가의 존립을 목적으로 인구를 증가시키기 위해 다태아 출산에 지원을 해왔다. 그러나 21세기 선진국으로 진입한 대한민국은 더는 굶주림과 전염병으로 인해 인구가 감소하지 않는다. 아이를 키우는 데 필요한 경제적 비용과 출산·양육으로 인한 여성의 경력 단절, 그리고 육아와 가사

노동의 부담 등으로 결혼과 출산이 줄어들고 있다. 이 중에서도 출산을 꺼리게 만드는 가장 큰 요인은 여성의 경력 단절과 육아 및 가사 노동의 부담이다. 국가와 이 사회가 아이들이 행복하게 살 수 있는 환경을 만들어주는 것도 중요하지만, 여성이 남성과 동등하게 자신의 행복을 추구하고 만들어갈 권리가 있음을 인정하는 풍토를 만드는 것이 더 중요하다. 어느 한쪽만의 희생을 강요해서는 저출산 문제가 절대 해결되지 않을 것이다.

매년 음력 5월 10일은
'비 내리는 날'

是日微雨。上曰: "此陟降攸賜也。" 每年此日輒雨, 人謂太宗雨, 故上敎及
之。

이날 약간의 비가 내리니, 임금이 말하기를, "이는 척강陟降[5]이 주신
것이다." 하였다. 매년 이날이면 문득 비가 내리니, 사람들이 '태종우
太宗雨'라고 불렀기 때문에 임금이 언급한 것이다.

    – 영조실록 103권, 영조 40년(1764년) 5월 10일 신유 3번째 기사

5 척강: 선조의 영혼.

조선시대에는 매년 음력 5월 10일에 비가 내린다고 믿었다. 사람들은 이날 내리는 비를 '태종이 내려준 비', 즉 태종우라고 불렀다. 태종우가 내리는 음력 5월 10일은 태종의 기일로 당연히 조선 왕실의 중요한 날이기도 했지만, 백성들도 기다리는 소중하고 중요한 날이었다. 특히 선대 왕인 태종이 농사에 꼭 필요한 비를 음력 5월 10일에 내려주었을 때, 후대 왕들은 자신이 왕으로 재위하는 것에 대한 정당성을 확보하고 왕권을 강화할 명분을 가질 수 있었다. 그리고 이를 바탕으로 관료와 백성에게 충성을 끌어낼 수 있었다. 또한 백성들에게도 가뭄을 해소해 주는 태종우는 1년 농사의 결과를 좌우할 만큼 중요한 비였다. 그런데 태종우란 말은 어떻게 만들어졌으며, 정말 음력 5월 10일이면 비가 내렸을까?

박동량(1569~1635)의 《기재잡기》를 보면 '1591년 5월 10일 200년 만에 처음으로 태종우가 내리지 않아 식자들이 걱정했다.'라는 기록이 나온다. 또한 태종이 죽은 지 약 300년이 지난 영조 40년(1764년)에도 매년 이날이면 비가 내린다고 기록되어 있으니, 큰 이변이 없는 한 음력 5월 10일이면 어김없이 비가 내렸음을 짐작하게 한다. 만약 비가 내리지 않았다면 굳이 영조가 태종우를 언급할 리 없었을 것이다.

이유원(1814~1888)의 《임하필기》에도 태종우가 거론된다. 이유원은 《임하필기》에서 '5월 10일은 태종의 기일이다. 태종이 승하하실 날이 얼마 남지 않을 무렵, 날이 몹시 가물었다. 나라 전체가 기우제를 지내느라 부산을 떨었다. 이때 태종이 근심하여 이르기를 "이렇게 가뭄이 드니 백성들이 어찌 살라는 것인가. 내가 하늘에 올라가 천제에게 즉시 비를 내려달라고 고하겠다."라고 하였다. 그리고 이튿날 태종이 승하했고, 그 날 경기도 일원에 내려 풍년이 들었다. 이후로 해마다 음력 5월 10일이 되면 어김없이 비가 내렸고, 사람들은 이를 일컬어 '태종우'라 불렀다.'라며 태종우의 어원을 설명했다.

태종우의 주인공 태종은 조선 건국과 왕위 쟁탈전으로 많은 사람을 죽이고 왕이 된 인물이다. 태종은 자신이 왕위에 오른 일에 대한 명분과 정당성을 확보하기 위해 백성의 마음을 얻는 것이 매우 중요했다. 자신이 혈육을 죽이고 불효를 저지르는 등 도덕적으로 어긋난 행동을 하며 왕위에 오른 이유가 오로지 백성의 평온한 삶을 지키고자 벌인 일이었음을 강조해야 했다. 실제로도 태종은 재위 시절 백성을 위한 정책을 많이 편 인물이기도 하다. 왕권을 위협하는 자에게는 냉철하고 무자비한 모습을 보였지만, 백성에게는 한없이 자애로운 왕이었다.

그런데 문제는 태종 때 가뭄이 잦았다는 사실이었다. 조선이 건국된 시점은 아직 농업기술이 발달하지 않았던 때였다. 고려 말 시비법의 발달로 연작이 가능해졌지만, 여전히 수리 시설이 확충되지 않아 농사가 안정적으로 이루어지지 못했다. 특히 논과 밭에 뿌린 씨앗의 뿌리가 땅에 안정적으로 자리를 잡기까지 비가 오지 않아, 농사를 망치는 경우가 많았다. 그로 인해 흉년이 들 때마다 태종의 걱정과 근심은 날로 커졌다.

흉년으로 생활고를 겪는 백성의 불만은 사회불안으로 이어질 가능성이 컸다. 그리고 이는 새로운 국가인 조선과 태종 자신에 대한 불만으로 이어져 고려를 부활하려는 움직임으로 이어질 수 있었다. 조선을 인정하지 않는 사람들에게 가뭄은 단순한 자연재해가 아니라, 하늘이 태종의 행위를 벌주는 것으로 이용할 수 있는 최적의 소재였다. 꼭 태종에 반기를 들지 않더라도 가뭄은 정국을 운영하는 걸림돌이 될 것은 자명한 사실이었다. 그래서 태종은 가뭄을 두려워했고, 이를 극복하기 위한 노력을 많이 기울였다.

태종실록에 보면 농사에 영향을 주는 기상 관련된 내용이 2,531번 등장한다. 이중 가뭄 관련 기사 87건, 기우제 82건, 가뭄으로 인한 재해 23건 등 총 192건이 가뭄과 연관되어 있다. 이 기록을 통해서도 태종이 농사와 관련된 기상에 얼마나 많은 관심을 기울였는지 알 수 있다. 태종은 재위 18년 동안 기우제를 82번이나 올렸다. 이는 1년 평균 4.5번 기우제를 올린 것으로 굉장히 높은 수치다. 태종은 종묘와 사직에서 기우제를 올리는 것을 시작으로 북교(北郊)나 소격전 등에서도 기우제를 지냈다. 이런 노력에도 비가 내리지 않으면 제사를 올리는 데 필요한 제단인 우사단(雩祀壇)을 마련하고, 지방 관리에게 명산과 대천에서 기우제를 지내도록 명령을 내렸다.

그럼에도 태종은 가뭄이 자신에 대한 불만으로 이어질까 늘 불안했다. 태종 7년(1407) 가뭄이 극에 달하자 태종은 신하들에게 "지금은 바야흐로 한여름인데 가뭄 기운이 너무 심하다. 과인이 덕을 잃은 것인가? 아니면 종친이 도를 잃었기 때문인가? 대신이 하늘의 섭리에 잘못을 범하는가?"라며 하소연하였다. 이를 통해서도 태종이 가뭄을 단순한 자연재해로 보지 않았음을 알 수 있다.

태종의 질문에 정초(?~1434)는 "하늘과 사람은 같은 이치이므로, 사람의 일이 아래에서 감(感)하게 되면 하늘의 변화가 위에서 응하게 되니, 이는 진실로 변하지 않는 이치입니다. 그렇지만 어떻게 감히 어떠한 일 때문에 어떠한 재앙이 왔다고 가리켜 말하겠습니까? 신의 어리석은 소견으로는 새로운 법이 자못 많아서 백성들이 모두 원망하기 때문이 아닌가 싶습니다."라고 대답했다. 태종의 신하들도 가뭄을 단순한 자연재해로 보지 않고, 국가가 새로운 법을 제정하는 정책으로 혼란스러워진 백성들의 원망이 커진 것이 원인이라고 말했다.

왕과 관료 모두의 잘못이라는 답변에도 불구하고, 태종은 만족하지 못했다. 그 해 6월 28일, 태종은 원단을 짓고 기우제를 지내는 놀라운 일을 벌인다. 원단은 환구단의 다른 말로 황제가 하늘에 제사를 지내는 제단을 말한다. 중국 명나라를 떠받들어야 하는 조선의 왕에게는 오로지 산천에 제사를 지낼 자격만 부여되어 있었다. 그런데 원단을 만들어 하늘에 제사를 지낸다는 것은 명나라 황제가 천자라는 것을 부정하며, 태종 스스로 천자가 되겠다는 의지로 비춰질 위험이 컸다. 더욱이 태종이 그동안 보인 행동을 본다면, 아니라고 부정하기도 어려웠다. 원단에서 기우제를 벌이면 자칫 명과의 전쟁을 불러올 수도 있었다. 그러나 태종에게는 명나라의 오해나 원단에서 기우제를 올리는 것에 반발하는 관료들보다 더 중요한 것이 있었다. 바로 고통받는 백성이었다. 태종은 백성을 위해 하늘에 제문(祭文)을 바치며 비를 내려달라고 기원하는 것이 무엇보다 중요했다.

그렇다고 태종이 무턱대고 원단에서 기우제를 올리지는 않았다. 매사에 치밀했던 태종은 명나라의 오해를 피하고자 권근에게 제문을 짓게 하고, 원단에서 성석린이 제문을 읽게 했다. 왕이 직접 원단에서 제문을 읽지 않음으로써 명의 사대 질서를 어길 생각이 없음을 만천하에 보여주었다. 아무리 그래도 조그만 의심만으로도 외교적 문제를 일으키는 명나라를 상대로 태종은 다소 위험하고 과감한 행보를 벌인 것이었다.

그런데 사람들을 더 놀라게 만든 것은 원단에서 읽은 제문의 내용이었다. 제문에서 태종은 자신이 저지른 죄로 인해 가뭄이 시작되었다고 밝혔기 때문이었다. 우선 가뭄과 홍수와 같은 재앙은 임금과 재상이 도리에 어긋나서 정사를 그르친 것에 대하여 하늘이 내리는 벌임을 강조했다. 그리고 이 모든 원인에는 자신의 죄가 있다고 밝혔다. 자신이 왕으로 즉위한 이후로 매년 가뭄과 홍수가 일어나는 것은 태종 자신이 덕의(德義)를 그르친 결과라며 하늘에 용서를 빌었다.

그러면서 첫 번째 죄로 어떤 누구도 언급하기 어려웠던 제1차 왕자의 난을 거론했다. 자신이 제1차 왕자의 난을 일으키게 된 것은 태조 이성계가 몸이 편치 못한 것을 이용하여 일부 권력을 가진 신하들이 자신을 비롯한 다른 왕자들을 죽이려 해서 어쩔 수 없이 선택한 일이었다고 밝혔다. 제1차 왕자의 난 때 자신이 저지른 행위는 죽기 두려워한 행동일 뿐 절대 다른 마음은 없었다고 변명하면서도 태조의 마음을 상하게 한 것은 명백한 잘못이라고 시인했다.

두 번째 죄는 제2차 왕자의 난을 통해 형 이방간을 귀양 보낸 일이라고 밝혔다. 자신이 정종을 추대하여 왕실과 나라가 평안해졌는데, 간신 박포가 이방간을 협박하여 난을 일으켰다고 주장했다. 자신은 공의(公儀)에 따라 의로운 군사의 도움을 받아 난을 평정했으나, 형제의 도리를 다하지 못해 이방간이 귀양을 가게 되었음을 자책했다. 또한 이 일로 태조의 사랑을 받지 못하는 잘못을 저질렀다고 하늘에 고했다.

세 번째 죄는 정종이 아들이 없어서, 자신이 개국과 정사에 공이 있다는 이유로 세자가 되었다는 데에서 찾았다. 정종이 늙은 것도 아니고 병든 것도 아닌데 갑자기 왕위를 내려놓으니, 그 진심을 알지 못하여 마음이 불편했다고 호소했다. 그리고 지금까지도 정종이 왕위를 물려준 까닭을 알지 못하여 마음이 편안하지 못한 것이 죄라고 하였다.

네 번째 죄는 부자(父子)·형제(兄弟)·군신(君臣)·훈구(勳舊) 사이에서 모두 그 도(道)를 잃어 잘 처리하지 못한 것이라 말했다. 이 모든 것은 자신이 부덕하여 하늘이 재앙을 내린 것이라 인정했다. 하지만 자신의 죄로 백성이 굶주리고 새와 물고기 그리고 풀과 나무가 가뭄으로 마르고 야위는 것은 부당하다며, 제발 비를 내려달라고 하늘에 호소했다. 자신의 수명과 나라의 통치 기간이 길고 짧음은 상관없으니, 오로지 비를 내려 백성과 모든 만물이 풍요롭게 살 수 있도록 도와달라고 거듭 하늘에 빌었다.

성석린이 읽은 제문을 듣고 누군가는 태종이 왕위에 오르게 된 과정을 합리화하는 변명으로 여길 수도 있다. 하지만 조금만 생각을 달리 해보면 백성을 위하는 태종의 마음만은 진심이었음을 알수 있다. 태종이 왕으로 막강한 권력을 행사하는 상황에서 굳이 들춰서 좋을 것 하나 없는 과거의 치부를 밝힐 필요가 있었을까? 오히려 제1차 왕자의 난과 제2차 왕자의 난을 통해 형제를 죽이고 귀양 보낸 대가로 아버지 태조의 사랑을 받지 못했음을 말하는 것은 왕을 떠나 한 개인이어도 어려운 일임을 간과하지 말아야 한다. 상식 수준에서 판단해도 태종의 제문은 개인의 이익을 위한 일이 아니었음을 알 수 있다. 오로지 백성을 위하는 대의에 뜻이 있었다고 생각할 수밖에 없다.

또한 관료 정초가 가뭄의 원인이 왕과 문무 관료 모두에게 잘못이 있다고 밝혔음에도 태종은 아무런 벌을 주지 않았다. 대부분의 사람은 자신에게 잘못이 있다는 소리를 들으면, 설령 사실일지라도 먼저 부정하게 된다. 그리고 책임을 자신에게 묻기보다는 다른 사람에게 떠넘기는 일이 다반사다. 그러나 태종은 그렇게 행동하지 않았다. 오히려 책임을 관료들에게 떠넘길 수 있는 충분한 권력을 갖고 있음에도, 모든 잘못을 자신이 떠안았다. 태종의 마음이 하늘에 닿은 것일까? 하늘은 비로 태종의 마음에 답을 내려주었다. 원단에서 기우제를 올린 다음 날인 6월 29일 비가 조금 내렸다고 《조선왕조실록》은 기록하고 있다. 그리고 7월 초 비로소 비가 충분히 내리자 태종은 의정부에 술을 상으로 내려, 그동안 고생했던 관료들을 위로해 주었다.

태종이 가뭄의 책임을 자신에게 돌린 것은 비단 이때만은 아니다. 이후로도 태종은 가뭄이 들 때마다 백성을 걱정했고, 늘 자신의 잘못을 되짚으며 하늘에 용서를 빌었다. 한 예로 태종 17년(1417년)에도 "한재(旱災)가 너무 심한 것은 실로 나의 죄이다. 내가 부덕(不德)한 몸으로 나라를 다스린 지도 17년이 되었다. 세자(世子)에게 정사를 대신하게 하고자 하나 세자가 어리고 광망하여 어찌할 수가 없으니 이것이 민간(民間)의 원망과 탄식을 부른 것이다. 그러나 공부(貢賦)의 상수(常數)를 살핀다면 혹 원망과 탄식이 없어질지도 모른다."라고 말했다. 다시 풀이하면 우선 덕이 없는 자신이 오랫동안 왕위에 있는 것이 잘못이라고 밝히면서, 왕위를 양녕대군에게 물려주고 싶어도 세자의 자질이 부족하여 백성들의 원망이 오히려 커질까 두렵다고 말한 것이다. 그래서 조세(세금)가 백성을 힘들게 하는지 제대로 살피고, 문제가 있다면 바로잡았을 때 백성의 원망이 줄어든다고 보았다. 그러면 하늘도 노력을 가상히 여겨 비를 내려줄 것이라 믿었다.

이뿐만이 아니다. 태종은 가뭄이 발생할 때마다 정몽주를 비롯한 많은 사람을 죽이고 조선을 건국했던 일, 형제를 죽였던 왕자의 난, 개경에서 한성으로 수도를 옮기는 큰 역사로 인해 삶이 어려워진 백성의 원망이 가뭄을 불러일으킨다고 생각하며 늘 하늘과 백성을 향해 머리를 조아렸다. 그리고 백성에게 실질적인 도움을 주기 위해 관찰사에게 백성의 어려운 사정을 듣고 해결해 줄 것을 명령하는 등 국정 운영의 전반을 재검토하여 발견된 문제는 반드시 시정하게 하였다.

태종은 죽는 날까지도 가뭄으로 힘들어할 백성을 위해서 저승에 가서도 천제에게 비를 내려달라는 부탁을 하겠다고 유언을 남겼다. 이런 태종의 마음은 백성에게도 전해졌다. 태종의 유언은 민간에서 더욱 부풀려 전해졌다. 백성은 태종 스스로 제물이 되어 기우제를 올리기로 마음먹고 장작더미에 올라가 불을 붙이자, 하늘에서 비를 내렸다고 믿었다. 이런 소문은 왕실에 대한 백성의 충심을 이끌어냈다.

태종은 일평생 수많은 정적을 죽이며 강력한 왕권을 행사하였다. 아버지 태조와의 불화, 이복형제의 죽음, 처남 민씨 형제 멸문, 세종의 장인 심온의 죽음 등 하나하나가 잔인하고 가혹하다 싶을 정도의 사건이지만, 백성에게만큼은 늘 따뜻하고 자애로운 왕이었다. 이복형제를 죽인 광해군이나 자식을 죽인 인조와는 달리 태종은 사후에도 큰 비난을 받지 않는다. 오히려 조선 500년 동안 음력 5월 10일에 태종우가 내리지 않으면, 백성들은 "우리 태종 대왕이 어찌 우리를 돌보지 않는가"라며 태종을 그리워했다.

조선의 특별한
노인 우대 정책

京外朝官年七十以上, 士庶年八十以上, 各加一資, 凡二萬五千八百十
人。"百歲以上八十九人, 九十歲以上二千三百七十五人, 八十歲以上二萬
二千八百九十人, 七十歲以上四百五十六人"

서울과 지방의 조관朝官으로서 나이 70세 이상과 선비와 평민으로
서 나이 80세 이상은 각각 1등급씩 올려주었는데, 모두 2만 5,810인
이었다. 100세 이상은 89인, 90세 이상은 2,375인, 80세 이상이 2만
2,890인, 70세 이상은 456인이었다.

– 정조실록 30권, 정조 14년(1790년) 6월 24일 계유 9번째 기사

우리나라는 2017년 기준으로 65세 이상 고령 인구 비율이 14.2%로 이미 고령 사회로 접어들었다. 2000년 고령화사회로 진입한 지 17년 만의 일로, 고령화 속도가 빠르다고 알려진 일본보다도 그 속도가 훨씬 빠르다. 일본이 24년, 독일이 40년, 미국이 73년, 프랑스가 115년 걸린 것과 비교해 보면 대한민국의 고령화 속도는 믿기지 않을 정도로 매우 빨라서 앞으로 많은 문제가 발생할 것이라 충분히 예상되고 있다. 특히 저출산이 이어지는 가운데 전체 인구에서 만 65세 이상인 인구가 20% 이상 차지하는 초고령사회로의 진입이 2026년으로 예상되는 만큼 대한민국은 현재 초긴장 상태에 있다.

노인 인구의 증가는 노인 빈곤, 의료 비용 증가, 세대 갈등, 노인의 소외와 고독, 노인 부양 및 돌봄 등과 같은 문제를 일으킨다. 그러나 가장 큰 문제는 노인을 우대하지 않고 경시하는 풍조가 사회 밑바탕에 깔려있다는 점이다. 과거 노인을 우대하고, 그들의 말을 경청하며 참고하여 현실 문제를 해결하려던 풍조를 더는 찾아보기 힘들다. 노인을 비하하는 '노인충, 연금충, 꼰대, 틀딱충, 할매미' 등의 신조어를 살펴보면, 청년의 불만이 어디에 있는지를 알 수 있다.

젊은 세대에게 노인은 경제적 부담을 주는 존재이면서, 무조건 자신들의 생각만 옳다고 주장하며 소통하지 않으려는 대상이다. 예로부터 중국에서는 우리나라를 동방예의지국이라고 불렀다.

《산해경》에서는 우리나라를 '해 뜨는 동쪽의 예의 바른 나라' 또는 '군자가 사는 나라'라고 평했다. 공자가 조선에 가서 예의를 배우는 것이 소원이라고 말할 정도로 효를 중시했던 과거의 모습은 이제는 눈 씻고 찾아보려야 찾아보기가 어렵다.

젊은 세대의 기대 수명은 2019년 기준으로 83.2세로 세계에서 7번째로 높다. 아이러니하게도 노인을 혐오하는 젊은 세대도 자신이 노인이 되었을 때는 젊은 세대에게 존중받으며 오래 살기를 바란다. 물론 젊은 세대는 현재의 노인하고는 다른 삶을 살 것이라 자신하지만, 고령 사회가 가지고 있는 근본 문제를 해결하지 못하면 상황은 크게 달라지지 않을 것이다. 그래서 조선시대의 노인 우대 정책을 살펴보는 것은 현재와 미래에 찾아올 고령 사회의 문제점을 해결하는 데 큰 도움을 줄 수 있다.

우리는 보통 조선시대 사람들은 오래 살지 못했을 것으로 생각한다. 물론 틀린 말은 아니다. 잦은 자연재해와 전염병, 그리고 기아로 평균수명이 낮았던 것은 사실이다. 조선시대 왕의 평균수명만 봐도 46.1세다. 왕위에서 쫓겨나 16살에 죽은 단종을 제외하더라도 조선시대 왕의 평균수명은 47.3세에 불과하다. 영양가 높은 음식을 매일 섭취하고, 어의를 통해 늘 건강을 점검하던 왕조차도 지금과 비교하면 너무도 짧은 생을 살았다.

조선시대 국왕 중 환갑을 넘은 왕이 태조(72세), 정종(62세), 광해군(66세), 영조(81세), 고종(66세) 5명에 불과했으니, 일반 평민이 장수하는 것은 더욱 어려운 일이었다. 19세기 서유럽 사람들의 평균수명이 35세 안팎이었던 점까지 고려한다면, 조선시대 사람들의 평균수명도 35세 전후로 추정된다. 하지만 《조선왕조실록》을 보면 100세 이상 장수했던 노인들이 생각보다 많다. 과연 조선시대에 가장 장수한 인물은 몇 살까지 살았고, 조선 정부는 그들에게 어떤 혜택을 주었을까?

《조선왕조실록》에 100세 이상 노인이 거론된 내용을 살펴보면 다음과 같다. 태종실록에는 호조가 전국의 환과고독[6] 1,156명 중 101세인 2명에게 쌀과 콩을 각각 7석씩 내려줄 것을 건의했다고 기록되어 있다. 또한 강원도 감사가 경비가 부족하다는 이유로 100세 노인 김씨에게 주던 식량을 줄이자고 요구하자 세종이 "100세가 된 노인은 세상에 항상 있지 않으니 의리상 마땅히 후하게 구휼하여야 될 것이다. 전에 주던 수량대로 10석을 주게 하라."라고 명령한 기록이 남아있다.

세조는 황해도 서흥에 사는 100세가 된 돈용교위 윤광년과 106세가 된 경상도 동래현의 숙인 이씨에게 생활하는 데 필요한 물품을 지급하라고 명령하였다. 영조 때에도 관동의 105세, 101세, 100세가 된 3인에게 옷감과 음식물을 주라고 명령하였으며, 해서 지역의 100세 2명과 99세인 5명에게 옷감과 음식물을 내렸다.

정조가 재위하던 시절에는 장수한 사람들의 수가 더욱 늘어 평안도에만 100세가 넘은 사람이 16명이나 되었다. 정조는 장수한 노인이 많은 것은 매우 희귀한 일이라면서 100세가 넘는 노인들에

---

6 환과고독: 늙어서 아내나 남편, 자식이 없거나 어려서 어버이 없는 사람을 아울러 이르는 말.

게 쌀과 고기를 지급하여 나라가 노인을 우대하고 있음을 보여주라고 지시하였다. 특히 정조 14년(1790년)에는 70세 이상 된 노인의 수가 정확하게 기록되어 있는데, 100세 이상이 89명, 90세 이상이 2,375명, 80세 이상이 2만 2,890명, 70세 이상이 456명으로 그 수가 총 2만 5,810명이나 되었다.

정조 시기 갑자기 장수한 노인의 수가 늘어난 것은 기존보다 정확한 인구조사에 기인한다. 이와 함께 구황작물의 확대와 농업기술의 발달도 노인의 수가 증가하는 데 영향을 주었다. 그렇지만 1789년에 간행된 《호구총수》에 조선의 인구가 740만 3,606명으로 기록된 것으로 볼 때, 70세 이상 노인 인구는 전체 인구의 0.34%에 불과했다.

조선시대에 가장 오래 산 사람은 몇 살일까? 세종은 충청도 남포현에 사는 108세 숙인 김씨에게 달마다 술과 고기를 지급하였고, 영조도 108세 노인에게 옷감 1필과 고기 10근을 내려주었다고 기록되어 있다. 그런데 이보다 더 오래 장수한 인물은 정조 때 전동추(同樞) 정이천이다. 정조는 111세의 정이천이 영조 때부터 궁궐에 들어온 모습을 보았다고 거론하면서, 병에 걸리지 않고 건강하게 살고 있다며 많은 물품을 내려주었다. 정이천이 111세에도 아프지 않고 건강했다는 점에서 기록된 것보다 더 오래 살았을 것으로 추정된다. 의료 시스템을 비롯한 여러 사회적 기반이 갖춰진 오늘날 세계에서 가장 오래 산 인물은 122세 프랑스 여성 잔 칼망(Jeanne Louise Calment, 1875~1997)이다. 장수한 정이천의 기록은 잔 칼망과 비교해 봐도 절대 뒤처지지 않는다.

그렇다면 조선에서는 몇 살부터 노인으로 생각했을까? 오늘날 65세 이상을 노인으로 보는 것과는 달리 조선시대는 50살부터 육체적 쇠락이 시작되는 노인으로 간주하였다. 50세가 넘으면 궁궐을 짓는 부역 등 대규모 역사에 동원하지 않았다. 관직에 있는 사람도 50세가 넘으면 예비직인 검직(檢職)을 제수하였고, 《경국대전》에서는 부모의 나이가 50세가 넘으면 그들의 자녀가 혼인할 나이가 되지 않아도 특별히 혼인을 허락해 주었다.

60세가 되면 양인들은 국역에서 완전히 면제되었다. 이들은 세금을 내는 대상에서 제외되는 것 외에도 여러 혜택이 추가로 따랐다. 죄를 지은 경우에도 역모와 같은 큰 범죄가 아니라면, 돈을 납부하는 속죄금으로 처벌을 대신할 수 있었다. 양반들의 경우 60세가 넘도록 과거에 합격하지 못하면, 기로과(耆老科)를 통해 관직에 오를 기회를 주었다. 기로과는 한 번의 시험으로 급락을 결정하는 간단한 방식이었고, 합격한 사람에게는 통정대부의 품계와 면·명주 1필씩을 상으로 내려주었다.

영조 48년(1772년) 문과 6명, 무과 626명이 기로과에 합격하였고, 기로과에 합격한 인물 중에 문과 76세, 무과 81세의 고령자가 포함되어 있다는 점에서 국가가 얼마나 노인을 우대했는지를 잘 보여준다. 관리들도 60세가 넘으면 국가의 배려를 받았다. 조선 정부는 60세가 넘은 관리는 육체적으로 고된 일을 하기 어렵다고 판단했다. 무관은 60세가 넘으면 생활환경이 열악하여 살기 어려운 서북 변방으로 배치하지 않았고, 일반 관리도 65세가 넘으면 지방관으로 임명하지 않았다. 또한 노후의 안정적인 생활을 위해

토관(土官)은 60세 이전에 그만둘 수 없도록 하여 수입을 보장해 주었다.

70세가 되면 관리들은 스스로 관직에서 물러나겠다는 치사(致仕)를 올렸다. 이는 관리들이 70세까지 일을 할 수 있도록 국가가 정년을 보장한 것과 다를 바 없었다. 특별히 큰 잘못을 저지르지 않는 한, 아무리 낮은 품계의 하급 관리도 스스로 물러나는 70세까지는 일을 할 수 있었다. 또한 정년 없이 스스로 물러나는 것인 만큼, 그 사람의 능력이 필요하면 나이에 상관없이 얼마든지 중용될 수 있는 명분도 주어졌다. 특히 외관직은 《대전회통》에서 73세가 되면 교체한다고 명시함으로써 경험이 풍부한 노인을 우대했음을 보여준다.

《경국대전》에서는 70세 이상 되는 사람의 자녀를 공역에서 면제해 주고, 자녀가 관직에서 물러나는 체직(遞職)을 허용하여 늙은 부모를 봉양하게 하였다. 매년 나라에서는 정2품의 관료를 위해 기로연(耆老宴)을 열어 쌀, 고기, 옷감을 하사하였다. 한 예로 정조는 70살이 넘는 부부에게 쌀과 고기 등 재물을 하사하였다. 이 외에도 70세 이상의 대신에게는 고기를 먹도록 명령하거나, 70세 이상 당상관에게는 한여름이면 3일마다 얼음덩어리를 1개씩 나누어 주었다. 장례를 치를 때도 70세가 넘는 노인이라면 건강을 해치지 않도록 술과 고기를 먹으면서, 내실에서 편안하게 잠을 잘 수 있도록 편의를 제공했다.

80세가 되면 국가는 신분을 따지지 않고 노인으로 공경받을 수 있는 정책을 시행하였다. 70세까지는 신분에 따라 차별이 있던 반면, 80세 이상은 양인과 천인을 막론하고 모두 관계(官階)를 부여했다. 만약 벼슬이 있는 관료라면 1계를 올려주었으나, 당상관은 높은 지위에 있는 만큼 임금의 지시가 별도로 있어야 가능했다. 또한 매년 늦가을인 음력 9월에는 관원과 관인 중에서 80세 이상인 자를 위한 양로연(養老宴)을 베풀었다. 왕비는 내전에서 연회를 열어 노인을 대접했으며, 지방에서는 수령이 내외청에서 연회석을 마련하여 노인들을 공경하는 잔치를 열었다.

효자와 효부를 선정할 때도 노부모의 나이가 80세 이상이어야 했으며, 80세가 넘은 노인이 혼자서 살아갈 능력이 없거나 봉양할 자손이 없는 경우에는 국가가 생필품을 지원하였다. 혹시라도 연좌제와 관련되어 노인이 처벌 대상이 되어도 80세가 넘으면 면제되었고, 살인죄를 지었더라도 나이가 80세가 넘고 증거와 증인이 없으면 사형을 면제해 주는 파격적인 조치를 내렸다. 심지어 역적의 죄를 지어도 부모의 나이가 80세가 넘으면 섬으로 유배 보내는 것으로 더는 죄를 묻지 않았다.

90세가 넘으면 소유한 전지(田地)를 따지지 않고 조세를 면제해 주었다. 그리고 90세 노인의 모든 아들은 역(役)을 면제해 주는 특별 혜택이 주어졌다. 이처럼 조선은 노인을 위한 다양한 정책을 500년 동안 꾸준하게 펼쳤다. 그것은 결코 현재의 우리보다 경제적 여건 등 사회적 기반이 좋아서가 아니었다. 그런데도 조선은 노인이 생활하는 데 불편함이 없도록 생필품을 지원하였으며, 나이가 들어도 관직에 오를 수 있는 기회를 제공했다. 오히려 지금보다 더 어려운 사회·경제적 상황에서 노인 공경이 이루어졌다. 더욱이 노인 공경 정책이 가족들에게까지 적용돼 면역과 면세의 혜택을 주었고, 죄를 지어도 처벌하지 않았다는 점에서 오늘날보다 혜택의 범위가 넓고 파격적이다.

이와 같은 조선의 노인 공경 정책은 오늘날에 시사하는 점이 참으로 많다. 조선 정부가 노인에게 기력에 도움이 되는 고기를 내려주고, 의원을 통해 병을 치료해 준 사실은 노인의 건강이 개인의 문제를 넘어 우리 모두가 함께 책임져야 할 사회적 과제임을 보여준다. 현재에 적용해 본다면 사회를 넘어 국가가 돌봄 전문 인력이나 간병 전문 인력의 양성에 힘쓰며, 노인의 건강을 공적 서비스로 다루어야 함을 시사한다. 또한 노인이 생계 걱정 없이 살아갈 수 있도록 국민연금이나 기초 노령 연금 등의 확충과 새로운 재원 마련도 시급하다는 것을 보여준다.

무엇보다도 건강과 능력을 갖춘 노인이라면 얼마든지 일을 할 수 있는 여건을 마련하는 것이 중요하다. 조선 정부가 관리의 퇴직 연령을 정하지 않고, 노인들이 자신의 건강 상태에 따라 스스로 일을 그만둘 수 있도록 배려한 것처럼 말이다. 고령 사회에서 경제활동인구의 감소로 나타나는 문제를 해결하기 위해서는 노인이 경제활동을 할 수 있도록 기간을 연장해야 한다. 그러나 이를 위해서는 청년들과의 조율이 필요하다. 조선시대 국가가 노인들을 우대하고 있음을 보여주기 위해 기로과를 시행했던 것처럼, 노인들의 경험과 지혜가 청년들의 귀감이 되는 제도의 신설이 시급하다.

조선 정부가 노인들이 얼마나 오래 살았는지보다 행복하게 지낼 수 있게 도와주는 것에 초점을 맞추었던 사실에 주목하자. 엄격한 신분제 사회였던 조선에서 80세가 넘으면 신분에 상관없이 관계를 내려준 일은 세대 갈등과 부의 격차가 심해지는 오늘을 사는 우리에게 시사하는 바가 크다. 오래 사는 것이 불행이 아닌 행복한 일이 될 수 있는 사회를 만드는 것이 우리가 반드시 이루어야 할 일이다.

5부

기이한
동식물

하늘이 점지한 자만
먹을 수 있는 버섯

京山府使李滉得異草於河濱縣, 色赤三枝, 體如菌。以爲瑞, 送于參贊門下府事南誾第, 誾謂靈芝以獻。

경산 부사京山府使 이황李滉이 하빈현河濱縣에서 이상한 풀異草을 얻었는데, 빛깔은 붉고 가지가 셋이며, 몸은 버섯과 같았으므로, 상서祥瑞라 하여 참찬문하부사參贊門下府事 남은南誾의 사제私第에 보내니, 남은이 영지靈芝라 하여 임금에게 바치었다.

– 태조실록 5권, 태조 3년(1394년) 2월 15일 을유 2번째 기사

태조실록에 평범하면서도 특별하다고 말할 수 있는 기록이 하나 등장한다. 어느 날 경산 부사 이황이 어딘가 특별해 보이는 버섯을 우연히 얻게 되면서 고심에 빠진다. 그냥 버리거나 무심코 지나치기에는 버섯 자체가 너무나 특이하고 신기했다. 자칫 함부로 처리했다가는 나중에 문제가 될 수도 있다는 생각에 이황은 당시 박학다식한 학문과 재능으로 조선 건국에 큰 공을 세운 남은 (1354~1398)을 찾아갔다. 남은은 이황이 바친 버섯을 보자마자, 매우 귀하고 구하기 힘든 영지버섯임을 단박에 알아차리고 태조 이성계에게 바쳤다.

이황이 우연히 얻은 영지버섯을 태조에게 바쳤다는 기록을 보면서 '옛날에도 영지버섯은 뛰어난 약효를 가진 약재로, 구하기 힘들었구나.'라고 생각하며 가볍게 읽고 넘어갈 수도 있다. 하지만 이 문구를 여러 번 읽을수록 의문이 생긴다. 우선 첫 번째 의문은 영지버섯이 아무리 구하기 힘든 귀한 버섯이라고 해도 알아보는 이가 전혀 없었다는 점이다. 경산 부사 이황에게 영지버섯을 가져다준 사람을 비롯하여 경산 주변에도 약초를 캐는 사람이 많았을 텐데, 영지버섯을 아는 이가 한 명도 없었다는 점이 선뜻 이해되지 않는다. 또한 경산에도 약재를 다루는 의원이 여럿 있었을 텐데, 이들도 영지버섯을 한 번도 구경해 보지 못했을까? 귀하디 귀하다는 산삼도 웬만한 사람들이 다 알아보는데, 영지버섯이 얼마나 구하기 힘들었으면 알아보는 이가 없었을까?

두 번째 의문은 어의를 통해 영지버섯을 바쳐도 되는 일을 굳이 남은이 왕을 찾아가 직접 진상한 이유를 알 수 없다. 태조가 의학에 관심 있던 것도 아닌데 남은이 왕에게 직접 가져다 바친 것은 단순히 영지버섯이 건강을 회복시키는 약재가 아니었음을 의미한다. 그렇다면 남은은 영지버섯에 어떤 의미를 담아 태조에게 바친 것일까?

이 해답을 찾기 위해서는 중국 진시황이 불로장생하기 위해 온갖 노력을 기울이던 시대로 거슬러 올라갈 필요가 있다. 어머니를 비롯한 수많은 사람에게 배신당하면서도 불굴의 의지와 노력으로 춘추전국시대를 통일한 진시황은 자신의 모든 것을 쏟아부은 진나라를 오래도록 지키고 싶었다. 진시황은 자신이 아프거나 죽게 되면 힘들게 이룩한 모든 것이 끝나리라는 생각에 걱정이 많았다.

그래서 자신이 통일한 영토를 둘러보기 위해 기원전 219년 길을 떠난 진시황은 지금의 산둥성 칭다오시에서 서복이라는 인물을 만나게 된다. 서복은 "바다에 신선이 사는 봉래, 방장, 영주라 불리는 3개의 산이 있습니다. 제가 동남동녀를 거느리고 이곳에 가서 불로장생약을 구하게 해주십시오."라고 진시황에게 말했다. 진시황은 자신을 죽지 않게 만들어주는 불로장생약을 구해온다는 서복의 말에 남자아이와 여자아이 3,000명과 함께 3년간 항해할 수 있는 재물을 마련해 주었다.

서복은 진시황이 보내준 남녀 아이들과 물건을 가지고 바다로 떠난 뒤 영영 돌아오지 않았다. 하지만 후대 사람들은 서복과 관련하여 많은 전설을 만들어냈다. 우리나라의 제주도와 거제도 해금

강, 부산 영도구 봉래산 등에도 서복이 불로초를 구하러 왔다는 전설이 내려온다. 한 예로 제주도 서귀포라는 지명은 '서복이 서쪽으로 돌아간 포구'라는 말에서 유래했고, 서귀포 정방폭포 암벽에 서복이 '서불과지(徐市過之)'를 새겨놓았다는 전설이 내려온다. 그 외에 서복과 영지버섯에 관련된 전설도 전해온다.

전설에 따르면 서복은 진시황을 위해 바다를 헤매던 중 우연히 봉래산에 도착하여 신선을 만나게 된다. 봉래산에 사는 신선이 서복에게 진시황은 예의가 박하여 명약을 볼 수는 있으나 복용할 수는 없을 것이라며 내놓은 것이 영지버섯이었다고 한다.

이후 영지버섯은 사람을 불로장생하게 만들어주는 영험한 식물이라 전해졌다. '영지'라는 이름도 신령스럽다는 뜻의 '영(靈)'과 버섯을 의미하는 '지(芝)'를 합친 말이다. 영지버섯의 또 다른 이름으로 신선의 버섯이라는 뜻인 신지(神芝)·선초(仙草), 그 외에 늙지 않게 만들어준다는 의미의 불로초(不老草)가 있다. 또는 영지버섯이 구름 모양과 닮았다고 하여 운지(雲芝)라고 부르거나, 1년에 3번 꽃을 피운다는 의미로 삼수(三秀)라고도 했다.

영지버섯은 옛 문서에 신이한 효능을 가진 약재로 여러 번 등장한다. 중국 최초의 약물학 전문 서적인《신농본초경》은 약물 365종을 효능에 따라 상·중·하 3단계로 나누었는데, 영지버섯을 상품에 포함시켰다.《신농본초경》은 '영지버섯을 꾸준하게 복용하면 몸이 가벼워지고, 노화가 늦어지며, 수명을 연장해 신선처럼 된다(久食 輕身不老 延年神仙).'라며 영지버섯의 뛰어난 효능을 설명했다. 명나라 때 이시진이 저술한《본초강목》과 조선의 허준이 지은《동의보감》에서도 영지버섯의 효능을 높게 평가하고 있다. 특히《동의보감》은 '영지버섯은 독이 없고, 마음을 밝게 하여 위를 양생시키고, 오래 살며, 안색이 좋아지고, 배고픈 줄 모르게 한다'라며 부작용 없이 건강을 유지하며 장수하게 도와주는 만병통치약과 같은 효능이 있다고 설명하고 있다.

《신증동국여지승람》에서도 성주에 살던 효자의 사례를 소개하면서 영지버섯의 뛰어난 효능을 간접적으로 이야기한다. 성주에 살던 최병수는 어머니가 병으로 위독해지자 의원을 찾아가 진료를 부탁했다. 의원은 어머니를 진찰하고 "살아있는 영지 뿌리가 아니면 낫기 어렵다"라며 돌아갔다. 문제는 이때가 겨울이라 영지버섯을 구할 수가 없었다는 점이다. 하지만 최병수는 어머니를 낫게 할 방법이 있다는 사실만으로도 기뻐하며, 영축산에 들어가 7일간 기도를 드린 뒤 영지버섯을 찾아 나섰다.

그러나 한겨울에 영지버섯을 찾는 것은 불가능한 일이었다. 설상가상으로 최병수는 영지버섯을 찾던 도중 눈길에 미끄러져 정신을 잃었다. 한참이 지나서야 정신이 든 최병수가 고개를 드는 순간, 그토록 찾기를 염원하던 영지 잎이 있었다. 영지버섯을 찾았다는 기쁨에 최병수는 아픈지도 모른 채 산신에 감사드리며, 영지버섯을 캐어 집으로 돌아왔다. 최병수가 꽁꽁 언 몸을 녹일 새도 없이 영지버섯을 달여 어머니에게 드리자, 어머니가 언제 아팠냐는 듯 금세 나았다. 이처럼 여러 고문서에서 밝히고 있듯이 실제로 영지버섯은 항암 효과와 성인병 예방에 뛰어난 효능이 있다.

고대 중국에서는 영지버섯을 발견하면 황제에게 바쳐야 했다.

이는 중국만 그런 것은 아니었다. 우리나라에서도 영지버섯을 발견하면 왕에게 진상해야만 했다. 《삼국사기》에 웅천, 상주, 공주, 춘천에서 발견한 영지버섯을 왕에게 바쳤다는 기록이 남아있다. 고려 때에도 태조 왕건이 영지버섯을 바친 사람에게 창고의 곡식을 하사했다는 내용이 《고려사》에 나와있다. 이뿐만 아니다. 《고려사절요》에는 미륵사의 중이 이상한 풀을 영지버섯이라 부르며 바치니, 충숙왕이 소중히 간직하면서 문사들로 하여금 영지버섯을 찬송하는 시를 짓게 했다는 기록이 남아있다.

세종 9년(1427년)에 사간원이 지정한 사치 품목 중의 하나가 영지버섯이었다. 세종 30년(1448년)에는 함길도[1] 갑산군의 백성들이 나라의 세금으로 내야할 품목을 줄여달라고 했는데, 이 중 하나가 영지버섯이었다. 호조는 세금이 너무 많다는 갑산군 백성의 항의가 계속되자, 세종에게 인삼은 5년에 한하여 절반을 감해줄 것을 건의했다. 특히 영지버섯이 구하기 힘든 약재인 만큼 백성이 고통받지 않도록 영구히 감면해 주자는 안을 올렸다. 이에 세종도 영지버섯이 구하기 힘든 품목임을 인정하며 세금으로 내야하는 항목에서 영구히 제외했다. 이처럼 우리나라에서도 영지버섯은 구하기힘든 약재라 매우 비싼 가격으로 거래되었다.

영지버섯이 구하기 힘들고 비싼 가격에 거래되는 만큼 선조들은 자연에서 채취하기보다는 인공적으로 재배하기 위한 노력을 기울였다. 그 결과 조선 중·후기에는 영지버섯 양식에 성공하게 된

---

1 함길도: 오늘날 함경도.

다. 서영보(1759~1816)가 지은 《죽석관유집》에는 다음과 같은 글귀가 나온다.

선생의 얼굴과 머리칼은 흡사 어린아이 같으니(先生顔髮似童兒)

시냇가 으슥한 밭에서 영지버섯 키우시네(溪上幽田養紫芝)

마땅히 북쪽 고을로 부모님 찾아뵙는 날에(秪應北郡趨庭日)

포천의 등불 아래 나눈 이야기 전하리다(却話靑城剪燭時)

이를 통해 18세기에 영지버섯 양식이 이루어졌음을 알 수 있다.

영지버섯은 귀한 약재로 쓰이기도 했지만, 상징적인 의미로 사용되기도 했다. 대표적으로 영지버섯을 불로초라 부르며 십장생의 하나로 여겼다. 영지버섯의 모양이 사찰 법회에서 법사가 손에 드는 여의(如意)와 비슷하다고 하여 장수를 뜻하는 좋은 징조로 여겼다. 그래서 궁궐에서도 담장이나 도자기 등에 영지버섯을 그려 왕실 사람들의 장수를 기원했다. 지금도 경복궁이나 창덕궁 등 여러 궁궐에 가면 불로초를 상징하는 영지버섯을 문양으로 넣은 담장을 만날 수 있다.

그중에서도 가장 잘 알려진 것이 경복궁 자경전에 있는 십장생 굴뚝이다. 자경전은 흥선대원군이 자신의 아들 고종을 왕으로 즉위시켜 준 조대비에게 감사의 인사로 지은 전각이다. 이때 자경전 굴뚝에 조대비가 만수무강하기를 바라는 마음으로 십장생을 새겨 놓았다. 십장생은 민간신앙이나 도교에서 불로장생을 상징하는 10가지 사물로, 해·달·산·대나무·소나무·거북이·학·사슴·불로초

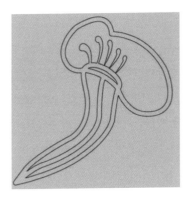
조선 유물인 '백자청화십장생문병'에 그려진 영지버섯 문양(출처: 문화포털)

가 있다. 여기서 불로초는 사슴이 영지버섯을 입에 물고 있는 모습으로 표현되고 있다.

백자와 청자에도 영지버섯의 문양을 새겨 넣어 건강과 장수를 기원했다. 보통 도자기에는 영지버섯 문양 하나만 새겨 넣지 않는다. 영지버섯은 소나무 등 다른 십장생과 함께 도자기에 그려졌는데, 대표적인 도자기로 백자청화십장생문병이 있다. 조선 중기를 대표하는 화가 겸재 정선도 〈노송영지(老松靈芝)〉라는 작품에서 영지버섯을 늙어 휘어진 소나무 밑에 그려 넣었다.

이 외에도 많은 민화에서 영지버섯을 그렸는데, 어떤 동물이나 사물과 함께 있느냐에 따라 의미가 조금씩 달라졌다. 잣나무가 심어진 화분에 감과 영지버섯을 배치한 '백사여의(百事如意)'나 감 2개와 영지버섯을 그린 '사사여의(事事如意)'는 모든 일이 뜻대로 이루어지기를 바라는 의미가 담겨있다. 뚜껑이 있는 그릇에 연꽃과 영지버섯을 배치한 '화합여의(和合如意)'는 대인 관계와 자신이 처한 상황이 조화를 이루기를 바라는 마음이 들어있다. 꽃병 속에 소나무 가지와 영지버섯·매화·수선이 담겨있는 모습을 표현한 '선호집경(仙壺集慶)'은 경사스럽고 축하할 일이 많아지기를 바라는 의미이며, 복숭아 나무와 장미꽃, 대나무와 함께 영지버섯이 그려진 '군방축수(群芳祝壽)'는 생일을 축하하며 장수를 바라는 마음이다. 마지막으로 마름의 열매와 영지버섯이 그려진 '영리불여치(伶俐不如痴)'는 너무 잘난 체하지 말고 탈 없이 세상을 살아가기를 바라는 의미가 들어있다.

영지버섯 문양의 활용은 여기서 끝나지 않는다. 무덤의 지면석[2]과 모퉁이돌 하단에 영지버섯을 새겨 넣기도 하였다. 세종실록 9권에 산릉 만드는 법을 기록해 놓은 것을 살펴보면, 12개의 지면석 아래에는 영지버섯을 새기고, 위에는 구름 모양과 12지신을 새기도록 규정하고 있다. 또한 12개의 모퉁이돌 아래에도 영지버섯을 새기고, 위에는 불교에서 사용하는 물건 중의 하나인 영저(鈴杵)와 목탁을 새겨야 한다고 명시하였다. 이를 통해 왕실에서 영지버섯을 얼마나 의미를 두고 중요하게 여겼는지를 알 수 있다.

이처럼 영지버섯은 인간이 불로장생하게 해주는 영약으로, 인간세계에서 만날 수 있는 신선계의 몇 안 되는 작물로 간주되었다. 특히 진시황처럼 강력한 힘을 가진 황제일지라도, 자격이 갖추어지지 않으면 하늘은 영지버섯 섭취를 허락하지 않았다. 이 말은 황제나 왕이 영지버섯을 구했을 때, 비로소 하늘과 백성에게 인정받

2 지면석: 능묘(陵墓)의 봉토(封土) 둘레에 병풍같이 둘러 박아 쌓은 돌.

을 수 있다는 말로 해석될 수 있다.

그렇다면 고려의 왕건과 조선 태조 때 영지버섯이 발견되어 진상되었다는 사실은 특별한 의미가 있다고 볼 수 있다. 이들은 영지버섯을 얻음으로써 하늘로부터 건국을 인정받았다는 명분을 백성들에게 내세울 수 있었다. 또한 영지버섯이 인간을 건강하고 오래 살게 해주는 명약인 만큼, 백성과 관료가 국왕에게 바치는 축복과 기원이 담겨있다. 왕이 백성들이 바친 영지버섯을 먹고 건강하게 오래도록 재위하면서, 나라를 잘 다스려달라는 충심의 표현이었던 것이다.

남은이 영지버섯을 태조에게 바친 1394년은 조선이 건국된 지 불과 3년도 되지 않은 시점이었다. 여전히 고려에 충성을 맹세하며, 조선이 망하기만을 바라는 사람이 많았다. 언제 어디서 조선에 대한 불만이 폭발할지 모르는 시점에서, 상서로운 영지버섯이 발견되었다는 사실은 흔들리는 백성들의 마음을 붙잡기에 모자라지 않았다. 더욱이 경산 부사처럼 일반 관리도 잘 모르는 영지버섯을 남은은 한번에 보고 알았다는 점에서, 조선 건국에 참여한 사람들의 능력이 대단하다는 사실을 암암리에 백성들에게 심어줄 수 있었다. 이것은 고려 부흥을 기대하는 사람들에게 좌절감을 주는 부수적인 효과도 가져왔다.

그런 점에서 태조에게 바쳐진 영지버섯의 존재를 다른 사람들이 몰랐을 리 없다. 단지 특별해져야만 하는 버섯이었던 것이다. 아마도 남은이 바친 영지버섯은 기존의 영지버섯과는 조금 다른 모습이거나 보통의 영지버섯보다 컸을지도 모른다. 그러나 사실

영지버섯의 모양과 크기는 그리 중요하지 않다. 하늘이 태조와 조선을 인정했다는 여론을 형성하여, 민심을 붙잡는 것이 더 중요했을 뿐이었다.

세종이 즉위한 날,
봉황이 나타나다

上御經筵問曰: "今聞, 鳳凰出於上國, 然乎?" 卓愼曰: "上有舜、文之德, 然後鳳凰來儀。今上國, 民不聊生, 雖有鳳凰, 不足爲瑞也。今聞其語, 以人力縛執之, 使不能飛, 豈眞鳳凰乎? 況人主夙夜敬畏, 當念民生休戚, 不可以祥瑞爲念也。"

임금이 경연에 나아가서 묻기를, "지금 듣건대, 봉황새가 중국에서 나왔다고 하니 사실인가." 하니, 탁신이 아뢰기를, "위에 순舜과 문왕文王 같은 덕이 있어야만 봉황새가 와서 춤추는 것이온데, 지금 중국에서는 백성들이 편안히 잘 살 수 없으니, 비록 봉황새가 있더라도 상서祥瑞가 될 수 없사오며, 이제 그 말을 듣잡건대, 사람의 힘으로써 묶어 잡아 날아가지 못하게 하였다 하오니, 이것이 어찌 참 봉황새이겠습니까. 하물며 임금은 이른 아침과 깊은 밤에 공경하고 두려워하여 마땅히 민생民生의 즐거움과 근심을 생각할 것이며, 상서를 염두念頭에 두어서는 안 될 것입니다."라고 하였다.

– 세종실록 2권, 세종 즉위년(1418년) 12월 22일 정유 3번째 기사

세종이 즉위하던 해에 중국에서 봉황이 나왔다는 소식이 들려왔다. 봉황은 도교에서 기린, 거북, 용과 함께 신령한 동물로 여겨지는 사령(四靈) 중의 하나다. 봉황이 상징하는 여러 의미 중에 태평성대가 있는 만큼, 조선 건국과 비슷한 시기에 원나라를 북으로 내쫓고 중국을 통일한 명나라에 봉황이 등장한 것은 조선에 달가운 일은 아니었다. 중국에 태평성대를 알리는 봉황이 등장했는데, 조선은 봉황이 찾아오지 않았기 때문이다. 더욱이 태종에 이어 세종이 새로운 왕으로 즉위한 상황에서 명나라에만 봉황이 등장했다는 사실은 자칫 백성들에게 세종의 즉위를 하늘이 반대하고 있다는 인식을 심어줄 수 있었다. 또한 봉황의 등장은 명나라가 조선에 행사하는 여러 압력에 정당성을 부여할 가능성도 있었다.

봉황은 상상 속 동물이다. 하지만 사람들의 마음을 움직이는 데 봉황의 실존 여부는 중요하지 않았다. 더욱이 봉황은 수천 년 전부터 사람들이 존재한다고 믿어온 신수(神獸)였고, 우리 민족에게도 낯설지 않은 상서로운 존재였기 때문이다. 어린 나이에 왕으로 즉위한 세종이지만, 명나라에서 봉황이 등장했다는 소식이 조선에 불러올 파장을 너무도 잘 알았다. 세종은 경연에서 신하들과 봉황에 관한 이야기를 나누며 이에 대한 대책을 세우고자 하였다.

경연에서 예조참판 탁신(1367~1426)은 중국에 나타난 봉황이 가짜라고 주장했다. 탁신이 가짜라고 주장하는 근거는 2가지였다. 첫 번째는 봉황은 태평성대에 나타나는데, 현재의 중국 명나라는 사람들이 편안하게 살아가는 나라가 절대 아니라는 점이었다. 당시의 명나라 황제 영락제는 몽골, 베트남 등과 전쟁을 벌이며 영토를 확장하고 있었다. 그러나 이들을 상대로 완벽하게 승리하지 못했다. 특히 세종이 즉위하는 1418년에는 베트남의 레 왕조가 명나라와 10여 년간의 전쟁 끝에 승리하여 명나라 군대를 자국에서 내쫓은 해였다.

또한 명나라는 잦은 전쟁으로 막강한 국력을 주변국에 과시했지만, 전쟁에서 가족을 잃은 백성들은 하늘이 무너지는 아픔을 겪고 있었다. 전쟁에 필요한 자원을 마련하기 위해 명나라는 더 많은 세금을 부과했고, 백성들은 가중된 세금을 내느라 허덕여야 했다. 이 점을 냉철하게 분석한 탁신은 세종에게 명나라가 절대로 태평성대가 아님을 강조했다.

두 번째는 봉황을 날아가지 못하게 붙잡았다는 사실이 가짜임을 증명하는 또 하나의 명백한 증거라고 주장했다. 봉황은 신령스러운 신수로서 절대로 인간이 통제할 수 있는 존재가 아님을 강조했다. 그런데 인간이 봉황을 날지 못하도록 붙잡아두었다는 것이야말로 명나라에 등장한 봉황이 진짜가 아님을 보여주는 확실한 증거라고 탁신은 주장했다.

그렇다면 과거 우리 선조는 봉황을 어떤 모습으로 인식하고, 어떤 의미로 여겼을까? 시대와 장소에 따라 봉황의 모습과 의미의 차이는 있지만, 일반적으로 봉황은 도교의 영향을 가장 많이 받았다. 도교에서 중요하게 생각하는 《산해경》과 《설문》 등 문헌에 등장한 봉황은 다음과 같다.

《산해경》에서는 봉황이 동쪽으로 500리 떨어진 금과 옥이 많이 나는 단혈산에 산다고 설명하고 있다. 봉황의 생김새는 닭과 비슷하지만, 머리의 무늬는 덕(德), 날개의 무늬는 의(義), 가슴의 무늬는 인(仁), 등의 무늬는 예(禮), 배의 무늬는 신(信)을 뜻하는 오색 무늬가 있어 닭의 생김새와 다르다고 말한다. 이와 함께 봉황이 세상에 모습을 드러내면 천하가 태평해진다고 하였다.

《설문》에서는 봉황의 앞은 기러기이고, 뒤는 기린의 형상을 하고 있다고 설명한다. 구체적인 생김새로 뱀의 목에 물고기의 꼬리, 용의 무늬와 호랑이의 등, 황새의 이마에 원앙새의 깃, 제비의 턱과 닭의 부리를 가지고 있으며, 온몸이 5가지의 색으로 이루어졌다고 설명한다.

봉황의 이미지는 고정된 것이 아니어서 시대에 따라 변화했다. 춘추전국시대에 암수 구분이 없던 봉황은 한나라 때부터 암수의 구분이 생겼다. 머리에 볏이 있는 봉황을 수컷인 봉(鳳)이라 부르고, 볏이 없는 봉황을 암컷인 황(凰)이라 칭했다. 송나라와 명나라 때는 봉황의 꼬리가 공작새 꼬리처럼 화려해졌다. 우리나라는 고려시대까지 중국과 다르게 봉황을 표현해 왔지만, 조선시대부터 봉황의 이미지가 중국과 비슷해졌다. 이는 명나라가 사대주의를 내세우며 봉황과 용의 이미지를 명나라에 맞추도록 압력을 행사했기 때문이었다.

세종 21년(1439년) 예조와 공조에 내려진 지시 사항을 보면 봉황에 관한 중국의 간섭이 있었다는 것을 알 수 있다. '중국에 보내는 표전(表箋)³의 통 및 보자기에 그린 용(龍)·봉(鳳)의 몸통과 날개 등은 1획도 틀림이 없어야 한다. 국초에 중국에게 이미 견책을 받았으나, 그 뒤에 눈알을 그리지 아니하고 혹은 발톱을 그리지 아니하여, 배표(拜表)⁴하는 날에 이르러서야 잘못되었음을 알고 탄핵을 당한 관리가 있으니, 금후로는 표전의 통과 보자기에 그린 용의 몸·발톱·머리·뿔·귀·눈·코·입과 봉의 발·발톱·털·날개·입·눈을 다시 한번 자세히 살피고 검열하여 착오가 없게 하라.'라는 세종실록의 내용에서 관리가 처벌될 정도로 봉황에 대한 명나라의 간섭이 심했음을 알 수 있다.

중국 명나라는 하나부터 열까지 자신들이 세운 기준에 조선을 비롯한 주변국이 맞추기를 원했고, 그에 따르지 않으면 압력을 행사했다. 그러면서 주변국을 서열화하는 것도 잊지 않았다. 한 예로 용의 발톱을 표현할 때 중국 황제는 용의 발톱을 5개, 왕은 4개, 제후는 3개를 사용하도록 하여 서열화했다. 그래서 북경의 자금성 등 중국 황실을 장식한 용의 발톱을 살펴보면 5개임을 확인할 수 있다. 반면 우리나라는 고종 때 사대주의를 극복한다는 의미로 경복궁 근정전 천장에 있는 용의 발톱을 7개로 그린 것을 제외하곤 대부분 4개로 표현되어 있다.

그렇다면 봉황은 우리 선조들에게 어떤 의미였고, 시대에 따라 어떤 모습으로 그려졌을까? 삼국시대는 고분벽화나 향로 같은 유

---

3 표전: 왕가의 서한.
4 배표: 중국에 외교 문서를 보낼 때 예를 표하는 일.

물에 봉황이 자주 등장했다. 고구려는 봉황을 사신(四神)으로 생각하고, 왕과 귀족 같은 특권층이 사후 세계에서 안녕하기를 바라는 마음으로 고분벽화에 봉황을 그렸다. 고구려 고분벽화 속 봉황은 볏이 달린 머리와 3가닥으로 갈라진 물고기 꼬리를 가진 모습으로 묘사되어 있다.

백제도 고려와 크게 다르지 않다. 백제금동대향로 맨 위를 장식하고 있는 봉황의 모습은 볏 모양의 머리에 3가닥으로 갈라진 물고기 꼬리 모양을 가지고 있다. 신라는 금관에 봉황을 표현해 놓았는데, 고구려·백제의 봉황과 같은 모습을 갖고 있다. 그러나 고구려와 백제가 사후 세계를 수호하는 역할로 고분이나 향로에 봉황을 그려 넣은 것과는 달리, 신라는 왕이 하늘의 자손이라는 천손사상을 강조하기 위해 봉황을 활용했다.

고려시대에 들어서 봉황의 의미는 약해졌지만 쓰임새는 더 많아졌다. 삼국시대보다 지배 계층이 늘어난 측면도 있지만, 불교가 토속신앙을 대체한 것도 한몫했다. 불교가 전래되고 대중화되면서 봉황의 상징성은 점차 약해지다가 불교에 흡수되었다. 불교 종단은 봉황의 형상과 비슷한 산천에 사찰을 짓고, 봉황과 관련된 지명을 붙였다. 산의 이름을 지을 때도 봉황이 머무는 산이란 뜻으로 '봉황산'이라 불렀다. 그 결과 지금도 공주·삼척·순창·여수·영주·제천·충주·진안 등 전국에 봉황산이라는 이름을 가진 산이 많다.

이 외에도 여주의 봉미산, 공주의 봉황대, 횡성의 봉복사 등 봉황과 관련된 명칭이 있다. 또한 오동나무숲은 봉황이 사는 주거지로, 대나무 열매가 봉황의 주식이라는 점에 착안한 지명이 만들어졌다. 재미있는 사례로 전라도 여수 오동도가 있다. 이 섬은 현재 오동나무가 없고 동백나무만 가득하다. 고려 말 요승 신돈이 오동도에 봉황이 자주 드나드는 것이 싫어, 섬의 오동나무를 모두 베어버렸다는 전설로 오늘날까지 오동도로 불린다.

고려시대의 봉황은 왕과 지배 계층만의 전유물에서 벗어나, 고려청자와 같은 생활용품에 그려지거나 와당 같은 건축 장식물에 새겨졌다. 그러나 봉황의 모습은 삼국시대와는 달리 송나라의 영향을 받아 3개로 갈라진 물고기 꼬리가 없어지고 공작새의 화려한 꼬리로 표현되었다.

조선시대는 봉황의 이미지를 유교에 맞추어 상상하고 활용하였다. 유교에서 가장 중요한 위치를 차지하고 있는 공자가 용·기린·거북·봉황을 신성한 동물로 간주한 이후, 봉황은 후대 사람들에게 신성하고 존귀한 동물로 대접받았다. 특히 봉황의 5가지 색이 인·의·예·신·덕을 상징하는 만큼 길조로 여겨졌다. 성악설을 주장한 순자는 〈애공편〉에서 '고대 임금의 정치가 생명을 사랑하고 죽임을 멀리하면 봉황이 나무에 줄지어 나타난다.'라고 말했다.

이 외에도 중국의 태평성대를 이끈 순임금 때 봉황이 와서 춤을 추었고, 문왕 때에는 기산에서 봉황이 울었다는 기록이 고문서에 등장하면서 봉황은 태평성대를 상징하는 신수가 되었다. 《설문해자》에서는 봉황이 동방의 나라에서 날개를 활짝 펴고 온 천하를 날아다니면 인간의 삶이 편안해진다고 말했다. 이렇듯 봉황의 등장은 왕의 권위를 높여주면서 백성을 안심시켜 국정을 원활하게 운영할 수 있도록 도와주었다.

봉황은 청렴하고 뛰어난 선비를 의미하기도 했다. 태평성대를 이끈 왕에게 봉황이 찾아오는 것처럼, 뛰어난 성군에게는 봉황과 같은 청렴하고 뛰어난 선비들이 찾아온다고 여겼다. 조선의 국왕은 뛰어난 성군이 되어 태평성대를 만드는 데 필요한 인재들이 많이 오기를 바라는 마음으로 여러 곳에 봉황을 그려 넣었다. 경복궁의 정문인 광화문 천장과 창덕궁의 선정전 천장에 봉황이 그려져 있다. 또한 왕비가 입는 대례복에 봉황 금박을 사용하였고, 궁중의 의례용 복식과 병풍에도 봉황을 그렸다. 하지만 고려시대와는 다르게 꼬리를 활짝 편 것이 아닌 접은 형태로 봉황을 표현하였다.

사실 세종 즉위 초에 명나라만 봉황이 등장했다고 말한 것은 아니었다. 중국 명나라처럼 대놓고 봉황을 붙잡았다고 거짓말하지 않았을 뿐, 조선도 봉황의 먹이가 되는 대나무 열매, 즉 죽실을 먹으러 봉황이 찾아왔다고 말했다. 이를 통해 봉황과 함께 태평성대가 올 것이라는 희망을 백성에게 심어주었다. 봉황이 대나무 열매만 먹고 산다는 점에서 죽실과 봉황은 매우 밀접한 관련이 있다. 그러나 죽실은 자주 보기 어려운 열매다. 대나무의 한 종류인 솜대가 60년을 주기로 꽃을 피우고 열매를 맺는 것처럼, 일반적으로 대나무 열매는 쉽게 열리지 않기 때문이다.

그런데 태종 10년(1410년) 강원도 감찰사 송인이 강원도 대령산의 대나무 숲에 죽실이 엄청나게 많이 열렸다고 보고하였다.

"대령산 대나무에 죽실이 보리와 함께 익었는데, 대나무 열매 이삭은 기장과 같고, 열매는 보리와 같고, 차지기는 율무와 같고, 그 맛은 당서(수수)와 같습니다. 백성들이 먹거나 술을 만드는 데 사용하여, 죽실이 오곡(五穀)과 다를 바 없습니다. 한 사람이 하루에 5~6두 혹은 10두를 수확한 다음, 집에 7~8석씩 저축하여 조석을 해결할 끼니로 사용하고 있습니다."

강원도 관찰사 송인의 보고는 조선의 건국과 태종 이방원의 즉위로 태평성대가 이루어졌음을 간접적으로 시사하는 말이었다. 대나무 열매인 죽실이 열리는 것은 조만간 봉황이 온다는 것을 의미했으며, 죽실을 통해 많은 백성이 끼니를 해결하고 술을 만들어 마시게 된 것도 태평성대의 조짐이라는 말이었다. 태종은 모든 문무 관료에게 하늘이 자신을 인정하고 있으며, 나라 경영이 훌륭하게 이루어지고 있음을 보여주는 좋은 사례로 송인의 보고를 활용했다.

그런데 세종이 즉위하는 시점에 중국 명나라에서 봉황이 등장했다는 사실은 조선에 큰 문제로 다가왔다. 하늘이 봉황을 내려보내 명나라는 태평성대가 이루어지리라는 암시를 준 것과는 달리 조선에는 봉황이 등장하지 않았기 때문이다. 태종이 후계자를 잘못 선정하여, 조선에 올 봉황이 명나라로 넘어간 것으로 해석될 가능성이 있었다. 더욱이 태종 시대 태평성대를 상징하는 봉황의 먹이인 죽실이 나왔던 만큼, 조선에 봉황이 등장하지 않으면 세종의 즉위를 하늘이 허락하지 않는 것으로 해석할 수 있었다. 혹여라도 세종의 즉위를 하늘이 허락하지 않는 것이라는 말이 누군가의 입에서 나올 경우, 예상치 못한 큰 파장을 일으킬 수 있었다. 이런 문제점을 파악한 세종은 소문을 미리 차단하기 위해 봉황이 명나라에 나타났다는 이야기를 먼저 꺼낸 것이었다.

다행히도 탁신은 세종의 의중을 꿰뚫고 있었다. 세종이 무슨 대답을 원하는지도 알았다. 그래서 명나라에 나타났다는 봉황이 가짜임을 논리적으로 증명하여, 사람들의 입에서 다른 소리가 나오지 않도록 막았다. 탁신의 현명함은 여기서 그치지 않았다. 오히려 세종에게 봉황의 출현에 신경 쓰기보다는 새로운 국왕으로서 갖추어야 할 자세를 가르치면서 앞으로 해야 할 일을 제시했다.

"임금은 이른 아침과 깊은 밤에 공경하고 두려워하여 마땅히 민생(民生)의 즐거움과 근심을 생각할 것이며, 상서를 염두(念頭)에 두어서는 안 될 것입니다."라며 헛된 소문에 휘둘리지 말라고 당부했다. 이는 실제로 존재하지도 않는 봉황으로 쓸데없이 걱정하기보다는 백성을 위해 무엇을 해줄 수 있는지 하나라도 더 고민하고 실천하는 것이 지금의 세종에게 더 필요한 일임을 강조한 것이다.

21세기 대한민국의 대통령이 머무르며 국정을 총괄하는 청와대에도 봉황이 있다. 청와대 정문과 광장에 있는 봉황은 대통령을 상징한다. 여기에는 대통령이 국정 운영을 잘하여 태평성대와 같은 시대를 만들어달라는 국민들의 염원이 담겨있다. 삼국시대 이전부터 사람이 사람답고 행복하게 살 수 있는 세상을 만들고자 했던 우리 선조의 염원이 지금까지 이어지고 있는 것이다. 그런 만큼 청와대의 봉황을 가볍게 보고 넘겨서는 안 된다. 봉황이 상징하는 의미를 되새기고, 우리와 우리 후손이 행복할 수 있는 세상을 만들 막중한 책임이 있음을 매 순간 기억해야 한다.

진짜 '용'이 있는지
신하들과 토론하다

乙卯/受常參, 輪對, 經筵。講至宋 徽宗云: '黃龍靑龍, 祥瑞也; 白龍黑龍, 災變也。朕即位之後, 一見黑龍, 是變也。上曰: "人可得見龍乎?" 檢討官金 鏽對曰: "往者有龍見于梁山郡 龍塘, 人見其腰, 不見頭尾。" 上曰: "雲雨間 有搖動成形之物, 人謂之龍上天子, 意以爲此非龍也, 乃雲霧雷雨之氣, 偶 爾成形而然也。人言: '留後司朴淵邊有狗蹲踞, 就視之, 非狗乃龍也。' 是亦 未可必其然否也。" 知申事皇甫仁對曰: "朴淵中木葉隕墜, 皆不沈而流, 淨 無塵滓爲神驗。" 鏽曰: "仁同縣 洛江水, 當盛寒堅氷, 忽擘裂而積, 人謂之 龍所耕也。以是占歲豐歉。" 上曰: "人言: '大同江有龍死而流下, 分明見之, 懼不敢出。' 龍亦有死乎?" 鏽對曰: "凡物有生必有死, 龍亦物也, 豈不死 乎?" 上然之。

상참을 받고, 윤대를 행하고, 경연에 나아가서 강講하다가, 송宋 휘종 徽宗이 이르기를, "누런 용과 푸른 용은 길한 징조요, 흰 용과 검은 용 은 재변이다. 내가 즉위即位한 뒤에 검은 용을 한 번 보았으니 이것은 변變이다."라고 한 데 이르러서, "사람이 용을 볼 수 있느냐."고 물으 니, 검토관檢討官 김빈金鏽이 대답하기를, "지난번에 양산군梁山郡의 용 당龍塘에서 용이 나타났는데, 사람들은 그 허리만을 보고 머리와 꼬리 는 보지 못하였습니다." 하였다.

임금이 말하기를, "구름과 비 사이에서 굼틀굼틀하며 움직이며 어떤 형태를 이룬 것을 보고 사람들은 이것을 용이 하늘로 올라간다고 하 지만, 나의 생각으로는 이것은 용이 아니요, 곧 구름·안개·비·우레의 기운이 우연히 뭉쳐서 형태가 이루어져서 그런 것인 듯하다. 사람들이 말하기를, '유후사留後司의 박연朴淵 가에 개가 쭈그리고 앉아 있기에 가서 보았더니, 개가 아니고 용이었다.' 하는데, 이것도 꼭 신빙할 수 없다." 하니, 지신사知申事 황보인皇甫仁이 대답하기를, "박연朴淵에는 나뭇잎이 떨어져 모두 가라앉지 않고 흐르기 때문에, 티 하나 없이 깨끗합니다. 이것이 신기한 징조라 할 수 있습니다." 하고 빈(鑌)이 아뢰기를, "인동현仁同縣에서는 낙동강洛東江 물이 한창 추울 때에 얼었던 얼음이 갑자기 갈라지며 얼음장이 밀려 쌓였습니다. 사람들은 이것을 '용이 갈아 제친 것이라.' 하며, 이것으로 풍년과 흉년을 점친다합니다." 하니, 임금이 말하기를, "사람들이 말하기를, '대동강大同江에 용이 죽어서 물에 떠내려가는 것을 분명히 보았으나, 무서워서 감히 꺼내지 못했다.'고 하는데, 그러면 용도 죽는 수가 있는가." 하니, 빈이 대답하기를, "모든 물건이란 한번 났다가는 한번은 죽게 마련이오니, 용도 물건인데 어찌 죽지 않겠습니까." 하매, 임금이 그렇게 여기었다.

- 세종실록 50권, 세종 12년(1430년) 윤12월 19일 을묘 1번째 기사

세종은 경연 중 용이 실제로 존재하는가에 대해 신하들과 열띤 토론을 했다. 신하들은 송나라 휘종이 용을 보았다는 이야기를 인용해 이 세상에 용이 존재한다고 말했다. 반면 이성적이고 합리적인 사고를 하는 세종은 용의 실체를 인정하지 않고 조목조목 과학적 근거를 대며 부정했다. 그러나 결국 세종도 용의 존재 여부에 대해 누구도 확신할 수 없음을 인정하고 신하들의 의견을 일부 수용하는 것으로 매듭짓는다.

용에 관한 토론은 세종이 얼마나 합리적이고 과학적 사고를 중요하게 여겼는지를 보여준다. 그래서일까? 세종은 뛰어난 업적으로 조선을 어느 나라보다도 앞선 문물을 가진 나라로 만들었다. 세종 때 만들어진 과학 기구는 하늘을 관측하는 간의대, 천체를 관측하는 혼천의, 시간을 측정하는 해시계와 물시계, 강수량을 측정하는 측우기 등 이루 셀 수 없을 정도로 많다. 세종은 이를 바탕으로 서울을 기준으로 하는 역법서인 《칠정산》을 제작했다. 《칠정산》이 얼마나 대단한지를 알려면 오늘날 우리가 사용하는 시간과 비교해 보면 된다. 약 600년 전에 만들어진 《칠정산》에서 계산한 1년은 오늘날 우리가 사용하는 1년(365일 5시 48분 45초)보다 불과 1초만 짧을 정도로 정확하다.

이런 업적을 진두지휘했던 세종에게 용은 과학적 지식이 부족한 사람들이 자연현상을 오해해 만들어낸 상상의 동물일 뿐이었다. 그런데 성리학을 배워 모든 사물을 합리적으로 의심하여 바라

볼 관료들조차 자연현상을 용으로 오해하고 있었다. 이를 안타깝게 생각한 세종은 경연에서 용의 존재를 거론하며 관료들이 깨우치기를 바랐다.

경연 과정에서 양산군 용당에 나타난 용을 사람들이 보았다는 김빈의 주장에 대해서 세종은 구름·안개·비·우레가 어우러져 일어나는 자연현상에 불과하다며 반박했다. 세종이 말한 자연현상은 오늘날 용오름을 말한다. 용오름이란 지표면과 상공에 부는 바람의 방향이 다를 때 발생하는 소용돌이를 말하는데, 보는 이에 따라서는 충분히 용이 승천하는 모습으로 착각할 수 있다.

또한 세종은 박연 폭포에서 실제로 용을 본 사람이 있다는 관료들의 말에 근거가 부족하다며 믿을 수 없다고 말한다. 보고 싶은 것만 보고, 듣고 싶은 것만 듣고, 믿고 싶은 것만 믿고자 하는 사람의 심리를 세종이 지적한 것이었다. 심리학 용어 중에 '확증편향'이라는 말이 있다. 확증편향이란 자신이 생각하고 희망하는 것과 일치하는 정보만 받아들이는 현상을 말한다. 세종은 확증편향이란 용어만 몰랐을 뿐, 확증편향의 속성과 문제점을 너무도 잘 파악하고 있었다. 예로부터 박연 폭포는 용이 살고 있다고 믿었던 왕과 백성들이 가뭄이 들 때마다 기우제를 올리던 신성한 장소였다. 박연 폭포에서 용을 보았다는 말은 용을 만나고 싶은 사람들의 간절함이 만들어낸 허상이라고 세종은 판단했다.

세종이 조목조목 용의 실재를 인정하지 않고 부정하니까 신하들도 오기가 생겼다. 황보인이 박연 폭포는 다른 곳과 다르게 나무에서 떨어진 나뭇잎이 연못에 가라앉지 않고 떠내려가는 기이한 현상이 나타난다고 말했다. 황보인은 세종의 의견에 직접 반박하기보다는 폭포 아래 용이 살고 있기에 다른 폭포처럼 나뭇잎이 가라앉지 않는다고 에둘러 표현한 것이었다. 이에 김빈도 황보인의 말에 힘을 실어주고자 얼어붙은 낙동강 물이 용으로 인해 갑자기 갈라지면서 깨지는 현상이 자주 생긴다고 말했다. 이것은 강 아래 있던 용이 움직이는 바람에 얼음이 깨진 것으로, 인동현에 가면 용 때문에 깨진 얼음장이 쌓여있는 모습을 어렵지 않게 볼 수 있다며 증거를 제시했다.

신하들이 용이 존재한다는 여러 사례를 제시하며 반박하자, 세종도 한 발짝 뒤로 물러섰다. 세종 스스로도 용이 존재하지 않는다고 증명하는 것이 불가능함을 알고 있었기 때문이었다. 또한 경연의 목적이 관료들의 다양한 생각과 의견을 공유하여 역량을 발전시키는 데 있음을 잊지 않았다. 세종은 관료들의 사고 폭을 넓히고자 '용은 실제로 존재하는가?'였던 주제를 '용이 생사를 초월한 존재인가?'로 바꾸었다. 경연에 참석한 관료들이 용도 죽음을 맞이한다고 답하자 세종도 동의하는 것으로 경연은 마무리된다.

그렇다면 경연의 주제로 다루어진 용은 어떤 존재일까? 동서양을 막론하고 신화와 전설에 용은 빠지지 않고 등장한다. 동양과 서양에서 생각하는 용의 모습과 역할은 다르지만, 초월적으로 막강한 힘을 가진 상상의 동물이라는 공통점이 있다. 서양에서 용은 주로 악한 역할을 맡는다. 서양의 용은 하늘을 날아다닐 수 있는 거대한 날개를 가지고 있으며, 입으로는 불을 내뿜는다. 성품이 무자비해서 인간을 괴롭히고 해치는 데 주저함이 없다. 황금을 좋아하는 탐욕스러움도 가지고 있다. 그래서 서양에서 용은 퇴치되어야 할 사악한 존재로 인식되었고, 정의롭고 용감한 왕과 기사가 용을 물리친다는 신화와 전설이 많이 전해 내려온다.

반면 동양에서 용은 상서로운 동물로 인식하였다. 국가별로 용의 생김새에 차이는 있지만, 숭배의 대상이라는 공통점이 있었다. 동양에서 생각하는 용의 모습은 중국 문헌 《광아》를 바탕으로 만들어졌다. 동양의 용은 매우 큰 눈과 긴 수염을 가지고 있으며, 낙타와 비슷하게 생긴 머리 위에는 사슴처럼 뿔이 나있다. 용은 날카로운 이빨로 여의주를 물고 있는데, 때에 따라서는 입으로 불을 뿜을 수도 있다. 용의 몸은 도마뱀과 같이 긴 몸통에 짧은 다리를 가졌으며, 온몸은 단단한 비늘로 덮여있지만, 서양의 용과는 다르게 날개를 가지고 있지 않다. 하지만 천지를 뒤엎을 정도의 막강한 힘으로 누구든지 쉽게 굴복시킬 수 있다는 점은 같다.

이처럼 무시무시한 힘을 가진 용이라 할지라도 약점을 가지고 있었다. 용의 목 아래에 역린(逆鱗)이라 불리는 거꾸로 박힌 비늘이 있는데, 아주 약한 힘이라도 역린을 건드리게 되면 용은 힘 한번 써보지 못한 채 죽는다고 《한비자》란 책은 밝히고 있다.

또한 용은 기린, 봉황, 거북과 함께 동양에서 신령한 동물을 상징하는 사령의 하나로 인식되었다. 용이 세상에 존재하지 않는 동물임에도 불구하고, 사람들은 실제 존재한다고 생각하여 십이지신의 하나로 포함시켰다. 특히 옛사람들은 용이 비와 깊은 관련이 있다고 생각했다. 용을 '수신' 또는 '해신'이라 부르며 가뭄이 들면 비를 내려달라는 기우제를 올렸다. 불교에서도 용을 호법(護法)을 수호하는 존재로 인식하여 사찰과 법구에 장식했다. 왕실에서도 왕을 용으로 생각하거나 나라를 지키는 존재로 인식하여, 용을 향해 제사를 올리거나 건축물이나 옷에 새겨 넣었다.

우리나라 역대 왕들은 자신들이 용의 후손임을 강조하여 권력의 정당성을 확보하는 동시에 왕권을 강화했다. 몇 가지 사례를 들어보면, 먼저 백제 무왕의 탄생 설화가 있다. 무왕은 왕이 되기 전 서동이란 이름으로 마를 캐어 생활하는 평범한 젊은이였다. 어느 날 신라의 선화공주가 아름답다는 소식을 들은 서동은 선화공주를 아내로 맞이하기 위해 신라로 건너간다.

그러나 서동이 신라의 적국인 백제 사람인 데다 신분도 낮아 선화공주를 아내로 맞는 일은 불가능했다. 서동은 이 상황을 타개하기 위해 경주에 사는 아이들에게 엿을 나눠주며 선화공주가 한밤중에 남자를 몰래 만난다는 내용의 서동요를 가르쳐 부르도록 하였다. 이로 인해 선화공주에 대한 안 좋은 소문이 신라에 퍼지자, 신라 진평왕은 궁에서 딸을 쫓아냈다. 궁에서 쫓겨나 오도 가도 못하고 불안에 떠는 선화공주를 위로하여 아내로 삼은 서동은 백제로 돌아와 왕이 된다.

설화에서는 무왕이 신라의 공주를 아내로 삼고, 비천한 신분으로 백제의 왕이 될 수 있었던 배경을 설명하기 위해 용을 이용한다. 과부였던 서동의 어머니가 연못에 살던 용과 정을 나누고 아이를 잉태했는데 그 아이가 서동, 즉 무왕이라는 것이다. 무왕이 용의 자식으로 뛰어난 능력을 갖추고 태어났기에 선화공주를 아내로 맞이하고 종내에는 백제의 왕이 될 수 있었다고 이야기한다.

고려 왕건도 지방 호족이라는 한계를 벗어나 왕권을 강화하고 고려 건국의 정당성을 확보하기 위해 용을 자신의 조상으로 삼았다. 왕건의 계보를 따라 올라가 보면, 통일신라시대에 살던 선조 강충의 둘째 아들 보육이 천지를 가득 채울 만큼 많은 오줌을 싸는 꿈을 꾸었다고 한다. 보육의 형 제건이 이 이야기를 듣고 왕을 낳을 꿈을 꾸었다며 보육에게 자신의 딸을 아내로 주었다. 형의 딸과 혼인한 보육은 딸 2명을 낳았는데, 첫째 딸도 보육처럼 오줌으로 천지를 가득 채우는 꿈을 꾸었다. 꿈 이야기를 들은 둘째 딸은 언니의 꿈을 샀고, 훗날 당나라 숙종이 될 중국 태자를 만나 작제건을 낳는다.

당나라 숙종은 작제건이 자신의 자식이라는 증표로 삼으라며 활과 화살을 주고 통일신라를 떠났다. 성인이 된 작제건은 아버지인 당나라 숙종을 만나기 위해 활과 화살을 가지고 중국으로 넘어가던 중, 서해 용왕을 만나게 되었다. 자신을 괴롭히는 늙은 여우 귀신을 죽여달라는 용왕의 부탁을 들어준 작제건은 용왕의 딸과 칠보, 돼지를 얻어 고향으로 돌아온다.

이후 작제건은 용왕의 딸과 결혼해 용건을 비롯한 4명의 아들을 낳았다. 이중 첫째 아들 용건에게서 왕건이 태어나 고려를 세우고 후삼국을 통일하게 된다. 작제건 설화에는 고구려 고주몽, 신라 김유신과 관련된 설화들이 반영되어 있어 다소 번잡해 보이기도 한다. 그러나 고려 왕실은 기존의 설화에서 기이하고 좋은 내용을 모두 가져와 새로운 설화를 만듦으로서 백성들이 고려 왕을 우러러보고 따르기를 바랐다.

조선도 왕권을 강화하기 위해 백제와 고려처럼 용을 이용해 자신들의 선조를 부각했다. 조선왕조의 창업을 기록한 〈용비어천가〉에 이성계의 할아버지 도조 이춘의 영웅담이 나온다. 도조가 잠이 들 때마다 백룡이 꿈에 여러 차례 나타나 흑룡이 자신의 거처를 빼앗으려 하니 도와달라고 요청했다. 이를 이상하게 여긴 도조가 꿈에 나타난 백룡이 산다는 연못에 가보니 실제로 백룡이 흑룡과 치열하게 싸우고 있었다. 백룡이 흑룡에게 밀리는 것을 본 도조는 꿈에서 약속한 대로 활을 쏘아 흑룡을 죽였다. 도조의 도움으로 자신의 거처와 목숨을 구한 백룡은 그날 밤 도조의 꿈에 나타나 "장차 자손 중에 큰 경사가 있을 것입니다"라는 예언을 남기며 축복을 내렸다.

북한 지역에 내려오는 '적지'와 '퉁두란' 설화에서도 이성계가 용을 물리친 이야기가 나온다. '적지'에는 이성계의 꿈에 노인이 나타나 청룡을 도와 적룡을 물리쳐야 왕이 될 수 있다고 말하자, 이성계가 적룡을 죽였다는 내용이 담겨있다. '퉁두란'에서는 이성계와 퉁두란이 용상에 몸을 붙이는 내기를 했는데, 희한하게도 용상이 이성계 몸에만 붙어 퉁두란과의 내기에 이겼다고 전한다. 즉, 조선을 세운 이성계의 집안은 대대로 나쁜 용을 물리칠 정도로 힘이 강했고, 용들도 이성계 집안의 도움을 받은 은혜를 갚기 위해 조선 건국에 많은 도움을 주었다는 의미이다.

이처럼 용이 건국의 정당성을 확보해 주는 존재라고 본다면, 경연 마지막에 세종이 "용이 죽느냐?"라는 질문을 던지고, "그러하다"라는 신료의 답변에 수긍하는 장면에서 고개가 끄덕여진다. 세종이 용의 존재 여부에 관료들과 이견을 보이다가 용의 죽음에 뜻을 같이했던 것은 용의 죽음이 고려의 멸망을 의미한다는 것을 알고 있었기 때문이다.

신령스러운 용도 나이를 먹고 죽으면, 새로운 세상을 만들어갈 젊은 용이 그 자리를 넘겨받는 것처럼, 이성계가 고려의 공양왕에게서 선위받아 조선을 건국한 것도 같은 이치라며 건국의 정당성을 부여했다. 다시 말하면 고려 왕이 비를 내리고 불법을 수호하는 막강한 용의 자손일지라도, 결국 용이 죽는 것처럼 고려도 마지막이 있음을 이야기한 것이다. 또한 이성계와 도조가 죽인 용은 고려의 왕조를 상징하는 것이고, 조선은 새로운 세상을 여는 젊은 용으로 고려를 무너뜨릴 힘과 권한을 하늘로부터 부여받았다고 말하고 싶었던 것이다.

재미로 가볍게 다루고 넘어갈 법한 용이라는 주제로 관료들의 사고 폭을 넓히고, 조선 건국의 정당성을 확보한 세종의 현명함에 혀를 내두르게 된다. 세종이 평범한 사람들과는 너무도 다른 특출난 인물임을 다시 한번 느끼게 하는 대목이다. 한편으로는 이런 의문이 든다. 용의 죽음을 인정한 세종은 조선의 멸망도 언젠가 오리라 여겼을까? 우리도 언제 올지 알 수 없는 먼 미래보다 지금 당장 경연이 가져올 효과가 더 중요하다는 것을 아는데, 세종이 이를 몰랐을 리가 없다는 생각이 든다.

만병통치약 만인혈석을 품은
괴물 뱀

傳旨咸吉道都節制使:

昔聞張使臣之言, 曰: "北方野人地面有老蛇食千萬人, 人血在蛇腸中堅凝爲石。有大鳥, 其名鸛鳥, 捕其蛇食之, 遺其石於巢, 北人尋其巢得之, 磨而飮之, 可治百病及療折傷。或有獻於朝廷, 天子甚貴之。" (중략)

"北方韃靼地面無樹木之處, 大鳥掘地作巢, 常産二卵, 間有性悍能字育者生三卵。 性鷲悍, 故能捕萬人蛇而食之, 産卵時, 幷産蛇腸之石, 其石入巢中地下一三尺許, 有智識者尋三卵之巢, 掘而得之。此石至貴, 不易得焉。"

함길도 도절제사에게 전지하기를,

전일에 장 사신張使臣의 말을 들으니, "북방 야인 지방에 사람 천만 명을 잡아먹은 뱀이 있는데, 사람의 피가 뱀의 창자 속에서 단단히 엉키어 돌이 됩니다. '관鸛'이라고 부르는 큰 새가 있어서, 그 뱀을 잡아먹고 그 돌을 보금자리에다 남겨두는데, 북방 사람들은 '관'의 보금자리를 뒤지어서 그 돌을 얻으며, 이것을 갈아서 마시면 온갖 병과 골절상骨折傷이 치료됩니다. 이것을 혹 조정에 바치는 것도 있어서 천자께서 매우 귀중하게 여깁니다." 하였다. (중략)

"북방 달단韃靼 지방의 수목樹木이 없는 곳에, 큰 새가 땅을 파서 보금자리를 만들고 항상 알 두 개씩을 낳습니다. 그중에는 성질이 사납고 새끼치는 데 능한 것은 알을 세 개씩도 낳는데, 이 새는 성질이 거칠고 사나우므로 '만인사'도 잡아먹으며, 알을 낳을 때에는 뱀 창자에 들어있던 돌도 아울러 낳는데, 그 돌은 보금자리 속의 밑으로 두세 자

쯤 들어가게 됩니다. 이 방면에 지식이 있는 자는 알 세 개가 있는 보
금자리를 찾아서 땅을 파고 찾아냅니다. 이 돌이 지극히 귀해서 쉽게
구하지는 못합니다." 하였다.

– 세종실록 79권, 세종 19년(1437년) 11월 22일 무신 2번째 기사

세종과 김종서가 어디에서도 들어보지 못했던 기이한 동물인 만인사(萬人蛇)[5]와 만인혈석(萬人血石)[6], 그리고 여이조(汝而鳥)[7]라는 단어를 사용하며 대화를 나누는 장면이 세종실록에 나온다. 여진족을 내쫓고 영토를 확장하려는 세종은 북방 지역의 기이한 물건과 동물에 큰 관심을 보였다. 당시 함길도 도절제사였던 김종서를 부른 세종은 만인혈석의 기원과 용도를 은밀히 알아보도록 지시했다. 김종서는 조사 결과, 조선으로 귀화한 여진족으로부터 만인혈석에 대한 믿기 어려운 이야기를 듣게 되지만, 부풀려진 소문을 있는 그대로 세종에게 보고하지 않았다. 합리적 의심을 품고 좀 더 철저한 조사 뒤에야 만인혈석의 진실을 밝힘으로써 세종의 궁금증을 해결해 주었다. 세종과 김종서가 이야기 나눈 기이한 동물인 만인사와 만인혈석, 그리고 여이조는 무엇이었을까?

　　　세종은 어느 날 명나라 사신에게 도저히 믿기 어려운 괴이한 이야기를 듣게 된다.

　　　"북쪽 야인이 사는 지역에 만 명을 잡아먹는 만인사라는 뱀이 살고 있다. 뱀의 창자에는 잡아먹힌 수많은 사람의 피가 엉겨붙어 돌처럼

5　만인사: 조선시대 전설로 전해지는 괴물 뱀.
6　만인혈석: 만인사의 창자 속에 들어있었다는 돌. 잡아먹힌 사람의 피가 뭉쳐서 된 돌이라고 한다.
7　여이조: 만인사를 잡아먹을 정도로 크고 사나웠다는 새.

단단해지는데, 이를 사람들은 만 명의 피로 만들어진 돌이라는 뜻으로 만인혈석으로 부른다. 이 돌을 갈아 마시면 온갖 병과 골절상이 낫는 효능이 있어 중국 황제도 매우 귀하게 여긴다. 인간이 만인사를 잡아 만인혈석을 구하는 것은 불가능한 일이어서, 관이라 불리는 커다란 새의 흔적을 찾아야만 구할 수 있다. 관이 만인혈석을 가진 뱀을 잡아먹고 배설하고 떠난 자리를 찾으면, 어김없이 만인혈석이 있다."

세종이 명나라 사신의 말에 의심을 품고 있던 차에 명나라에 사신으로 떠났던 신상(1372~1435)이 돌아왔다. 궁금증을 참지 못한 세종이 신상에게 만인혈석에 대해 들은 것이 있냐고 묻자, 신상도 명나라에서 비슷한 내용을 들었다며 명나라 사신의 말이 완전 거짓이 아니라고 말했다. 그러나 상식적으로 믿을 수 없는 괴이한 이야기인 만큼 세종은 자신이 가장 믿을 수 있는 김종서를 불렀다. 기이한 이야기를 쫓는 자신을 사대부들이 비판할까 우려한 세종은 김종서에게 개인적인 궁금증으로 찾는 것처럼 위장하여 만인혈석을 조사하라고 지시했다.

때마침 강화도에 유배 온 여진족 거아첩합(?~1439)의 아내가 조부에게 물려받은 만인혈석을 병에 걸린 조카 고아도합에게 빌려주었다가 돌려받지 못했다는 이야기가 세종에게 들렸다. 세종은 모든 병을 치료한다는 만인혈석에 관한 이야기가 얼토당토않다고 확신했다. 이에 조선에 있는 만인혈석을 직접 구해 여러 실험을 해보았다. 세종이 어렵게 구한 만인혈석은 자석처럼 검푸른 빛깔에 밤

툴만한 크기였는데, 실험 과정에서 물에 섞어 갈아보니 검붉은 색으로 변했다. 돌의 색이 변한 것을 확인한 세종은 만인혈석에 대해 더 궁금해져 역관 김척에게 귀화한 여진족에게 가서 만인혈석이 무엇인지를 알아오라고 지시하였다.

세종의 명을 받은 김척은 여진족 마파라를 찾아가 만인혈석에 관해 물어보았다. 마파라는 김척의 질문에 북방의 달단[8] 지방에 가면 수목(樹木)이 없는 곳에 큰 새가 산다고 답변했다. 김척이 큰 새에 대해 자세히 묻자, 마파라는 달단에 사는 새는 사람을 잡아먹는 만인사라는 뱀도 잡아먹을 정도로 성질이 거칠고 사나운 맹수라고 답했다. 덧붙여 이 새는 땅을 파서 보금자리를 만들어 2개의 알을 낳는데, 이때 만인사 창자에 있던 돌이 몸 밖으로 나온다고 하였다. 다만 큰 새가 사는 곳은 매우 무서운 맹수가 살고 있어, 북방에 사는 사람들도 구하기 힘들어 만인혈석을 매우 귀하게 여긴다고 답했다.

김척이 마라파의 말을 듣고, 세종에게 받은 만인혈석을 주머니에서 꺼내 보여주었다. 마라파는 검푸른 색깔은 만인혈석 중에서도 매우 상품인데 어디서 구했냐며 매우 놀라워했다. 이에 김척은 북쪽 사람들이 만인혈석을 얼마나 가지고 있으며, 만인혈석의 품질에도 등급이 있느냐고 물었다. 마파라는 북쪽 야인들은 30~40집마다 만인혈석을 가지고 있지만, 보통은 붉은빛과 약간 누런색이 섞여있는 하품이라고 답했다. 김척이 믿기지 않는 표정을 짓자,

8 달단: 지금의 몽골 지역으로 추정.

마파라는 자신의 말이 진실임을 보여준다며 만인혈석 일부를 물에 녹여 그 자리에서 마셨다.

김척에게 만인혈석에 관한 이야기를 들은 세종은 다시 한번 사실을 확인하기 위해 귀화한 여진족 마변자를 직접 불렀다. 마변자는 조선 조정으로부터 첨지중추원사를 제수받고, 진흙에 빠진 왕세자를 구한 공로로 상을 받을 정도로 세종에게 신임받는 자였다. 마변자는 만인혈석을 묻는 세종의 질문에 북쪽에서는 만인혈석을 '모수월하(毛水月下)'라 부르며, 자신의 숙부 마자화도 가지고 있다고 대답했다. 자신도 예전에는 만인혈석을 가지고 있었으나, 아플 때마다 갈아 마시다 보니 점점 작아져 지금은 없다고 말했다.

여러 사람이 만인혈석이 실제로 존재하며 명약이라고 공통되게 말하고 있지만, 세종은 의심을 거두지 못했다. 모든 일을 이성적이고 합리적으로 생각하고 판단하여 국정을 운영하던 세종은 항상 들려오는 모든 풍문을 있는 그대로 믿지 않고 의심부터 하여 진실을 탐구하던 인물이었다. 그래서 만인혈석에 관한 4가지 의문점을 제시했다.

첫째, 북방에 수목이 없는 땅이 있다는 것도 의심스럽지만, 새가 땅을 파고 보금자리를 만든다는 것이 의문스럽다. 둘째, 만인사를 잡아먹는 큰 새를 황새라 부르나 이조차 믿을 수 없다. 매나 독수리 같은 종류일 수도 있다. 셋째, 사람을 잡아먹은 것을 물뱀이라고 하는데, 북쪽 지방에서 사람을 잡아먹는 뱀이 물뱀인지 육지 뱀인지 알 수 없으며, 또 사람을 잡아먹는 형상도 알 수 없다. 넷째, 돌 하나로 모든 병을 치료한다는 것이 가능한 일인지, 혹시 정말 그렇다 해도 돌을 갈아서 마시는 방법 외에 다른 방법은 없는 것인지 의문이 든다고 말했다.

세종의 4가지 의문은 직접 보지 않으면 믿을 수 없고, 우리가 아는 지식으로 사실인지 판단하는 것에 한계가 있으니 더 조사할 필요가 있다는 말로 요약할 수 있다. 그러나 마지막에 만인혈석의 다른 복용 방법이 없는지를 묻는 말은 세종이 위대한 성군이 될 수밖에 없음을 알게 해준다. 진실 여부를 아는 것에 그치지 않고, 백성과 국가에 도움이 된다면 얼마든지 활용하겠다는 세종의 의지를 엿볼 수 있기 때문이다.

세종은 만인혈석을 은밀하게 알아보라고 지시했던 김종서에게 용의 뿔인 '용각'과 용의 뼈 '용골'에 대해서도 조사할 것을 지시했다. 세종이 세상에 존재할 것 같지 않은 기이한 물건을 조사하라고 무턱대고 김종서에게 지시한 것은 아니었다. 김종서가 충분히 이해할 수 있도록 조사하는 이유를 밝혔다.

우선 세종은 김종서에게 여진족이 용각을 구해서 명나라 황제에게 바쳤는데, 가히 천하 보물이었다는 말을 명나라 사신에게 들었다고 운을 띄었다. 그리고 임언충이 노아간[9]에 방문했다가 용이 환골한 흔적이 남아있는 곳을 가게 되었는데, 용의 몸뚱이와 손·발·머리·꼬리·이·뿔의 흔적이 마치 살아있는 용과 같았다고 보고한 내용도 전했다. 여기에 귀화한 대호군 주진자가 바친 용각과 일본인이 사악한 기운을 쫓는 물건이라고 가져온 용각이 노루 뿔

9 노아간: 한반도와 러시아의 경계 지역으로 지금의 헤이룽장성 남단 지역으로 추정.

과 비슷하면서도 머리에 들어가는 뿌리가 훨씬 깊어 의심스러운 부분이 있다며, 만인혈석과 용각, 그리고 용골의 존재 여부와 함께 약의 효능이 있는지도 반드시 알아오도록 지시하였다.

세종의 명을 받은 김종서는 함길도 주변에 사는 여진족 노인들을 찾아다니며 만인혈석과 용각을 조사했다. 김종서는 여진족 노인들을 만나 만인혈석과 용각을 물어봤으나, 대부분 알지 못했다. 오로지 여진족 마자화만 알고 있다고 김종서에게 답했다. 그러나 마자화도 정확하게 아는 것은 아니었다. 북방의 큰 새가 뱀 창자에 있던 돌을 낳는다는 이야기를 들어보지 못했으나, 전쟁으로 죽은 사람들의 피가 엉겨 만들어진 돌이 땅속 2~3자 깊이 정도에 파묻히는 경우가 있다. 누런색이면서도 검은색이 나는 이 돌을 갈아서 마시면 골절상과 복창증에 효험이 있는데, 자신도 개원(開元) 사람들이 성을 쌓을 때 발견한 돌을 가지고 있다고 말했다.

덧붙여 마자화는 큰 새는 황새가 아니라 여이조라 불리는 새로, 숲이 우거진 곳이라도 땅을 파고 3개의 알을 낳는데, 그 밑을 파면 반드시 돌이 나온다고 하였다. 많은 이들이 흉복통을 고칠 수 있다는 말에 여이조의 보금자리를 팠지만 구하기는 쉽지 않다고 말하면서 김종서에게 자신이 가지고 있던 돌을 주었다.

김종서가 마자화에게 받은 돌을 조선으로 귀화한 여진족 사람들에게 보여주었더니, 열이면 열 모두 다 이 돌은 누구나 가진 것으로 귀한 물건이 아니라는 똑같은 답변을 하였다. 혹시라도 이들이 조선에서 인정받으며 살아가는 마자화를 시기 질투하는 말일 수도 있다고 생각한 김종서가 그들에게 돌을 보여달라고 하니, 모두가 벌써 잃어버렸다고 대답했다. 김종서는 만인혈석에 관해 조사할수록 의문점이 풀리기는커녕 더 쌓여가자, 역관 김척이 만났던 마파라를 찾아가 마자화의 말이 맞는지 확인했다.

마파라는 큰 새는 황새가 아니라 여이조가 맞지만, 만인사를 잡아먹는지는 모르겠다고 답했다. 과거 마파라가 김척에게 만인사라는 뱀이 있고, 그 뱀의 창자에 사람의 피가 엉겨붙은 돌이 있다고 말했던 것과 진술이 달랐다. 김종서는 사람들의 진술이 계속 엇갈리자, 직접 여이조의 보금자리를 찾아 살피기로 했다. 그러나 알이 3개 있는 보금자리는 보지 못했다.

결국 최종 결론을 내지 못한 김종서는 조사한 내용과 자신의 의견을 있는 그대로 세종에게 보고하였다. "한두 사람의 말만으로 만인혈석과 용각이 실제로 존재한다고 말하기는 어렵지만, 그렇다고 아니라 부정할 수도 없으니 차후에 천천히 알아보고 보고하겠습니다."라고 답변을 보냈다. 그리고 세종에게 마자화가 김종서에게 준 만인혈석을 증거품으로 바쳤다.

이후 만인혈석과 용각에 대한 이야기는《조선왕조실록》에 나오지 않는다. 그럴 수밖에 없는 이유가 김종서는 만인혈석 조사 이후 6진을 개척하는 데 매우 바빴기 때문이었다. 1437년 경흥군, 1440년 온성군을 설치하였고, 마지막으로 1449년 부령부를 설치할 때까지 한시도 쉬지 않고 여진족과 싸우고 또 싸워 조선의 영토를 넓히기 위해 최선을 다했다. 6진을 개척하는 과정에서 만인혈석과 용각을 조사하는 일이 우선순위에서 밀리면서 어느덧 거론조차 되지 않았다.

그렇다면 세종이 김종서에게 만인혈석과 용각에 관한 조사를 은밀하게 지시한 이유는 무엇이었을까? 단순히 세종의 호기심 충족과 약재 연구를 위해 벌인 일은 아니었다. 만약 그런 목적이었다면 김종서가 아닌 국가 행정 기관을 통해 조사하면 될 일이었다. 세종이 김종서에게 은밀하게 만인혈석에 관해 조사를 지시한 이유는 6진을 개척하기 위한 선제 작업이었을 가능성이 매우 크다.

이 당시 여진족은 만주 지역에서 여러 부족으로 흩어져 명나라와 조선의 눈치를 보며 살아가고 있었지만, 과거 금나라를 세우며 동아시아의 최강자로 군림했던 때도 있었다. 오죽하면 "여진족이 만 명만 뭉치면 천하무적이니, 절대로 대적하지 말라"라는 말이 공공연하게 퍼질 정도였다. 조선이 여진족의 귀화를 추진하면서 그들의 결속을 막고 있지만, 언제든 상황에 따라 조선을 공격할 가능성이 큰 그들이었다. 그렇기에 세종은 압록강과 두만강을 국경선으로 삼아 여진족을 먼 북방으로 내쫓고, 안정적인 국정을 운영하고자 했다.

하지만 조선이 여진족을 공격하면 그들은 분명 하나로 세력을 뭉쳐 대항할 것이 뻔했다. 여진족의 막강한 무력에 만병통치약 만인혈석과 용각까지 그들에게 있다면 조선으로서는 매우 어려운 싸움이 될 것이 분명했다. 그런데 만인혈석을 조사하는 과정에서 많은 사람이 가지고 있을 정도로 흔하다는 것이 밝혀졌다. 그렇다면 여진족과 전쟁을 벌이기 전에 만인혈석이 무엇이고, 약의 효과가 있는지 분명하게 알 필요가 있었다. 만약 여진족이 만병통치약인 만인혈석으로 부상자를 치료하여 계속 쳐들어온다면, 조선은 승리를 거둔다 해도 큰 피해를 감수해야만 했다. 이로 인해 많은 병사가 죽고 막대한 전쟁 비용이 소요된다면 조선의 국정 운영에 큰 타격이 될 것이 분명했다.

다행히 객관적인 자료와 합리적인 이성으로 판단하는 세종과 김종서였기에 만인혈석에 대한 과장된 소문에 흔들리지 않고 올바른 판단을 할 수 있었다. 사실 가장 강대국이던 명나라 황제가 여진족이 갖다 바친 만인혈석을 가장 소중한 보물로 여긴다는 명나라 사신의 말을 무시한다는 것은 여간 어려운 일이 아니었다.

지금으로 따지면 전염병으로 힘들어하는 대한민국에 미국 외교 사절단이 방문하여, 우리가 처음 들어보는 백신을 거론하며 미국 대통령이 인정할 만큼 효능이 검증되었다고 말하는 것과 비슷한 상황이라고 말할 수 있다. 더욱이 백신을 대한민국에 판매하겠다는데, 누가 솔깃하지 않을 수 있을까?

우리도 지인이 어떤 병에는 어떤 약이 좋고, 어느 병원이 치료를 잘한다고 말하면 객관적 검증 없이 우선 믿고 본다. 그런 점에서 세종의 신중한 모습은 참으로 대단해 보인다. 이는 세종이 자신의 판단과 행동이 옳다는 신념과 함께 능력에 대한 자신감이 가득했기에 가능한 일이었다.

여진족이 보유한 만인혈석이 만병통치약이 아니라 복통에나 효험이 있는 약이라는 사실을 안 세종과 김종서는 더 조사할 필요가 없었다. 정작 세종이 궁금했던 것은 전쟁에서 칼과 활로 다친 병사들을 만인혈석으로 치료할 수 있는가였다. 만인혈석이 지혈이나 자상(刺傷)에 효과가 없다는 사실이 확실해진 이상, 앞으로의 문제는 여진족과의 전투에서 어떻게 하면 효과적으로 승리할 수 있는지를 고민하는 것이었다.

그렇다면 만인혈석, 용각, 용골의 진짜 정체는 무엇일까? 아마도 공룡의 화석일 가능성이 매우 크다. 헤이룽장성은 조반류(鳥盤類), 즉 새의 머리 형태를 가진 압취공룡 및 제4기 고생물 화석이 굉장히 많이 출토되는 지역이다. 다양한 종류의 공룡 화석이 헤이룽장성 인근에 묻혀있어, 공룡의 실체를 모르던 과거의 사람들이 공룡 화석을 용의 모습이라고 착각한 것이었다. 10m에 가까운 거대한 몸과 거대한 뿔이 달린 머리, 크면서도 날카로운 이빨, 짧은 다리에 긴 꼬리 등을 갖춘 공룡의 모습을 현재 존재하는 동물에서 찾기 어려운 만큼 옛사람들은 용이라 생각했다. 그리고 이 특별한 물질이 인간의 병을 치료하거나 악한 기운을 물리치는 데 큰 도움을 준다고 믿었다.

만인혈석도 중생대 또는 백악기 시대의 식물 화석일 가능성이 매우 크다. 만인혈석을 땅속에서 발견했다는 점과 물에 잘 녹았다는 특징을 살펴볼 때, 동물의 뼈가 아니라는 것을 짐작할 수 있다. 화석의 일종인 석탄은 검붉은 색을 띠고 사람의 손에 잘 묻어나는 특징을 보인다. 만인혈석은 석탄으로 바뀌기 전의 화석일 가능성이 있다. 화석이라는 물질을 알 리 없었던 옛사람들이 상상력을 더하여 만인혈석을 만들어낸 것일 수 있다.

만인혈석의 검붉은 색은 만인사가 잡아먹은 사람의 피가 엉겨붙은 색이고, 오랜 세월 압력과 마찰로 둥글어진 모습은 상상 속의 동물 여이조가 만인사를 먹고 몸 밖으로 배출한 알로 여겼다. 실제로 중국 사람들이 19세기까지 갑골문자가 적혀있는 거북이 껍질이나 동물의 뼈를 용골로 인식하여 약재로 먹었던 만큼, 만주에 살던 여진족들은 화석의 일종인 만인혈석을 약재로 여기고 먹었을 가능성이 크다.

세종은 만인혈석과 용골의 진짜 정체는 몰랐겠지만, 약효로 가치가 없다는 것을 확인하고 더는 관심을 두지 않았다. 그리고 국가와 백성을 위해 영토를 넓히는 데에만 전념하였다. 만인혈석과 관련된 일화는 늘 여러 경우의 수를 두고 신중하게 행동하던 세종의 현명함을 보여주는 하나의 사례다.

곰에게 사로잡혀
반인반웅을 낳은 여인

咸吉道都節制使據會寧節制使呈, 移牒兵曹曰:
吾都里指揮馬加湯來言: "具州 亐知介等喧傳云: '有一人捕大魚于江, 剖腹視之, 孕二兒. 其人乃與里人往見, 兒皆已死.'" 又言: "亐知介之俗, 女皆佩鈴. 歲戊午五月, 有女三人因採樺入山, 一女還家, 二女不還. 是年十一月, 獵者入山捕熊, 聞木空中有鈴聲, 斫木視之, 二女皆携兒. 問其由, 答云: '去五月, 因採樺到山間, 迷路不得還家, 仍被雄熊脅與交, 各生兒子.' 其兒面半似熊形. 其人殺其兒, 率二女而還."

함길도 도절제사가 회령 절제사會寧節制使의 정문呈文에 의거해서 병조兵曹에 이첩移牒하기를,
"오도리吾都里 지휘指揮 마가탕馬加湯이 와서 말하기를, '구주具州의 우지개亐知介 등이 떠들어대어 전傳하기를, "어느 사람이 강에서 큰 고기를 잡았는데 배를 갈라 보니 두 아이를 배었다 하기에, 그 사람이 동네 사람과 함께 가 보니 아이는 모두 이미 죽었다."고 하였다.' 하였고, 또 말하기를, '우지개의 풍속이 여자는 모두 방울을 차는데, 무오년 5월에 여자 세 사람이 벗나무 껍질을 벗기기 위하여 산에 들어갔다가, 한 여자는 집으로 돌아오고 두 여자는 돌아오지 않았는데, 그해 11월에 사냥하는 사람이 산에 들어가서 곰 사냥을 하다가, 나무의 빈 구멍 속에서 방울 소리가 나는 것을 듣고, 나무를 베어 내고 보니, 두 여자가 모두 아이를 데리고 있었으므로, 그 연유를 물으니 대답하기를, "간 5월에 벗나무 껍질을 벗기려고 산속에 들어왔다가 길을 잃어 집에 돌아가지 못하였는데, 수곰의 협박을 당하여 함께 자서 각각 아이를 낳았다."고 하

였는데, 그 아이의 얼굴이 반은 곰의 모양과 같았다. 그 사람이 그 아이를 죽이고 두 여자를 거느리고 돌아왔다. '고 하였습니다." 하였다.

– 세종실록 86권, 세종 21년(1439년) 7월 2일 무신 2번째 기사

인간이 동물과 성교하는 일이 가능할까? 인간이 동물과의 교접으로 임신하고 출산하는 것이 가능한지 궁금증을 갖는 것은 전 세계적으로 아주 오래된 일이다. 고대일수록 인간과 짐승의 교배가 가능하다고 믿었고, 교배로 태어난 존재는 뛰어난 두뇌와 막강한 힘을 가지고 있다고 믿었다. 그래서 많은 전설과 신화에서 반인반수가 등장했고, 이들은 인간이 도저히 할 수 없는 불가능한 일을 기적적으로 해결한다고 믿었다. 그리고 그들의 기이하면서도 영웅적인 행적은 사람들의 입에서 입으로 후대에 전해졌다.

실제 존재하지 않는 반인반수가 만들어진 배경에는 기본적으로 인간의 나약함이 깔려있다. 인간은 지능을 제외하고는 지구상의 어떤 동물보다도 약한 힘을 갖고 있다. 우리보다 열등하다고 생각하는 동물과 비교해 보면 인간이 얼마나 나약한 존재인지를 쉽게 알 수 있다. 인간이 신체에서 무기로 활용할 수 있는 부위는 크게 치아와 손과 발이다. 입 근육이 내는 힘을 치악력이라고 하는데, 성인 남성의 경우 50~60kg의 힘을 낸다. 투견으로 유명한 견종인 핏불테리어가 106kg의 힘을 내는 것과 비교해 보면 인간이 얼마나 약한지 쉽게 알 수 있다. 심지어 작고 귀여운 마코앵무새마저도 치악력이 76kg으로 인간보다 훨씬 세다. 참고로 가장 최상위 육식 동물인 호랑이는 350kg의 치악력을 자랑한다.

손의 힘을 나타내는 악력의 경우 성인 남성이 50kg, 성인 여성은 35kg 정도다. 새끼 침팬지의 악력이 35kg, 성장을 마친 수컷 침팬지의 악력은 103kg, 오랑우탄의 악력은 193kg으로 인간보다 최소 2배에서 3~4배 이상의 악력을 보유하고 있으니, 인간이 얼마나 약한 존재인지 여실히 느껴진다.

다리의 근력을 보여주는 달리기 기록을 봐도 인간이 다른 동물보다 약한 신체 능력을 갖췄음이 드러난다. 성인 남성의 평균 100m 달리기 기록이 12~14초다. 반면 흔히 느릴 것이라고 여기는 코끼리는 100m를 9.2초에 달린다. 평소 큰 움직임을 거의 볼 수 없는 하마는 코끼리보다도 더욱더 빨라서 무려 8초대에 100m를 달린다고 한다. 더구나 인간은 상대방을 공격할 수 있는 날카로운 발톱도 없으니, 지구상에 인간이 등장한 초창기에 할 수 있는 일이라고는 생태계의 청소부 역할밖에는 없었다.

인간은 스스로 약한 존재임을 너무도 잘 알아서 늘 인간보다 뛰어난 동물의 능력을 동경해 왔다. 이런 마음이 토테미즘이라는 원시종교를 만들어냈다. 특정 동물을 자신의 선조로 여기거나, 특정 인물에게 동물의 특출난 힘과 능력이 있다고 믿으며 숭배의 대상으로 삼았다. 그 결과 동물이 인간으로 변한다거나, 동물과의 교배를 통해 뛰어난 능력을 갖추게 된 반인반수라는 가상의 존재를 만들어냈다. 그러나 반인반수가 늘 숭배의 대상이 된 것은 아니었다. 시대와 장소에 따라 반인반수의 의미는 다르게 해석되고 받아들여졌다.

중국에서는 반인반수를 통해 우리가 사는 세계가 만들어졌다고 보았다. 《산해경》을 보면 사람의 얼굴에 뱀의 몸을 가진 촉룡이 나온다. 촉룡은 몸의 길이가 1,000리(약 40km)에 이를 정도로 매우 컸는데, 거대한 몸집보다 더 특이한 것은 촉룡의 눈과 호흡이었다. 촉룡이 눈을 뜨면 안광이 세상을 널리 비추면서 낮이 되고, 눈을 감으면 밤이 되었다. 또한 차가운 숨을 내쉬면 세상은 눈이 내리는 추운 겨울이 되고, 들이마시면 숨이 턱턱 막힐 정도로 뜨거운 여름이 된다고 여겼다.

중국 왕조의 시작이라고 알려진 삼황오제 전설에도 반인반수가 등장한다. 전욱과 전쟁을 벌였던 신농씨 염제의 후손인 공공(共工)은 사람의 얼굴에 뱀의 몸을 가지고 있었다. 공공은 전욱과의 전쟁에서 패하자, 하늘을 떠받치던 부주산을 들이받으며 끓어오르는 화를 삭였다. 이 과정에서 부주산이 무너지면서 하늘이 기울어졌다. 그 결과 중국의 하늘은 서북쪽으로 기울고, 동남쪽 땅이 낮아지게 되었다고 고대 중국인들은 믿었다.

공공의 신하였던 상류(相柳)도 뱀의 몸통에 9개의 머리를 가지고 있었다. 상류의 9개 머리는 각각 다른 곳을 바라보며 이 세상 모든 것을 먹어치웠는데, 그가 지나간 자리는 독물이 흘러넘쳐 곡식이 자라지 못했다. 이에 하나라를 세운 우(禹)는 모든 생물을 먹어치워 인류의 생존을 위협하는 상류를 제거하였다. 이때 죽어가는 상류가 흘린 피가 적신 땅은 아무것도 자라지 못했고, 사람도 살지 못했다고 전해진다.

유럽에서도 반인반수가 많이 등장한다. 중국에서 반인반수는 건국의 주체가 되거나 자연현상의 변화를 이해시켜주는 주연 역할을 주로 했지만, 서양에서는 영웅을 돋보이게 해주는 조연 역할을 많이 했다. 서양에서는 반인반수의 출생을 신과 인간의 성적 결합이나 인간의 잘못된 성적 욕망에서 빚어진 잘못된 결과물로 보았다.

그리스 신화를 보면 미노타우로스가 나온다. 소로 변한 포세이돈이 크레타 왕국의 왕비 파시파에와 사랑을 나누면서 세상에 태어난 미노타우로스는 인간의 몸에 거대한 수소의 머리를 한 반인반수였다. 미노타우로스의 흉측한 모습에 크레타 왕 미노스는 미궁 라비린토스에 미노타우로스를 가두어버렸다. 그리고 아테네가 바친 14명의 소년과 소녀를 미노타우로스의 먹이로 주었다.

매년 소년과 소녀가 희생되는 줄 알면서도 어쩔 수 없이 어린 소년과 소녀를 크레타 왕국에 바쳐야 했던 아테네는 문제를 해결하고자 왕자 테세우스를 크레타 왕국에 보냈다. 테세우스는 직접 제물이 되어 미궁 안으로 들어가 사람을 잡아먹는 미노타우로스를 맨주먹으로 때려죽였다. 누구도 물리칠 수 없었던 강력한 힘을 가진 미노타우로스를 가볍게 해치운 테세우스는 그리스 신화의 영웅이 된다.

중세 시대 사탄의 모델이 되는 그리스 신화에 나오는 판도 신 헤르메스와 인간 사이에서 태어난 반인반수였다. 판의 얼굴은 염소의 뿔과 귀 그리고 수염이 있었고, 다리는 염소의 발굽과 함께 털이 가득했다. 반인반수의 모습을 가진 판은 성격이 매우 변덕스럽고 화를 잘 냈다. 특히 판은 낮잠을 매우 좋아하는데, 만약 판의 낮잠을 깨우게 되면 크게 화를 내며 잠을 깨운 사람에게 공포를 불어넣어 공황 상태에 빠뜨려버렸다. 그래서 중세 시대 유럽 사람들은 판의 통제할 수 없는 성욕과 욕망에서 사탄의 모습을 찾기도 했다.

우리나라에는 반인반수에 관련된 어떤 설화가 있을까? 사람들은 반인반수를 어떻게 인식했을까? 우선 우리나라에도 신화나 설화에 반인반수가 많이 등장한다. 가장 대표적인 인물이 단군왕검이다. 신화에 따르면 곰이 동굴에서 마늘과 쑥을 삼칠일 동안 먹으며 인간이 되고자 인내한 결과 아리따운 여성으로 변한다. 그녀는 곰에서 여인이 되었다는 뜻으로 '웅녀'라 불렸다. 하지만 인간이기 이전에 곰이었던 사실을 아는 사람들은 웅녀와의 혼인을 꺼렸고, 웅녀는 늘 외로운 시간을 보내야만 했다. 이 모습을 안타깝게 여긴 환웅이 인간의 모습으로 변하여 웅녀와 잠자리를 함께함으로써 아이를 잉태시켜 준다. 훗날 인간으로 변한 환웅과 곰이었던 웅녀 사이에서 태어난 아이가 우리나라 최초의 국가인 고조선을 건국한 단군왕검이다. 수천 년 동안 단군왕검은 숭배의 대상이 되어, 어렵고 힘든 국난이 있을 때마다 약해지는 조상들의 마음을 다잡아주는 역할을 하였다.

고려를 건국한 왕건도 반인반수의 자손이라는 전설이 전해진다. 왕건의 할아버지인 작제건이 아버지인 당나라 황제를 만나러 바다를 건너던 중 서해 용왕을 괴롭히던 늙은 여우를 죽이고 용왕의 딸을 아내로 맞이한다. 이후 작제건의 후손들은 겨드랑이에 용의 비늘이 생겼다고 전해진다. 그래서 이성계가 고려 우왕이 공민왕의 자손이 아닌 신돈의 자식이라며 왕위에서 끌어내리려 하자, 우왕은 자신의 겨드랑이에 있는 용의 비늘을 보여주며 살려달라고 애원했다. 또 다른 말로는 이성계가 우왕을 죽이려 하였으나 용의 비늘 때문에 우왕의 몸에 상처 하나 내지 못했다고 한다. 어떡하든 우왕을 죽일 방도를 찾던 이성계는 고려 왕실에 전해지는 '전어도'만이 왕건의 후손을 죽일 수 있다는 정보를 얻게 되면서, 간신히 우왕을 죽일 수 있었다고 한다.

민간에서도 반인반수의 전설은 쉽게 만날 수 있는데, 특히 용과 인간의 결합에 특별한 의미를 두었다. 세상에 날개를 가진 아이가 태어나면 세상을 어지럽히는 장수가 되거나 역적이 된다고 하여 죽임을 당했다는 슬픈 전설이 여러 곳에서 전해 내려온다. 대표적으로 제주도에서 전해 내려오는 '용의 아이' 전설이 있다. 제주도 남원읍 태흥리 묵은가름이라는 지역에서 양쪽 겨드랑이에 날개를 가진 아이가 태어났다. 하늘을 날아다니는 아이를 보고 부모는 큰 걱정에 휩싸였다. 날개가 달렸다는 사실이 관아에 알려지게 되면 관군에게 아이가 죽을 것이 뻔했기 때문이었다.

아이의 부모는 아이에게 날개가 달렸다는 사실을 숨기고 키웠지만, 아이가 성인이 되자 비상한 힘을 감추지 못해 날개가 있다는 사실을 세상에 드러내고 말았다. 관아에서는 날개 달린 아이를 죽이기 위해 군대를 파견하였고, 아이는 살기 위해 연디오름으로 몸을 피했다. 관군의 추격을 뿌리치지 못해 목숨을 잃게 될 상황에 부닥친 아이는 더욱 멀리 도망치기 위해 힘차게 발을 굴렸다. 아이가 얼마나 힘차게 땅을 밟았는지, 오름이 무너지고 평지가 될 정도였다. 그러나 살고자 했던 아이의 절실한 바람은 이루어지지 못하고, 결국 관군에 잡혀 죽고 만다.

이처럼 반인반수는 새로운 사회를 여는 희망이기도 했지만, 왕에게는 위협의 존재였다. 그런 상황에서 세종 때 함길도에서 곰과 인간 사이에서 태어난 존재가 발견되었다는 소식은 조정을 매우 놀라게 하였다. 함길도 도절제사는 벚나무 껍질을 벗기기 위해 산에 들어간 3명의 여인 중 2명이 행방불명되었다가, 사냥꾼에게 발견되었다고 보고했다. 보고에 따르면 여인 2명이 아이들과 나무의 빈 구멍에 숨어있다가 사냥꾼을 보자 자신들이 수곰에게 겁탈을 당하여 아이를 낳고 살다가 도망쳤다고 말했다. 실제로 아이들의 얼굴이 곰의 모습을 하고 있어, 사냥꾼은 아이들을 죽이고 여인들만 데리고 왔다는 것이었다.

이와 비슷한 내용이 중국 북동부 헤이룽장성 일대에 살던 어룬춘족(鄂倫春族)에서도 전해진다. 어룬춘족 전설에 따르면 한 처녀가 깊은 산에 들어가 곰이 되었다고 한다. 몇 년이 흘러 한 사냥꾼이 곰을 사냥하러 산에 들어갔다가 곰이 된 여인과 싸우게 되었다. 사냥꾼이 큰 부상을 입자 암곰이 사냥꾼을 죽이지 않고 치료해 주었다. 둘은 이것이 인연이 되어 부부의 연을 맺고 아이를 낳았다. 이들이 낳은 아이의 모습은 인간과 곰의 모습을 반씩 가지고 있었다.

시간이 흐를수록 인간세계를 그리워한 사냥꾼은 암곰과 아기곰이 먹이를 구하러 나간 사이 인간 세상으로 가기 위해 도망쳤다. 사냥꾼이 뗏목을 타고 도망간 것을 알게 된 암곰은 사냥꾼을 쫓아가며 돌아와 달라고 크게 울부짖었다. 하지만 이미 마음이 돌아선 사냥꾼은 뒤도 돌아보지 않고 거침없이 물길을 헤치며 도망쳤고, 이 모습에 배신감이 들어 화가 난 암곰은 아기곰을 반으로 찢어버렸다. 그리고 찢긴 아기곰의 반쪽을 사냥꾼에게 던져버린 뒤, 산으로 돌아갔다. 훗날 암곰이 가져간 반쪽은 곰이 되었고, 사냥꾼에게 던져진 반쪽은 인간이 되어 어룬춘족의 선조가 되었다고 한다.

어룬춘족이 살던 헤이룽장성은 현재 러시아와 중국의 경계선에 있는 지역으로 예로부터 여진족의 생활 터전이었다. 조선은 여진족을 통해 어룬춘족의 전설을 이미 알고 있었다. 그런 상황에서 함경도 지방에 인간과 곰 사이에서 태어난 반인반수가 있다는 소식은 건국된 지 얼마 되지 않은 조선의 처지에서는 매우 위험한 소식이었다. 특히나 4군 6진을 개척하기 위해 여진족과 치열하게 싸우고 있는 상황에서 곰과 인간 사이에서 태어난 아이가 존재한다는 것은 자칫 민심을 흔들 수도 있는 부담스러운 정보였다. 다행히도 사냥꾼이 반인반수인 곰과 인간의 자식을 죽여버림으로써 훗날 생길지도 모를 우환을 제거했기에 큰 문제로 발전하지는 않았다.

사실 우리는 인간과 짐승은 교배할 수 없다는 사실을 너무도 잘 알고 있다. 세종도 곰과 인간 사이에서 자식이 태어났다는 소문이 거짓임을 너무도 잘 알고 있었을 것이다. 하지만 사실과 상관없이 소문은 진실이 되고, 역사를 바꾸는 원인이 되기도 한다. 수백 년을 이어갈 조선의 토대를 마련하려는 세종으로서는 곰과 인간 사이에서 태어난 생명체가 사라졌다는 소식이 그리 나쁘지는 않았을 것이다. 오히려 하늘은 조선 외에는 다른 왕조를 원하지 않는다고 강조할 기회이기도 했다. 조선 정부가 나서지 않았음에도 불구하고, 하늘이 사냥꾼을 통해 반인반수를 죽였다는 사실이 조선을 인정하는 확고한 천명으로 해석될 수 있었기 때문이다.

피로 물든 왕 연산군의
포도 예찬 시(詩)

戊申/傳于承政院曰: "今日欲奉大妃, 往慶會樓賞蓮, 除緊急事外, 凡公事毋
得入啓, 以賞蓮獻壽之意, 製絶句以進。承旨·史官, 各一員留宮, 其餘皆詣
景福宮。" 承政院, 時院中水精葡萄一架熟, 承旨等摘盛水盤以獻王, 下御製
一絶曰,

氷盤濃碧味甜寒,
自喜誠心賴舊完。
不啻可消沈酒毒,
應和病胃與傷肝。

仍傳曰: "詩言志, 不知其拙, 今下詩章, 近於可觀乎?" 承旨等啓, 特賜天章,
意甚隆美, 臣等無任感激。

승정원에 전교하기를, "오늘 대비를 모시고 경회루慶會樓에 가서 연꽃
을 구경하고자 하니, 긴급한 일 외에는 모든 공사工事를 입계入啓하지
말고, 연꽃 구경과 축수 올리는 뜻으로 절구節句를 지어 바치라. 승지·
사관史官 각 1원員만 궁에 머무르고 그 나머지는 다 경복궁景福宮으로 가
라." 하였다.
승정원이 그때 원중院中에 수정 포도水精葡萄 한 덩굴이 익었으므로 승지
들이 따서 얼음 넣은 쟁반에 담아 왕에게 바치니, 어제御製한 절구節句를
내리기를,

얼음 채운 파랑 알이 달고 시원해
옛 그대로인 성심에 절로 기쁘네
몹시 취한 주독만 풀어주는 것이 아니라
병든 위 상한 간도 고쳐 주겠네

하고, 이어 전교하기를, "시는 뜻을 말하는 것이므로, 그 졸拙함을 모르고서, 지금 시장詩章을 내렸는데, 볼만한 데에 가까운가?" 하매, 승지들이 아뢰기를, "특별히 내리신 천장天章[10]의 뜻이 높고 아름다우매, 신 등은 감격하기 이를 데 없습니다." 하였다.

– 연산군일기 58권, 연산 11년(1505년) 7월 25일 무신 1번째 기사

---

10 천장: 임금의 글.

꙳

새콤달콤한 포도는 대한민국을 넘어 전 세계 사람들이 좋아하는 과일이다. 더운 여름날 포도를 시원하게 먹는 것을 좋아하는 사람도 많고, 포도를 발효해 만든 술을 좋아하는 사람도 많다. 이처럼 많은 사람이 포도를 좋아하는 이유 중의 하나가 새콤달콤한 맛과 함께 노화를 막아주는 효능 덕분이다. 포도는 안토시아닌 성분이 풍부하여 노화를 일으키는 활성산소의 생성을 억제해 준다. 또한 포도에 있는 레스베라트롤 성분이 세포를 젊게 유지하는 시르투인을 활성화해 준다.

맛도 좋고 몸에도 좋은 포도는 캠벨 얼리, 거봉, 청포도 등 그 종류만 해도 100여 가지가 넘는다. 포도의 종류가 다양하고, 여러 방법으로 먹을 수 있다는 것은 그만큼 포도가 전 세계적으로 사랑받으며 널리 재배되고 있음을 의미한다. 우리나라도 안성과 영동을 비롯한 유명 포도 생산지가 많이 있다. 이곳에서 나는 포도는 세계 유명 생산지와 비교해도 맛과 품질이 뒤처지지 않는다. 그러나 조선시대 전기까지만 해도 포도는 매우 귀한 과일로 왕조차도 마음껏 먹을 수 없었다.

포도가 지구에 등장한 것은 대략 1억 4,000만 년 전이다. 지구의 전 지역에 널리 분포하던 포도의 대부분이 400만 년 전 시작된 빙하기로 멸종되었다. 빙하기가 끝난 후 동·서아시아와 북아메리카 지역의 포도만 생존하면서 오늘날 동아시아 종군과 서아시아 종군 그리고 북아메리카 종군으로 분화되었다. 우리나라가 속하는 동아시아 종군에는 대표적으로 머루가 있다. 머루는 산머루, 새머루, 개머루, 섬머루 등 다양한 종류가 있으며 열매가 작고 신맛이 강하다. 과일로 그냥 먹기보다는 주로 열매를 따서 술로 담가 먹었다. 머루의 잎과 뿌리, 줄기 등은 말려서 약재로 사용했고, 머루 순은 구황작물로 이용했다.

현재 우리가 먹는 포도는 서아시아 종군에 속하는 유럽 종이다. 서아시아 지방에서 기원전 4000년경 포도주를 만드는 양조장이 발견되었고, 메소포타미아 문명을 알려주는 '길가메시 서사시'에 포도로 만든 음료가 나오는 것으로 보아 아주 오래전부터 인간이 포도를 재배하였음을 알 수 있다. 또한 포도와 포도주는 국가 간 주요 무역품으로 역사를 움직이는 동인이 되기도 하였다.

기원전 1750년 만들어진 바빌로니아 함무라비 법전에 포도주를 무역한 내용이 기록되어 있고, 이집트에서는 신에게 기도드릴 때 포도주를 사용했다. 이후 서아시아의 포도는 문명의 흐름을 타고 유럽의 그리스, 로마로 전파되었고, 시간이 흐름에 따라 프랑스를 비롯한 유럽 전역으로 확대 재배되었다. 특히 기독교에서 포도주를 신의 선물로 인식하면서, 유럽의 일상생활에서 포도는 빼놓을 수 없는 중요한 과일이 되었다.

서아시아 종군의 포도가 유럽으로만 전파된 것은 아니었다. 한나라 무제 때 실크로드를 개척한 장건으로 인해 중국으로도 전파되었다. 한나라 무제는 흉노족을 정벌하기 위해 장건을 중앙아시아에 있는 대월지로 보내 협공을 요청했다. 13년 동안 장건의 노력에도 불구하고 대월지의 협조는 이루어지지 않았다. 하지만 장건은 중국으로 돌아오는 과정에서 포도를 중국으로 들여왔다.

사마천이 저술한 《사기》의 대원열전을 보면 '중앙아시아 동부에 위치하였던 대원이라는 지역에서는 포도로 술을 담그고, 부자들이 포도로 술을 담가둔 것이 만석에 이른다. 오래되어도 술맛이 변하지 않는다.'라고 기록하고 있다. 이처럼 서아시아에서 오래도록 재배되던 포도가 장건이 개척한 실크로드를 통해 중국을 비롯한 우리나라와 일본으로 전파되었다. 그래서 포도라는 이름이 이란에서 포도를 부르는 '부다우(Budaw)'를 중국어로 음역한 데서 나온 것으로 추정하고 있다.

우리나라는 서아시아 종군의 포도가 들어온 시기를 삼국시대로 추정하고 있다. 산둥 지역에 있던 북위의 북양태수 가사협이 6세기 전반에 저술한 농서 《제민요술》에 포도 재배와 관련된 내용이 나온다. 《제민요술》이 백제와 신라에 전해졌고, 신라에서는 포도 문양을 넣은 와당이 발견된 것을 토대로 우리나라에 서아시아 종군의 포도가 들어온 시기를 삼국시대로 추정하고 있다. 그러나 재배까지 성공하지는 못하고 주로 포도 열매나 포도주로 들어온 것으로 보인다.

고려시대에도 포도 재배는 성공하지 못했다. 《고려사절요》에 따르면 고려 충렬왕은 1298년, 1302년, 1308년 원나라 황제에게 포도주를 선물받았다. 1324년 원나라 과거 시험에 합격한 안축(1282~1348)은 투루판 사람에게 포도주를 선물받은 답례로 시를 지었고, 이색(1328~1396)은 포도주를 마신 일을 시로 표현하기도 했다. 이처럼 고려시대에도 포도는 매우 귀한 과일로 대접받았지만,

포도가 빨리 상하는 과일인 만큼 왕조차도 신선한 포도를 먹는 것은 어려운 일이었다.

조선이 건국하고 나서도 상황은 크게 달라지지 않았다. 여전히 포도는 왕도 쉽게 먹을 수 없는 매우 귀한 과일이었다. 오죽하면 태조 이성계가 포도를 얼마나 먹고 싶었는지, 조순을 시켜 세자와 여러 왕자들에게 포도를 구해오라고 지시할 정도였다. 이 과정에서 태조가 자식들에게 포도를 구해와야 할 이유로 든 이야기가 참으로 재미있다. 태조 자신은 아버지가 보고 싶어도 이미 돌아가셔서 마음으로 그리워할 뿐인데, 세자와 왕자들은 태조 본인이 아프기는 해도 살아있으니 얼마나 다행이냐며 포도를 꼭 구해와야 한다고 말한다. 즉 태조 자신이 살아있음에 감사하고, 자신의 병이 나을 수 있도록 수정 포도를 구해오라는 반협박성 강요였다. 이때의 수정 포도는 '흰빛이 나는 포도'라는 뜻으로 지금의 청포도로 추정된다.

아픈 부모가 포도를 먹고 싶다는 말이 얼마나 가슴이 아팠는지, 태조의 자식들은 모두 울면서 상림원사 한간을 찾아가 포도를 구해달라고 부탁했다. 왕자들이 포도를 찾는 데 모두 나섰다는 말을 들은 김정준이 서리를 맞아 반쯤 익은 산포도 한 상자를 가지고 와서 바쳤다. 태조는 아직 덜 익어 맛도 없었을 포도임에도 너무도 크게 기뻐하였다. 그로부터 이틀 뒤에 한간이 제대로 익은 수정 포도를 구해오자, 태조는 쌀 10석을 내려주며 칭찬하였다. 태조는 수정 포도를 한번에 모두 먹기가 아까웠는지 목이 마를 적에만 1~2개씩 맛보며 아껴 먹었다. 너무도 먹고 싶은 포도를 먹어서

일까?《조선왕조실록》에 따르면 태조는 포도를 먹고 나서 앓던 병이 나았다고 한다.

고기를 좋아하는 세종도 포도를 좋아했다. 세종은 당뇨병이 심했던 만큼 갈증을 해소하기 위해 포도를 자주 먹었던 것으로 보인다. 포도가 나오지 않는 때에 병에 걸려 누운 세종이 포도를 찾았다. 정척(1390~1475)이 이 말을 듣고 자신의 집 정원에 있던 수정 포도를 올렸더니, 세종이 "가슴 속이 답답하더니, 이 포도를 먹고 상쾌하게 되었다"라며 좋아했다. 이때부터 정척은 세종부터 세조 때까지 매년 포도를 따서 왕에게 드렸고,《조선왕조실록》은 귀한 포도를 매년 왕에게 진상한 정척의 공로를 칭찬하는 기록을 남겼다.

연산군은 태조와 세종만큼이나 포도를 좋아한 왕으로 매년 포도를 궁궐에 진상하도록 명령을 내렸다. 그리고 포도의 맛을 예찬하는 시를 남겼다. 연산 6년(1500년) 10월, 연산군은 적포도로 생각되는 마유 포도 한 송이를 갑자기 승정원에 내리고는 승지들에게 맛을 보고 시를 지어 바치라고 하였다. 이에 승지들은 "이전에 맛보지 못하던 것입니다. 산중에 비록 더러 있기는 했으나, 서리와 눈 속에 그 맛이 어찌 같을 수 있겠습니까?"라고 대답했다. 이 말은 산속에 있는 머루를 먹어본 적이 있으나, 연산군이 내린 마유 포도는 완전히 다른 맛으로 비교조차 불가능하다는 말이었다.

그러나 연산군이 승지들에게 포도를 주고 시를 짓게 한 것은 결코 맛있는 것을 나눠 먹으려는 애민 정신이 아니었다. 왕의 잘못을 비난하며 왕권을 약화하려는 승지들에게 주는 경고였다.

"너희 승지들이 아무리 많이 배우고 똑똑해도 포도 하나 마음대로 먹지 못하지 않느냐? 나는 너희들과 달리 언제든지 포도를 원하기만 하면 먹을 수 있는 왕이다. 이 차이를 확실히 기억해 두어라."

아버지인 성종이 8년 전에 술과 포도를 승정원·홍문관·병조·도총부에 내려주고, 근체시(近體詩)를 지어서 바치게 한 것과는 완전히 다른 의도였다. 성종이 애민 정신으로 신료들에게 귀한 포도의 맛을 보여주며 학문의 성취를 높였던 것과는 달리, 연산군은 자신이 절대적인 왕권을 지닌 우월한 존재임을 과시하기 위해 포도를 내려준 것이었다.

연산군은 이후에도 비싼 포도를 대량으로 구입했다. 얼마나 많이 사들였는지 왕과 왕족이 사용하는 경비를 담당하는 내수사의 돈이 모자랄 지경이었다. 연산군은 포도를 사기 위해 관청의 운영비를 관리하는 풍저창과 군대 운영에 필요한 자금을 관리하는 군자감의 쌀을 무단으로 사용하다가 연산 8년(1502년)에는 유세침과 오익년 등 신료들에게 잘못을 지적받기도 하였다. 그러나 포도를 계속 궁으로 들이라는 연산군의 명령은 멈추지 않았다.

폭정이 심해질수록 연산군은 포도를 더 많이 찾았다. 연산 11년(1505년)에는 일반 백성의 포도를 강제로 빼앗기도 하였다. 그리고 국정을 도외시하고 여흥을 즐기는 데 몰두하였다. 연산군이 포도를 많이 찾은 것은 아마도 매일 술을 먹으면서 계속되는 갈증을 해소하기 위함은 아니었을까? 그해 여름 경회루에서 얼음 넣은 쟁반에 수정 포도가 한가득 올라오자, 기분이 좋아진 연산군은 시를 지었다. 연산군은 매일 계속되는 여흥을 즐기느라 상한 몸을 포도를 통해 회복했으나, 이는 오래가지 못했다. 1년 뒤인 연산 12년(1506년)에 반정이 일어나면서 왕에서 쫓겨난 연산군은 강화도 교동에 안치되었다가 그해 11월 죽었다.

조선시대 제주도 사람들은 귤이 열리기도 전에 미리 세어둔 귤꽃의 개수로 공물을 징수하던 관리들을 피하기 위해 귤나무를 잘라버리기도 했다. 아마 연산군 때도 그러지 않았을까? 세종과 성종처럼 성군이 통치하던 시절에는 귀한 포도를 진상하면 상과 칭찬이 내려졌으나, 연산군 시절에는 귀한 포도를 가지고 있으면 강제로 빼앗겨야 했다. 태조와 세종은 백성과 국가를 위해 정무에 힘쓰느라 해친 건강을 회복하려고 포도를 먹었으나, 연산군은 백성들에게 빼앗은 재물로 연신 마신 술을 해독하느라 포도를 먹었다. 포도는 아무 잘못이 없지만, 어떤 왕을 만나느냐에 따라 소중한 보물이 되기도 하고, 때론 흉물이 되기도 하였다.

우리가 사시사철 언제든 먹고 싶으면 먹을 수 있는 포도에도 이처럼 많은 이야기가 담겨있다. 왕도 쉽게 먹을 수 없어 애를 태웠을 정도로 포도가 귀했던 시절, 포도나무를 키우면 출세가 보장되었다는 사실이 재미있다. 그러면서 귀한 포도를 신하들에게 나누어 줄 명분을 만들기 위해 포도를 먹고 시를 지으라 명령했던 성종과 신료보다 왕이 우위에 있음을 보여주기 위해 포도 한 송이를 주고 시를 지으라고 한 연산군을 보면서 지도자의 중요성을 다시 한번 느낀다.

다리가 5개인 송아지,
수탉으로 변해버린 암탉

殿下卽位以來, 災異變故, 無歲無之. 天文變易, 地道不寧, 陰陽錯行, 寒暑失節, 雪霜不時, 李梅冬實, 山崩水溢, 牛生五脚, 雌雞化雄, 天之所以譴告者, 至矣. 而猶以爲未, 今於冬節之後, 大雷電、雨雹, 幽王之詩, 亦不過是. 其詩: "爗爗震電, 不寧不令." 又曰, "哀今之人, 胡憯莫懲." 此正殿下恐懼修省之幾也.

전하께서 즉위하신 이래로 재이災異와 변고가 없는 해가 없었습니다. 천문天文이 바뀌고 지도地道가 편치 아니하여, 음양이 어긋나서 추위와 더위가 제철을 잃어 눈과 서리가 때아니게 내리고 오얏과 매화가 겨울에 열매를 맺으며, 산이 무너지고 물이 넘치며, 소가 다리가 다섯인 송아지를 낳고 암탉이 수탉으로 변하니 하늘의 견고譴告가 지극하였는데도, 오히려 부족해서 이제 겨울철이 된 뒤에 크게 번개 치고 우박이 내렸으니, 유왕幽王의 시詩[11]도 이보다 더할 것이 없습니다. 그 시에 '번쩍번쩍 번개가 편치 않고 좋지 않다.' 하고, 또 '슬프다! 지금 사람은 어찌하여 일찍이 조심하지 않았던가?' 하였습니다. 지금이 바로 전하께서 두렵게 여기고 반성하실 때입니다.

– 중종실록 23권, 중종 10년(1515년) 9월 29일 임자 3번째 기사

11　유왕의 시: '《시경詩經》에 있는 유왕을 풍자諷刺한 시'라는 뜻. 《시경》 소아小雅 시월지교十月之交 3장章에 '번쩍번쩍 번개가 편치 않고 좋지 않다. 온갖 내川는 들끓으며 솟은 봉우리는 무너져서, 높은 언덕은 골짜기가 되고 깊은 골짜기는 언덕이 되거늘, 슬프다! 지금 사림은 어찌하여 조심하지 않았던가?' 하였는데, '이런 극심한 천재가 있는데도 유왕은 어찌하여 진작에 삼가지 않았던가.' 하는 뜻이다.

중종 10년(1515년) 대사간 이행이 올린 상소에는 놀라운 점이 2가지 있다. 첫 번째는 다리가 5개 달린 송아지가 태어난 일과 함께 암탉이 수탉으로 변했다는 기이한 일들이고, 두 번째는 이를 통해 신하가 왕을 꾸짖었다는 사실이다. 중종 10년에 어떤 일들이 벌어졌기에 대사간 이행은 자연재해의 원인이 중종의 부덕에 있다고 간언을 넘어 막말처럼 느껴지는 말을 한 것일까?

중종 재위 시절에는 유독 기형인 동물이 많이 태어났다. 중종 5년에 경상도 김해부에서 오른쪽 앞다리에 다리가 하나 더 달린 누런 수송아지가 태어났고, 중종 10년(1515년)에는 전라도 고부와 낙안군의 정병 조세형의 집에서는 다리가 5개 달린 수송아지가 한 달도 안되는 사이에 연달아 태어났다. 중종 11년에도 해남에서 머리에 얼굴 2개가 붙어있는 송아지가 태어났다.

그런데 이게 끝이 아니었다. 중종 14년(1519년)에는 더욱 기괴한 형체의 송아지가 세상을 놀라게 하였다. 평안도 상원군에서 소가 새끼를 낳을 때, 5개의 발이 나오는 것을 본 주인이 어미 소를 살리기 위해 칼로 4개의 다리를 자른 뒤, 가까스로 송아지를 꺼냈다. 그런데 송아지의 머리는 1개인데 다리는 8개, 콧구멍은 4개, 귀는 3개, 등뼈는 2개, 꼬리는 2개, 배꼽 아래로는 몸이 갈라져 꽁무니가 2개였다. 마치 사람이 서로 끌어안고 누워있는 모습 같았다. 또 그해에 충청도 대흥현에서 발이 6개 달린 암송아지가 태어났다. 이 외에도 중종 24년, 25년에도 송아지가 기형으로 태어났다.

이 모든 것이 우연의 일치인지는 몰라도 유독 중종 10년(1515년)과 중종 14년(1519년)에 기형 송아지가 많이 태어났다. 중종 10년은 중종의 왕비였던 장경왕후가 죽자, 사림파가 중종의 첫 번째 부인이었던 단경왕후를 복귀시켜야 한다고 주장하던 해였다. 조광조(1482~1519)가 진사시 대과에 급제한 뒤, 훈구파를 향해 무서운 공격을 시작한 해이기도 했다. 또한 경상도 제포·부산포·염포에 살던 일본인들이 폭동을 일으켜 백성 270여 명이 죽고 가옥 796채가 소실되는 삼포왜란이 벌어지기도 했다. 그리고 중종 14년은 기묘사화로 조광조 등 신진 사림파들이 숙청되며 역사의 큰 파란이 일어난 해였다.

사실 지금도 기형 동물은 대한민국을 넘어 전 세계에서 계속 태어난다. 1998년 미국 오하이오주 한 농가에서 머리가 2개 달린 소가 태어났고, 2002년 인도 오디샤주에서는 머리가 2개 달린 뱀이 발견되기도 하였다. 이 외에도 매년 기형 동물이 세계 곳곳에서 태어나지만, 잠시 흥미와 관심을 끌 뿐이고 곧 사람들의 기억에서 사라진다. 그 이유는 과거처럼 기형 동물에 특별한 의미를 두지 않고, 단지 기형 유전자 때문에 벌어진 안타까운 일이라 생각하기 때문이다.

그러나 과거에는 시점과 장소에 따라 기형 동물에 부여하는 의미가 달랐다. 조선 중종 때 태어난 기형 소를 두고 관료들이 왕의 부덕으로 하늘이 노했다고 인식한 것과는 달리 백제를 건국한 온조 때에는 기형 소를 길조로 보았다.《삼국사기》를 보면 온조 25년(7년)에 '봄 2월에 왕궁의 우물물이 갑자기 넘쳤다. 한성의 인가에서 말이 소를 낳았는데, 머리 하나에 몸이 둘이었다. 천문을 관측하는 관리가 우물물이 갑작스레 넘치는 것은 대왕께서 융성하실 조짐이며, 소가 머리 하나에 몸이 둘인 것은 대왕께서 이웃 나라를 아우를 조짐이라고 말했다. 왕은 이 말을 듣고 기뻐하며 진한과 마한을 아우를 마음을 갖게 되었다.'라고 기록되어 있다.

소의 기형을 두고 백제의 온조와 관료들은 긍정적으로 해석했다. 말이 소를 낳은 것은 고구려에서 백제가 갈라져 나온 것이고, 소의 머리에 몸이 2개라는 것은 백제를 중심으로 마한이 병합될 것이라 보았다. 기형 동물을 자신들이 원하는 바에 맞추어 유리하게 해석한 결과, 신료와 백성들은 백제의 발전을 확신하고 하나로 뭉쳤다. 이듬해 온조는 마한을 공격하여 국읍을 차지했고, 온조 27년(9년)에는 마한을 멸망시키며 한반도의 강국으로 성장하였다.

반면 기형 동물을 두고 각기 다른 해석으로 역사를 바꾼 사례도 있다. 《삼국사기》에 고구려 대무신왕 3년(20년) 기록에는 다음과 같은 내용이 나와있다.

'겨울 10월에 부여 왕 대소가 사신을 시켜 붉은 까마귀를 보내왔는데, 머리 1개에 몸뚱이가 2개였다. 이 까마귀는 부여 사람이 부여 왕에게 바친 것이었는데, 어떤 사람이 까마귀란 본디 검은 것인데 지금 붉게 변했으며, 1개의 머리에 2개의 몸이 달려있는 것은 두 나라를 아우를 징조로 부여가 고구려를 차지함을 알려주는 것이라고 말했다. 대소가 이 말을 듣고 기뻐하며 까마귀와 함께 해석까지 고구려에 전했다. 대무신왕이 여러 신하와 논의해 회답하기를 "검은 것은 북방의 색인데 이제 남방의 붉은색이 되었고, 또 붉은 까마귀는 상서로운 것인데 그대가 이를 얻고도 가지지 못하고 나에게 보냈으니, 우리 두 나라의 흥망을 알 수 없겠구나."라고 하였다. '대소가 이 말을 듣고 놀라고 후회했다.'

다시 정리해보면 부여의 왕 대소는 머리 1개에 몸이 2개 달린 기형 까마귀를 보내며 하늘이 부여를 도와주는 만큼 고구려를 곧 정복하겠다는 협박을 한 것이었다. 이를 통해 신생 국가였던 고구려 내에서 멸망할지도 모른다는 불안감으로 내분이 일어나 국력이 약해지기를 기대한 전략이었다. 그러나 고구려 대무신왕은 오히려 까마귀의 색깔이 붉게 변한 것은 부여의 시대가 끝나고 고구려의 시대가 시작된다는 것을 의미한다고 해석을 바꾸었다. 또한 상서로운 까마귀를 고구려에 넘겨준 것은 부여 스스로 복을 차버린 행위로, 하늘이 준 기회를 저버린 것이라고 역공하였다. 그 결과 고구려를 압박하려던 부여는 오히려 까마귀로 인해 내분이 일어났고, 붉은 까마귀를 보낸 지 1년 반도 안되서 전에 대소는 고구려와의 전투에 패하여 죽고 말았다.

기형 동물이 상징하는 의미는 위정자가 자신의 상황에 맞추어 어떻게 해석하고 활용하느냐에 따라 달라졌다. 왕의 능력에 따라 기형 동물이 주는 파급력의 세기도 달랐다. 이성적이고 합리적인 성리학의 나라 조선도 예외는 아니었다. 특히 중종 때에 등장한 기형 소에 관한 해석으로 조정에 피바람이 불면서 역사가 바뀌었다. 그 시작에는 연산군의 폭정이 있었다.

조선시대 통틀어 가장 막강한 권력을 가지고 조정 신료와 백성을 두려움에 떨게 했던 폭군이 연산군(1476~1506)이다. 연산군은 무오사화와 갑자사화를 일으켜 많은 관료를 조정에서 내쫓고 죽이면서, 훈구파와 사림파 모두를 억눌렀다. 그는 재위 시절 패륜적 행동을 많이 저질렀는데, 그 행위가 너무도 잔인해서 이루 말할 수 없을 정도였다. 그중에서 가장 패륜적인 행위를 꼽는다면 친할머니 인수대비가 보는 앞에서 부친 성종의 후궁이었던 귀인 정씨와 귀인 엄씨를 가마니에 넣은 뒤, 그녀들의 아들들에게 때려죽이게 한 사건이다.

　훈구파와 사림파 할 것 없이 모든 신료가 연산군의 횡포에 두려움을 느꼈지만, 연산군에 대한 반발도 그만큼 커져갔다. 연산군에게 겁탈당해 자결했다고 알려진 월산대군의 부인인 승평부부인의 동생 박원종과 연산군에게 쫓겨난 성희안이 중심이 되어 반정을 일으켰다. 반정 군은 연산군을 체포하고, 대비 윤씨의 윤허를 얻어 19살의 진성대군을 왕으로 즉위시켰다. 반정 과정에서 아무 역할도 하지 않았던 진성대군, 즉 중종은 어린 나이에 등 떠밀려 왕이 된 실권 없는 허수아비였다. 중종반정 이후 중종은 정국공신 117명, 원종공신 3,000명 이상을 책봉하였다. 이는 조선 개국공신이 55명이었던 것과 비교했을 때, 중종이 얼마나 힘이 없었는지를 잘 보여주는 사례다.

　《부계기문》을 보면 중종은 박원종·성희안·유순정이 자리에서 일어나면, 자신도 벌떡 일어났다가 세 사람이 문에서 사라진 뒤에야 앉았다고 한다. 이처럼 즉위 초의 중종은 신료들의 눈치를 보는 약한 왕이었다. 그 시작점은 중종의 첫 번째 부인 신씨를 연산군의 처남 신수근의 딸이라는 이유로 반정 7일 만에 궁에서 쫓아내고 장경왕후 윤씨를 새로운 왕비로 맞이한 사건이었다. 자신의 아내조차도 지키지 못했던 중종은 훈구파의 횡포를 묵묵히 받아내면서, 마음속으로 복수의 칼날을 갈았다.

그렇게 10년이 흘렀고, 중종도 더는 10대의 소년이 아닌 스스로 결정하고 책임질 수 있는 29살의 성인이 되었다. 또한 반정의 주역으로 중종을 압박하던 박원종·성희안·유순정이 죽으면서 훈구파의 힘도 예전만 못했다. 그런 가운데 중종 10년(1515년) 장경왕후가 죽으면서 왕후 자리를 두고 훈구파와 사림파가 부딪혔다. 전라도 담양부사 박상과 순창군수 김정을 중심으로 한 사림파는 궁궐에서 내쫓긴 신씨를 다시 왕후로 앉혀야 한다고 주장했다. 중종도 사림파의 움직임에 힘을 얻고 변화를 꾀했다.

그러나 훈구파는 중종을 강하게 몰아붙이며 신씨를 왕후에 앉힐 수 없다고 강경하게 반대했다. 중종 10년 5월 17일, 훈구파는 전라도에서 발이 5개 달린 송아지가 태어나고, 한여름에 우박이 내리는 것은 큰 이변이라고 서두를 열었다. 그리고 성스러운 임금도 작은 재난을 당하면 두려워하고 위태롭게 여기며, 왕 자신에게 죄를 돌리고 직언을 구하는데, 중종은 자신에게 죄가 있다는 말도 하지 않고 신료에게 직언을 구한다는 말도 하지 않으니 애통하기 그지없다는 상소를 올렸다.

6월 23일에도 훈구파가 장악하고 있던 사헌부와 사간원에서 중종을 탓하는 상소를 올렸다.

"전라도에서 5개의 발을 가진 송아지를 낳은 일이 2번 있었습니다. 이는 하늘이 전하를 깊이 꾸짖는 것입니다. 전하는 반성하는 마음 없이 형식적으로 직언을 구하는 말만 했기에, 1명의 사람도 감동하지 않아 진언자도 없었습니다. 오늘날 군사와 백성이 모두 피곤하고, 군액은 날로 감소되며, 관리는 정권을 제 마음대로 처단하고, 백성의 풍속은 날로 박하여 갑니다. (중략) 전하께서는 간쟁을 듣고 진언을 받을 때에 성신으로써 대하고, 가슴을 터놓고 용납하시어, 귀에 거슬린다고 하여 꺼리지 말고, 실정이 아니라고 하여 의심하지 마십시오."

상소를 읽은 중종은 훈구파가 시키면 시키는 대로 하라고 압력을 행사한다고 생각할 수밖에 없었다.

여기에 쐐기를 박은 사람이 사간원의 책임자인 대사간 이행(1478~1534)이었다. 이행 또한 다음과 같이 상소문을 올렸다.

"중종이 즉위한 이래로 재이와 변고가 없는 해가 없었습니다. 소가 다리가 5개인 송아지를 낳고 암탉이 수탉으로 변하는 등의 기이한 일은 과거에도 없었습니다. 이런 기이한 일들이 일어나는 것은 하늘이 임금의 잘못을 꾸짖는 것입니다. (중략) 임금은 늘 궁첩 아니면 환관하고만 궁에 거처하니 법가·필사가 바로 잡아주지 않으면 반드시 방탕하게 되는데도, 전하는 그것을 모르니 매우 두려워할 일이 아니겠습니까? (중략) 조정과의 사이에 틈이 없으면, 전하의 마음이 저절로 하늘의 마음과 틈이 없어질 것입니다. 그렇게만 한다면 하늘의 재변이 그치지 않을 리가 있겠습니까?"

이 상소문의 요지는 중종반정 때 왕을 잘못 앉히는 바람에 하늘이 노했고, 이후 되는 일이 하나도 없다는 것이다. 중종이 이를 해결할 수 있는 유일한 방법은 훈구파 대신들의 말을 경청하고 따르는 것뿐이라고 말하는 이행의 상소에 중종은 속이 부글부글 끓어올랐다. 연산군 재위 시절에는 감히 왕 앞에서 고개도 제대로 들지 못하던 신료들을 떠올리며 중종은 자신이 주도하는 나라를 만들겠다고 다짐했다.

그러던 차에 중종 10년에 급제하여 사간원의 가장 낮은 직책인 정6품 정언에 임명된 조광조가 눈에 띄었다. 조광조는 폐비 신씨의 복위를 주장한 박상·김정을 향한 이행의 탄핵을 문제 삼으며, 사간원과 사헌부에 올바른 말을 하는 이가 없으니 모두 그만두게 해달라는 상소를 올렸다. 중종은 일단 훈구파의 눈치를 보며 조광조의 상소를 들어주지 않고 만류했지만, 얼마 뒤 삼사의 관원을 모두 해임하며 조광조에게 힘을 실어주었다.

중종의 믿음을 바탕으로 권력을 장악한 조광조는 중종 11년 (1516년)부터 현량과 실시, 소학과 여씨향약 보급 등 여러 개혁을 주도하며 무너져 가던 조선을 바로잡았다. 그러던 중 중종 14년 (1519년) 평안도·충청도에서 기형 소가 태어나고, 경상도에서 5마리의 송아지를 낳았다는 소식이 들렸다. 중종이 이를 두고 유독 올해에 재변이 많은 까닭을 예조판서 남곤, 우의정 안당, 조광조에게 물었다. 남곤은 《문헌통고》를 내세우며 소의 재앙이라고 말했고, 안당은 소가 기형으로 태어난 것은 '아래에서 인사(人事)가 잘못되어 위에서 천변이 감응(感應)하는 것'으로 신하들의 죄라고 말했다.

반면 조광조는 임금부터 신하에 이르기까지 상하 모두가 잘못하고 있으니 서로 반성해야 한다고 말했다.

조광조의 개혁을 지지하던 중종이었지만, 최근 조광조의 소격서(昭格署) 폐지 주장으로 왕권을 위협받는다고 생각하던 차였다. 임금과 신하가 함께 반성해야 한다는 조광조의 말에 종중은 무시당하고 있다는 느낌을 받았다. 마침 공신들의 위훈(僞勳) 삭제로 훈구파의 반발이 커지는 상황에서 조광조와 뜻을 계속 함께하는 것도 부담이 되었다. 결국 조광조를 비롯한 사림파를 견제하는 데 뜻을 함께하기로 한 중종과 훈구파는 나뭇잎에 주초위왕(走肖爲王) 4글자를 새겨 넣는 조작을 했다. 훈구파는 주초위왕의 주(走)와 초(肖) 2글자를 합치면 조(趙)가 되는데, 이는 하늘이 조광조의 역심을 알려주는 것이라는 억지를 부렸다. 이에 중종은 1519년 조광조가 아첨하는 자로 조정을 채우고, 자신을 따르지 않는 관료는 내쫓으며 국정을 농단한 죄명으로 유배를 보냈다. 그리고 한 달 뒤 사약을 내려 조광조를 죽였다.

만약 조광조가 왕의 권위를 인정하고 자신의 말에 순순히 따라주기를 원했던 중종의 마음을 읽었더라면 역사는 어떻게 바뀌었을까? 기형적으로 태어난 소를 어떻게 보느냐는 중종의 질문에 조광조가 안당과 같이 신하의 잘못으로 생긴 일이라고 답변했다면, 조광조의 개혁은 완수되지 않았을까? 중종 10년, 기형 소의 등장에 더는 무시당하지 않겠다는 의지를 내보이며 중종은 조광조를 등용하여 훈구파를 내쳤다. 그리고 중종 14년에 임금과 신하 모두의 잘못으로 기형 소가 등장했다는 조광조의 말에 중종은 그동안 쌓여있던 불만이 폭발하면서 조광조를 내쳤다. 상황에 따라 기형으로 태어난 소를 다르게 해석한 중종에게서 정치의 냉혹함이 느껴진다. 동시에 '말 한마디에 천 냥 빚도 갚는다'는 속담처럼 조광조가 중종의 속내를 읽고 조금 다르게 말을 했다면 역사가 바뀌었을지 모른다는 아쉬움도 남는다.

6부

천재와 인재

비를 내리는 도술로
역모를 꾸미다

初, 藝文館直提學鄭以吾薦晉陽人文可學有術能致雨, 上使內官召之, 乘駠偕至。上曰: "聞汝能致雨, 爲予一禱焉。" 於是, 可學齋戒, 自期三日必得雨, 至期不雨。上使人命可學曰: "更致齋若何?" 可學詣闕曰: "乘駠急來, 誠敬未足, 請更致齋於松林寺。" 翼日, 可學詣闕曰: "今日亥時始雨, 明日大雨。" 至亥時果雨, 翼日又雨, 故乃賜可學米及衣。可學嘗在廣州, 春旱, 牧使聞可學能致雨請之, 可學辭, 强之乃往, 果能致雨, 如是者三。是以人多惑焉。問其術則曰: "非予之所能爲也。王公大臣憂旱請之, 我以是意達于上帝耳。" 又曰: "我自少常誦《神衆經》, 得其道矣。凡平生所可願欲, 皆在吾術中。" 其容殊常, 若遺忘恍惚者然。

처음에 예문관 직제학藝文館直提學 정이오鄭以吾가 진양晉陽에 사는 문가학文可學이란 사람이 술법이 있어 능히 비를 내리게 할 수 있다고 천거하여, 임금이 내관內官을 시켜 불러서, 역마驛馬를 타고 함께 이르렀다. 임금이 말하기를, "들으니 네가 능히 비를 내리게 할 수 있다고 하니, 나를 위하여 한번 비를 빌라." 하였다. 이에 가학이 재계齋戒하고 사흘이면 반드시 비를 얻을 것이라고 약속하였다. 그러나 기한이 되어도 비가 오지 않았다.

임금이 사람을 시켜 가학에게 명하기를, "다시 치재致齋하는 것이 어떠하냐?" 하였다. 가학이 대궐에 나아가서 말하기를, "역마를 타고 급히 오느라고 정성과 공경이 부족하였으니, 다시 송림사松林寺에서 치재하게 하여 주소서." 하였다. 이튿날 가학이 대궐에 나아가서 말하기를, "오늘 해시亥時에 비가 내리기 시작하여 명일에는 큰 비가 내릴 것입니다."
하였다. 해시에 이르러 과연 비가 내리고, 이튿날 또 비가 왔다. 그러므
로 가학에게 쌀과 옷을 내려주었다. 가학이 일찍이 광주廣州에 있을 때
에 봄春이 가물어, 목사牧使가 가학이 능히 비를 내리게 할 수 있다는 소
문을 듣고 청하였다. 가학이 사양하다가 굳이 청하므로, 가서 과연 비
를 오게 하였다. 이렇게 한 것이 세 번이었다. 그러므로 사람들이 매우
혹惑하였다.

그 술법을 물으니, "내가 할 수 있는 것이 아니라, 왕공王公·대신大臣들
이 가뭄을 근심하여 청하면, 내가 이 뜻을 상제上帝께 전할 뿐이다." 하
였다. 또 말하기를, "내가 젊어서부터 항상 《신중경神衆經》을 외어 그 도
道를 얻었는데, 무릇 평생에 원하고 바라는 것은 모두 내 술중術中에 있
다." 하였다. 그 모양이 보통 사람과 달라 얼빠진 사람과 같았다.

– 태종실록 4권, 태종 2년(1402년) 7월 9일 경인 2번째 기사

태종은 가뭄으로 백성이 힘들어하는 모습을 늘 안타까워하고 도와주고자 했다. 그러던 어느 날 예문관 직제학이던 정이오(1347~1434)가 문가학이란 도사를 추천했다. 문가학(?~1406)이 도술을 배워 능히 비를 내리게 할 수 있다는 말에 태종은 그를 여러 번 불러서 기우제를 열었다. 기우제가 열릴 때마다 문가학의 도술은 늘 의심을 받았지만, 운이 좋게도 기우제 이후 약간의 비가 여러 번 내리면서 거짓이 들통날 고비를 넘겼다. 그런 그가 어느 날 자신의 도술을 내세우며 역모를 꾀하다가 죽게 된다. 과연 문가학은 어떤 인물이었으며, 무슨 이유로 역모를 일으키려 한 것이었을까?

　문가학과 관련된 전설이 지금도 경남 산청에 전해 내려오고 있다. 문가학은 산청군 대성산에 있는 정취암에서 백여우에게 둔갑술을 비롯한 여러 도술을 배웠다고 한다. 젊은 시절 정취암에 올라 공부하던 문가학은 정월 초하룻날 사찰의 모든 승려가 도망가는 모습을 보게 된다. 어찌 된 영문인지를 묻는 문가학에게 승려들은 요물이 곧 나타나니 도망가야 한다고 알려주었지만, 그는 태연히 아무도 남지 않은 사찰에서 공부에 정진했다.

　한참을 공부하던 도중 아름다운 여인이 나타나 문가학에게 술을 먹자며 이야기를 걸어왔다. 문가학은 술잔을 나누다 여인이 술에 취해 쓰러지자, 그녀를 동아줄로 기둥에 꽁꽁 묶어두었다. 술에서 깨어난 여인은 동아줄에서 벗어나기 위해 애를 쓰다가 뜻대로 되지 않자, 본래 모습인 백여우로 변신했다. 하지만 아무 소용이 없었다. 한참 동안 안간힘을 쓰던 백여우는 혼자 힘으로는 달아날 수 없음을 깨닫고 문가학에게 둔갑술이 적혀있는 책을 줄 테니 제발 풀어달라고 애원했다.

그제야 문가학은 여우를 풀어주고 둔갑술이 담긴 비술서를 받아 읽기 시작했다. 총 9장 중 8장까지 읽은 순간, 문가학의 집에서 일하던 하인이 찾아와 집에 큰일이 났다며 급히 산에서 내려가고 재촉하였다. 이에 깜짝 놀란 문가학이 읽던 비술서를 던져놓고 집으로 급히 달려갔으나 집안은 아무 일도 없이 태평하기만 하였다. 여우에게 속은 것을 알게 된 문가학이 분한 마음을 참으며 사찰로 있는 힘껏 뛰어 올라갔으나, 이미 여우와 비술서는 보이지 않았다. 소문에 따르면 여우는 산신각 아래쪽 동굴에 숨으면서, 책 모양을 한 바위에 비술서를 숨겼다고 한다.

이때부터 문가학은 비술서의 내용을 떠올리며 꾸준히 연습한 결과, 기이한 일을 여러 차례 세상에 선보였다. 그중에서도 가장 어렵다는, 하늘을 움직여 비를 내리게 하는 일도 가능했다. 경기도 광주에 가뭄이 들었을 때 광주목사의 요청을 받은 문가학은 도술을 부려 세 차례나 비를 내리게 했다. 이 소식을 들은 정이오가 가뭄에 근심하는 태종에게 비를 내리게 하는 도사로 문가학을 천거한 것이다.

비를 내릴 수 있냐는 태종의 질문에 문가학은 사흘이면 반드시 비를 내릴 수 있다고 자신 있게 답했다. 그러나 문가학의 예언과는 달리 사흘이 지나도 비는 내리지 않았다. 이에 태종이 비가 오지 않은 연유를 묻자, 문가학은 급히 한양으로 오느라 정성과 공경이 부족했다면서 송림사에서 기도를 올릴 수 있게 해달라고 부탁했다. 덧붙여 송림사에서 기도를 드리기만 하면 반드시 해시(밤 9~11시)에 비가 내릴 것이라고 자신했다.

태종은 처음에 문가학의 말을 믿지 않았다. 그러나 실제로 해시가 되자 하늘에서 빗방울이 떨어지기 시작하더니 이튿날까지 비가 내렸다. 백성의 근심을 덜 수 있도록 비가 내리자 태종이 매우 기뻐하며 문가학에게 쌀과 옷을 내려 칭찬하였다. 태종이 문가학에게 비를 내리게 하는 비법이 무엇이냐고 묻자, 문가학은 왕과 대신들이 가뭄에 근심하는 마음을 하늘에 전달하는 것에 불과하다고 대답했다. 더불어 자신은 《신중경》을 외어 도를 깨우쳤으며, 바라는 것은 술법을 통해 모두 해결할 수 있다고 태종에게 호언장담하였다.

태종은 문가학의 비를 내리게 하는 재주를 높이 사서 이듬해 가뭄에도 그를 찾았다. 태종은 지난해처럼 문가학에게 송림사에서 비를 내리게 하는 기도를 올리게 하였다. 하지만 비가 내리지 않았던 것으로 추정된다. 이듬해인 태종 4년(1404년)에는 기우제를 올리던 문가학이 갑자기 처자식을 진주에 데려다주고 다시 오겠다는 말을 남기고 9개월이나 잠적해버린 사건으로 순금사에 투옥되었다.

그래도 비가 내리기를 학수고대했던 태종은 문가학을 곧 석방했다. 석방된 문가학은 태종을 찾아가 자신이 비가 내리기를 하늘에 빌면, 반드시 비가 올 것이라 장담하였다. 태종이 지푸라기라도 잡는 심정으로 문가학의 말에 동의하며 기우제를 지낼 수 있도록 허락해주자, 거짓말처럼 얼마 지나지 않아 하늘에서 비가 내렸다.

그런데 비의 양이 매우 적어서 겨우 바닥의 먼지만 적실 정도였다.

태종은 문가학이 평소 태일산법(太一算法)을 익혀 "비가 내리고 볕이 날 낌새를 미리 안다"라고 말하고 다녔고, 기도를 드린 후 적은 양이라도 비가 온 것을 참작하여 서운관 관직에 임명하였다. 하지만 우연히 1~2번 비가 오는 것을 맞힐 수는 있어도 매번 맞히기는 어려운 일이었다. 결국 문가학은 서운관에 있는 동안 비가 내리도록 하지 못하면서 신임을 잃고 말았다. 결국 태종은 문가학을 말로만 허풍을 떠는 인물이라 판단하고 서운관에서 내쫓았다.

쫓겨난 문가학은 고려의 옛 수도 개성에 자리한 유후사에 머물면서 사람들을 현혹하기 시작했다. 개성에 사는 생원 김천은 문가학이 《신중경》을 읽어 귀신과 신병을 부를 수 있다는 말을 철석같이 믿었다. 태종이 문가학에게 비를 내리게 해달라고 부탁했고, 그 포상으로 벼슬과 상품을 내렸다는 사실이 다른 어떤 말보다 깊은 신뢰를 주었다. 김천은 전 봉상시 주부 임빙, 생원 조방휘, 전 부정 조한생, 전 소윤 김양에게 문가학을 대단한 인물로 소개했다. 문가학이 자신에게 군대만 주어진다면 귀신과 신병을 불러 큰일을 도모할 수 있다고 호언장담하자, 이들 모두가 동조하였다.

문가학은 자신이 왕이 되면 좌상(左相)에 김천, 우상(右相)에 임빙을 임명하고, 조방휘는 이상(二相), 조한생은 서북면 도순문사(都巡問使)로 부임시키겠다고 약속하였다. 이들은 밤에 보은사 솔밭에 모여 여러 부처와 신령에게 도와달라고 기도드린 후, 거사를 일으키기로 약속했다. 이들은 거사에 필요한 임금의 도장인 어인(御印)과 의정부를 비롯한 여러 관청의 도장을 만들면서, 태종 6년(1406년)

12월 21일을 거사 날짜로 잡았다. 문가학이 도체찰사(都體察使)로 위장하고, 김천이 도진무(都鎭撫)[1]인 것처럼 평양에 들어가면, 미리 평양에 잠입해 있던 조한생이 도순무사를 죽이는 것을 시작으로 난을 대대적으로 일으키기로 했다. 하지만 역모의 성공에 자신이 없던 임빙이 외사촌 조곤에게 고민을 털어놓았고, 조곤이 관에 고발하면서 역모는 시작도 못하고 끝났다.

태종은 문가학이 역모죄로 잡혀오자 실소를 금하지 못했다. 여러 신하 앞에서 문가학은 천병과 신병을 부를 수 있다는 헛소리를 하는 미치광이이니 크게 신경 쓸 것도 없이 처벌하라고 명령했다. 이에 황희는 문가학이야 미친놈이지만, 그를 따랐던 모든 자를 미친 사람으로 여기어 처벌할 수는 없다고 말했다. 황희의 말을 들은 태종은 잠시 고민하다가, 억울한 자가 나오지 않도록 문가학의 거짓말에 속아 역모에 동참한 사람들을 따로 구분하라고 지시하였다. 그리고 문가학의 역모를 고발한 조곤에게 승녕부 판관직을 내려 포상하였다.

문가학은 잡혀온 지 한 달 뒤인 12월 15일, 임빙을 포함하여 역모를 함께 꾸몄던 자들과 저잣거리에서 환형으로 처형당했다. 환형이란 죄인의 다리를 2대의 수레에 묶어 몸을 찢어 죽이는 무서운 형벌이었다. 문가학의 젖먹이 아들도 연좌제에 따라 교형에 처해졌다. 이 외에 역모와 관련된 많은 인물이 매질을 당하고 먼 지방으로 귀양을 갔다. 그러나 이것으로 문가학의 역모 사건이 끝난

---

1 도진무: 도순무사 밑에서 군사 업무를 총괄하는 직책.

것이 아니었다. 문가학이 죽은 지 한참이 지난 뒤인 세종 1년(1419년) 연안에 살던 고천수가 문가학을 거론하며 백성을 현혹하다가 참형을 당했다. 세종 2년(1420년)에는 보은사에서 문가학과 함께 어인을 비롯한 여러 관청의 인장을 만들다가 도망친 해선이 자수하여 처벌받았다.

태종은 미치광이라 불렸고, 스스로는 하늘 상제와 소통할 수 있는 도사라 일컫다가 역모죄로 죽은 문가학이 십수 년이 지난 세종 때까지 거론된 이유는 무엇일까? 고천수가 문가학의 기이한 능력을 이야기했다는 사실만으로 참형이라는 큰 벌을 받은 이유는 무엇일까? 그 답을 세종 9년(1427년) 기록에서 찾을 수 있다. 가뭄이 들어 대책을 고심하던 세종은 좌의정 황희와 우의정 맹사성을 불러 원통한 죄수를 구제해 주고, 어질고 착한 이를 중용하는 행동으로 하늘을 감동시켜 비를 내리게 하고 싶다고 말했다. 그러면서 선왕 태종이 죄인에게 벌을 내린 것은 오랜 고민 끝에 내린 것이고, 어질고 착한 사람을 중용하는 것은 대신들과 의논한 것이라 아무 문제가 없을텐데, 하늘이 가뭄으로써 세종 자신에게 벌을 주는 이유를 알고 싶다고 토로했다.

이에 황희와 맹사성은 가뭄은 세종의 잘못이 아니라고 두둔하면서도, 연좌제로 인해 아무것도 모르고 처벌받은 사람을 용서해 주기를 요청했다. 세종은 두 대신의 말을 듣고 박포·문가학·김천·조방휘를 제외한 범죄에 연좌된 사람들은 모두 풀어줬다. 박포는 이방간을 부추겨 제2차 왕자의 난을 일으킨 인물로, 세종의 아버지인 태종을 죽이려 했던 자이기에 효심이 깊은 세종이 용서하지 못하는 것은 당연했다. 그러나 문가학과 김천, 그리고 조방휘는 역모를 꾸미다 태종에게 미치광이 소리를 들으며 죽은 이들이다. 역모 준비 단계에서 발각되었고, 역모를 일으켰어도 성공보다는 실패했을 이들을 세종은 왜 용서하지 않았을까? 이는 문가학이 자신을 도사에 빗대어 비를 내린다고 거짓말을 했기 때문이다.

문가학은 하늘의 움직임을 조금 보는 재주로 자신이 하늘의 상제와 통한다는 거짓말로 태종은 물론 하늘을 속였다. 요행히 비가 온다는 말이 더러는 맞으면서 벼슬을 얻기도 했지만, 곧 거짓말이 들통나 서운관에서 쫓겨났다. 이에 앙심을 품은 문가학은 자신이 도술을 펼 수 있으며, 하늘도 자신을 도와 새로운 나라를 열게 할 것이라고 사람들을 현혹했다. 가뭄이 당시 백성을 가장 힘들게 하던 자연재해였던 만큼, 문가학이 한 말의 파급력은 굉장했다.

어려운 상황에 부닥치면 영적인 현상이나 종교에 의지하는 것이 사람의 보편적인 심리다. 그런 점에서 문가학의 역모에 많은 사람이 동요했을 가능성이 분명 있었다. 태종이나 세종은 군중의 심리를 이해하고 정치를 이끌어간 현명한 군주였다. 사람들의 마음속에 일어난 작은 불안과 동요가 점차 확대되어 큰 문제로 발전하리라는 것을 너무도 잘 알던 두 왕은 문가학의 역모를 백성들이 알지 못하도록 차단할 필요성이 있었다. 특히 풍작에 큰 영향을 주는 가뭄과 관련된 문제라면 그냥 좌시할 수만은 없었다.

왕이 비를 내려달라고 종묘와 사직, 명산대천에 기도해도 비가 오지 않는 상황에서, 문가학이 하늘의 상제를 통해 비를 내리게 했다는 말은 역모의 정당성이 확보되는 것과 같았다. 또한 하늘의 상제가 인정한 문가학을 처형한 조선왕조가 하늘의 뜻을 역행하는 것이라 말하는 문가학의 추종자들을 그냥 두면, 역모를 꾀하는 다른 이들에게 좋은 명분을 제공하게 될 것이 자명했다. 역심을 품은 자들이 "하늘이 지금의 왕을 인정하지 않고, 그 잘못을 가뭄으로 묻는 것이다."라고 말하는 순간 민심은 동요될 수 있었다.

문가학을 용서하지 않은 두 번째 이유는 사람들이 힘들어하고 아파하는 것을 이용해 사리사욕을 채우는 자들을 미워했던 세종의 성품에 있다. 세종은 재위 17년(1435년)에도 연좌제에 걸린 사람들의 형제와 숙질 등에게 벼슬을 돌려주면서도 박포와 문가학은 제외했다.

가뭄이라는 천재(天災)를 이용해 왕을 속이고 사리사욕을 채우던 사기꾼 문가학은 개인적인 복수심과 야망으로 백성을 속여 왕이 되려고 했다. 천재를 이용할 뿐 아무런 미래도 제시하지 못하고 왕이 되려 한 문가학이야말로 가뭄보다 더 큰 재앙은 아니었을까? 다행히 문가학이 역모를 꾸미기 전에 발각되었기에 인재(人災)로까지 번지지는 않았지만, 그의 담대했던 행동은 훗날 여러 사람에게 영향을 미쳤다. 혼란하고 어려운 시기면 어김없이 사이비 종교와 교주가 등장하여, 어려움에 처한 사람들을 더욱 힘들게 만든다. 지금도 하늘과 신을 내세워 국가와 사회질서를 부정하며, 사회문제를 일으키는 사이비 종교인과 사기꾼이 넘쳐난다. 코로나19로 힘든 요즘, 문가학처럼 문제를 해결할 대책을 제시하기보다는 사회를 혼란하게 만들어 많은 이에게 피해를 주는 여러 사람이 떠오르는 이유는 무엇일까?

호두(虎頭)를 물에 담가
기우제를 지내다

己酉朔/遣左議政朴訔, 祀圓壇。圓壇, 祭天之所也, 旱則就祈焉。聚僧徒於興福、演福寺, 盲人於明通寺, 設祈雨精勤, 又沈虎頭於朴淵。

좌의정左議政 박은朴訔을 보내어 원단圓壇에 제사지냈다. 원단은 제천祭天하는 곳인데, 가물면 나아가서 기우祈雨한다. 승도僧徒들을 흥복사興福寺·연복사演福寺에 모으고, 판수盲人는 명통사明通寺에 모아서 기우 정근祈雨精勤[2]을 베풀고, 또 호랑이 머리를 박연朴淵에 잠구었다.

– 태종실록 36권, 태종 18년(1418년) 7월 1일 기유 1번째 기사

---

2 기우 정근: 비를 얻기 위하여 무당巫堂이나 중僧을 모아서 정성을 다하여 빌던 일.

우리가 사는 한반도에 호랑이가 많았다는 사실은 누구나 알고 있다. 오죽하면 중국에서는 조선 사람들이 1년 중 반은 호랑이를 잡고, 나머지 반은 호랑이가 사람을 잡는다고 말할 정도였을까? 호랑이가 많았던 만큼 선조들의 삶에서 호랑이를 빼놓고는 무엇하나 설명하기 어려울 정도다. 그중에서도 호랑이는 비와 깊이 연관되어 있다.

비가 오지 않는 극심한 가뭄으로 산천초목이 시들어가면, 조선의 국왕은 호랑이 머리를 잘라 박연폭포나 한강에 넣었다. 아무리 호랑이가 많아도 잡기가 매우 어려운 맹수라는 사실을 고려하면, 굳이 가뭄으로 힘들어하는 백성을 동원하여 호랑이를 잡아야 했을까 하는 의문이 든다. 조선은 태종부터 순조에 이르기까지 약 500년 동안 호랑이 머리를 용이 사는 강이나 연못에 넣어 비가 오기를 기도하는 기우제인 침호두(沈虎頭)를 열었다. 왜 호랑이 머리를 물에 넣는 기우제를 국가가 주도해서 진행했을까? 기우제에 사용한 동물은 호랑이 외에 다른 동물은 없었을까?

조선은 건국 이후 쇄국정책을 고수하면서 상업을 버리고 국가 운영의 근간이 농업임을 천명했다. 그러나 농업을 진흥하는 일은 쉽지 않았다. 산이 많고 평야가 적은 한반도의 지형적 특성과 농사를 지을 수 있는 계절이 5~6개월로 짧다는 기후적 특성이 농업 진흥을 어렵게 만들었다. 지형적 특성과 기후적 특성처럼 고정적인 제약 외에도 농사를 짓는 데 꼭 필요한 비가 일정하게 내리는 것이 아니어서 문제였다. 매년 가뭄이나 홍수가 안정적인 농사를 짓지 못하게 하는 큰 변수로 작용했다. 특히 전국적으로 수리 시설이 갖추어지지 않은 상황에서 제때 비가 오지 않으면 1년 농사를 망치는 일이 다반사였다.

흉년은 백성의 삶만 힘들게 하는 것이 아니라 나라의 근간을 흔들 수 있는 매우 위험한 재해였다. 또한 유교를 국가 통치의 근간으로 만든 한나라 유학자 동중서의 재이관(災異觀)은 중국을 넘어 조선의 왕들을 힘들게 하는 동시에 역성혁명이 일어나는 원인을 제공하였다. 동중서가 "나라가 도를 잃어서 패망하려고 하면 하늘은 먼저 재해를 통해 견책하고자 알려줍니다. 그럼에도 불구하고 스스로 반성할 줄 모르면 또 괴이한 일을 내보냄으로써 놀라고 두렵게 합니다. 그래도 여전히 바꿀 줄을 모르면 피해와 패망이 곧 이르게 됩니다."라고 말한 내용은 성리학을 국가 통치 이념으로 삼은 조선의 왕에게 늘 큰 부담으로 다가왔다.

가뭄이 들면 조선의 국왕들은 흉년이 되지 않도록 많은 조치를 취했다. 우선 가뭄으로 인한 폐해를 줄이기 위해 전국에 금주령을 내리고, 임금의 수라상 반찬을 줄이는 등 현실적인 대처를 강구했다. 이는 왕과 나라 전체가 하늘을 우러러 잘못을 인정하고 반성한다는 상징성도 있지만, 가뭄으로 인해 부족할 곡식을 비축하는 효과를 가져왔다. 쌀로 술을 만들었기에 금주령은 쌀 소비를 억제하는 효과를 가져왔고, 수라상의 반찬을 줄이는 것은 백성이 부담해야 할 공물을 줄여주었다.

굶주리는 백성들에게 왕과 양반들이 절주와 절제하는 모습을 보인 것은 상대적인 박탈감과 소외감을 덜어주는 역할도 했다. 또한 궁궐 내에서 음악 연주를 금하고, 궁녀들을 궁궐 밖으로 내보냈다. 가뭄으로 힘든 시기의 음악 연주의 금지는 백성의 원성이 일어나는 것을 막았고, 궁녀 일부를 내보내고 교대로 일하게 하는 것은 가뭄으로 인한 피로도를 줄이는 등 근무 여건을 개선하는 효과를 가져왔다.

이 외에도 세금을 줄여주거나 연기해 주어 백성이 생활하는 데 필요한 최소한의 곡물을 보유할 수 있도록 하였으며, 성곽을 쌓거나 보수하는 등의 무리한 역사도 금지하였다. 가뭄으로 삶이 피폐해지면 절도와 같은 범죄가 자주 일어나는 만큼, 죄인의 형량을 감해주거나 송사를 빨리 진행했다. 이로써 억울한 사람이 생기지 않고, 기나긴 송사로 피해를 보는 사람이 없도록 하였다. 또한 죽은 동물이나 사람을 매장하여 가뭄으로 면역력이 떨어진 사람들이 병에 걸리지 않도록 조치하였다.

그런데도 가뭄이 해결되지 않으면 국가 주도로 하늘에 비를 내려달라는 기우제를 지냈다. 우선 무당이나 승려를 동원한 종교적 행위로 하늘의 마음을 움직이고자 했다. 그래도 비가 오지 않으면, 국왕은 모든 책임을 진다는 자세로 유교적 의식에 따라 종묘와 사직, 그리고 여러 명산대천에서 기우제를 올렸다. 이때만큼은 평소 천대받던 무당과 승려도 국가로부터 베와 쌀 등을 받으며 자신들의 활동을 공식적으로 인정받았다.

기우제에서 가장 많이 거론되는 동물이 용이었다. 조선을 비롯한 아시아에서 용은 홍수와 가뭄을 다스리는 수신(水神)이면서 나라를 수호하는 호국신으로 여겨졌다. 이 믿음은 아시아에 큰 영향을 미쳤던 중국의 고서에서 시작되었다. 중국 춘추시대 관중은 자신이 저술한 《관자》에서 용은 물에서 태어난다고 밝혔다. 중국에서 가장 오래된 지리서인 《산해경》에는 '대황의 동북쪽 모퉁이에 흉려토구라는 산이 있다. 응룡이 남쪽 끝에 사는데 치우와 과보를 죽이고 다시 하늘로 올라가지 못했다. 그리하여 하계에 자주 가뭄이 들었는데, 이때 응룡이 모습을 드러내면 큰비가 내렸다.'라고 쓰여 있다. 이 외에도 용이 물과 깊은 관련을 맺고 있음을 보여주는 여러 고서에서 영향을 받아 조선 이전부터 우리 선조들은 용에게 비를 내려달라는 기도를 올렸다.

보통 기우제에서는 비를 내려달라고 용에게 정성스럽게 부탁했지만, 때로는 비를 내리게 하려고 일부러 용을 화나게 하기도 했다. 민간에서는 개를 죽이고 나온 피를 바위에 바르거나, 바닷게를 제물로 바쳐서 용을 화나게 만들었다. 또는 짐승의 피를 용이 사는 연못이나 강에 버려서 물을 혼탁하게 만들었다. 그러면 용은 자신이 거주하는 연못을 깨끗하게 만들기 위해 비를 내린다고 사람들은 믿었다.

《조선왕조실록》에는 용을 화나게 만드는 다양한 제물이 등장한다. 가장 대표적인 동물이 도마뱀과 호랑이다. 도마뱀은 인간이 알고 있는 동물 중 용과 가장 비슷하게 생겼다. 그래서 용으로 간주한 도마뱀을 병에 넣고 괴롭히면 용이 비를 내려준다고 믿었다. 이 기우제를 석척기우(蜥蜴祈雨)라고 하는데, 그 시작은 태종 7년(1407년)이었다.

순금사 대호군 김겸(1375~1425)이 보주 수령으로 있을 때, 소동파의 시에서 '독 가운데 석척(도마뱀)이 참으로 우습다'라는 글귀와 비가 오기를 바라는 축문이 실려있어 그대로 따라 했더니 실제로 비가 내렸다고 태종에게 보고했다. 태종은 기쁜 마음에 김겸을 불러 기우제를 어떻게 진행했는지를 자세히 물어보고 광연루 아래에서 시행하도록 하였다. 이에 김겸은 물을 가득 넣은 2개의 독에 도마뱀을 넣었다. 그리고 남자아이 20명에게 푸른 옷을 입힌 뒤, 버들가지를 가지고 "석척아, 석척아, 구름을 일으키고 안개를 토하며 비를 주룩주룩 오게 하면 너를 놓아 보내겠다."라고 외치게 했다.

이 방법으로 2일 동안 도마뱀을 괴롭히며 비가 내리기를 빌었으나 효과는 없었다. 그러나 애민 정신이 있던 태종은 김겸에게 비가 내리지 않은 것을 탓하기보다는 2일 동안 고생한 아이들에게 각각 쌀 1석씩을 지급하였다. 태종 때 처음 시도한 석척기우는 실패했지만, 이후의 왕들은 비가 내리기를 바라는 마음으로 이 방법을 포기하지 않았다. 세종은 태종보다 더 많은 60~70명의 동자를 데려다가 석척기우를 행했다. 때론 석척기우가 하늘에 통했는지 비가 내렸고, 사람들은 비가 오도록 고생한 왕의 노력에 감사했다. 이후 19세기의 순조 때까지 조선의 국왕들은 가뭄이 들어 힘들어하는 백성을 위로하기 위해 석척기우를 어김없이 올렸다.

호랑이 머리를 용이 사는 강이나 연못에 가라앉히는 '침호두'라는 기우제는 태종 16년(1416년)부터 시작되었다. 태종이 관료들에게 가뭄을 극복하기 위한 대책을 세우라고 요구하자, 예조가 한강에 호랑이 머리를 가라앉히며 비가 오기를 빌자고 건의했다. 호랑이 머리를 물에 가라앉히며 기우제를 올린 이유는 용과 호랑이가 싸우기를 바라는 마음이었다. '용호상박'이라는 말처럼 호랑이와 용이 서로 비등한 힘을 가진 만큼, 호랑이를 쉽게 이기지 못한 용이 화가 나면 비를 내릴 것이라는 기대감이 담겨있었다.

호랑이 머리를 가라앉히는 침호두는 주로 한강과 양화나루, 그리고 박연폭포에서 많이 이루어졌다. 한강과 양화나루는 왕이 거처하는 한양과 가까운 큰 강이었고, 박연폭포는 예로부터 용이 사는 곳으로 널리 알려졌기 때문이다. 조선 중기까지는 실제 침호두를 위해 살아있는 호랑이의 머리를 베어 강이나 연못에 빠뜨렸다.

한 사례로 성종 8년(1477년) 평안도의 공물을 면제하는 품목에 호랑이 머리가 있었다. 이를 통해 보았을 때, 기우제를 위해 호랑이의 머리를 구하는 과정은 백성을 힘들게 했던 또 하나의 세금이었음을 알 수 있다. 하지만, 호랑이를 잡는 것보다 가뭄이 더 큰 재앙이었던 만큼 호랑이 머리는 가뭄이 들 때마다 기우제에 사용되었다.

중종 39년(1544년) 기록을 보면 호랑이 머리를 한강 등에 넣어 기우제를 올려야 하는데, 벌레 먹고 오래되어 부서진 호랑이 머리를 사용했다며 탓하는 장면이 나온다. 그러면서 대책으로 초나흘날 기우제를 올릴 때까지 신선한 호랑이 머리를 구하라는 명령이 충청·황해·경기도에 내렸다. 그러나 조선 후기 영조 시대에는 실제 호랑이의 머리 대신 사람이 만든 가짜 호랑이 머리를 강에 넣었다. 호랑이를 잡는 데 가뭄으로 지친 백성을 동원하는 것이 바람직하지 않다고 여겼기 때문이었다. 침호두는 고종 때까지 사라지지 않고 유지되었다. 지금으로부터 그리 멀지 않은 고종 22년(1885년)에도 삼각산과 목면산, 그리고 한강에 호랑이 머리를 넣는 침호두를 통해 비가 오기를 기도한 기록이 남아있다.

살아있는 동물은 아니지만 흙으로 만든 토룡(土龍)이나 용을 그림으로 그린 화룡(畵龍)을 이용하여 기우제를 지내기도 하였다. 이 외에도 풀이나 모래로 용의 형상을 만들어 뜨거운 햇볕에 내놓기도 했다. 뜨거운 햇볕을 견디지 못한 용이 비를 내려 열을 식히기를 바라는 의미였다. 때로는 제관이 회초리로 용의 형상을 때리며, 비를 내리지 않아 많은 사람을 힘들게 하는 것을 혼내는 의식을 벌이기도 했다.

농업 국가였던 조선은 비를 중요하게 여겼고, 비를 내리게 할 수만 있다면 어떤 일도 마다하지 않았다. 임금부터 자신의 부덕이 하늘을 노하게 했다고 자책했고, 문무백관들은 솔선수범하는 왕을 따라 전국에서 기우제를 올렸다. 그동안 무시하고 억압하던 무속인이나 승려에게도 포상을 내리며 기우제에 참여하도록 독려하였다. 이렇게 열린 기우제가 조선시대에만 1,600번이 넘는다. 그렇다고 조선이 미신에 집착하는 후진적인 나라는 아니었다. 기우제는 백성의 마음을 위로하고 다독이기 위한 하나의 방편이었을 뿐이다. 근대 과학이 들어와 보급된 고종 43년(1906년)에 조선시대의 마지막 기우제를 올린 것도 백성의 마음을 어루만져 주려는 목적이 더 컸다.

조선 정부는 건국 초부터 가뭄이라는 천재가 인재가 되지 않도록 큰 노력을 기울였다. 가뭄으로 혼자 살아가기 어려운 늙은 홀

아비와 홀어미, 고아, 의지할 데 없는 독거노인 등을 돌보고, 억울하게 감옥살이하지 않도록 했다. 부족해질 식량 확보를 위해 술과 음악을 즐기지 못하도록 금지하고, 세금을 줄여주는 정책을 펼쳤다. 특히 세종은 조선시대 가장 많은 기우제를 지내면서도, 《농사직설》과 같은 새로운 농법을 보급하여 가뭄에 대처하도록 하였다. 또한 농사를 짓는 데 가장 중요한 시간과 계절을 파악하기 위해 한성을 기준으로 하는 《칠정산》을 만들었으며, 강수량을 측정하여 가뭄에 대비하도록 측우기를 만들었다.

이를 종합해 보면 조선의 국왕과 문무 관료들은 정치의 속성을 너무도 잘 알았다. 이들은 가뭄 해결을 위한 실질적 노력과 함께 백성이 힘든 시기를 이겨낼 수 있도록 많은 편의를 제공했다. 더불어 왕이 직접 하늘에 용서를 빌며, 전국 각지에서 기우제를 열어 백성에게 심리적 안정과 희망을 안겨주었다. 기우제를 지냈음에도 비가 오지 않으면, 왕은 더욱 자신의 잘못을 반성하는 모습을 보이면서 고개를 숙였다. 그토록 원하던 비가 오면 그동안 고생한 문무백관과 백성의 노고를 치하했다. 천재를 막을 수는 없지만, 인재로 나아가서는 안 된다는 신념으로 살았던 조선 위정자들의 모습에 우리는 놀라움과 함께 또 하나의 가르침을 얻게 된다.

호랑이 잡는 착호갑사,
백성을 잡다?

己巳/有虎傷人于淸涼洞, 命新宗君 孝伯, 率捉虎甲士及兼司僕等, 往楊、廣等州捕之。

호랑이가 청량동淸涼洞에서 사람을 해쳤으므로, 신종군新宗君 이효백李孝伯에게 명하여 착호갑사捉虎甲士 및 겸사복兼司僕 등을 거느리고 양주楊州·광주廣州 등지에 가서 포획捕獲하게 하였다.

– 예종실록 5권, 예종 1년(1469년) 4월 16일 기사 1번째 기사

✝

  《조선왕조실록》을 보면 호랑이를 잡는 일, 즉 착호에 관한 기사
가 390여 건이 나온다. 호랑이가 인간이 사는 마을에 내려오거나 목
장에 피해를 준 사례는 635건이나 기록되어 있다. 한 예로 예종 1년
(1469년)에 호랑이가 청량동에 나타나 사람을 해쳤다는 이유로 착호
갑사와 겸사복을 양주와 광주로 파견하여 호랑이를 잡게 한 기록이
나온다. 한반도에 얼마나 많은 호랑이가 있었기에 조선은 호랑이를
잡는 부대까지 설치해야 했을까? 동물원이 아닌 산천에서 호랑이를
볼 수 없는 지금은 도저히 이해하기 어려운 일 중의 하나다.
  불과 150년 전만 해도 한반도에는 호랑이가 흔했다. 한반도에는
산림과 하천이 풍부하여 호랑이의 먹이가 되는 동물이 많았기 때
문이었다. 다시 말하면 한반도는 호랑이가 살아가는 데 최적의 장
소였던 셈이다. 호랑이가 얼마나 많았는지 주변국이 우리나라를
'호랑이의 나라' 또는 '호담국'이라 부를 정도였다.
  특히 조선시대 호랑이의 개체수가 증가했다. 호랑이가 많아진
이유는 국가 주도의 산림 보호 정책 때문이었다. 조선은 궁궐에 필
요한 목재를 확보하기 위해 소나무의 무분별한 벌채를 금지하고,
삼림 보호에 큰 노력을 기울였다. 일부 지역에서는 산에 들어가는
일마저도 금지하며 산림 육성을 중요하게 여겼다. 삼림이 우거질
수록 인간의 발길은 줄어들었고, 그 자리는 야생동물이 차지했다.
자연스레 사슴과 멧돼지의 수가 많아지면서, 이를 먹이로 하는 호
랑이와 표범의 개체 수도 늘어났다.

17~18세기에는 청나라를 세워 중국을 지배하게 된 만주족이 자신들의 용맹함을 보여주기 위해 호랑이 사냥을 많이 하면서 연해주와 만주 지역의 호랑이가 대거 한반도로 내려왔다. 호랑이와 표범은 살아남기 위해 상대적으로 사냥이 덜 이루어지는 조선으로 이동했다. 이익이 저술한 《성호사설》에 '지난해에는 범 몇만 마리가 잇달아 북도의 강을 건너와서 온 나라에 퍼지게 되었다. 호랑이가 사람을 수없이 물어 죽이고 가축을 없애 그 화가 지금까지 그치지 않는다.'라며 당시의 모습을 기록했다.

《성호사설》이 저술된 것이 1740년경임을 고려할 때, 지금으로부터 약 300년 전까지 호랑이가 우리 선조에게 극심한 피해를 주었음을 알 수 있다. 고종 5년(1868년)에도 서울 북악산 봉우리에서 3마리, 현재 홍은동 일대인 수마동에서 2마리가 잡혔다는 기록에서 약 150년 전까지만 해도 한반도에 호랑이가 많았음을 보여준다.

한반도에 호랑이와 표범이 많았던 만큼 많은 사람이 피해를 봤다. 목장 가축들이 호랑이에게 물려 죽는 것은 물론, 사람까지 호랑이한테 목숨을 잃는 경우도 비일비재했다. 예를 들어 태종 2년(1402년)에는 겨울부터 봄까지 경상도에서만 호랑이에게 수백 명이 목숨을 잃었다. 호랑이로 인한 인명 피해가 너무 심해지자, 태종은 앞으로 호랑이에게 백성이 목숨을 잃으면 관찰사와 절제사에게 그 죄를 묻겠다고 선포할 정도였다.

선조 4년(1571년)에는 이마가 하얀 백액호가 공릉·순릉의 산림과 고양 등지에 출몰해서 사람은 물론 가축 400여 두를 죽이는 사건이 일어나기도 했다. 심지어 왕이 사는 궁궐에도 호랑이가 자주 출몰하여 많은 이의 가슴을 쓸어내리게 했다. 영조 26년(1750년)에 호랑이가 도성 안에 들어와 거닐었고, 이듬해인 영조 27년(1751년)에는 경복궁에 호랑이가 나타났다는 기록이 있다. 궁궐 안에 호랑이가 나타나는 일이 잦아지자, 왕조차도 밤이 되면 호랑이를 마주칠까 두려워했다고 한다.

특히 왕릉이 있는 곳은 사람들의 출입을 막고 삼림을 보호했기에 호랑이와 표범이 유독 많이 출몰하였다. 왕과 문무백관은 왕릉을 방문할 때 혹시라도 호랑이와 표범의 공격을 받을까 걱정했다. 그래서 조선 정부는 왕릉의 호랑이를 잡는 일을 매우 중요하게 여겼다. 호랑이와 표범을 잡는 일은 민심을 다독이기 위해서도 매우 중요했다. 호랑이를 잡아 백성들의 삶을 안정시킬 때, 비로소 왕실의 안정이 찾아오고 집권 체제를 강화할 수 있기 때문이었다.

조선 건국에 막대한 공을 세운 정도전이 나라를 운영하는 법을 적어놓은 《조선경국전》에서 옛 성인들이 수수지법(蒐狩之法)을 만들어 백성과 곡식을 해치는 짐승만 잡게 하고, 잡은 짐승으로 제사를 지내게 한 것은 모두 종사(宗社)와 백성을 살리기 위한 계책이라고 말했다. 그러므로 앞으로 사냥은 유희가 아닌 농사를 방해하지 않는 한도에서 백성에게 폐를 끼치는 짐승만을 잡아야 한다고 강조했다. 이것은 백성을 동원해서라도 호랑이를 잡는 일이 종사와 백성을 위한 일임을 정당화한 것이었다.

태종이 정도전을 죽이기는 했지만, 정도전이 생각했던 국가 운영 방식을 버리진 않았다. 정도전의 뜻을 이어 태종 16년(1416년) 호랑이를 잡는 착호갑사를 임시로 편성하여 운영하였다. 또한 호랑이와 표범을 잡는 자에게 포상을 주는 제도를 시행하여 민생과 사회를 안정시키는 데 노력하였다. 세종은 1421년 착호갑사 40명을 뽑아 공식적으로 호랑이를 잡는 일을 맡겼다. 이후 착호갑사의 규모는 점차 커져서 세종 7년(1425년)에는 80명, 세종 10년(1428년)에는 90명으로 증가하였다. 세종 이후에도 착호갑사의 정원이 계속 확충되며 규모가 커졌다. 세조 14년(1468년)에 200명으로 늘어난 착호갑사는 《경국대전》이 완성되는 성종 때에는 440명으로 2배 넘게 늘어났다.

그렇다면 착호갑사가 되기 위해서는 어떤 조건을 갖추어야 했을까? 착호갑사에 선발되기 위해서는 무예가 출중하면서도 호랑이 앞에서 물러서지 않을 정도로 담력과 근력이 세야 했다. 그래서 정부는 착호갑사로 선정하는 객관적인 기준을 세웠다. 우선 180보 밖에서 큰 목궁을 사용하여 과녁을 1발 이상 명중해야 했고, 두 손에 각각 30kg에 해당하는 50근을 들고 100보 이상을 한번에 가야 했다. 이 선발 기준을 통과하기 위해서는 엄청난 근력이 뒷받침되어야만 했다.

착호갑사는 호랑이를 사냥하러 갈 때 살상력이 큰 목궁이나 쇠뇌를 사용했다. 목궁은 화살 깃이 넓고 촉이 큰 화살인 대전(大箭)을 사용하였는데, 화살이 길고 무거워 파괴력이 높은 만큼 사정거리가 짧았다. 그렇기에 호랑이 가까이 접근해야만 대전을 이용한 사냥에 성공할 수 있었지만, 호랑이에게 가까이 다가간다는 것은 보통 강단으로는 엄두도 내기 어려운 일이었다. 대전으로 호랑이를 맞추면 다른 착호갑사가 창으로 호랑이의 급소를 찔러 죽였다. 이처럼 화살로 호랑이를 맞춘 뒤, 창으로 찌르는 방식으로 호랑이를 사냥하는 만큼 착호갑사는 분대 단위로 활동하였다. 그래도 사냥하는 과정에서 착호갑사가 호랑이의 거센 저항으로 목숨을 잃거나 다치는 경우도 많았다.

조선시대에 활약했던 착호갑사 중에서 매우 유명한 인물이 있다. 중종 때 활약한 창평인 노적, 단천 갑사 최종, 정병 김달이다. 노적이 호랑이의 발자국을 추적해 쇠뇌를 쏘아 맞히면, 최종과 김달이 창으로 호랑이의 목숨을 끊었다. 이들이 얼마나 호랑이를 잘 잡았는지 호랑이가 많은 경기도에서는 이들에게 말과 경비를 제공하며 초청할 정도였다. 중종도 이들에게 큰 포상을 내리면서 백성에게 호랑이 잡는 기술을 가르치게 하였다.

그러나 호랑이를 잡는 데 참여한 착호갑사 모두가 똑같이 포상받는 것은 아니었다. 호랑이 크기에 따라 대호·중호·소호로 분류했고, 표범은 크기에 상관없이 소호 아래 두었다. 호랑이를 단번에 잡는 것이 어려운 만큼 세 번째 명중한 사람까지만 포상을 주었다. 물론 먼저 맞힌 순서에 따라 포상의 양이 달라졌다. 그리고 호랑이에게 가장 치명상을 입힌 착호갑사에게는 호랑이 가죽을 주었다. 호랑이 가죽이 연산군 시절에는 베 80필, 명종 때에는 베 350~400필 정도에 거래되었으니, 호랑이 가죽을 포상받는다는 것은 일확천금을 얻는 일과 같았다.

착호갑사가 한양을 중심으로 중앙 정부가 운영한 부대였다면, 지방에는 호랑이를 잡는 착호인이 있었다. 군사와 향리는 물론 천민에 이르기까지 신분에 상관없이 본인이 원하기만 하면 착호인에 지원할 수 있었다. 만약 지원하는 사람이 없으면 절도사는 용감하고 근력이 뛰어난 장정을 징집하여 착호인으로 삼았다. 착호인의 정원은 주와 부는 50명, 군은 30명, 현은 20명으로 정해져 있었다.

조선 후기에 들어서는 호랑이를 잡은 천민에게 역을 면제해 주었고, 일반 병사는 군역을 면제해 주었다. 평생 역에서 해방될 수 있다는 조건에 많은 사람이 자칫 목숨을 잃을 수도 있는 위험한 착호인에 지원하였다. 당시 일반 군영에 소속된 병력이 고된 훈련과 노동으로 줄어드는 것과는 상반되는 모습이었다. 숙종 때에는 착호인 정원이 5,000명이던 평안도에 1만 1,000명에 이르는 많은 이들이 지원하자, 포상 규정을 바꿔야만 했다. 그 결과 숙종 8년(1682년)에는 호랑이를 잡은 착호인에 대한 면천과 면역의 혜택이 사라지고, 호랑이를 잡은 포상으로 포만 지급되었다.

중앙의 착호갑사와 지방의 착호인으로 호랑이의 폐해를 막던 조선은 임진왜란과 병자호란 이후 호랑이 잡는 방식에 큰 변화가 생겼다. 양 난으로 정상적인 국가 운영이 어려웠던 만큼 착호갑사와 착호인의 활동이 제대로 이루어지지 않았다. 또한 연해주와 만주에서 청나라 사람들의 잦은 사냥으로 호랑이가 한반도로 대거 넘어왔다. 기존의 착호갑사와 착호인만으로는 늘어난 호랑이를 잡는 것이 역부족이어서 훈련도감의 포수를 호랑이 사냥에 동원하였다. 숙종 25년(1699년)에는 한양과 경기 지역을 3개 권역으로 나눈 뒤, 훈련도감·금위영·어영청의 군사를 동원하여 호랑이와 표범을 잡는 착호분수를 시행하였다. 이처럼 조선 후기는 백성에게 피해를 주는 호랑이를 잡기 위해 군대를 동원하는 모습을 보였다.

그러나 착호갑사가 백성들에게 피해를 주는 일도 있었다. 선조 4년(1571년) 착호 대장이 군사들을 잘 관리하지 못하여, 착호갑사들이 민간인의 집에 들어가 물건을 빼앗고 폭행하는 일이 발생했다. 선조는 이를 심각한 문제로 여겨 착호 대장 허세린과 최원에게 책임을 물어 파직시켰다. 그런데도 착호 대장이 병사를 제대로 단속하지 못하여 민간에 피해를 주는 일이 계속 발생했다. 착호갑사가 일반인보다 힘이 세고 무예가 뛰어난 만큼, 국가가 이들을 제대로 통제하지 못하여 횡포가 계속되면 백성들 피해가 커질 수밖에 없었다. 착호갑사로 인해 피해를 본 백성의 원망이 높아지자, 착호갑사가 호랑이 잡는 일을 못하도록 왕이 직접 막는 일도 생겼다.

또한 왕이 직접 사냥에 나서서 호랑이와 같은 맹수를 잡을 때는 이익보다 해악이 더 큰 경우도 있었다. 15세기 무렵 왕이 군사훈련을 겸한 사냥을 나가면 짧게는 8일에서 길면 13일 정도 소요되었다. 왕이 궁궐을 비우는 만큼 도성의 경비를 책임지는 한성부는 도둑과 화재 및 혹시나 모를 사태를 미연에 방지하기 위해 경계를 강화했다. 이로 인해 한양에 사는 백성은 일상생활에 제약이 따랐다. 또한 왕의 강무, 즉 왕이 사냥을 나갈 때는 고관 대신들과 함께 수천에서 수만 명에 이르는 군대가 동원되었다. 강무에 동원된 병사의 수가 6만 명에 달할 때도 있을 정도였으니, 엄청난 비용으로 국가 재정에 부담을 주기도 하였다.

이뿐만이 아니었다. 왕과 고관대작이 행차하는 만큼 지나가는 길목에 있는 고을과 사냥이 이루어지는 지역의 백성은 심한 고충을 겪어야 했다. 군인과 관리는 사냥이 이루어지는 기간 동안 동원 일수에 따라 급료를 지급받았으나, 백성은 아무 대가 없이 노역에 동원되어야 했다. 여기에다 백성은 동원된 소와 말이 먹을 풀을 갖다 바쳐야 했으며, 왕에게 토산물을 진상해야 했다. 강무에 들어가는 모든 비용은 온전히 백성의 몫이었다. 그리고 수많은 인원이 이동하는 과정에서 논과 밭의 작물이 발에 밟혀 못쓰게 되는 일도 많았다.

그래서 조선은 농번기가 아닌 3월과 9월에만 왕이 사냥을 하도록 정했으나, 원칙이 지켜지지 않는 경우도 빈번했다. 예를 들어 연산군은 시기를 가리지 않고 사냥을 즐겼다. 연산군이 사냥을 나갈 때는 꼭 기생과 악공을 데리고 나가 유흥을 즐겼다. 짐승을 몰이할 때는 인근 지역의 백성들을 강제로 동원하였으며, 이 기간에 허락 없이 사냥 장소에 들어오는 백성을 처형하는 일도 서슴지 않았다.

분명 국왕은 백성의 생명과 삶을 위협하는 호랑이를 비롯한 사나운 맹수를 없애준다는 좋은 의미로 사냥을 했다. 중앙과 지방에는 착호갑사와 착호인을 두어 평상시에도 호랑이와 표범으로부터 백성들의 안전을 도모하였다. 그러나 왕이 횡포를 부리거나 무능력하여 나라의 기강이 무너지면, 백성들은 왕이나 착호갑사가 호랑이를 잡으러 자신이 사는 마을에 오는 것을 두려워했다. 호랑이는 단지 몇 명의 목숨을 앗아가는 데 반해, 왕의 사냥이나 착호갑사의 횡포는 수백 수천 명의 삶을 송두리째 무너뜨렸기 때문이었다. 그리고 보면 호랑이보다 더 무서운 것은 사람, 그중에서도 위정자가 아닐까.

조선을 덮친
벌레 떼

御經筵。講訖, 大司諫孫比長啓曰: "今京畿、忠淸、黃海道蝗蟲害穀, 是乃
天災, 非人力可救。然唐 太宗呑蝗, 而蝗不爲災, 姚崇亦捕蝗瘞之曰: '借使
除之不盡, 猶勝養以成災。' 非徒修德可以弭災, 亦有人力之助。今亦遣朝臣
捕之, 雖未盡除, 亦可以少弭矣。"上曰: "予旣不德, 無以塞天譴。今雖遣朝
官, 非手自捕蟲, 躬行田野督察之, 民必騷擾, 監司守令亦可爲之。"比長曰:
"備災之道, 不可不慮。臣意捕之雖不能盡, 若捕一田之蟲, 則一田免其患
矣。"執義金升卿曰: "當初守令匿不以聞, 今雖使之捕瘞, 必不盡心。若遣官
督察, 則彼亦畏罪盡心矣。"上曰: "監司不能, 則遣朝官可也。"比長曰: "前
日本院請除圓覺寺薦新, 臣謂非獨此也。如圓覺寺供僧, 諸寺田之類, 皆是虛
費, 革之爲便。方今聖道大行, 惟此一事, 有累於聖治。"

경연經筵에 나아갔다. 강講하기를 마치니, 대사간大司諫 손비장孫比長이
아뢰기를, "이제 경기京畿·충청도忠淸道·황해도黃海道에서 황충蝗蟲이 곡
식을 해친 것은 바로 천재天災이니, 인력人力으로 구救할 수는 없습니다.
그러나 당唐나라 태종太宗이 황충을 삼키呑蝗매 황충이 재해가 되지 않았
고, 요숭姚崇도 또한 황충을 잡아 묻으면서 말하기를, '가령 다 제거하지
는 못하나 오히려 길러서 재앙을 이룸成災보다는 낫다.' 하였으니, 덕德
을 닦아서 재앙을 멈추게 할 뿐 아니라, 또한 인력의 도움助도 있어야 합
니다. 그러니 이제 또한 조신朝臣을 보내어 잡게 하면, 비록 다 제거되지
는 못하더라도 또한 조금은 멈추게 할 수 있을 것입니다." 하니, 임금이
말하기를, "내가 이미 부덕不德하여 하늘의 꾸짖음天譴을 막지 못하였다.
이제 비록 조관朝官을 보낸다 하더라도 손으로 스스로 황충을 잡는 것이

아니고, 몸소 전야田野를 다니면서 독찰督察하게 하는 것이니, 백성들이 반드시 소요騷擾할 것이며, 감사監司와 수령守令도 또한 이를 할 수 있다." 하였다.

손비장이 말하기를, "비재備災의 도道는 염려하지 않을 수가 없습니다. 신의 뜻으로는 잡는 것을 비록 다할 수는 없더라도 만약 한 전지一田의 해충을 잡으면 한 전지가 그 환난을 면할 것입니다." 하고, 집의執義 김승경金升卿은 말하기를, "당초에 수령守令이 숨기고 계문啓聞하지 않았으니, 이제 비록 잡아서 땅에 묻게 하더라도 반드시 마음을 다하지 않을 것입니다. 만약 관원을 보내어 독찰督察하게 하면 저들도 또한 죄를 두려워하여 마음을 다할 것입니다." 하니, 임금이 말하기를, "감사監司가 할 수 없다면 조관朝官을 보냄이 옳다." 하였다.

손비장이 말하기를, "전일에 본원本院에서 원각사圓覺寺의 천신薦新하는 것을 제거하기를 청하였습니다마는, 신은 이것만이 아니라 여겨집니다. 원각사의 공승供僧과 제사전諸寺田의 유류와 같은 것은 모두 쓸데없이 쓰는 비용이니, 혁파함이 편합니다. 방금 성도聖道가 크게 행하여지는데, 오직 이 한 가지 일만이 성군의 다스림聖治에 욕됨이 있습니다."

– 성종실록 82권, 성종 8년(1477년) 7월 2일 정묘 2번째 기사

✝

황충이란 단어를 들어본 적이 있는지를 물어보면, 많은 분이 《삼국지》에 나오는 촉한의 무장 황충(黃忠)을 이야기한다. 사실 《삼국지》에 나오는 장수 황충만큼이나 역사 속에 많이 등장하는 존재가 황충(蝗蟲)이다. 우리나라 발음으로는 똑같지만, 이 둘은 너무도 다른 존재다. 중국의 역사를 바꿀 정도로 막강한 위력을 발휘했던 황충(蝗蟲)은 우리나라 역사에도 자주 등장했다. 일제에 의해 쓰여져 인정되지 않는 고종실록과 순종실록을 제외하고도 《조선왕조실록》에 총 261건의 황충에 관한 이야기가 나온다. 이처럼 조선의 모든 왕은 황충으로 인해 어려움을 겪었고, 이를 이겨내기 위해 큰 노력을 기울였으나 매번 해결하지 못했다. 도대체 황충이란 무엇일까?

쉽게 말하면 황충은 벌레로 인한 병충해다. 《조선왕조실록》에 황충에 대한 자세한 기록이 없어 정확하게 어떤 벌레로 인한 피해인지 지금으로서는 알기 어렵다. 그러나 일반적으로 황(蝗), 황충, 황충이를 묶어서 풀무치 또는 무리를 지어 사는 메뚜기류라고 본다. 이와는 달리 집단 이동을 하는 메뚜기 떼를 비황(飛蝗)이라고 부른다. 《조선왕조실록》에 황충과 비황 모두 언급된 것으로 보아, 메뚜기를 비롯한 여러 벌레로 인한 병충해가 자주 발생했던 것으로 보인다.

사실 메뚜기란 단어도 산에서 뛰는 벌레를 총괄하는 말이다. 한반도에는 60여 종의 메뚜기가 있는데, 우리에게 잘 알려진 메뚜기로는 방아깨비, 벼메뚜기, 송장메뚜기, 풀무치 등이 있다. 방아깨비는 초록색의 몸체에 유독 뒷다리가 긴 모습이다. 메뚜깃과에서 큰 축에 속하는 방아깨비는 뒷다리를 잡으면 방아 찧는 모습처럼 움직인다. 이로 인해 오랜 세월 많은 어린이의 장난감이 되었던 방아깨비는 때론 구워서 먹는 간식거리가 되기도 하였다.

벼메뚜기는 논에서 주로 서식하는데, 불과 얼마 전까지만 해도 해충으로 인식되어 박멸 대상이 되었다. 아이들은 강아지풀에 벼메뚜기 목덜미를 꿰어 집이나 들판에서 구워 먹거나, 닭의 먹이로 주었다. 그러나 최근 벼메뚜기는 농약을 치지 않는 유기농 쌀을 대표하는 긍정적인 이미지로 바뀌었다.

송장메뚜기는 갈색빛의 콩중이, 팥중이, 두꺼비메뚜기, 등검은 메뚜기 등을 총칭하는 말인데, 주로 무덤가에서 많이 발견된다. 송장메뚜기는 사람에게 잡혔을 때 검은 액체를 토해내는 경우가 많아 식용으로 먹지 않았다.

반면 풀무치는 위험을 느끼면 하늘로 날아 도망가는 대형 메뚜기를 말한다. 풀에 묻혀있다는 뜻의 풀무치는 자신이 사는 환경에 맞추어 몸의 색깔이 변한다. 풀무치의 크기는 수컷이 약 4.5cm이고, 암컷은 약 6.5cm나 되다 보니 식성이 매우 좋다. 풀무치는 주로 식물의 잎을 먹는데, 개체 수가 많아져 먹을 것이 부족해지면 먹이를 찾아 집단으로 이동하기도 한다.

우리나라에 피해를 주었던 해충이 어떤 것인지 정확히 밝혀지지 않았기에 여기서는 병충해에 영향을 주는 모든 벌레를 황충으로 보는 것이 타당하다고 본다. 《조선왕조실록》에서는 세조 14년

(1468년) 경상도에서 발생한 황충의 모양을 매미 또는 모기와 같다고 기록하고 있다. 황충이 떼를 지어 날아와 들을 덮고 벼 이삭을 빨아 먹는 통에 작물이 까맣게 죽었다고 한다. 중종 17년(1522년)에는 황충이 곡식의 뿌리와 잎을 모두 먹어치워 밭에 밀과 보리가 남아있지 않아 종묘 제사에 쓸 것이 없다고 할 정도였다. 떼를 지어 다니거나 생김새가 매미 또는 모기와 같이 생겼다는 말을 통해 보았을 때 메뚜기만 지칭하는 것이 아닌 듯하다.

황충으로 인한 피해는 비단 우리나라에서만 일어난 것은 아니었다. 유비와 조조가 나오는 《삼국지》는 한나라 말기 위정자들의 무능과 비리로 왕조가 무너지던 시기에 메뚜기 떼가 들판의 곡식을 다 먹어치우면서 굶주린 백성이 황건적이 되는 데에서 시작한다. 이후 위·촉·오 삼국이 격돌하는 가운데 창궐한 메뚜기 떼로 인해 예기치 못했던 일들이 자주 벌어지는데, 대표적으로 조조가 여포와 싸울 때 복양 지역이 메뚜기 떼로 폐허가 되면서 양군이 철수하는 사건이 있다. 이를 통해 황충으로 인한 충재(蟲災)의 피해가 중국의 역사를 바꿔놓는 경우가 많았음을 알 수 있다.

《삼국지》의 배경이 되는 위·진·남북조처럼 먼 시점이 아닌, 가깝게는 미국 선교사의 딸로 중국에서 어린 시절을 보낸 펄 벅(Pearl S. Buck)의 소설에도 황충의 피해가 나온다. 펄 벅은 노벨 문학상을 안겨준 소설 《대지》에서 '검은 구름처럼 저 멀리 있다가 삽시간에 부채꼴로 퍼지면서 하늘을 뒤덮었다. 그들이 앉았다 가면 대지는 잎사귀 하나 볼 수 없는 황무지로 변해버렸다.'라며 황충의 무서움을 표현하기도 했다.

우리 선조들도 벌레, 즉 황충으로 인한 농작물의 피해를 충재라고 부르며 홍수나 장마로 인한 수재(水災)와 가뭄으로 인한 한재(旱災)와 같이 큰 피해를 준다고 하여 두려워했다. 그만큼 황충이 가져오는 피해를 적나라하게 표현한 기록이 많이 남아있다. 대표적으로 선조 37년(1604년) 강원도 전역에 피해를 준 황충이 그랬다.

임진왜란이 끝나고 모든 것이 제자리에 돌아오지 못해 막막했던 시절에 불어닥친 황충은 사람들에게 절망을 넘어서 삶을 포기하고 싶을 정도의 큰 고통을 주었다. 기록에는 '간성에 검은 벌레가 생겼는데 토충(土蟲)보다 크고 모양이 세 잠을 잔 누에만 하다. 고성에는 씨앗을 뿌린 뒤부터 서늘한 바람이 불고 찬비가 내려 서리가 내리는 가을처럼 서늘했는데, 황흑색의 비황(飛蝗)이 전답에 두루 깔려 남김없이 다 갉아먹었으므로 며칠 만에 논과 밭이 불타버린 땅과 같았다. 온 경내의 노약자들이 하늘을 쳐다보며 울부짖었다.'라고 되어있다.

조선 정부는 황충으로 인한 피해를 최소화하기 위해 꾸준한 노력을 기울였다. 우선 황충의 개체 수가 늘어나기 전에 누에똥, 말뼈다귀, 눈 녹인 물 등을 이용하여 방역 작업을 펼쳤다. 그러나 지금의 과학 수준으로 보면 큰 효과가 없는 방법이었다. 그렇기에 사전 예방보다는 사후 처리에 더 큰 비중을 둘 수밖에 없었다. 조정은 황충이 발생하면 피해 상황을 빠르게 파악하기 위해 관리들이 정확하고 신속하게 보고하도록 강조하고 또 강조했다. 백성들이 황충 등장을 비단 자연현상이 아니라 임금이 부덕한 탓으로 생각했던 만큼, 빌 빠른 초동 대처가 필요했다.

왕은 황충이 발생했다는 보고가 올라오면 직접 잡아 죽이거나 땅에 묻어버리는 방식으로 개체 수를 줄이도록 지시했다. 하지만 이런 방식으로는 황충의 피해를 효과적으로 막을 수 없었다. 그래서 해괴제와 같은 제사나 기우제를 통해 황충을 내쫓고자 하였다. 또한 황충으로 피해를 본 백성에게 세금을 감면해 주는 등의 구휼 정책을 펴는 동시에 백성에게 이중 고통을 주지 않기 위해 성을 쌓는 등의 대규모 역사를 중지했다.

정부가 황충에 대처하기 위해 가장 큰 노력을 기울였던 것은 해괴제나 기우제였다. 재이(災異)가 왕에 대한 하늘의 꾸짖음이나 심판이라고 여겼던 만큼, 왕이 하늘을 향해 얼마나 정성스럽게 제사를 올리느냐가 중요했다. 하늘이 왕의 애민 정신을 인정하면 황충이 사라질 것으로 여겼기에, 해괴제를 통한 황충의 박멸 여부는 왕의 국정 운영에 큰 영향을 주었다. 왕의 선정과 황충을 연결해 생각하게 된 것은 조선 건국 초 정종이 동생 이방원에게 왕위를 넘겨주는 이유로 황충을 거론했기 때문이었다. 이후 조선의 왕들은 황충에 민감한 반응을 보일 수밖에 없었다.

하지만 관료 모두가 왕이 주도하는 해괴제를 찬성한 것은 아니었다. 성종은 황충이 창궐하자 원각사에서 제사를 지내려고 하였다. 이에 손비장은 해괴제에 많은 국력을 소비하는 것을 따끔하게 지적했다. 손비장은 세조실록과 예종실록을 편찬하고, 서거정과 함께 《동국통감》을 썼을 정도로 뛰어난 관료였다. 손비장은 특히 해괴한 일에 국력을 소비하는 것보다 실질적인 대책을 늘 강조한 인물이었다.

한 예로 일본에서 바친 원숭이가 추위에 떨까 걱정되어 성종이 옷을 지어 입히자, 손비장이 "원숭이에게 입힌 1벌의 옷이라면 1명의 백성이 추위에 얼어 죽지 않도록 할 수 있다."라고 간언한 유명한 일화가 있다. 손비장은 황충으로 인한 피해에 대해서도 실질적으로 큰 효과가 없는 제사에 들어가는 노력과 비용을 줄이고, 1명의 관원이라도 현장에 보내라고 말했다. 정말 백성을 생각하고 사랑한다면 형식적이고 의례적인 절차보다는 현장에서 백성을 돕는 임금이 되라는 손비장의 말은 성종에게 충격이었을 것이다.

손비장의 지적에 성종은 중앙에서 파견한 관리가 황충을 잡기보다는 지방 관리의 잘못을 따지며 일을 방해할 것이 걱정된다고 말했다. 이에 김승경(1430~1493)이 중앙 관리를 파견하지 않아도 지방관이 일을 제대로 한다는 보장이 없으니, 차라리 관리를 파견하여 감시하고 독려해야 한다고 답했다. 자신만의 생각을 강요하지 않고 신하들과 의견을 나누어 정책을 결정하던 성종은 손비장과 김승경의 의견을 모두 받아들여 현장에 관리를 보내도록 지시했다.

성종과 손비장, 그리고 김승경이 나눈 대화는 지구온난화로 앞으로 어떤 재앙이 올지 모르는 현재의 우리에게 많은 것을 생각하게 한다. 오늘날에도 메뚜기 떼는 작물 생산과 식량 안보를 위협하는 가장 위험한 해충이다. UN은 약 1㎢ 면적의 메뚜기 떼가 하루 동안 3,400만 명이 먹을 수 있는 양의 식량을 없앤다고 발표했다.

실제로 코로나19로 모두가 힘들어하던 2020년 인도는 메뚜기 떼로 다른 나라보다 더욱 힘든 시기를 보냈다. 인도 북부 지역에서 발생한 메뚜기 떼가 약 500㎢ 규모의 농경지에 피해를 주었기 때문이다. 인도와 국경선이 맞닿아있는 중국도 인도에서 오는 메뚜기 떼를 대비해 10만 마리의 오리 부대로 대비할 정도였다.

최근 우리나라는 농업의 비중이 작아지고, 메뚜기로 인한 큰 피해를 경험해 보지 못했다. 그래서일까? 세계 각국이 메뚜기 떼로 피해 보는 상황을 남의 이야기로 듣고 넘어가는 경우가 많다. 하지만 메뚜기 떼가 세계 여러 국가에 주는 피해를 알고 나면 절대로 남의 이야기라고만 생각할 수 없다.

2020년 세계은행의 자료에 따르면 메뚜기 떼로 피해 본 국가는 23개국에 달한다. 영국 주간지 〈이코노미스트〉는 케냐를 덮친 메뚜기 2,000억 마리가 하루 동안 먹어치운 곡물이 독일 전체 인구의 1일 곡물 소비량과 맞먹는다고 발표했다. 우리와 인접한 중국에서도 매년 메뚜기 떼로 인한 피해를 크게 겪고 있다. 그렇다면 중국의 메뚜기 떼가 우리나라로 넘어오지 않는다고 누가 보장할 수 있을까?

우리나라도 2014년 전남 해남 산이면 덕호리 일대가 메뚜기 떼로 피해를 겪기도 했다. 더욱이 기상이변으로 지구의 온도가 높아지면서 아열대 기후에서나 볼 수 있던 해충이 우리나라에 늘고 있다. 대표적인 해충으로 최근 몇 년 사이에 폭발적으로 증가한 매미나방이 있다. 매미나방은 우리가 먹는 작물에 피해를 주지는 않지만, 전국적으로 여의도의 20배가 넘는 면적의 나무와 나뭇잎을 먹으며 산림에 피해를 주고 있다. 일부 사람은 매미나방과 접촉하여 알레르기가 발생하는 등 직접적인 피해를 보기도 했다.

자연재해를 대비해야 하는 우리에게 손비장이 성종에게 올린 말은 시사하는 바가 크다. 오늘날 우리는 자연재해를 어떻게 예방할지, 만약 발생한다면 어떤 대처를 해야 할지 아무런 고민도 하지 않고 남의 일로 여긴다. 때론 자연재해는 나 혼자만의 노력으로 막을 수 있는 일이 아니라고 손을 놓는다. 그러다가 막상 자연재해가 발생하면 위정자를 비난하고 힐책한다. 위정자는 실질적인 문제 해결보다는 화난 민심을 다독이기 위해 현장의 관리자에게 책임을 떠넘긴다. 정부는 국민에게 자연재해의 재발 방지를 약속하면서도 국민의 관심을 다른 곳으로 돌리기 위해 애를 쓴다.

　그러나 성종 때의 손비장은 달랐다. 위정자와 백성 모두를 현명한 방식으로 꾸짖었다. 왕에게 황충은 천재임을 내세우며 왕의 심기를 건드리지 않았다. 그러면서도 왕으로서 해야 할 일이 무엇인지 똑똑하게 제시했다. 종교에 의지하여 제사를 지내는 것보다는 제대로 일을 하지 못하는 관리를 감찰해야 한다고 말했다. 조정에서 탁상공론만 벌이지 말고 1명의 관리라도 들에 나가 메뚜기를 잡으면 그 피해가 줄어들 것이라 강조하며, 성군으로서 올바른 결단을 내리라고 독촉했다.

　이와 비슷한 사례가 중국에도 있다. 《정관정요》를 보면 당나라 태종 때인 628년에 수도 장안이 황충에 뒤덮여 백성들이 매우 힘겨워했다. 이를 본 당 태종은 들에 나가 백성에게는 아무 잘못이 없고, 모든 잘못은 자신에게 있다고 외치고는 백성이 아닌 자신을 벌해달라며 메뚜기 2마리를 입속으로 넣어 삼켰다. 그러자 황충 떼가 사라졌다. 당 태종이 황충의 창궐은 자신에게 책임이 있다며 메뚜기를 먹는 모습을 보고 백성들도 힘을 내어 어려움을 극복해 냈다.

21세기를 사는 우리는 과거에는 겪어보지 못했던 끔찍한 자연재해를 마주할 가능성이 매우 크다. '나 혼자의 변화가 얼마나 영향을 주겠어'라는 생각으로 자신의 잘못을 반성하지 못하고, 남 탓만 한다면 우리는 선조들이 겪었던 고통을 다시 겪을지도 모른다. 이제는 자연재해가 인간이 만들어낸 결과임을 깨닫고, 누구에게 책임을 미루기보다는 나부터 환경을 위한 행동을 실천해야 할 때다. 나부터 손비장과 당 태종이 되어보는 것은 어떨까.

소의 죽음을
막아라

庚子/備局郎廳成釴以貿牛事入蒙古。自瀋陽西北行十六日到烏桓王國, 三
日到乃蠻王國, 又東北行四日到者朔道王國, 又北行三日到蒙胡達王國, 又
東行到投謝土王、所土乙王、賓土王等國, 貿牛一百八十一頭而還, 命分
給平安道列邑, 以資耕農。

비국 낭청 성익成釴이 소를 무역하는 일로 몽고蒙古에 들어갔다. 심양
에서 서북쪽으로 16일을 가서 오환 왕국烏桓王國에 도달했고, 3일 만에
내만 왕국乃蠻王國에 도달했다. 또 동북쪽으로 4일을 가서 도달한 곳
이 자삭도 왕국者朔道王國이었고, 북쪽으로 가서 3일 만에 몽호달 왕국
蒙胡達王國에 도달했고, 또 동쪽으로 가서 투사토 왕국投謝土王國·소토
을 왕국所土乙王國·빈토 왕국賓土王國에 도달했다. 소 1백 81두를 사가
지고 돌아왔는데, 평안도 열읍列邑에 나눠주어 농사짓는 데 도움이 되
게 하라고 명하였다.

– 인조실록 36권, 인조 16년(1638년) 6월 9일 경자 1번째 기사

是時諸道牛疫, 牛死殆盡, 至用人耕, 景夏請依古馬祖之禱, 設祭以禳之, 上
許之。於是禮曹議以爲, '各邑就中央爲壇, 京城就馬壇中, 竝設牧神', 遂飭
諸道, 禁屠宰, 京中懸房, 限一朔罷之。

이때에 여러 도道에서 우역牛疫으로 소가 거의 다 죽어서 사람을 써서
밭을 갈기에 이르렀는데, 원격하가 옛날 마조馬祖에게 기도한 사례에

의거하여 제사를 마련하여 재앙을 물리칠 것을 청하니, 임금이 허락하였다. 이에 예조에서 건의하기를, '각 고을에서는 중앙에 단壇을 만들게 하고 서울에서는 마단馬壇 가운데에 함께 목신牧神을 설치하게 하자'고 하여, 드디어 제도諸道에 신칙하여 도재屠宰를 금하게 하고 서울의 현방懸房[3]은 한 달을 한정하여 파하게 하였다.

– 영조실록 70권, 영조 25년(1749년) 9월 12일 정사 1번째 기사

---

3 현방: 소고기를 파는 푸줏간.

우리나라는 아주 오랫동안 농업을 생계의 수단으로 삼는 농경 민족으로 살아왔다. 한반도는 산이 많고 농사를 지을 수 있는 계절이 짧다는 제약이 있었지만, 그래도 가장 안정적으로 사람들에게 먹거리를 제공해 주는 것이 농사였다. 한반도에 거주하는 사람들이 증가할수록 선조들의 노력이 뒤따르면서 농사짓는 기술도 점차 발달하였다. 그 결과 조선시대에는 연작이 가능해졌다. 연작이 가능해진 이유에는 논과 밭에 영양분을 공급하는 시비법의 발달이 있었지만, 소의 역할도 컸다. 소를 이용한 깊이갈이로 논과 밭이 더욱더 기름져지면서, 농작물이 건강하게 자랄 수 있었다.

그런데 조선 중기인 인조부터 영조 시기에 우역(소 전염병) 때문에 한반도의 소가 멸종될 정도로 큰 위기를 겪었다. 농사를 짓는 데 꼭 필요한 소가 다 죽어가는 상황은 조선의 생존을 위협했다. 인조는 이를 극복하기 위해 소의 종자를 보존하려고 몽골에서 소를 사왔고, 영조는 국가 주도로 소를 위한 제사를 올렸다. 이 외에 조선은 소를 지키기 위해 어떤 노력을 기울였을까?

세계의 소 품종 중에서 한반도에만 존재하는 한우는 약 2,000년 전부터 가축화되어 우리 민족과 함께 살아왔다. 기원전 1000년경 김해 패총(貝塚)에서 소뼈가 발굴되었고, 고대 국가인 부여에서 하늘에 제사를 올릴 때 소를 바쳤다는 기록이 남아있다. 만주에 있던 부여는 전쟁이 일어나면 소를 잡아 하늘에 승리를 기원하는 제사를 지내고, 발굽의 벌어진 상태로 길흉을 판가름하는 점을 보았다.

부여의 행정 구역을 구성했던 사출도(四出道)에 소를 모시는 우가(牛加)가 있을 정도로 소는 매우 중요한 자원이었다.

삼한에서도 소는 신성한 동물이면서 삶에 꼭 필요한 중요한 위치를 차지했다. 논농사가 발달했던 삼한은 소의 힘을 빌리기 위해 써레, 철제 보습과 같은 도구를 만들어 심경 농업을 하였다. 삼국시대에도 소는 국가의 매우 중요한 자원으로 활용되었다. 고구려에서는 소를 함부로 도살하지 못하는 법을 만들었고, 백제는 순장할 때 소를 시신과 함께 매장하기도 했다. 신라도 예외가 아니었다. 고구려를 정벌할 때 소가 끄는 2,000대의 수레로 군수물자를 옮겼고, 당나라에 우황(牛黃)을 수출하며 국고를 채우기도 하였다.

고려시대는 소를 관리하는 데 있어 굉장히 체계적이고 과학적인 방법을 사용했다. 소와 관련된 여러 부처가 있었는데, 전목사(典牧司)는 계절에 따른 소의 활동량을 측정하여 사료의 양을 배분하는 노력을 통해 건강한 소를 키워냈다. 전구서(典廐署)는 소를 보호하고 개체 수를 늘리는 일을 담당하였으며, 《우의방》이라는 저서를 통해 소의 질병을 치료하는 방법을 기록하고 널리 알렸다. 또한 장생서(掌牲署)에서는 제사상에 올릴 소를 관리하는 등 국가 차원에서 소를 통제하였다. 하지만 상대적으로 민간에서는 소를 키우는 방법이 널리 보급되지 못했다.

조선은 고려보다도 농사 기술이 발달한 만큼, 농사짓는 데 꼭 필요한 소를 더욱 중요하게 여기며 관리하였다. 태조 이성계가 소를 함부로 도축하지 못하도록 우금령을 내린 이후 역대 왕들은 약 20년에 한 번꼴로 우금령을 시행하였다. 우금령을 어기고 소고기를 먹은 사람을 신고하면, 태종은 신고자에게 소고기를 먹은 사람의 재산을 포상으로 주었고, 세종은 태형 50대를 형벌로 내리기도 했다.

단순히 소를 먹지 못하게 막는 것에 그치지 않고 소를 관리하는 부서를 만들어 운영하기도 했다. 태조는 사축서(司畜署), 태종은 전구서로 하여금 소를 관리하도록 하였다. 세종은 우유소(牛乳所)를 설치해 소의 젖을 먹기도 하였다. 당시 우유가 매우 귀한 보양식으로 여겨졌던 만큼 세종은 자신의 큰형인 양녕대군에게 우유를 나눠주기도 했다. 세조는 전생서(典牲署)를 설치하여 소의 개량과 증식에 힘썼으며, 성종은 《우의방》을 편찬하여 소의 질병을 예방하고 치료하는 방법을 보급하는 데 노력하였다.

중종은 가축의 병을 치료하는 《우마양저염역병치료방》을 간행하였는데, 일반 백성이 이 책을 읽고 활용할 수 있도록 이두로 토를 달고 한글로 풀이하였다. 영조는 명절에 2~3만 마리 이상의 소가 도축되자, 제사상에 소 대신 돼지고기를 올리도록 하였다. 또한 전국적으로 소가 전염병으로 죽어가자 목신위(牧神位)에게 위령제를 지냈다. 고종도 수원에 권업모범장을 설치한 뒤, 근대적 축산 기술을 도입하여 한우 개량 사업에 힘을 기울였다. 이처럼 소를 보호하고 개체 수를 늘리기 위해 조선의 모든 왕은 노력을 기울였지만, 꼭 좋은 결과를 가져오는 것은 아니었다.

특히 17세기 소빙하기에는 한반도에 소가 사라질 정도의 큰 위기가 닥쳤다. 이 시기는 가뭄과 홍수 등 자연재해가 연이어 발생하면서, 인간도 전염병에 걸려 수없이 죽었다. 여기에 소 전염병인

433

우역이 연달아 발생하자, 조선은 존립 여부를 걱정해야 할 만큼 위기에 빠졌다. 《조선왕조실록》과 《승정원일기》에 기록된 우역의 발생 건수는 총 311건인데, 이중 소빙하기에 해당하는 인조부터 영조 대까지 발생한 우역이 269건으로 전체의 87%나 되었다. 구체적으로 보면 인조 25건, 현종 106건, 숙종 75건, 영조 63건이다. 숙종과 영조 때는 비교적 정국이 안정되어서 어려움을 이겨낼 국력이 있었던 반면, 인조와 현종 때 발생한 우역은 왕위를 유지하기 어렵게 만들 정도로 최악의 상황을 불러왔다.

인조는 반정을 통해 광해군을 내쫓은 뒤, 백성에게 새로운 세상을 보여줄 필요가 있었다. 그러나 정묘호란과 병자호란이 발발하면서 많은 백성이 전쟁에서 죽거나, 청나라에 인질로 끌려가 예전보다 더욱 어려운 삶을 살았다. 그런 과정에서 농사를 짓는 데 없어서는 안 되는 소가 죽는다는 것은 백성이 그나마 간신히 붙잡고 있던 삶의 희망이 꺾이는 끔찍한 일이었다. 인조 14년(1636년) 8월 15일 《조선왕조실록》에는 우역이 평안도를 덮쳐 살아남은 소가 1마리도 없었다고 적혀있다. 이때가 병자호란이 일어나기 바로 전인 만큼, 우역으로 소를 모두 잃고 삶의 기반이 무너진 평안도 사람들은 무서운 속도로 내려오는 청군을 막을 여력이 없었을 것이다.

같은 해 9월에도 '우역이 서쪽에서 남쪽으로 번져 한양에도 죽는 소가 줄을 이으니 소 값이 떨어지고, 살아있는 것은 도살하였다.'라고 기록되어 있다. 이를 통해 병자호란이 일어나는 1636년은 전국적으로 발생한 우역으로 백성이 절망에 빠져있는 상황에서 전쟁을 맞이했음을 알 수 있다. 병자호란 당시 무능한 외교, 군대의 부재, 명분에 사로잡힌 위정자들의 문제를 제외하더라도, 조선의 패배 원인을 우역에서도 찾을 수 있다. 그만큼 우역은 국가의 존립을 결정하는 중요한 요인이었다.

인조는 국가 재건을 위해 소를 확보하는 일을 매우 중요하고 시급한 과제로 여겼다. 더욱이 병자호란이 끝난 인조 16년(1638년)에도 전라도와 경상도에서 우역이 발생했다. 인조는 소를 수입해서라도 소의 종자를 지켜야 한다고 생각하여, 비변사 낭청 성익을 몽골로 보냈다. 성익은 심양을 지나 몽골 지역에 있는 여러 부족을 돌아다니면서 소 181마리를 구입했다. 이 당시 소를 구입하는 데 사용한 재물은 담배였다. 담배로 소를 바꿀 수 있었던 배경에는 청나라 태종이 흡연을 금지하는 법령을 만들어 조선 담배를 수입하지 않으려고 했을 정도로 동아시아에서 조선 담배의 인기가 높았던 데 있었다. 결국 인조는 성익이 담배로 사온 소를 번식시키는 데 성공하면서 한반도에서 소의 멸종을 막았다.

그러나 우역으로 인한 고통은 끝나지 않았다. 현종 4년(1663년)에도 우역으로 소가 멸종할 위기에 처했다. 이에 윤우정(1617~1664)은 현종에게 소를 죽인 자를 살인죄로 적용하여 처벌하기를 요청하였다. 매우 과한 처벌임에도 현종이 반발하지 않고 윤우정의 뜻에 따를 정도로 우역으로 인한 피해는 상상하지 못할 정도로 심했다. 그럼에도 불구하고 그해 황해도에서 1,000여 마리, 강원도에서 1,700여 마리가 죽는 등 전국적으로 많은 소가 죽었다. 그러나 이것은 잎으로 다가올 우역에 비하면 아무것도 아니었다.

현종 6년(1665년)에는 경상도에서만 6,400여 마리가 죽었고, 현종 9년(1668년)에는 함경도에서 소와 말 1만 8,100여 마리가 죽는 사건이 벌어졌다. 우역으로 인한 소의 죽음은 농업 생산력 하락으로 이어지면서 많은 이들이 굶어 죽었고, 몸이 약해진 백성들은 전염병을 이기지 못해 죽어갔다. 최악의 순간은 경신대기근으로 잘 알려진 현종 12년(1671년)으로 경상도에서만 우역으로 6,826마리의 소가 죽었고, 7월 20일부터 8월 10일까지 16만 3,149명이 죽만 먹으며 버티다가 557명이 죽었다.

그러나 현종은 인조처럼 몽골에서 소를 사온 뒤, 지역별로 나눠주는 일은 생각조차 하지 못했다. 약 100만 명이 죽은 경신대기근이라는 엄청난 자연재해 앞에서 우역으로 사라지는 소를 신경 쓸 여력이 없었다. 기근과 전염병으로 죽어가는 사람들을 구휼하는 것만으로도 벅찼다. 결국 우역에 대처할 수 있는 일이라고는 병에 걸리지 않은 소를 격리하고, 죽은 소는 땅에 매장하는 것이었다. 숙종도 소를 보호하기 위해 우금령과 소 거래를 금지하는 노력을 기울이는 정책을 폈지만, 우역을 막지는 못했다. 특히 뭍에서 멀리 떨어져 안전하리라 믿었던 제주도마저도 우역으로 수만 마리의 소가 죽으면서 민심이 술렁였다.

선왕 숙종이 우역으로 국가 경영에 어려움을 겪는 모습을 본 영조는 재위 후 우역을 크게 근심했다. 무엇보다 우역이라는 자연재해를 왕의 통치와 연관시키는 천인감응설(天人感應說)을 경계했다. 영조가 부도덕하고 무능력하여 하늘이 벌을 내린 것이라며, 우역으로 생활이 어려워진 백성들이 역모를 일으킬까 두려워했다. 그래서 우역이 발생하지 않도록 제사를 통해 백성들의 마음을 다독이는 것이 필요하다고 생각하던 중, 영조 25년 강화유수 원경하(1698~1761)의 상소가 올라왔다. 원경하는 강화도에서 우역으로 1,000여 마리의 소가 죽었으니, 소를 위한 제사를 지내야 한다고 주장했다. 이에 병조판서 김상로도 원경하의 뜻에 동조하였다. 하지만 여러 번의 논의 끝에 우역으로 제사를 지낸 선례가 없다는 이유로 채택되지 않았다.

그래도 영조는 포기하지 않았다. 자신이 얼마나 백성을 생각하고 있는지를 만천하에 보여줄 필요가 있었다. 영조는 자신의 의지를 보여주기 위해 "소를 위해 제사를 지내는 것이 아니라, 임금의 은혜가 금수에까지 미치는 것이다."라고 관료들을 설득했다. 영조의 의중을 파악한 김상로는 "제사는 소를 위하는 것이 아니고 백성을 위하는 것이다."라며 지지 의사를 밝혔고, 우의정 김약로도 송나라 황제가 나방 유충의 재해로 백성이 근심하자 말을 향해 제사를 올린 사실을 거론하며 영조에게 힘을 실어주었다.

영조는 이를 바탕으로 예조에게 우역 제사를 준비하도록 지시하면서, 장헌세자가 제사를 주관하도록 하였다. 우역 제사는 처음 진행하는 일이라 여러 작은 문제가 발생하기도 했지만, 큰 사고 없이 무난하게 준비되었다. 영조는 지금의 서울 아차산 서쪽 기슭에 있던 살곶이 목장에 제단을 쌓고 장헌세자가 우역 제사를 올리도록 하였다. 그리고 전국에 소 도축을 금지하는 우금령을 내렸다. 이로써 영조는 우역에 대한 백성들의 불안을 해소하면서, 관리들에게 왕의 권위를 높였다. 위기 상황 극복과 왕권 강화라는 2마리

토끼를 다 잡은 영조의 정책이었다.

이처럼 인조부터 영조까지 조선 왕들은 우역으로 인한 국가비상사태에 대처하는 방법이 서로 달랐다. 현종과 숙종은 우금령을 내리거나, 조세를 감면해 주는 소극적인 정책을 폈다. 반면 인조는 머나먼 몽골까지 관리를 파견하여 소를 수입하는 적극적인 정책을 펼쳤다. 덕분에 현종 1년(1660년)에는 "몽고 땅에서 소를 사다가 굶주린 백성에게 나누어주어 농사를 지을 수 있게 했습니다. 백성을 위한 걱정이 당초 매우 절실했습니다만, 그 뒤 소가 많이 번식되어 도리어 민간에 큰 폐단이 되고 있습니다."라고 할 정도로 성공을 거두었다. 영조는 우역이라는 큰 국가 재난을 맞아 관료들의 반대에도 불구하고 우역 제사를 강력하게 밀어붙였다. 그 결과 떠나는 민심을 붙잡으면서 관료들을 통제하는 힘까지 얻었다.

지금도 조류인플루엔자, 아프리카돼지열병, 소 브루셀라병 등 많은 가축이 전염병으로부터 위협받고 있다. 가축의 전염병 확산은 우리의 삶과 생존에 밀접하게 영향을 미치고 있으며, 그 영향은 앞으로도 계속될 것이다. 이런 위기 상황에 잘 대처하기 위해서는 조선 후기의 여러 왕이 우역을 이겨내기 위해 시행했던 다양한 방식을 살펴보고 참고할 필요가 있다.

맨손으로 호랑이를
때려잡은 여인

己亥/初, 三陟私奴厚一, 爲虎所噬, 其妻應玉, 手搏虎奪其屍. 監司以義烈,
聞于朝, 禮曹啓請旌閭. 至是, 三陟府使報道臣以爲: "應玉年前改嫁移居,
旣更二夫, 則旌閭之典, 不可輕." 監司報禮曹, 禮曹啓請收還前命, 從之.

처음에 삼척 사노三陟私奴 후일厚一이 호랑이에게 잡혀 먹히는 것을 그
의 처妻 응옥應玉이 맨손으로 호랑이를 때려잡고 그 시신屍身을 빼앗았
다. 감사監司가 의열義烈[4]로서 조정에 계문하니 예조禮曹에서 정려旌閭[5]
하기를 청하였는데, 이에 이르러 삼척 부사三陟府使가 도신道臣[6]에게 보
고하기를, "응옥應玉은 연전에 개가改嫁하여 이거移居[7]하였으니, 이미
두 지아비로 고쳤다면 정려의 은전을 경솔하게 시행할 수 없습니다."
하였다. 감사監司가 이를 예조에 보고하니, 예조에서 계청啓請[8]하기를,
"전에 내렸던 명命을 환수還收하소서." 하니, 그대로 따랐다.

– 숙종실록 50권, 숙종 37년(1711년) 1월 10일 기해 1번째 기사

---

4 의열: 굳세고 열렬한 것.
5 정려: 충신, 효자, 열녀가 배출된 고장에 정문을 세워 표창하는 일.
6 도신: 각 도의 경찰권, 사법권, 징세권을 가진 종이품의 관찰사.
7 이거: 살던 집에서 다른 집으로 거처를 옮기는 것.
8 계청: 임금에게 아뢰어 청하는 것.

✝

　숙종 37년(1711년), 삼척에 사는 노비 출신의 여인이 호랑이를
맨손으로 때려죽이고, 남편의 시신을 찾아왔다는 믿을 수 없는 기
록이 《조선왕조실록》에 실려있다. 인간이 호랑이를 맨손으로 때려
죽였다는 것도 믿기지 않는데, 남성보다 상대적으로 근력이 약한
여성이 호랑이를 죽였다는 이 기록을 있는 그대로 믿어야 할까?

　사실 여성이라고 해서 호랑이를 때려잡는 일이 불가능한 것은
아니다. 하지만 조선시대에는 호랑이의 폐해를 줄이고자 정부가
용맹하고 날랜 장정으로 구성한 착호갑사도 몇 명이 조를 이루어
호랑이를 사냥할 정도였는데, 여인 혼자의 힘으로 호랑이를 잡았
다는 사실이 좀처럼 믿기지 않는다. 그래도 여러 번의 고증과 검증
을 거쳐 객관적인 사실만 적는 《조선왕조실록》의 특성을 생각하면
믿지 않기도 어렵다.

　그렇다면 우리나라에 살던 호랑이가 몸집이 작고 힘이 약한 종
이었기에 가능한 일이었을까? 결론부터 말하면 아니다. 오히려 한
반도에 살던 호랑이는 다른 지역의 호랑이보다 크고 힘이 세다.
과거 한반도에 살았던 백두산 호랑이를 오늘날 아무르 호랑이 또
는 시베리아 호랑이라고 부른다. 백두산 호랑이 수컷은 몸길이
2.7~3.3m에 이르고, 몸무게는 180~370kg 정도 나간다. 암컷도 몸
길이 2.4~2.7m에 몸무게 100~200kg 정도 되어 호랑이류에서 가
장 크고 무거운 덩치를 자랑한다.

　호랑이 중에서 가장 작은 종인 인도네시아 호랑이 수컷의 몸길

이가 2.1~2.5m, 몸무게 75~140kg인 것과 비교하면 백두산 호랑이가 얼마나 큰지 알 수 있다. 인도네시아 호랑이보다 백두산 호랑이가 평균적으로 80cm 더 크고 몸무게도 230kg 정도 무거운 만큼, 힘도 배 이상 센 것은 자명한 사실이다. 백두산 호랑이는 엄청난 힘으로 사냥하지 못하는 짐승이 없다. 심지어 곰도 사냥하여 잡아먹기도 한다. 그런데 무예를 익히거나 특별한 운동을 한 적도 없는 여인이 무기도 없이 맨손으로 백두산 호랑이를 때려죽였다는 사실을 어떻게 받아들여야 할까?

사실 우리 역사에서 인간이 호랑이와 맞서 싸워 이겼다는 내용을 접하는 것은 그리 어려운 일이 아니다. 여러 설화에 역사(力士)가 호랑이를 잡았다는 기록이 많이 남아있다. 그중 호랑이를 잡은 장사로 널리 알려진 2명의 인물이 있다.

첫 번째 인물은 세종대왕 때 활약했던 이징옥(?~1453)이다. 김종서를 따라 여진족을 토벌하고 4군 6진 개척에 큰 공을 세웠던 이징옥은 어려서부터 힘이 남달랐다. 이징옥이 14살 때, 어머니가 형제를 불러놓고 살아있는 멧돼지를 보고 싶다고 말했다. 어머니의 말이 끝나자마자 형 이징석은 밖으로 나가 멧돼지 1마리를 활로 잡아왔다. 반면 이징옥은 멧돼지를 잡으러 나간 지 2일 만에 빈손으로 집에 돌아왔다. 형 이징석보다 더 힘이 좋았던 이징옥이 빈손으로 온 것에 놀란 어머니가 어찌 된 사정인지 물어보았다. 이에 이징옥은 아무 말도 하지 않고, 어머니를 모시고 집 밖으로 나갔다. 집 밖 담벼락 옆으로 큰 멧돼지가 꼼짝달싹하지 못하고 가만히 숨만 쉬고 있었다. 놀란 어머니가 어찌 된 연유인지를 묻자, 살아있는 멧돼지를 보고 싶어하시기에 멧돼지와 2일 동안 힘을 겨루어 길들였다는 것이었다.

하루는 이징옥이 김해 부사를 만나고 돌아오는 길에 호랑이에게 남편을 잃고 슬피 우는 여인을 만났다. 여인의 안타까운 소식에 화가 난 이징옥은 곧바로 대나무 숲으로 들어가 호랑이를 맨손으로 잡아끌고 나온 뒤, 배를 갈라 남편의 시신을 꺼내 여인에게 주었다고 한다.

임진왜란 때 일본군의 간담을 서늘하게 만들었던 김덕령 (1567~1596)도 호랑이를 맨손으로 잡은 장사로 유명하다. 광주 출신의 김덕령은 이몽학의 난에 가담했다는 누명을 쓰고 29살이라는 젊은 나이에 억울하게 죽은 의병장인데, 작은 체구에서 뿜어져 나오는 힘이 가히 대단했다고 전해진다. 김덕령이 칼을 휘두르면 소나무가 거센 바람에 쓰러지듯 우수수 넘어졌다고 한다.

하루는 사람을 해친 호랑이가 대나무 숲에서 나오지 않자, 김덕령이 활을 쏘아 호랑이를 밖으로 나오게 하였다. 화가 난 호랑이가 커다란 입을 벌리고 무엇이든 찢어발길 기세로 뛰어나오자, 김덕령은 가볍게 창으로 찔러 죽였다. 이처럼 힘이 장사였던 김덕령이 늘 100근의 철퇴를 양 허리에 차고 다니며, 호랑이를 맨손으로 잡는다는 소식이 일본군에게도 전해졌다. 그래서 일본군은 김덕령의 얼굴이 그려진 그림만 봐도 두려워하며 도망갔다.

이처럼 호랑이를 맨손으로 잡았다는 이징옥이나 김덕령은 뛰어난 무인이기에 가능했다고 이해해도 삼척의 여자 노비 응옥이 맨손으로 호랑이를 잡았다는 사실은 당최 믿기지 않는다. 그러나 일반 백성이 호랑이를 맨손으로 잡는 것이 불가능한 일이 아님을 보여주는 사례가 조선시대 여러 기록에 나온다. 특히 정조 13년(1789년)에는 호랑이를 맨손으로 잡은 사례가 2번이나 나온다.

《일성록》1789년 윤5월 22일 기록을 보면 원주에 사는 양인 윤장금이 호랑이를 맨손으로 잡았다는 내용이 있다. 어느 날 밤에 윤장금의 아버지가 호랑이에게 물려 비명을 지르자, 놀란 윤장금이 급히 달려가 호랑이를 내리쳤다. 호랑이는 물고 있던 윤장금의 아버지를 내려놓고는 자신을 공격하는 윤장금의 허리와 옆구리를 물고 마구 흔들었다. 부자가 호랑이에게 공격당하는 모습을 본 윤장금의 어머니가 소리를 지르며 밖으로 달려 나와 호랑이의 머리를 내리누르고 입으로 호랑이의 귀를 물어뜯었다. 그러자 호랑이가 이번에는 윤장금 대신 어머니를 물었다. 호랑이에게서 풀려난 윤장금은 부모 모두가 위급한 상황에 놓인 모습을 보고 크게 소리를 지르며 호랑이를 맨손으로 쳐서 쓰러뜨렸다. 그 후 죽은 호랑이의 간을 쪼개고 피를 마심으로써 아버지의 원수를 갚은 뒤, 다친 어머니를 업고 집으로 돌아왔다.

그해 8월 6일에도 예조에서 안변에 사는 이종현의 며느리 현씨가 맨손으로 호랑이를 잡아 시아버지의 목숨을 보호했으니 동네에 정문을 세우는 정려를 시행하자고 건의했다는 내용이 기록되어 있다. 이런 기록을 보면 사람이 호랑이와 맨손으로 싸워 이기는 것도 불가능한 일이 아닌 듯싶다. 이런 현상을 설명할 수 있는 말이 '초인적인 힘'이 아닌가 싶다.

극한 상황에 치하면 사람들은 초인적인 힘을 발휘한다고 한다.

사람은 평소 자신의 몸을 보호하기 위해 자신이 가진 힘의 10%도 사용하지 않는다고 한다. 성인 남성의 넓적다리 근육은 1t의 힘을 낼 수 있지만, 가진 힘을 모두 사용하면 근육이 완전히 파열될 가능성이 있다. 그래서 우리 몸의 신경은 평상시에 근육이 모든 힘을 사용하지 못하도록 제어하고 있다. 즉, 우리가 정신을 놓았을 때 무의식적으로 초인적인 힘을 발휘할 가능성이 매우 높아진다. 정신을 놓게 되는 경우는 꼭 위급한 상황만 있는 것은 아니다. 사람마다 어느 가치에 무게를 두느냐에 따라 달라진다.

옛날에 한 욕심 많은 노인이 있었다. 평생을 아끼고 아껴 많은 재산을 모았는데, 어느 날 집에 큰불이 났다. 가족 모두가 불길에 놀라 집 밖으로 도망치는 가운데, 노인은 집에 있는 재물이 너무 아까워 연신 뒤를 돌아봤다. 그러던 중 몇십 년 발효시킨 장을 보관한 커다란 항아리가 보였다. 가족의 만류에도 불구하고 어떻게든 장항아리를 가지고 나와야 한다고 생각한 노인은 자신의 키보다 큰 항아리를 혼자 힘으로 번쩍 들고나왔다. 불이 다 꺼진 후 노인은 항아리를 제자리로 옮기려 용을 썼으나, 조금도 꼼짝하지 않았다. 결국 장정 4명이 달라붙은 뒤에야 간신히 항아리를 옮길 수 있었다.

이처럼 위기의 순간에 초인적인 힘을 낼 수 있다는 가정을 따르면, 삼척의 응옥이라는 여인이 호랑이를 맨손으로 잡은 것을 설명할 수 있다. 죽어가는 남편의 모습에 정신을 놓은 응옥이 자신도 모르게 초인적인 힘을 발휘하여 호랑이를 때려죽였다는 설명이, 남들보다 근골이 크고 힘이 세서 호랑이를 잡았다는 설명보다 훨씬 더 합리적이다. 또는 남편이 죽고 난 이후 고난할 삶이 초인적인 힘을 발휘하게 만들었을 수도 있다.

조선시대는 국가에서 재혼을 금지하고, 이를 어긴 사람들에겐 불이익을 주었다. 성종 때 편찬된 《경국대전》에서 재가하거나 절개를 지키지 못한 여인의 아들과 손자, 그리고 서얼 자손은 문과·생원·진사시에 응시하지 못하는 재가 금지법을 만들었다. 이후 수백 년을 이어져 온 재가 금지법은 재혼에 대한 편견과 부정적 인식을 낳았다. 이로 인해 조선 후기에는 양반들과는 달리 재가로 불이익을 받는 일이 적었던 평민과 천민들조차도 재혼녀에 대한 안 좋은 인식을 가졌다. 그래서 양반이 아닌 평민과 천민의 여인이 남편을 잃고 홀로 살아가야 하는 일도 더러 있었다.

정작 큰 문제는 여인 혼자, 또는 홀몸으로 자녀를 데리고 사는 것이 사회적으로 매우 어려운 일이라는 점이다. 농사를 짓는 데 남성의 힘이 절대적으로 필요한 만큼, 가정 내에서 남편의 역할은 매우 중요했다. 그래서 남편을 잃은 대부분의 평민 여성은 살아남기 위해 재혼을 할 수밖에 없었다. 평민들은 비공식적으로 재혼을 할 수 있었지만, 그래도 3번의 혼인은 쉽지 않은 일이었다. 그런 점에서 두 번째 남편이 호랑이에게 물려 죽는 일은 재혼녀인 응옥이 감당하기 어려운 현실이었을 것이다.

생활의 자유가 제한된 최하층 신분인 노비 출신의 응옥이 칠거지악의 죄를 저질러 첫 번째 남편에게 쫓겨났을 가능성은 매우 낮다. 그렇다면 첫 번째 남편이 불의의 사고나 병으로 죽었을 가능성이 크나. 그런데 두 번째 남편도 호랑이에게 물려 죽는다면 사람들은 분명 응옥에게 '남편 잡아먹는 팔자'라는 낙인을 찍을 것이 뻔했다. 그러면 응옥은 다시는 결혼하지 못하고 평생을 힘들게 살아갈 것이 자명했다. 이런 상황을 종합적으로 고려해 보면, 응옥에게 있어 두 번째 남편이 세상을 떠나는 것은 앞으로 자신도 죽은 것과 다를 바 없는 삶을 살아야 한다는 말과 같다. 오히려 온갖 추측과 비난으로 죽느니만 못한 삶을 살아갈 것이 두려웠을 것이다.

목숨을 걸고 남편의 시신을 구해온 응옥에게 조선 정부는 동네에 붉은 칠을 한 정문을 세워주며 칭찬을 아끼지 않았다. 우리 선조들은 아주 오랫동안 동네 입구에 정문을 세워 열녀나 효자 등을 기렸다. 《삼국사기》에 자신을 종으로 팔아 홀어머니를 봉양했다는 효녀 지은을 위해 진성여왕(?~897)이 조 500석과 역을 면제해 주고, 마을에 효양방(孝養坊)이라 쓴 푯말을 세웠다는 기록이 남아있는 점으로 보아 800년대부터 정문을 세우는 일이 시작되었음을 짐작할 수 있다.

특히 조선은 유교의 나라를 표방하면서 삼강오륜을 모든 백성이 실천할 수 있도록 《경국대전》에 정문과 관련된 규정을 실어놓았다. 《경국대전》에 따른 절차는 다음과 같다. 지방관은 신분에 상관없이 효자와 충신, 그리고 의부나 열녀 등 모범이 될 만한 자들을 선정하여 매년 말에 보고한다. 예조가 지방관의 보고를 정기적으로 기록하고 사실 여부를 확인하면 왕은 예조의 보고서를 토대로 타인의 모범이 되는 자를 선정해 정문을 세워주었다. 또한 대상자의 요역을 면제해 주었고, 경우에 따라서는 벼슬을 상으로 내리거나 상품을 하사하기도 했다.

응옥도 정문이 세워진다는 소식을 듣고 남편을 잃은 슬픔을 딛고 삶에 희망을 품었다. 복호(復戶)하여 노비에서 벗어나 자유로운 삶을 살게 될 것이라는 기대감도 생겼다. 그런데 응옥이 재혼녀라는 이유로 조선 정부는 정문과 복호 모든 것을 취소하였다. 이제 그녀에게 남은 것이라고는 남편 잃은 과부라는 신세뿐이었다. 아니 상황은 예전보다 더욱 나빠졌다. 모든 사람은 호랑이를 잡은 열녀라는 호칭 대신 호랑이를 죽일 정도로 억센 여자라고 수군댔다. 몹시 드센 여자라고 뒤에서 욕하며, 남편 잡아먹는 여자를 누가 데려가겠냐며 험담을 멈추지 않았다. 물론 정문이 취소되고 응옥이 어떻게 살았는지 기록이 남아있지 않지만, 이보다 덜하다고 생각하지 않는다.

남편이 죽은 뒤 여인이 재가하는 것이 그렇게 잘못된 일일까? 이를 따져보기 위해서는 조선시대에 여성에게 강요하던 삼종지도(三從之道)를 맹목적으로 따르는 것이 과연 올바른 일이었는지부터 생각해봐야 한다. 삼종지도란 어려서는 아버지를, 결혼하고 나서는 남편을, 늙어서는 아들을 따라야 한다는 뜻이다. 물론 평생 1명의 남자하고만 살아야 한다는 당시의 가치관을 현재의 기준으로 판단해서는 안 된다. 그러나 고려와 비교해도 조선시대에 살았던 여성의 삶은 너무도 열악하고 가혹했다. 고려시대 여성은 한 집안의 주인인 호주가 될 수 있었고, 재산도 아들과 똑같이 물려받을 수 있었다. 반면 조선시대 여성은 누구의 딸, 누구의 아내, 누구의 어머니로서 살아가기를 강요당할 뿐 자신의 이름조차 없이 살아가야 했다.

우리나라에서 여성 재가의 필요성이 제기된 것은 이로부터 한참이나 시간이 흐른 뒤인 1894년 동학농민운동 때였다. 동학농민군은 폐정개혁안의 일부로 청춘과부의 재가를 허락해 줄 것을 정부에 제시했다. 모든 사람이 평등하다는 가르침을 바탕으로 성립된 동학은 재가하지 못해 고달픈 삶을 살아가는 여성을 위한 실질적인 방안을 마련해야 한다고 주장했다. 하지만 배웠다는 자부심과 자신들은 평민과 엄연히 다르다고 생각한 양반과 지식인은 동학농민군의 소리를 무시하며 귀담아듣지 않았다.

그해 갑오개혁으로 여성의 재가가 법적으로 허용되었음에도 이후 100년 동안 이혼한 여성은 좋지 않은 평판을 들어야 했다. "서방 잡아먹은 것" "저러니 이혼당하지!" 등 온갖 안 좋은 소리를 들으며 살아야 했다. 재혼하더라도 과거로 인해 누구에게도 하고 싶은 말을 하지 못하는 죄인으로 살아야 했다. 그러나 시대가 변하고 가치관이 달라지면서 오늘날에는 이혼녀와 재혼녀에 대한 인식이 많이 개선되고 있다. 하지만 아직도 이들에 대한 편견이 남아 있어 인식 변화가 시급하다. 그녀들은 이혼하고 재혼하기까지 겪은 고통과 아픔만으로도 힘든 시기를 보낸 사람들이다. 이제는 그들을 따스한 눈빛으로 바라보고 보듬어주어야 하지 않을까? 지금은 재혼녀라고 나라에서 내린 포상도 다시 빼앗던 조선시대가 아니니까.

13만 명을 죽인
조선판 코로나19

癸卯/飭京外獄囚遭癘者, 給藥救療。從刑曹判書李得臣言也。

서울과 지방에 신칙하여 전염병에 걸린 죄수들에게 약을 주어 치료
하게 하였는데, 이는 형조 판서 이득신李得臣의 말을 따른 것이다.

－ 정조실록 37권, 정조 17년(1793년) 5월 12일 계묘 1번째 기사

壬申/是歲, 有輪行之疾, 京外死亡, 凡十二萬八千餘人。敎曰: “城內外貧殘
病難療治者, 死無以營葬之類, 嚴飭各部, 抄報賑廳, 依筵敎擧行。三南及諸
道, 亦爲嚴飭造幕, 救飢與顧助, 一依京廳例擧行。邑治稍遠, 未及遍察處,
令洞里, 出力相助。活得幾口, 收葬幾口, 令道臣狀聞。”

이해에 전염병이 유행하여 경외京外의 사망자가 모두 12만 8천여 인
이었다. 전교하기를,
“성城 안팎의 가난하고 잔약한 백성으로서 자력으로 병을 치료하기
어려운 자나 죽어서 장사를 치를 수 없는 사람들에 대해서는 각부各
部에 엄히 신칙하여 진휼청賑恤廳에 뽑아 보고해서 연교筵敎에 의거해
거행하도록 하라. 삼남三南 및 제도諸道에 대해서도 또한 엄히 신칙하
여 막幕을 짓고 굶주림을 구하는 일과 기타 돌보아주는 일들을 일체
경청京廳의 예에 의거해서 거행하도록 하라. 또 고을 소재지와 거리가
조금 멀어서 미처 두루 살필 수 없는 곳에 대해서는 해당 동리洞里에
서 힘을 모아 서로 돕도록 하라. 그리고 몇 사람을 구활하고 몇 사람

을 거두어 장사지냈는지를 도신道臣으로 하여금 조사해서 장문狀聞하
도록 하라." 하였다.

- 정조실록 51권, 정조 23년(1799년) 1월 13일 임신 1번째 기사

✝

　2019년 12월 코로나19가 중국 후베이성 우한시에서 처음 확인된 이후 전 세계적으로 많은 사람이 죽음에 이르는 등 큰 피해를 보고 있다. 2021년 6월을 기준으로 1억 7,000만 명 이상이 코로나19에 감염되었고 380만 명 이상이 사망했다. 또한 모든 국가가 코로나19로부터 자국민을 보호하기 위해 이동과 경제활동을 제한하고 있다. 경제적 침체로 인한 생활고는 사람들을 더욱 힘들게 하고 있다. 이렇듯 코로나19로 전 세계인이 고통받는 이유에는 과거보다 교통과 통신의 발달로 사람들의 이동 거리가 늘어나면서 더 많은 사람과 접촉이 이루어지는 상황이 밑바탕에 깔려있다.

　그래서일까? 많은 이가 21세기 들어 인류를 가장 위협하는 코로나19를 두고 지금까지 이런 사례는 없었다고 이야기한다. 이 와중에도 일부 부도덕한 사람들은 코로나19로 불안해하는 사람들에게 다가가 종말을 이야기하며 사적 이익을 취하기도 한다. 그렇다면 코로나19처럼 과거 인류의 생존을 위협했던 전염병은 어떤 것이 있을까? 그리고 조선 정부는 전염병을 이겨내기 위해 어떤 노력을 기울였을까?

　전염병은 인류의 시작과 함께 해왔고, 인간의 의지와 상관없이 역사를 움직이는 가장 큰 동인으로 작용했다. 현재도 전염병은 우리와 함께하며 삶에 많은 영향을 미치고 있다. 전염병과의 사투에서 인간이 전염병을 극복한 사례도 더러는 있지만, 거시적 관점에서 본다면 인간은 전염병을 이기지 못하고 있다. 예를 들어 천연두와 같이 인류를 가장 괴롭혔던 전염병을 정복했다고 생각했지만, 이후 기존에 없던 새로운 전염병이 계속 등장하여 인간을 또다시 위협하고 있다.

과거 우리 선조들을 위협했던 전염병에는 무엇이 있었을까? 우선 대표적으로 천연두가 있다. 인류 최초의 전염병이라고도 불리는 천연두는 우리나라에서 두창 또는 마마로 불렸다. 천연두는 치사율이 30%에 이를 정도로 무서운 전염병으로, 살아나더라도 고열로 피부에 많은 흉터가 생기거나 실명하는 경우가 많았다. 천연두로 18세기 유럽에서만 40만 명이 죽었으며, 아메리카의 아스테카문명과 잉카제국이 몰락하는 데 결정적인 역할을 하였다. 20세기에도 천연두는 무서운 전염병으로 기세를 떨치며 3~5억 명 정도의 생명을 빼앗아간 것으로 추정하고 있다. 그러나 1798년 에드워드 제너(Edward Jenner)가 천연두를 예방하는 백신을 개발한 이후 1980년대에는 지구상에서 완전히 사라졌다.

인류의 역사를 바꾼 전염병 중에는 흑사병도 있다. 사람과 사람을 통해 감염된다는 주장도 있지만, 흔히 쥐벼룩으로 인해 발생된다고 알려진 흑사병은 14세기 유럽에 전파되어 유럽 인구의 3분의 1에 해당하는 2,500~6,000만 명의 목숨을 앗아갔다. 당시 영국의 백년전쟁이 중단될 정도로 막강한 위력을 떨치던 흑사병을 막기 위해 유럽 각국은 40일 동안 환자가 발생하지 않는 배만 육지로의 상륙을 허가할 정도였다. 마치 코로나19 초창기 일본이 코로나19 환자가 발생한 선박에 있던 사람들을 배에서 내리지 못하게 했던 것처럼 말이다. 최근에는 사람들의 생활 환경이 많이 개선되고 의학이 발달하면서 흑사병으로 인한 피해가 많이 줄어들었지만, 아직도 일부 지역에서는 흑사병으로 목숨을 잃는 사람이 있다.

인류 역사상 가장 많은 생명을 앗아간 전염병 1위는 결핵이다. 많은 사람이 결핵을 과거에만 존재했던 전염병으로 알고 있지만, 지금도 전 세계 인구의 약 30%가 넘는 20억 명이 결핵균을 보유하고 있다. 특히 우리나라는 OECD 국가 중에서 인구 1명당 결핵 발생률과 사망률이 가장 높다. 결핵균은 결핵 환자가 기침 또는 대화할 때 입에서 나오는 작은 공기 방울을 통해 퍼진다. 결핵균은 건강한 사람에게는 당장 크게 영향을 주지 않는다. 그러나 체내에서 수년에서 수십 년간 활동하지 않고 잠복하고 있다가, 면역력이 떨어지는 순간 발병하여 사람의 목숨을 앗아간다.

19세기 들어 인류를 가장 위협했던 전염병은 스페인 독감이다. 인플루엔자 바이러스 감염에 따른 호흡기 질환인 스페인 독감은 1918년 프랑스에 주둔하던 미군 병영에서 처음 발견되었다. 제1차 세계대전이 끝나고 확산된 스페인 독감으로 미국은 50만 명 이상이 목숨을 잃었다. 스페인 독감은 세계로 확산되어 2년 동안 2,500~5,000만 명이 목숨을 잃었고, 당시 우리나라도 약 740만 명이 감염되어 14만 명 이상이 죽었다.

20세기 이후에도 새로운 전염병이 계속 등장하여 인류의 삶을 여전히 위협하고 있다. 1957년에는 아시아 독감으로 인해 100만 명 이상이 죽었고, 1968년에는 홍콩 독감으로 80만 명 정도가 죽었다. 최근에도 우리를 두려움에 떨게 한 2003년의 사스, 2012년의 메르스 등의 전염병이 우리 생명과 행복한 삶을 위협했다.

지금보다 의학 지식과 의료 시스템이 부족했던 조선에서는 전염병을 막기 위해 어떤 노력을 기울였을까? 조선시대를 고증한 사극 드라마에서 전염병이 돌면 의원은 흰 수건으로 자신의 입을 가리고 환자에게 침을 놓는 장면이 자주 나온다. 그리고 전염병으로 죽은 사람을 수레에 태워 마을 밖 먼 곳에 갖다 버리거나, 살던 집을 불태우는 장면이 뒤이어 나온다. 이런 드라마 장면으로 인해 많은 사람이 조선 정부가 전염병에 제대로 대처하지 못해 애꿎은 백성이 목숨을 잃었다고 생각하는 잘못된 상식을 갖고 있다. 더욱이 《조선왕조실록》에서 전염병으로 적게는 수백 명, 많게는 10만 명이 넘는 사람들이 죽었다는 기록이 조선의 후진성을 보여준다고 생각한다.

한 예로 정조 23년(1799년)에 12만 8,000명이 죽었다는 기록을 본 사람들은 조선의 방역 시스템이 형편없었다고 확신하게 된다. 그러나 실제로는 그렇지 않다. 조선의 방역 시스템은 오늘날에 뒤떨어지지 않는다. 다만, 현재처럼 치료에 효과적인 약과 의료 시설이 갖추어지지 않았을 뿐이다. 조선은 전염병이 발생하지 않도록 예방 활동을 늘 꾸준하게 펼쳤다.

우선 전염병으로 민심이 떠나지 않도록 봄에는 하늘이 차츰 맑아진다는 음력 3월의 청명, 가을에는 7월 15일, 겨울에는 10월 1일이 되면 정기적으로 여제를 올렸다. 여제란 창·칼에 죽은 귀신, 물에 빠져 죽은 귀신, 호랑이에게 물려 죽은 귀신, 처녀 귀신, 굶주려 죽은 귀신, 벼락 맞아 죽은 귀신 등 제사를 올릴 사람이 없는 귀신에게 올리는 제사를 말한다. 이들 귀신이 역병을 일으키지 않도록 위로해 주는 의식을 통해 국가가 백성을 늘 생각하고 있다는 애민 정신을 보여주었다.

실질적인 전염병 예방 활동으로 한양에서는 병에 걸릴 확률이 높은 사람을 미리 파악하였고, 지방에서는 굶주리는 사람을 구휼하여 전염병에 걸리지 않도록 대비하라는 지시를 수시로 내렸다. 그리고 약제를 내려주어 전염병이 발생했을 때 초동 대처가 가능하도록 만반의 준비를 했다. 특히 정조는 의원의 역할, 약의 지급, 왕진 지원 등 10조목에 달하는 의료 시스템을 다룬《진역구료절목》을 전국 관아에 배포하여 홍역 확산에 대비하는 적극적인 정책을 펼쳤다.

또한 의원들이 전염병 확산을 막는 데 소홀함 없이 적극적으로 대처할 것을 강조하였고, 만약 의원이 본분의 역할을 다하지 않고 치료를 회피하거나 도망치는 경우에는 죄를 물어 처벌하였다. 지방 관리도 예외일 수 없었다. 전염병이 발생했을 때 백성을 제대로 돌보지 않고 도망치면 반드시 그 죄를 물었다. 관리가 도망치지 않더라도 제대로 문제를 해결하지 못하면 그 책임을 물어 다른 관리로 대체하였다.

조선 정부는 방역 대책을 관리와 의원에게만 맡기지 않았다. 고을의 무당도 관아로 불러들여 전염병에 걸린 사람들을 위로하고 치료하는 일을 돕게 하였다. 이를 위해 무녀와 박수무당을 예조에서 장적에 기록하였다가 전염병이 발생하면 활인서에 배치하였으며, 지방은 본읍(本邑) 장적에 기록하였다가 전염병 발생 시 치료에 전념토록 하였다.

조선시대 전염병을 귀신의 소행으로 믿는 사람들도 많았던 만큼, 무당의 말과 행동은 백성의 동요를 막고 질병 치료에 전념하게 해주는 큰 힘이 되었다. 조선 정부는 전염병 치료에 참여한 무당에게 세금을 감면해 주고 부역을 덜어주는 포상을 내리는 일도 잊지 않았다. 하지만 제 역할을 다 하지 않고 도망치는 무당에게는 반드시 벌을 내렸다.

전염병을 치료하려면 많은 물자와 의약품이 필요하다. 전염병으로 많은 사람이 죽어가는 상황에서 지방관아가 모든 비용을 감당하기란 쉽지 않은 일이었다. 지방에는 병을 치료할 의원과 전문 지식도 부족했다. 중앙에서는 의원을 파견하여 지방에 사는 백성의 치료를 도왔으며, 전염병에 필요한 전문 서적을 지방관아에 제공하였다. 지방관아에 보급했던 대표적인 서적으로 《벽온신방》이 있었다. 효종 4년(1453년) 국책 사업으로 안경창이 기존에 있던 의학 서적과 치료 방법을 정리한 《벽온신방》은 비싸고 구하기 힘든 약재 대신 값싸고 인근에서 쉽게 구할 수 있는 약재를 수록하여 실제 상황에서 유용하게 활용할 수 있게 하였다. 또한 한문을 모르는 백성들이 쉽게 읽고 이해할 수 있도록 한글로 번역문을 달아 활용도를 높였다.

전염병이 발생하면 병원 역할을 하던 활인서는 예조에 상황을 보고했고, 예조는 호조를 통해 환자를 수용할 시설을 만들기 위한 자재를 지급받았다. 환자를 수용하는 시설인 병막(病幕)은 한양의 경우 중심부가 아닌 사대문 동·서 대로의 외곽인 동교와 서교에 설치하여 사람들과 거리를 두었다. 그 수도 많아서 정조 8년(1784년)

한양 지역에 설치된 병막의 수는 총 956곳이나 되었다. 당시 한양의 면적이 지금의 서울보다 훨씬 작았다는 것을 생각해 보면 오늘날과 비교해 절대로 적지 않은 수이다. 지방에서도 마을 외곽에 병막을 설치하거나 사람이 많지 않은 섬이나 산에 병자를 격리한 다음 활인서와 혜민서를 통해 치료하였다.

그렇지만 지금처럼 의학 지식이 많지 않았고, 어려운 경제 여건으로 병을 이기지 못하고 죽는 사람들이 많았다. 전염병이 발생한 지역에 사는 사람들은 혹여 병이 옮을까 달아났고, 일부는 시신을 매장할 기력이 없어 거리에 버리는 일도 많았다. 거리에 버려진 시신은 부패하면서 심한 악취를 풍겼고, 다시 전염병을 옮기는 매개체가 되었다. 그래서 정부는 전염병으로 죽은 시신을 매장하는 일을 중요하게 여겼다.

그렇다고 힘없는 백성에게만 시신 매장의 책임을 묻지는 않았다. 오히려 백성에게 시신을 매장하라고 지시하는 것보다는 관리가 먼저 모범을 보이는 것이 더욱 중요하다고 여겼다. 만약 6품 이상의 관리가 시신을 매장하지 않으면 죄를 물어 처벌하였다. 이 외에도 장례를 치를 사람이 없는 시신은 고을 수령이 매장하여 결과를 보고토록 하였다. 중앙 정부도 호조와 진휼청을 통해서 지역과 신분을 가리지 않고 장례를 도와주었다.

정부는 전염병에서 살아남은 사람을 위한 구호도 잊지 않았다. 병자가 일상생활이 가능할 만큼 회복될 때까지 신역(身役)은 물론이고 전세 등 세금과 환곡을 탕감해 주었다. 하지만 이를 노리고 신역을 회피하고 세금을 내지 않으려는 자들도 있어, 거짓말을 한 자에게는 강력한 처벌이 내렸다. 그러면서도 어쩔 수 없는 사정으로 거짓말을 했다가 자수한 사람에게는 죄를 묻지 않는 관용을 베풀었다.

전염병에 걸린 사람을 치료하고, 죽은 사람을 매장하는 것으로 국가의 책무가 끝난 것은 아니었다. 전염병으로 세금이 제대로 걷히지 않았고, 전염병에 투입된 막대한 예산 문제를 해결해야 했다. 그러기 위해서는 전염병으로 죽거나 안전한 곳으로 대피하여 발생한 인구 공백을 메꿔야 했다. 특히 변방의 경우에는 전염병이 발생했다고 방비를 소홀히 할 수는 없었다. 오히려 전염병이 발생한 것을 틈타 침략하려는 외적을 상대로 방비를 더 튼튼히 할 필요가 있었다. 그래서 다른 지역에서 가벼운 죄를 짓고 수감된 죄인을 강제로 변방으로 이동시키는 사민 정책을 펼쳤다. 이때 죄인의 죄를 없애주고 가족도 함께 머물 수 있도록 하여 새로운 삶을 살 기회를 제공했다. 이와 같은 정책은 전염병으로 힘들어하는 백성의 불만을 최소화하면서 역병으로 희망이 없어진 지역을 되살리는 기폭제가 되었다.

이처럼 조선시대는 오늘날과 비교해 봐도 절대 뒤처지지 않는 방역 시스템을 갖추고 국가를 운영했다. 다만 지금처럼 교통과 통신이 발달하지 않았고, 치료 방법을 잘 알지 못했기에 큰 피해가 있었던 것뿐이다. 만약 지금처럼 교통과 통신이 발달하고 의학 지식 또한 많았다면, 우리는 지금과는 다른 역사를 배우며 높은 자긍심을 가지고 살아가고 있을 것이다. 하지만 간과하지 말아야 할 것이 있다. 아무리 좋은 시스템을 갖추고 있어도, 그것을 운영하는 사람들의 능력과 책임 의식이 뒷받침되지 않으면 아무 소용이 없다는 점이다. 조선시대도 왕과 관리의 능력 그리고 백성을 생각하는 애민 정신의 존재 여부에 따라 전염병에 효과적으로 대처하기도 했지만, 발생하지 않아도 될 많은 사상자를 내기도 했다.

현재 선진국으로 일컬어지는 많은 국가가 코로나19를 제대로 대처하지 못해 어려움을 겪고 있다. 반면 대한민국은 우리보다 선진 의료 시스템을 가진 나라보다도 훨씬 더 잘 대처하고 있다. 정부의 정확한 판단과 시스템의 효율적인 활용, 그리고 투명한 정보 공개로 국민에게 전염병에 관련된 모든 것을 숨기지 않고 정확한 사실을 제공한 것이 코로나19로 인한 피해와 혼동을 줄인 핵심 요인이다. 그러나 코로나19에 잘 대응하여 방역에 성공할 수 있었던 가장 큰 힘은 국민의 자세에 있었다. 개인주의로 포장되어 자랑스럽게 일컬어지던 서구 문화는 코로나19를 맞이하여 이기주의만 더욱 드러냈지만, 대한민국은 나보다는 남을 위하는 자세로 자가 격리와 사회적 거리 두기를 잘 지켰다.

전염병은 인간의 힘으로 막을 수 없는 천재다. 하지만 천재를 인재로 만들지 않는 오늘날의 모습은 과거 우리 선조들의 지혜와 경험이 있었기에 가능했던 일이 아닐까? 일명 'K-방역'이란 말은 지금에야 생긴 신조어가 아니라 아주 오래전부터 만들어졌다는 사실이 대한민국 국민으로서 우리의 역사와 현재의 모습에 큰 자부심을 느끼게 한다.

참고 자료

웹사이트
조선왕조실록, (sillok.history.go.kr)

논문
<조선시대 사냥의 추이와 특성>, 심승구, 한국역사민속학회, 역사민속학, 24호, pp.165~197, 2007.07

<'유교적 부부관계'에 대한 재조명과 도덕교육적 활용 방안:《생활과 윤리》과목을 중심으로>, 김민재, 성신여자대학교교육문제연구소, 교육연구, 71권, pp.67~84, 2018.04

<《소학》을 통해 본 조선시대 여성상>, 이영란, 조선대학교 인문학연구원 인문학연구, 51권 51호, 2016.02

<사이비·이단 교주와 신도들의 심리이해 -목회상담적 제언->, 유영권, 한국실천신학회, 신학과 실천, 13권 13호, pp.79~106, 2007.09

<남자의 질투와 여자의 질투: 연인 관계에서의 질투와 성차>, 김교헌, 한국건강심리학회, 한국심리학회지: 건강, 9권 4호, pp.771~792, 2004.12

<투기(妬忌)문화의 생산과 유통 채널, 한글장편소설>, 정혜경, 한국고전여성문학회, 한국고전여성문학연구, 34권 34호, pp.227~268, 2017.06

<조선시대의 여성폭력과 법 -경상도 지역의 <檢案>을 중심으로->, 백옥경, 한국고전여성문학회, 한국고전여성문학연구, 19권 19호, pp.93~126, 2009.12

<살옥(殺獄) 판결을 통해 본 조선후기 지배층의 부처(夫妻)관계상-《추관지(秋官志)》분석을 중심으로->, 박경, 한국여성사학회, 여성과 역사, 10권 10호, pp.35~70, 2009.06

<刑政 운용을 통해 본 조선 전기의 가족 정책-夫妻간의 폭력에 대한 처벌실태 분석을 중심으로->, 박경, 한국사학회, 사학연구, 90호, pp.67~100, 2008.06

조선시대 사냥의 추이와 특성, 심승구, 한국역사민속학회, 역사민속학, 24호, pp.165~197, 2007.07

동·서양 신화의 '반인반수테마' 연구, 이인영, 한국카프카학회, 카프카 연구, 13권, pp.237~255, 2005.07

<조선시대 비일상적 상상력 - 요괴 및 지옥 형상의 來源과 변모 - >, 김정숙, 근역한문학회, 한문학논집, 35권, pp.95~118, 2012.08

<고문헌에 나타난 천문 현상에 따른 풍흉과 길흉 예측-해, 달, 별을 통한 예측과 민속과의 상관성을 중심으로-, 김태우, 민족문화연구원, 민족문화연구, 84권 84호, pp.223~262, 2019.08

<조선시대 필기·야담집 속 귀신·요괴담의 변화 양상-귀신·요괴 형상의 변화와 관심 축의 이동을 중심으로->, 김정숙, 한국한자한문교육학회, 한자한문교육, 21권 21호, pp.555~577, 2008.11

<조선 전기 귀신 이야기에 잠복된 사회적 적대>, 강상순, 고려대학교 민족문화연구원, 민족문화연구, 56권 56호, pp.97~136, 2012.06

<필기·야담을 통해 본 조선후기의 귀신관과 사후관>, 강상순, 한신대학교 종교와문화연구소, 종교문화연구, 22호, pp.135~172, 2014.06

<조선사회의 유교적 변환과 그 이면: 귀신과 제사공동체>, 강상순, 한국역사민속학회, 역사민속학, 50호, pp.101~132, 2016.06

<기의 불멸과 귀신-화담 서경덕의 귀신 해석->, 이창일, 한국학중앙연구원, 한국학, 31권 1호, pp.31~58, 2008.03

<몸의 소비: 조선전기의 인육치료>, 이경록, 의료역사연구회, 의료사회사연구, 4권 1호, pp.5~37, 2019.10

<자매문기(自賣文記)를 통해 본 조선후기 하층민 가족의 가족질서>, 박경한, 국고문서학회, 고문서연구, 33권, pp.227~252, 2008.08

<효자전, 감성과 이성의 사이-조선 초 효관련 정책을 중심으로->, 김덕균, 충남대학교 유학연구소, 유학연구, 55권 0호, pp.19~49, 2021.05

<조선후기 성 관련 범죄의 처벌 규정과 재판 양상-《심리록(審理錄)》·《추관지(秋官志)》와 《흠흠신서(欽欽新書)》의 판결 사례를 중심으로->, 백민정, 민족문화연구원, 민족문화연구, 87권 87호, pp.185~223, 2020.05

<조선후기 아버지의 자녀양육과정을 통해 본 돌봄 담론 분석: 한문학 사료를 중심으로>, 김정미·김은주, 한국교육사상학회, 교육사상연구, 34권 3호, pp.1~26, 2020.08

<《조선왕조실록》에 나타난 교육 관련 용어 분석>, 한용진, 고려대학교 민족문화연구원, 민족문화연구, 74권 74호, pp.357~380, 2017.02

<유배양육일기 《양아록(養兒錄)》의 교육적 의미>, 양진건·김유리·현은선, 한국교육사상학회, 교육사상연구, 27권 1호, pp.147~162, 2013.04

<조선왕조실록과 해괴제등록 분석을 통한 황충(蝗蟲)의 실체와 방제 역사>, 박해철·한만종·이영보 외 4명, 한국응용곤충학회, 한국응용곤충학회지, 49권 4호, pp.375~384, 2010.12

<조선시대 "해괴제(解怪祭)" 연구>, 권용란, 한국역사민속학회, 역사민속학, 22호, pp.217~241, 2006.06

<고대 한국의 자연재해 분석-신화적 사상을 중심으로>, 강철성, 한국지형학회, 한국지형학회지, 18권 4호, pp.153~162, 2011.12

<1749년 우역제사의 시행과 그 이유>, 김인호, 한국학중앙연구원, 장서각, 43호, pp.278~303, 2020.04

<전통시기의 감악산(紺岳山) 숭배와 산신(山神) 설인귀(薛仁貴)>, 변동명, 호남사학회, 역사학연구, 42권 42호, pp.1~46, 2011.05

<아동성범죄 방지를 위한 형사정책적 대안 모색>, 표창원, 한국형사정책학회, 형사정책, 21권 2호, pp.9~31, 2009.12

<태종대 가뭄 대처 양상에 드러난 유학적 사유-《태종실록》의 가뭄 관련 기사와 재이관을 중심으로>, 이상호, 한국국학진흥원, 국학연구, 23호, pp.530~561, 2013.12

<조선시대 노인(老人)의 존재양상 - 연령과 신분을 중심으로 - >, 김효경, 한국역사민속학회, 역사민속학, 52호, pp.7~46, 2017.06

<서울 지역 살인 혐의(살인 및 치사) 사건의 범행 수법에 따른 유형화 연구 - SCAS 자료에 대한 잠재계층분석의 적용>, 박정준·이수정·홍정윤, 한국경찰연구학회, 2020

조선괴담실록

초판 1쇄 발행 2022년 1월 30일
초판 2쇄 발행 2024년 5월 23일

지 은 이   유정호
펴 낸 이   김동하

편   집   이은솔
펴 낸 곳   책들의정원
출판신고   2015년 1월 14일 제2016-000120호
주   소   (10881) 경기도 파주시 산남로 5-86
문   의   (070) 7853-8600
팩   스   (02) 6020-8601
이 메 일   books-garden1@naver.com
인스타그램 www.instagram.com/thebooks.garden

ISBN 979-11-6416-104-1 (03910)